2021

米国経済白書

大統領経済諮問委員会

米国経済白書 2021

萩原伸次郎監修・『米国経済白書』翻訳研究会

翻訳者
萩原 伸次郎 （総論、大統領経済報告、序章、第1〜4、10章）
大橋 陽 （第5〜7、11章、付録）
下斗米 秀之 （第8〜9章）

総論 ■ 萩原 伸次郎

トランプ政権の4年とは、何だったのか

『2021年大統領経済報告』

2021年経済諮問委員会年次報告

序

第Ⅰ部　戦後最大の経済ショックに立ち向かう

中国との第一段階合意／米国 - メキシコ - カナダ協定／その他の貿易協定
／グローバル・サプライチェーンの台頭／結論

第Ⅲ部　わが国再建への努力

労働力とのつながりを強化する／労働と家族とのバランスをサポートする／21 世紀の課題に対処するために国際協調を高める／より効果的な医療制度を創出する／インフラ改善を通じてダイナミックな経済を構築する／より高スキルで回復力ある労働力を生み出す／結論

総論

トランプ政権の4年とは、何だったのか
バイデン新政権は、それをどう変えるのか

（はぎわら しんじろう）
萩原 伸次郎
横浜国立大学名誉教授

はじめに

トランプ政権の4年が終了した。ドナルド・トランプ大統領は、昨年の大統領選挙に敗れ、2期目の大統領職を得ることはできなかった。しかし、トランプ本人は、民主党ジョー・バイデンを大統領として選出した昨年の大統領選挙を「許し難き不正があった。真の当選者は自分だ」ということをいい続けている。彼がいい続けているだけではなく、共和党支持者の70％近い人が、トランプ前大統領と同じ考えをもっているということが報道されている。

2021年1月6日には、連邦議会において、ジョー・バイデンが正式に次期大統領として決定されるという半ば儀式に似た行事が執り行われたが、ドナルド・トランプ支持者が暴力的に連邦議事堂に侵入し、議事を妨害するという事件があった。連邦議会では、マイク・ペンス副大統領が議長で、正式に民主党バイデンを次期大統領と認めたが、乱入したトランプ支持者たちは、「ペンスを吊るせ」（Hang Mike Pence!）と連呼し、実際の「首吊り台」を持ち出して、トランプ大統領のいうことをきかずにバイデンを次期大統領として認めた副大統領ペンスを「絞首刑にしろ」と叫ぶ始末だった。

2021年1月20日、連邦議事堂特設ステージで、民主党ジョー・バイデンの大統領就任式が執り行われたが、ドナルド・トランプは、その式に出席せず、大統領専用機で、フロリダ州にある私邸に向かった。歴代の大統領で、次期大統領の就任式に出席しなかったのは、第16代大統領エイブラハム・リンカン暗殺の後、大統領となったアンドリュー・ジョンソンが、第18代大統領ユリシーズ・シンプソン・グラントの大統領就任式を欠席した1869年以来2度目の珍事だ。リンカンを継ぎ大統領となったジョンソンが、熱烈な奴隷制擁護論者だったことはよく知られており、これでアメリカの黒人解放は、100年遅れるだろうなどといわれ、事実、黒人の権利を正当に保障する公民権法が成立したのは1964年だった。第18代大統領グラントが、南北戦争時に北軍の総司令官だったことを思うと、ジョンソンの次期大統領就任式への欠席もなるほどと思われる節があるが、ジョンソンは、歴代の大統領で初めて、下院で弾劾裁判の有罪評決を受けている。ドナルド・トランプが、明確な人種差別主義者であることは、彼の私設弁護士だったマイケル・コーエンが連邦議会の聴聞会で冒頭に述べたことでも明らかだが、トランプは、ジョンソンが1回だったのに対して、2回も連邦下院議会での弾劾裁判で有罪の評決を受けている。両者とも、上院での弾劾裁判では、かろうじて有罪評決を免れ、免職になることだけは免れたが、彼らが強烈な人種差別主義者であるという点で一致しているし、現在の米国は、南北戦争以来の分裂の危機状況を呈しているといわれる。確かに、2020年11月投票のアメリカ

大統領選は、新型コロナ感染症（COVID-19）下で行われたことも影響し、異常に熱気をはらんだものだった。一般投票、大統領選挙人とも、民主党候補であるジョー・バイデンの圧勝であったことは間違いない。史上初めての8000万票を超える得票を獲得し、課題だったラストベルトといわれるウィスコンシン、ミシガン、ペンシルバニアの3州での勝利、さらには、思いもかけないアリゾナ州、ジョージア州でのバイデンの勝利は、獲得選挙人の数、306人に現れているように、誰が見ても、勝利であることは間違いない。しかし、トランプ大統領にも、7000万票以上の一般投票があり、こんな得票数が多くて敗北した大統領もかつてなかったほどだ。米国で白人が少数派になり、このままでは、有色人種がのさばるアメリカになるということをことさら強調し、Qアノンなどの謀略組織を使って、ネットで吹き込み、「白人優位のアメリカを！」というメッセージを強烈に送った結果が、トランプの7000万票以上の得票だったとみて間違いはない。しかし、バイデンは、「アメリカ人の結束！」を訴え、8000万票以上の得票を得たのだ。かつて、第16代大統領となったリンカンの選挙スローガンは、「ユニオンを守れ！」だったし、1863年1月の黒人奴隷解放令は、同年11月のゲッチスバーグ演説とともに、アメリカ民主主義の礎となったことは明白であり、人種間の違いを乗り越えてアメリカ人の結束を訴え、人種差別主義者トランプを打ち破ったバイデン大統領誕生は、アメリカ民主主義の矜持を示したものといえよう。

2021年、4回目となるドナルド・トランプ大統領の『大統領経済報告』も、そうした異例な事態の影響をもろに受けていることはいうまでもない。次期大統領として就任できず、政権を他党に譲り渡す大統領は、その『経済報告』を次期大統領の就任前にそそくさと発表して政権を去るものだ。前大統領のバラク・オバマの場合、第8回目の『大統領経済報告』は、彼が政権を去る1カ月前の2016年12月には公表していた。しかし、あくまで「真の大統領は自分だ」と主張するトランプは、なかなかその経済報告を公表しようとはしなかった。『大統領経済報告』は、「大統領本人の報告」と「大統領経済諮問委員会年次報告」から成り立つ。2021年大統領経済諮問委員会が、その報告を、1946年雇用法の規定に基づきトランプ大統領に提出したのは、2021年1月15日のことだった。しかも、その提出者は、大統領経済諮問委員会委員長ではなく、大統領経済諮問委員会実務者のトップである大統領補佐官のラッチェル・スロボディーン（Rachael S. Slobodien）からだった。そもそも、トランプ政権下での大統領経済諮問委員会の在り方も従来とは全く異なっていた。大統領経済諮問委員会というのは、1946年雇用法に基づき、大統領が3人の委員を任命し、議会の承認を得て成立するものだが、トランプ大統領最後の『経済報告』を提出した、2021年1月15日には、トランプ大統領の経済諮問員会は解散し、誰もいなかったということになる。

もちろん、2016年11月の大統領選で勝利した、ドナルド・トランプは、3人の大統領経済諮問委員会委員を任命した。2017年9月13日にはケヴィン・A・ハセットが、大統領経済諮問委員会委員長の任につき、その他に2人のメンバーとして、2017年9月28日には、リチャード・V・ブルクハウザー、2017年8月31日には、トーマス・J・フィリップソンが、その任に就いた。2018年『報告』と2019年『報告』は、委員長ケヴィン・ハセットの下、この3人が、従来通り、諮問委員会委員として名を連ねた。しかし、2019年6月30日には、委員長のハセットが離任したが、その補充はなく、2020年『報告』は、フィリップソンが委員長代理として『報告』をまとめ、さらに、2021年『報告』は、2019年5月22日に諮問委員となっていたタイラー・B・グッドスピードが委員長代理としてまとめたはずだが、実際に提出書に名を残したのはスロボディーン大統領補佐官だった。

トランプ政権の 4 年とは、何だったのか——萩原伸次郎

2021 年『報告』の概要

2021 年『報告』は、昨年同様 3 部からなり、全体で、11 章の構成となっている。

第 I 部　戦後最大の経済ショックに立ち向かう
　　——新型コロナ感染症（COVID-19）パンデミックを鎮静化させる連邦対応
第 1 章　最速の経済回復を創出する
第 2 章　米国の家計を優先する
第 3 章　企業への助成を通じて起業家と労働者を援助する
第 4 章　米国のヘルスケア制度の質と効率性を前進させる

第 II 部　アメリカの偉大さの復興
第 5 章　オポチュニティー・ゾーンの初期効果を評価する
第 6 章　規制負担を軽減することで経済的自由を強める
第 7 章　選択と競争による教育機会の拡大
第 8 章　宇宙政策と財産権の新たなフロンティア

を探る
第 9 章　自由で公正な、バランスのとれた貿易を目指して

第 III 部　わが国再建への努力
第 10 章　2020 年の回顧と将来の展望
第 11 章　不朽の繁栄を確保する諸政策

昨年の『大統領経済報告』は、すでに新型コロナ感染症（COVID-19）が、深刻になりかけていた時期に発表されたにもかかわらず、この問題には一言も触れず、トランプ政権の 3 年は、記録的な最長の拡大が続いたと自らの政策の手放しでの礼賛だったが、今年の『大統領経済報告』も、米国経済が、2020 年、COVID-19 パンデミックに襲われ、1930 年代大恐慌以来最悪の経済危機に陥ったにもかかわらず、トランプ政権の的確な経済政策によってこれを最速で乗り切ったと、これまた自らの政策を手放しで礼賛している極めて特異な『大統領経済報告』といっていいだろう。

新型コロナ感染症（COVID-19）危機と米国経済

2020 年、米国経済は、COVID-19 によって、大恐慌以来最大の経済的ショックに見舞われた。2008 年 9 月に引き起こされた米国投資銀行 4 番手のリーマン・ブラザーズの倒産に始まる、いわゆるリーマン・ショックも 1929 年に始まる大恐慌以来最大の経済危機といわれたが、短期的には、今回の COVID-19 危機は、それを上回る巨大な危機だったといっていいだろう。全米経済研究所（NBER: National Bureau of Economic Research）によれば、2009 年 6 月に始まった米国経済の長期拡大は、2020 年 2 月にピークとなり、それ以降深刻なリセッション（景気後退）に入った。とりわけ、2020 年第 2 四半期（4 月～ 6 月）では、今までにない記録的な

GDP の落ち込みがあり、雇用の落ち込みは、リーマン・ショックを上回る深刻な事態となった。第 3 四半期（7 ～ 9 月）には急速な回復となったが、完全とはいかず、GDP は第 3 四半期を通して年率 3.7% のマイナスとなった。

失業が、米国低賃金労働者に集中したことが今回の危機の特徴だ。テレワークに切り替えることのできない、現場で働かざるを得ない低賃金労働者が、COVID-19 の感染を最も強く受けた被害者であると同時に、雇用喪失の主たる被害者でもあったのだ。COVID-19 の感染者は、世界で最も米国が多く、2021 年 6 月までの期間で、3000 万人以上の感染者、53 万人を超える死者が出ている。感染者は、黒人、ヒスパニック、ネイティ

ブ・アメリカンの低賃金労働者層に集中した。現場で働かざるを得ない彼らは、COVID-19 に感染する現実性が最も高い。感染し、家庭に帰えれば、狭い家に多くの家族が住んでいるから家族に感染が広がる、ということで、感染リスクが高く、さらに雇用喪失が大量に引き起こされるという事態が引き起こされた。この COVID-19 危機のさなか、米国労働市場では、支払い賃金水準が上昇するという、リセッション中では珍しい事態が引き起こされたが、それには、首を切られた労働者たちの多くが、低賃金労働者であり、中・高賃金労働者は雇用も安定し、このリセッション中に、米国における経済格差はますます拡大したという冷厳な事実を見ることが重要だろう。情報通信・ネット関連の産業は、この危機に乗じて逆に収益を増大させた。

ところで、この COVID-19 による実体経済の急速な落ち込みは、金融市場にも深刻な影響を与えた。株式市場は、トランプ政権下で、2020 年 2 月 12 日には、ダウジョーンズ産業平均株価が史上空前のピーク 2 万 9551 ㌦を記録したが、その後急転直下、3 月 23 日まで 37% の下落を喫した。テクノロジー企業に特化するナスダック指数は、2 月 19 日には 9817 の最高値で引けたが、3 月 20 日まで、ほぼ 30% の下落を記録し

た。だが、金融市場は、落ち込みは急速ながら回復も早く、とりわけ、ナスダック指数は、9 月 2 日には、パンデミック前の最高値を 23% も上回る 1 万 2056 という数値を記録した。実体経済の停滞が続く中、証券市場の活発化が起こり、その傾向は、政権が交代となった、バイデン政権でも、基本的には継続している。

こうした、COVID-19 パンデミックによる、2020 年第 2 四半期（4 〜 6 月）の米国経済の急速な落ち込みと、その後の第 3 四半期（7 〜 9 月）以降の急速な回復という今までにない米国経済の軌跡に、トランプ政権の政策対応が関わっていたことはいうまでもないだろう。まず、パンデミック襲来直後、連邦準備制度理事会（FRB）は、金融政策を大きく緩和の方向に舵を切った。FRB は、金利政策には限度があるから、金融機関から直接証券を買い取る量的緩和政策の実行を強めたのだ。2008 年 9 月のリーマン・ショックにおいて、やはり量的緩和政策を取り、連銀のバランスシートは増大したものの、その後の回復過程では、徐々に縮小気味の傾向をたどっていた。だが、COVID-19 パンデミックは、再び連銀の資産買い取り作戦によって、そのバランスシートは急拡大し、3 兆㌦を超えるところまでいった。

トランプ大統領と COVID-19 危機

一方ドナルド・トランプ大統領は、事態を楽観的に観ていた。彼は、すでに 2020 年 1 月の初め、中国武漢において空気感染する深刻な感染症が発生したという報告を受けていた。エボラ出血熱が世界的に発生した時、バラク・オバマ大統領は WHO（World Health Organization: 世界保健機関）と協力し、世界的にそれを抑え込む政策の重要性を訴え、感染症拡大を抑え込んだという事実がある。しかし、トランプ大統領の対応は異なっていた。この感染症は「インフルエンザと同じで、春の風とともに過ぎ去っていく」などといい続けたのだ。トランプ大統領の思惑は、「今、アメリカは史上最高の経済状況だ。株式価格は歴史上これまでにない記録的な高水準を

保っているし、失業率はこれまた今までになく低い 3 % 台だ。これを続ければ、11 月の大統領選挙は勝利間違いなし。今ここで、新型コロナ感染症対策のためにロックダウンなどしようものなら、この景気は落ち込み、自分の大統領再選は危なくなる」という自己本位の考えがあったのだろう。これを裏づけるのが、昨年の『大統領経済報告』だ。「大統領経済諮問委員会年次報告」は、諮問委員会委員長代理、トーマス・J・フィリプソンによって、2020 年 2 月 20 日に提出されている。2 月 20 日といえば、もうすでに米国において、COVID-19 の感染者と死者が出始め、対策を取らなければならない時だ。昨年の総論で、私は次のように書いている。

トランプ政権の4年とは、何だったのか――萩原伸次郎

「この『報告』は、2020年2月20日にトーマス・J・フィリプソン大統領経済諮問委員会委員長代理によって、「2020年大統領経済諮問委員会年次報告」としてトランプ大統領に提出されたものであり、『大統領経済報告』とともに、トランプ大統領が米国議会に報告したものだ。ということは、この時期すでに米国では、新型コロナによって経済的にも深刻な影響が出ることは予想されていたのだから、経済政策について機敏な対応をとるべき経済諮問委員会は、新型コロナについて何らかの叙述をしてもよさそうなものだが、この『報告』のどこを探してもそれは全く当たらない。全編がトランプ大統領の楽観論そのものによって貫かれるという、ある意味では、トランプ政権らしい『報告』といえるだろう。・・・・来年に発表されるトランプ政権の4年目の『報告』では、コロナ危機と米国経済について論じられることになるだろうが、「この危機は、トランプ政権のあずかり知らないところから発生したもので、責任は、中国と世界保健機関（WHO）にあり、前政権のオバマ大統領が感染症対策を怠ったことが原因だ」という「手柄は自分、過ちは他人」というトランプ政権お得意の態度をとることになるだろう」（拙稿「総論――新型コロナ危機とトランプ政権」『米国経済白書2020』蒼天社出版、2020年7月30日、vページ）

しかし、さすがの楽観主義者のトランプ大統領も、COVID-19パンデミックによる患者と死者の急増をみて、3月13日「国家非常事態宣言」を発し、今度は戦時の大統領気取りで、国民に「外出自粛」を呼びかけ、対策に乗り出した。そして、連邦議会と協力して、3月27日に「コロナウィルス援助・救済及び経済安定化法」（CARES: Coronavirus Aid Relief and Economic Security Act of 2020）を制定させ、2兆2000億ドルにも及ぶ緊急の財政支出政策を実施した。リーマン・ショックの時、オバマ政権が成立させ、実施した2019年「米国復興及び再投資法」（ARRA: American Recovery and Reinvestment Act of 2019）でも、総額8000億ドルだったのだから、このトランプ政権による緊急の財政支出政策は半端な規模のものではなかった。申請者に2700ドルの小切手支給、失業手当の増額と延長、家計への負債救済、中小企業支援、病院支援、教育支援など広範囲に及んだ。これらの緊急財政支出政策の実施によって、2020年第2四半期に、1929年に始まる大恐慌を上回る深刻なペースで落ち込んだ米国経済を、第3四半期以降急速な回復基調にもっていくことに成功したのは間違いない。したがって、この『報告』において、OECDをはじめとする多くの予測機関が、「米国において、1930年代大恐慌以来の深刻なGDPの落ち込みを予測したにもかかわらず、そうはならず、緊急かつ劇的な財政支出介入の実施によって、予測機関の予測通りに事が運ばなかった」と指摘したのはその通りだろう。

2021年『報告』の特徴

しかし、この『報告』の「第1章　最速の経済回復を創出する」において、COVID-19リセッションと大リセッションとを比較し、オバマ政権期のリーマン・ショックに対する政策効果に対して、今回のトランプ政権のCOVID-19リセッションに対する政策効果の優位性を説いているところは、いかにも「オバマ嫌い」のトランプ政権の特徴がよく出ていて面白い。つまり、トランプ政権の政策担当者たちによれば、彼らの迅速かつ巨額な財政支出政策は、大恐慌以来のGDPの落ち込みを急速に回復に向かわせたのに対して、オバマ政権の経済対策は、なかなかその効果が現れず、GDPの回復にも時間がかかったという指摘だ。したがって、労働市場の回復も今回の方が大リセッション期に比較すると各段に迅速に行われたという、まさに「手柄は自分、過ちは他人」という、トランプ政権お得意の態度がここにも現れているといっていいだろう。しかしながら、そもそも、米国経済に内在する景気循環の内在的矛盾の結果として展開された、リーマン・ショックに始まる世界経済危機と中国武漢に発生し、「春の風とともに去っていく」と思われたCOVID-19パンデミックを同質のものとみなして比較するというやり方そのものが根本的に誤っているといわ

ねばならないだろう。味噌も糞も一緒にする議論とはまさにこのことで、経済に内在する要因から引き起こされた危機と外生的に持ち込まれた危機とを混同する無神経さには呆れるというほかない。そして第2章の「米国の家計を優先する」という章では、トランプ政権の実施したCARES法による政策は低所得層向けの所得保障を狙ったもので、トランプ政権の政策は低所得層の所得アップ、格差是正の政策であり、貧困削減に寄与したことを強調している。既述のようにCARES法による財政支出政策は、直接的所得支援、失業保険の増額と延長、家計の負債救済など、COVID-19によって直接被害を受けた人々への支援であることはいうまでもない。しかし、COVID-19による被害は、黒人、ヒスパニックなど、低所得層に集中した。中所得層や高所得層は、仕事をテレワークに切り替えるなど失業率も低かったのだ。低所得層の失業の深刻さがこのリセッション中に支払い賃金レベルの増加が引き起こしたという事実が、このことを雄弁に物語っている。このリセッションでは情報・通信などを通じて事業を展開する企業の収益がうなぎ上りで、株価もハイテク企業を中心に、COVID-19前の水準を軽く突破する事態が引き起こされたのだ。企業における最高経営責任者（CEO: Chief Executive Officer）の報酬や株主の利益はうなぎ上りで、COVID-19パンデミックは、米国社会により一層の格差社会を作り出している。トランプ政権が、低所得者層の味方だというなら、こした状況にどのように対処するのかが問われてしかるべきだ。だが、彼らは、そうした事態には全く関心がない。

　今回のCOVID-19パンデミックほど、米国の医療システムの不備を問題としたものはなかった。昨年の「総論」でも論じたが、国民皆保険制度を採用しない米国では、多くの人が健康保険に入っていない。しかも、トランプ政権は、発足当初からオバマ政権下で成立したケア適正化法を敵視し、選択と自由を基本とする医療システムへの改変を実施してきた。2017年12月に成立した「減税及び雇用法」の下では、オバマケアの加入義務規定を外すことなどを実施し、2020年初めにCOVID-19パンデミックが米国を襲った時には、再び無保険者が急増していた。トランプ政権は、今年の『報告』の第4章で、「米国のヘルスケア・システムの質と効率性の向上」を論じている。COVID-19パンデミックによって、その患者と死者が急増する中、トランプ政権が、一時的にそうした事態に対応する病院支援や患者への支援を行ったことは事実である。しかし、この政権の医療に関する考え方は規制緩和一辺倒のものであり、未来のヘルスケア改革では、FDAの薬品認可プロセスの規制緩和による新薬登場の効率化の促進であり、テレ診療の規制緩和であり、診療範囲の規制撤廃による医療高率の促進である。トランプ政権は、医療や薬品に対しても選択と競争を促進することが、米国医療システムの向上となる、ということを信じて疑わないのだ。

　トランプ政権の経済政策の基軸は、明確に巨大企業と金融機関の利益を優先する、新自由主義であり、減税と規制緩和にあるといっていいだろう。今年の『報告』では、第II部において、「アメリカの偉大さのルネサンス」と称して、オポチュニティー・ゾーンの初期のインパクトの評価を行い（第5章）、規制の負担の削減による経済的自由に力を与えることを論じ（第6章）、選択と競争を通して教育機会を拡大すること（第7章）、宇宙政策と所有権の新しいフロンティアを探検し（第8章）、最後に、自由で公正な均衡のとれた貿易の追求を論じている（第9章）。オポチュニティー・ゾーンとは、2017年「減税及び雇用法」に基づくものであり、経済的に見捨てられた地域をオポチュニティー・ゾーンと規定し、そこに企業投資を呼び込むという戦略に基づくものだ。トランプ政権による規制撤廃の行動はこの4年間一貫しており、企業活動の規制を取り払うことが減税と相まって競争と効率を促進して企業利益につながり、ひいては労働者の賃上げに寄与するというものだ。トランプ政権は、教育にも従来型の規制にとらわれない選択と競争持ち込むことが重要だと主張し、21世紀には宇宙にも投資を呼び込み、イノベーションを導くことで、より大きな利益をそこから生み出せるとしている。

バイデン新政権は、経済政策をどう変えようとするのか

トランプ大統領と異なって、バイデン大統領は、COVID-19 パンデミックに対して科学的に対応した。マスクをし、ソーシャル・ディスタンスを取り、人々が密集する状況を作らないことで対策を徹底させ、ワクチン接種を急がせた。バイデン大統領は、2021 年 7 月 4 日のアメリカ独立記念日までには接種を全国民に行い、さらに、その年の暮れの 12 月のクリスマスまでには COVID-19 パンデミックを終息させると宣言した。事実、米国では、それ以降は感染者、死者とも急速に終息に向かい、「ワクチン接種を 2 回行った人は、もうマスクなしで部屋の内外かまわず過ごすことができる」というコロナ対策ガイドラインの変更を米疾病管理予防センター（CDC: Center for Disease Control and Prevention Center）が行った。

2021 年 1 月にスタートしたバイデン政権は、3 月 11 日に新型コロナウィルス経済対策法を成立させた。この対策法の 1 兆 9000 億ドルの主な支出項目は次の通りである。現金給付は年収 7 万 5000 ドルまでで、1 人当り 1400 ドル、8 万ドルを超えればその対象外となる。失業給付は、週 300 ドルが加算され、9 月上旬まで継続される。ワクチン普及、感染検査などに 1090 億ドルを支出する。学校の対面授業再開支援などに 1700 億ドル、中小企業の従業員給与費用の肩代わりに 480 億ドル、州・地方政府支援に 3500 億ドルが支出されるなどとなっている。

この経済対策法が、トランプ政権期の 2020 年第 3 四半期に始まった回復基調を確実にすることは明らかだろう。2021 年、米国経済の GDP は、急速に上昇することが期待されている。この GDP 急上昇に弾みをつけるのが、バイデン政権によって提起された、米国におけるインフラ整備の法案である。インフラ整備に関しては、すでにトランプ政権下においても 1 兆 5000 億ドル規模の提案がなされたことがあり、これが進めば米国経済の基礎構造の強化に資することは明らかだろう。

財政危機は乗り切ることができるのか

しかし、こうした財政政策主導の経済政策が、連邦財政赤字を深刻化させることは明らかだ。現在、米国連邦財政債務累積額は、2020 年で 23 兆 9002 億ドルである。名目 GDP は、2019 年で 21 兆 4332 億ドルだから、累積債務・GDP 比は 111.5％だ。第 2 次世界大戦後の米国でも同じことが起こり、この比率は 100％を超えた。だが、戦後の米国ではインフレが起こり、さらに実体経済主導の高度成長が続いたことで、ニクソン政権が誕生する 1969 年頃までに財政均衡を達成し、財政危機から脱出することに成功した事例もある。だが、今回の財政赤字はどうか。

まず、国の借金は、民間の住宅ローンとは異なるものだということをいっておかなければならない。国は、期限を切らずに借り続けることができる。オバマ政権のエコノミストたちが主張したのは、累積債務・GDP 比を 60％程度に抑え込むことが中長期的に実現できれば、それを継続させることは可能だということだった。連邦財政の累積債務・GDP 比は、単年度の赤字・GDP 比を名目 GDP 成長率で割った値に落ち着く。実質 GDP 成長率が年 2％だとして、インフレ率が 2 ～ 2.5％程度だと、名目 GDP 成長率は、4％～ 4.5％程度になる。単年度の赤字・GDP 比が 3％だとして、名目 GDP 成長率を 4.5％だとすると、中長期的に米国の連邦債務累積・GDP 比は、66％程度（なぜなら、3/4.5=0.666666…）に落ち着き継続が可能になる。しかし、そのためには米国の名目 GDP を 21 兆ドルとして、連邦財政赤字を 6300 億ドル以内に収めなければならない。また、名目

GDP 成長率を 4 ％程度で継続させることが条件となる。

議会予算局（CBO: Congressional Budget Office）が、2020 年 7 月に明らかにした見通しによれば、名目 GDP 成長率は、2021 年 6.2%、2022 年 4.1%、その後も、2028 年まで 4 ％を超える名目 GDP 成長率を予測している。そして、2 兆㌦や 1.9 兆㌦の財政支出は、COVID-19 パンデミックによる一時的なものだから、単年度の赤字を6000 億㌦程度に抑えるのは決して無理なことではないだろう。

バイデン政権の財政・租税政策の基本は何か

バイデン新政権の財政・租税政策の基本は、トランプ政権とは全く異なり、新自由主義的・財政租税政策からの脱却だ。2022 会計年度（2021年 10 月 1 日〜2022 年 9 月 30 日）予算教書が明らかにしたことだが、バイデン政権は、トランプ政権とはうって変わって、教育、医療、環境分野での予算を増加させるだろう。

総額 1 兆 5200 億㌦の予算は、前年度比 8.4%増である。そのうち、非軍事分野は 16% の増加で 7690 億㌦だ。教育省予算は 41% 増加の1020 億㌦であり、低所得家庭の児童を支援するための学校援助に 200 億㌦増加の 365 億㌦を低所得家庭児童の早期教育に 12 億㌦増加の 119億㌦を充てるというものだ。

厚生省予算も 23% もの増加だ。国立衛生研究所（NIH: National Institute of Hygiene）には癌、糖尿病、アツツハイマー病などの研究費用に 65億㌦を新型コロナウィルス対策に取り組む米疾病予防管理センター（CDC）に予算も 16 億㌦増加の 87 億㌦と大幅に増加させる。気候変動対策予算も増加させ、140 億㌦を投入する。クリーンエネルギー開発のためのエネルギー省の予算、トランプ大統領が大幅に減らした環境保護局（EPA: Environmental Protection Agency）予算も増額させる。一方、国防予算は 1.7% 増加の 7530 億㌦だが、インフレ調整を行えば実質には少々の削減となる。

行政予算管理局（OMB: Office of Management and Budget）のシャランダ・ヤング副局長は、予算教書について、「新型コロナウィルス感染の拡大とそれによる経済的打撃から立ち直り、米国を以前に戻す機会となるだけでなく、より良く、より強く、より安全で、多くを包含する米国を構築するためのものだ」という。

租税政策もバイデン政権は、トランプ政権の富裕者優遇の減税政策から劇的に変化すだろう。まず、連邦法人税率をトランプ政権が引き下げた21% から 28% に引き上げ、所得 40 万㌦以上の納税者には、2017 年成立した「減税及び雇用法」による減税その他優遇措置を停止するという税制改革を掲げている。ジャネット・イエレン財務長官は、2021 年 4 月 5 日、法人税率の世界的な「底辺への競争」を終わらせるとして、公正な税負担につながる国際的な最低税率の導入を訴えた。イエレン財務長官は、法人税を下げる世界的な競争が、法人税の基盤をむしばみ「必要不可欠な公共財への投資や危機への対応への十分な財源を得る安定した税制度」の実現を困難にしてきたとし、「多国籍企業へより公平に課税することを通じて世界経済を強くするために、国際的な最低税率導入を活用できる」と強調したのだ。米国財務省は、2021 年 5 月 20 日、法人税の国際的な最低税率導入を目指す経済協力開発機構（OECD: Organization for Economic Cooperation and Development）との協議で、「15% 以上」を提案したと発表した。また、「15% より上げていく野心的な議論を続ける」と表明したのだ。これは、国内に企業を世界的に呼び込むため、低税率を採用しているアイルランドに配慮したと思われるが、OECD では、国境をまたいで活動する巨大 IT 企業などへの課税制度の議論を進行させ、米国財務省は、7 月に行われる 20 カ国・地域（G20）財務省・中央銀行総裁の会議で国際合意に持ち込むことに成功した。

トランプ政権の4年とは、何だったのか──萩原伸次郎

まとめにかえて
バイデン政権による連邦最低賃金時給15㌦の実現は可能か

　トランプ大統領は、今回の『報告』で、COVID-19パンデミック下の米国で、低所得者に寄り添う経済政策を実行したと主張したが、彼は、ただの一度も、連邦最低賃金の大幅上昇を政策的に掲げたことはなかった。低賃金でも働きたい人がいるなら結構なことだというのが彼の主張だった。トランプは米国の失業率が、トランプ政権の「繁栄」の下で、COVID-19パンデミック前に、史上最低の3％台になったといって自画自賛していたが、それによって米国労働者の賃金水準が大幅に上がったわけではない。失業率が史上最低になったという事実は、生活のために、かけ持ちでいくつもの仕事につかざるを得ない、低賃金労働者が大量に生み出されたということなのだ。COVID-19パンデミックで、大恐慌のレベルを超える大量の失業者が、低賃金労働者層を中心に生み出されたが、その時、米国の支払い賃金水準が上がったという奇妙な現象は、その何よりの証拠だ。

　それに対して、バイデン大統領は、昨年行われた大統領選挙における公約で、連邦最低賃金時給15㌦を掲げた。その実現への最初の試みは、2021年3月11日に成立した新型コロナウィルス経済対策法に含ませることだったが、下院議会では通過したものの、上院では、共和党の反対に加えて民主党議員からも反対が出て、通過しなかった。だが、バイデン大統領は、4月27日、連邦政府と契約する業者の従業員に最低賃金時給15㌦（約1600円）を保障する大統領令に署名した。さらに、米国では、各州において最低賃金時給15㌦の動きが展開している。5月20日、ロードアイランド州では、ダニエル・マッキー知事が、同州の最低賃金を時給15㌦に引き上げる法案に署名し、2025年までに段階的に実施されことになった。州レベルの最低賃金を時給15㌦に引き上げている州は、北東部州ではマサチューセッツ、コネチカット、ニューヨーク、ニュージャージー

の各州、南部州ではメリーランド、中西部州ではイリノイ、西部州ではカリフォルニアがあり、首都ワシントン特別区においても20年から15㌦を実施している。最低賃金は、その決定の高い方に定められるから、これらの州では、連邦最低賃金が時給7.25㌦であっても、労働者は時給15㌦の最低賃金を獲得できる。

　連邦最低賃金時給15㌦を実現するには、連邦議会において、ニューヨーク州選出の下院議員アンドレア・オカシス・コルテス、バーモント州選出の上院議員バーニー・サンダース、マサチューセッツ州選出の上院議員エリザベス・ウォーレンたちのような進歩派議員を増加させなければ、実現は困難だ。最低賃金時給15㌦を目指す運動組織「ファイト・フォー・15ダラーズ」（Fight for 15 Dollars）などの草の根の運動が活発になり、来年行われる2022年11月の中間選挙において、下院、上院とも連邦最低賃時給15㌦に理解を示す議員が多数になれば、もちろん実現は可能だ。

　2018年11月の中間選挙では、バーニー・サンダースが提唱した「メディケア・フォー・オール」（Medicare for All!　すべての人に健康保険を！）というキャッチフレーズで、多くの進歩派民主党議員が誕生した事実を想起しよう。だが、共和党は、トランプ前大統領支持派を前面に立て、Qアノンとその他の謀略組織を使って、2022年11月の中間選挙での、連邦下院、上院での多数派奪還へ執念を燃やし、なりふりかまわずの選挙戦を行う構えだ。民主党は、1枚岩ではない。左右の対立も当然存在する。2020年11月の連邦議会選挙では、トランプ大統領支持派の善戦もあり、「2022年11月中間選挙での民主党進歩派の議席増加は確実」という楽観は許されない。2008年11月、バラク・オバマ大統領当選の次の2010年11月中間選挙では、コーク兄弟に操られたティーパーティー派の共和党議員の増加によって、連邦下院は共和党が多数になり、オバマ政権のま

ともな政策が完全にブロックされた事実を想起し
よう。大統領選の次の中間選挙では、与党が負け
るというジンクスをいかに破るかがカギとなるの
はいうまでもない。

ECONOMIC REPORT

OF THE

PRESIDENT

TRANSMITTED TO THE CONGRESS

MARCH 2021

TOGETHER WITH

THE ANNUAL REPORT

OF THE

COUNCIL OF ECONOMIC ADVISERS

目次

2021

大統領経済報告

米国議会へ

4年前、合衆国議事堂のステージで、私は、この国の市民に対して、わが国の偉大さを取り戻し、それゆえ、安全を確保し、すべてのアメリカ人の繁栄を増進させることを誓った。このことは、われわれが課題と困難に立ち向かうことを求める一方で、私は、過重な税と規制から自由にする、アメリカ魂が、想像もできないほど、わが国を経済的成功に導くだろうことを知っていた。私は正しかった。この政権を通じて、アメリカ国民は、断固とした意志をいきわたらせ、わが経済を今までにない高みに導くことを示して見せた。

就任初日から私は、アメリカ第一をモットーとして、しっかりと実行をしてきた。この運動の経済的な柱は、税制改革を徹底し、規制撤廃行動を拡大し、公正かつ相互的な貿易協定を結ぶことであり、中間層の繁栄を促進し、歴史上かつてない長期の拡張と強力な回復を導くことだった。

中国からわが国へコロナウィルスが襲来する前、わが経済は 700 万以上の雇用を創出し、ほぼ 1 万 2000 の工場が、わが国に回帰し、アメリカ人の富は、今までにない高さにあった。ブルーカラー労働者の賃金上昇が彼らの監督者の賃金上昇を上回り、不平等は減少し、底辺の 10％の所得は、その上位 10％の所得より速く成長し、過去の政権における傾向を逆転させた。わが政権発足以来、家計所得の中央値は、6000ドル以上成長し、彼らの人種、民族、教育的背景や年齢にかかわらず、人々の地位を向上させた。2019 年だけで、家計中央値所得は 4400ドル上昇し、それは 2016 年を通しての過去 16 年間におけるよりも大きかった。200 万人以上の人々が、労働力として復帰したにもかかわらず、失業率は、2020 年 2 月で 3.5％

の低さだった。これは、過去 50 年以上において、最低のレベルだった。

過ぎ去った 1 年において、多くの人が決して経験することのなかったような試練に、わが国は直面した。しかしながら、われわれは、これらの試練を通じて、再びアメリカ国民が柔軟であることを実証してきた。今年のちょうど 2 カ月において、2300 万以上の人々は彼ら自身に責任のない過ちによって生活の危機を招き、失業率はピークで 14.7％となった。しかしこの春以来、1200 万以上の雇用が回復するのを見たように、第 3 四半期だけで GDP は 33％という驚くべき上昇の記録となったが、それは、歴史的にかつてない巨大かつ急速な経済政策によるものだった。

ウィルスに襲われた時、わが政権は、第 2 次世界大戦以来最大の産業動員を発した。われわれは、世界で最も革新的なテストシステムを創設し、画期的な治療と処置の先駆者となったが、最も重要だったのは、われわれが、記録的な時間で素晴らしいワクチンを開発し、製造したことだ。このパンデミックは、中国で開始されたものだが、われわれが、アメリカで終わらせる。

わが政権の成長促進政策によって、わが国の経済はすべての転換点において期待を上回っており、中国ウィルスによる経済ショックにもかかわらず、わが偉大なアメリカの回復は進行中なのだ。

アメリカの偉大さのルネサンス ——わが国を再建する

何十年にもわたって、政治的指導者と特権エリートたちは、アメリカ労働者とその家族を黙らせ、機会を——そして、それとともに希望を——

―わが偉大な国から奪い去ってきた。ほぼ500万人の製造業雇用と6万の工場が、2000年の中国との恒久正常貿易関係（Permanent Normal Trade Relations with China）の設立に伴って、わが国を離れた。過重な税負担と過剰な規制が、企業をして他に投資させることを促進した。何十年にもわたって、多国籍企業が、輸入財をわが国に満ち溢れさせ、何百万ものアメリカ人家族の生活と尊厳を剥奪してきた。これら害悪を与え続けてきた政策は、何十年にもわたって「中国製」が大手を振るってのさばることに導いたし、中国の指導者や（その他の国の指導者たちもそうだが）彼らは、心からアメリカ労働者に最大の利益になることを持ち合わせていない特権政治家たちを利用した。

　私が政権に就く前、グローバル主義者の原理にしがみつく政治家たちは、わが国の国境とその尊厳を単に交渉ごとの概念に変え、あるいは既存の利益にぶつかる時には簡単に無視した。反アメリカのイデオロギーは、学校、大学、そしてメディアに満ち溢れ、一方で、アメリカの富、知的財産権、イノベーションはわが国から流れ出た。無視され、間違った管理によって何年も打ち捨てられた都市は当たり前になり、無法な街角となって打ち捨てられ、繁栄、教育の選択あるいは自由さえなくしてしまった。国際的な金融危機は、もしかしたらやってくるのではないかということではなく、いつやってくるのかということになってしまったし、これらを管理することなどはよそ事になり、アメリカ人は忘れ去られた。

　政権についてから、私は、アメリカに詫びることなどではなく、アメリカのために立ち上がったのだ。私は大統領職の初めから、アメリカ第一主義を心掛け、今までの誰よりも、アメリカ人労働者のために懸命に戦ってきた。わが政権は、簡単な2つのルールに固執した。アメリカ製を購入することと、雇用することの2つだ。われわれは、歴史上かつてない安全な国境を建設したし、中国に対して今までになく強い行動を起こしたのだ。

　私は、すべてのアメリカ人を向上させる経済アジェンダによって、わが国を復権させる約束を毎日実行してきた。ちょうど3年間、わが政権の政策は、660万人以上の人々を貧困から抜け出させ、アメリカ黒人、ヒスパニック、アジア系アメ

リカ人、そして大学卒の学位を持たない人びとに、記録的な低失業率をもたらして繁栄を創出したし、多くの人たちと退役軍人のホームレスを減少させたし、薬物中毒にかかわる死者の大波を阻止することで何千という命を救ったのだ。われわれは、長い間、富裕さや階層背景をベースにして子供たちの教育を人質に取ってきた時代を打ち破ることを行ったが、その教育は、子供の知識や実現されていない能力を否定するものだった。そして、わが政権は、アメリカ人に経済的自由を取り戻し、新しい重要な1つのルールができるごとに、ほぼ8つのルールを削減し、規制の力を削減し、ひそかに導入される税を鎮圧した。水力破水法の力（破砕力）は、米国のエネルギー自立への道を固めたし、国家安全に沿って個人的繁栄をもたらし、石油価格を全世界的に10％も低下させることに貢献した。われわれはまた、米国宇宙軍を創設し、第6部隊として、「力を通じての平和」の新しい意味付けを行い、われわれの諸能力を拡大し、宇宙における米国のリーダーシップを回復させた。

　われわれは、自国において記録的な繁栄を解き放ち、また一方で貿易関係においても公正かつ相互的な協定を協議している。「減税及び雇用法」の通過によって、ブルーカラー労働者の賃金を上昇させ、米国―メキシコ―カナダ協定の実行は、われわれの地域的貿易パートナーとの関係で米国の競争力を向上させた。われわれは、中国に対して、米国歴史上かつてなくタフな、大胆、かつ強力な行動を取ったし、このことで、米国は中国財の輸入関税収入を何十億ドルも集めている。

　私は、今までにない行動を取り薬品価格を引き下げ、アメリカ人が、決して救命薬品に対して他の国の消費者よりもより多く支出させないことを確実にした。そして、わが政権は、驚きの医療請求書に終止符を打つべく活動を行なった。われわれはまた、ケア適正化法による、有害な加入義務規定をなくし、120万人から460万人のアメリカ人が2018年から2019年にかけて雇用主提供の健康保険を獲得した。これらの行動は、わが政権のその他に採られた多くのものと一緒に、アメリカ人すべてに対して経済成長と賃金上昇をもたらしただけではなく、それらを利用しようとする外国競争者からアメリカ人を保護するものでもあ

る。

・・・・・・
・・・　偉大なアメリカの復帰は今行われつつある
・・・・・・

　中国からのウィルスは、世界の歴史において、最も偉大なる最大の経済を終了させることを余儀なくさせた。わが国が直面しているリスクを理解し、私は、中国からの渡航を禁じる大胆な行動を取ったし、その後にはヨーロッパからの渡航も禁止し、アメリカ人の数え切れないほどの命を救った。

　グローバル経済は、われわれが知るように何日も何週間も、存在を停止した。世界の諸国は、ロックダウンされ、不安定が巨大な恐怖を生み出した。米国中の病院や健康施設の前線に立つ対応者たちに準備をさせるべく、われわれは、わが経済の強さに対してアメリカ人の安全を優先した。今年3月、われわれはウィルスの拡散を抑えるために最初の計画を実施し、全国の知事と協力した。その間、わが政権は、何千もの人工呼吸器、何百万もの手袋、マスク、そして防護服を州やその周辺に運搬し、アメリカ人に救命医療機器が届くように働いた。

　われわれは、ウィルスによる患者が治療を自費で行う必要のないことを約束し、何十億ドルも病院やヘルスケア供給者に提供し、保険に入っていない患者も、重要な治療が受けられるようにした。3月の終わりまでに、食料・薬品局（FDA）は、緊急治療権限を発し、20以上の治験と救命治療を急速に行った。われわれの努力によって、今日における死亡率は、4月のピークより85％以上低くなった。その間、オペ—レーション・ウォープ・スピード（Operation Warp Speed）は、民間セクターのイノベーションを強固なものにし、命を救うワクチンを何百万分も開発し、製造し、通常3年かかる平均開発時間を9カ月以下に縮小した。この記録的な素晴らしい仕事は、この残忍なパンデミックの終結への道筋を明確にし、世界中の何百万人もの命を救い、健康とその他経済的コストを何兆ドルも節約した。

　われわれ自身の過ちでもないのに、すべての職業・社会的地位にあるアメリカ人は、見えない敵に対峙させられてきた。この困難な時間を通してわが国を救済することに対して、私は、4つの法律を擁護し、署名した。これら法律は、アメリカ人を彼らの職につなぎ止め、家族と労働者たちの経済的障害を削減した。3月に、「コロナウィルス援助・救済及び経済安定化（CARES: Coronavirus Aid ,Relief, and Economic Security）法」――これは、史上最大の経済救済法であるが――を制定し、市民に直接支払いを権限づけ、失業保険を拡張し、それを最も必要としている人たちのローンの返済を遅らせた。議会が、後にこの救済を拡大し、延長する義務を放棄した時、私は、わが国の家族、学生、そして労働者に供給することを継続する4つの行政行動に署名した。加えて、わが政権は、民間セクターと手と手を取り合って働き、国防生産法を活用し、人工呼吸器、保護用具やその他の材料を生産し、配布することを急上昇させ、100回以上も関連機関に働きかけたが、それには、治療具やワクチンも含まれる。

　給料小切手保護プログラム（Paycheck Protection Programs）、それは、CARES法の核となる部分だが、中小企業に520万以上の決定的なローンを供給することによって5100万人以上のアメリカ人を救済し、サポートした。これらローンは、企業所有者とその従業員の生活にとって決定的に重要であって、広範な破産を回避させた。この努力は、ただ、3月と4月の80％以上の解雇が一時的なものであり、これを受けた80％以上の企業が今日も営業しているということを意味する。加えて、経済インパクト支払い（Economic Impact Payments）は、わが国のいたるところに、1億5900万人以上のアメリカ人に上昇する現金を送ったのであり、所得分配の底辺の10％の家計へは、ほぼ3カ月分の所得を供給したのだ。そして、わが農家から家族への食糧箱プログラム（Farmers to Families Food Box Program）においては、家族、子供、そして企業へ9000万箱以上の食料が運ばれたのであり、何百万人のアメリカ人を食料不安定から保護したのだ。

　過去4年にわたって、私は、アメリカ人民、あなたたちのために戦ったのであり、それが私のすべてだ。続いて『大統領報告』では、わが国を成功に導いた政策を叙述し、中国ウィルスに対応して、偉大なアメリカを取り戻すことを続けるために取ってきたわれわれの足跡について披露しよう。今年のこの『報告』は、アメリカ人民の決意の証

拠であり、アメリカ人民は、困難にぶちあたたて
も決してくじけず、その勇気と容赦のなさは、わ
が運命を鍛え上げることだろう。

ドナルド・J・トランプ
ホワイトハウス
2021 年 1 月

経済諮問委員会年次報告

提出書

経済諮問委員会

ワシントン　2021 年 1 月 15 日

大統領閣下

　経済諮問委員会は、これに添えて、1978 年「完全雇用及び均衡成長法」によって修正された、1946 年雇用法にしたがって、その 2021 年年次報告を提出するものです。

敬具

ラッチェル・サイデンシュヌール・スロボディエン

主席補佐官

目 次

第Ⅱ部　アメリカの偉大さの復興

目次

目次

第Ⅲ部　わが国再建への努力

<h1>図・表・Box 一覧表</h1>

図・表・Box 一覧表

図・表・Box 一覧表

序

2020年、米国経済は大恐慌以来最悪のマクロ経済的ショックを経験した。COVID-19の到来、——そして、ウィルスの伝播を封じ込め、緩和するための諸処置の直接的結果として、2020年の実質産出は12.3％もの大きさで収縮が進んだが、それは、1932年以来最悪の経済的収縮となった。専門的予測家は、失業率は、2020年5月には、25.0％の高さにまで到達するであろうと予測しており、それは大恐慌以来最悪のレベルであり、2008-9年のグローバルな金融危機後のピークの2倍を超えるものである。議会予算局（CBO）は、2020年の4つの四半期を通してほぼ6％の収縮を予測し、その失業率は、その年末まで11％を超えて続くであろうとした。

米国経済の記録的な拡大を急速に終息させる、歴史的にかつてない規模とスピードの外生的ショックに直面して、トランプ政権は、同様にこれまでにない規模とスピードで対応した。この対応の結果、2020年第3四半期の実質国内総生産（GDP）は、パンデミック前のレベルから3.5％の下落であり、——これは初期の予測の半分よりも少ない落ち込みであり、——第4四半期の最頻予測は、2.3％の暦年下落を示唆し、——それは、予測された下落（図1－1）の3分の1であった。7カ月において、米国労働市場は、1230万人の雇用を回復し、それは3月、4月の雇用喪失の56％に相当する（図1－2）。失業率は、4月の14.7％のピークから11月には6.7％に下落し、それは、ほぼCBOが5月に予測した年末の失業率を5％ポイント下回った。4月に22.8％のピークを打った後、U-6、これは労働市場不稼働率の最も広範な測定であるが、12.0％に低下し、2014年

7月のそれよりも低いレベルであり、以前の回復5年目よりも高かった。前代未聞の財政サポートによって、2020年7月までに、小売りならびに新規あるいは既存の住宅販売は、そのパンデミック以前のレベルを取り戻した。

COVID-19パンデミックは、米国史上記録的な長期の経済拡大を終焉に持ち込んだが、——その経済拡大は、2008-9年金融危機以来、初めて、予測を超えて、所得と資産分配を通した真の経済的前進をもたらした（図1－3）。パンデミック前の3年間、米国経済は、700万人の雇用を付け加え、——それは、2016年8月に超党派の議会予算局によって予測されたものより500万人多かった。2020年の最初の2カ月で、米国経済は、CBOが2020年の全12カ月で創出されるであろうと予測した雇用数を上回って、46万5000人付け加えた（図1－4）。

2019年を通して、実質家計所得中央値は、6000ドル上昇し、——それは、その前の8年間の総上昇の5倍以上であり、一方で賃金、所得、資産の不平等は低下し、アフリカ系アメリカ人と白人アメリカ人との賃金ギャップは縮小した。2017年の画期的な税制改革の後、下位50％の家計の純資産は、上位1％のそれより3倍も速く上昇し、一方で下位10％の実質賃金は、ほぼ上位10％の2倍の速さで成長し、以前の拡張期とは全く異なる状況を記したのであって、以前の賃金、所得資産の不平等がすべて上昇したのである。所得分布のすべてにわたって資産は増加したが、下位50％の実質資産のシェアは増加し、一方で上位1％のシェアは減少し、所得の労働シェアは上昇し、資本シェアは減少した。2020年2月、ちょうどパンデミックが直撃する前のこと

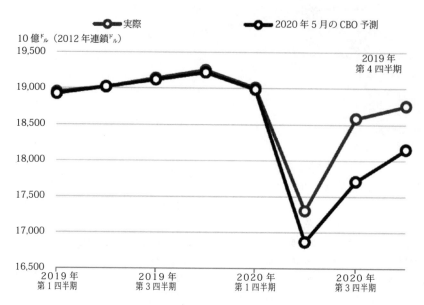

図I-1 2020年5月の議会予算局（CBO）予測と実際のGDP

注：2020年第4四半期は2020年11月20日の実質GDP成長のブルー・チップ・コンセンサス予測。
出所：Bureau of Economic Analysis; Congressional Budget Office (CBO); Blue Chip; CEA calculations.

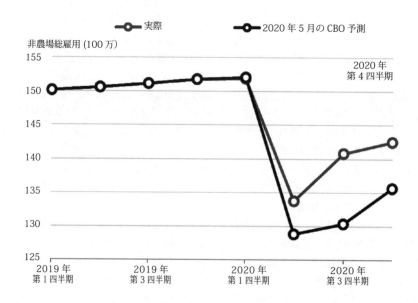

図I-2 2020年5月のCBO予測と実際の給与雇用

注：2020年第4四半期水準は、10月と11月の水準の平均。
出所：Bureau of Labor Statistics; Congressional Budget Office (CBO); CEA calculations.

図Ⅰ-3 2016年8月のCBO予測と実際のGDP

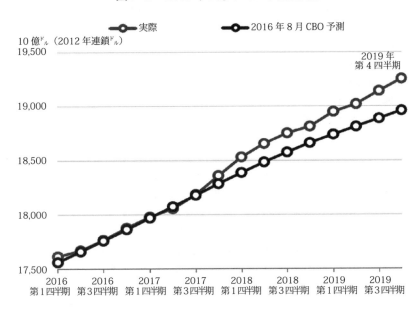

出所：Bureau of Economic Analysis; Congressional Budget Office (CBO); CEA calculations.

図Ⅰ-4 2016年8月CBO予測と実際の給与雇用

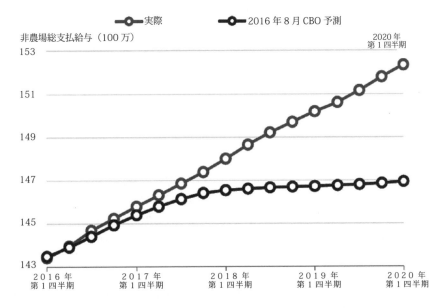

注：2020年第1四半期水準は1月・2月の平均ペース。
出所：Bureau of Labor Statistics, Congressional Budget Office (CBO), CEA calculations.

だが、失業率は 3.5％に減少し、それは、50 年以上において最低のレベルであり、CBO の 2016 年の最終予測よりも完全に 1.5％ポイ低かった。

COVID-19 は、この記録的な拡大を急速に終息させる外生的ショックであったが、同様に急速な政策対応が行われた。COVID 被害が最初に報告された 1 週間内に、議会は、コロナウィルス準備対応補正歳出予算法を通過させ、大統領が署名し、法律となった。4 週間内には、大統領は、さらに 2 つの経済関連法に署名したが、それには、「コロナウィルス援助・救済及び経済安定化（CARES）法」が含まれ、米国企業、家計、医療施設、州・地方政府への直接的資金サポートで 2 兆 2000 億ドルが支出された。COVID-19 という有害なショックへのこれら画期的な政策対応が、COVID 前の米国経済の歴史的な強さと相まって、大恐慌に匹敵するマクロ経済的縮小になりかねないところを緩和させた。とりわけ、雇用主・雇用者関係の維持を企図する諸措置のうち最も重要なのは、給与小切手保護プログラム（PPP）と雇用者保持税額控除であり、企業が解雇労働者を引き留めることを可能とするカギとなった。中小企業へ適用条件を限定することによって、PPP は、雇用者を切らねばならないリスクに直面している雇用主を対象に援助するものであった（図 1 － 5）。

その間、所得補充とコスト緩和が、家計所得へのショックを和らげることを促進し、消費支出の安定と回復に寄与したが、消費支出は、米国経済の 70％を構成するものである。連邦援助プログラムは、拡張され、増進された失業保険（Unemployment Insurance）と所得が低い家計への経済インパクト支出 (Economic Impact Payments to households earning below) を含むが、所得閾値を設定し、経済的落ち込みによる家計報酬の下落をかなり相殺する。所得補充率は、所得分布のより低い層に高く、救済が、逆行する所得ショックによりさらされやすい家計に対して設定されているということを意味する（図 1 － 6）。これら処置の期限切れと議会行動の欠如に対して、トランプ政権は 4 つの行政行動によって、より多くの救済を拡張し、失業しているアメリカ人へ失われた賃金援助を通じて補足の支払いを供給し、臨時の給与税救済、そして、ローンを持つ学生、追立てを食らっている借り手への救済と保護を延長した。

回復のペースは、予想よりもかなり速く、記録的に急速な経済回復が実現している（図 1 － 7）にもかかわらず、継続するグローバルな COVID-19 パンデミックに直面し、米国の雇用と生産は、2020 年末において、パンデミック前の水準を超えていない。完全な回復への残された課題を認識し、最も重要なことは継続する COVID-19 パンデミックの中で、わが政権は、追加的な財政救済を支持し、引き続きサポートするが、それには、中小企業の給与支払いをサポートするための PPP の追加的措置、拡張する雇用者維持税額控除、失業保険支給の拡張の継続、経済インパクト支払いの第二ラウンド、学校、州地方政府へのターゲットを絞った援助、追加的な栄養補給、そして、とりわけ被害が大きい産業への臨時の救済などが含まれる。この報告を書いている時に、米国議会は、これらの措置に賛成を示さなかった。

この『報告』の第 1 章では、われわれは、2020 年に米国経済を襲った経済的ショックの大きさを測り、このショックを歴史的に位置づける前に、パンデミック前の米国における経済的前進を議論する。第 2、3、4 章においては、このショックへの政権の対応の経済的効果を推定し、記録するが、最初に家計と労働市場、それから企業と金融市場、そして最後にヘルスケアに焦点を当てる。われわれは、それから次の 5 つの章では、とりわけ、機会ゾーン、規制撤廃、学校選択、宇宙イノベーションと探査、そして、国際貿易の分野において、長期の潜在的経済成長の基盤の確立における COVID-19 前の政権の政策の役割に向かう。最後に、われわれは、さらなる経済回復と継続的な成長を促進できる将来の潜在的な政策を議論する前に、潜在的リスクを含めた、2020 年の米国経済を概観し、経済見通しを議論する。

第 1 章では、われわれは、強力な米国経済が到来した 2020 年の初めのことを記述するが、そこでは、すべての分野でアメリカ人に雇用、所得、そして資産の増大をもたらしており、歴史的に低い失業と貧困が実現し、社会経済的階層を通して労働者に記録的な所得中央値の増加をもたらしている。さらに、経済の活気的な状況は、2020 年とそれ以降の健全な成長を予測家に予測させるように導いた。しかしながら COVID-19 の到来、こ

図Ⅰ-5　最初の失業保険請求（2020年）

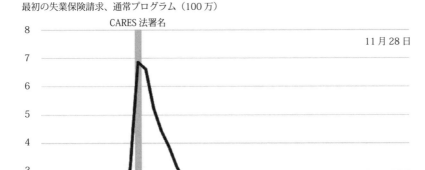

最初の失業保険請求、通常プログラム（100万）

CARES 法署名

11月28日

大リセッション・ピーク

1月1日　　3月1日　　5月1日　　7月1日　　9月1日　　11月1日

出所：Department of Labor; CEA calculations.

れは、中国人民共和国に由来するものであるが、わが国に前代未聞の経済的公衆衛生上の危機をもたらした。この章では、COVID 前のトラップ経済の健全性を叙述し、COVID-19 による経済的ショックを論じるが、トランプ政権によってとられた迅速かつ大胆な救済対応を概観し、現代米国史上、今までにない急速な経済回復をもたらした基盤を構築したことが論じられる。

　われわれは、これらの問題をより深く第2章において分析する。われわれは、トランプ政権の成長促進政策が 2016 年から 19 年までの米国家計の大きな増加に貢献したことを発見する。純資産中央値は 18％も上昇し、所得中央値は 9.7％の上昇、そして、貧困率は記録的に低くなった。COVID-19 パンデミックが、歴史的拡大を破局的にとどめを刺したが、トランプ政権は、立法化と行政行動によってアメリカ人の生活を守ることに寄与した。失業率が 2020 年2月の 50 年来の記録的な低さ 3.5％から4月には 14.7％の高さに上昇したが、家計所得は、すべての分布において増大し、とりわけ、より低い所得家計において、経

済インパクト支出、延長され拡大された失業手当によって上昇した。立ち退きや学生ローン破産に対抗する保護は、人々を家にとどまらせ、破産から立ち直らせた。これらの努力の究極の成功は、いかにして経済が回復するかにかかっている。4月から 11 月にかけて、失業率は、8％ばかり下落、6カ月の落ち込みとしては最も速く、トランプ政権の最初の3年間における強力な経済と同じものに到達する道をならした。

　第3章では、企業と雇用主──雇用者関係についての経済政策対応の効果を議論する。CARES 法、それは、大統領が国家非常事態宣言が発出されてからたった2週間で、大統領の署名を得て成立したものであるが、COVID-19 危機によるショックを和らげるため、家族と企業に記録的な経済救済を供給した。総額で、COVID-19 への財政的対応は、第2次世界大戦後の時期における最も速い、活気的な危機に関連する経済的政策動員として際立っている。2つの中心的な諸目的が、COVID-19 による経済的崩壊と戦うトランプ政権のアプローチとして存在するが、1つは、窮乏を

図I-6　百分位別の家計所得の指数、2020年

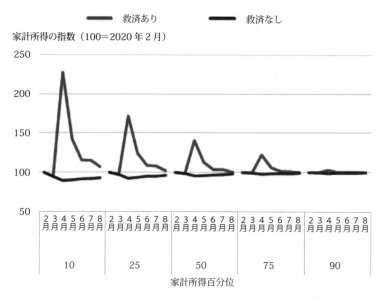

注：ここで用いられた方法については、CEA (2020) を参照のこと。
出所：Census Bureau, Current Populat on Survey, Monthly and Annual Social and Economic Supplement; CEA calculations.

削減する金銭的困難の緩和ともう1つは、根本的な経済健康を維持し、より速い回復を促進するということである。中小企業のバイタリティーと柔軟性を確実にすることが、これらの諸目的を達成するために重要な役割を演じる。この章では、中小企業と労働者を援助する金銭的救済条項を叙述するが、中心期には、PPPであり、これらの成功が米国歴史上最速の雇用とGDPリバウンドとなるものに活力を与える。

第4章では、われわれは、いかにしてCOVID-19パンデミックがヘルスケア・セクターに、急速に発生する健康と経済危機を全国にわたる労働者家族に作り出しているかということを検討する。トランプ政権にこの多面的危機に取り組む対応は、2つの方向をもった補完的な政策アプローチからなる。第一に、超党派の法律のいくつかを成立させ、わが政権は、病院が経験する金銭的負担を緩和する重要な基金を確保し、500人以下の雇用者を持つ民間雇用主に税額控除を提供し、彼らの労働者に対して緊急有給家族及び疾病休暇を与えること、そして、完全に多くの低所得

ならびに非保険加入者個人へCOVID-19検査のコストを賄い治療することを可能とする。第二に、規制撤廃の一連の行動を通じて、わが政権は、COVID-19のスクリーニングと多くのその他の健康不安に対して、遠隔治療の使用を拡大し、看護師施療者の職業的ライセンスの必要を緩和することを支持し、COVID-19への治療に対して緊急使用権限を発し、COVID-19の治療とワクチンの開発、認可、配送を加速化させた。このことには、わが政権のオペレーション・ウォープ・スピードが含まれ、CEAの推定だと効果的なワクチンの利用可能性の加速化を通して2兆4000億㌦ほどの経済的便益に帰結するであろうという。この章では、これらのヘルスケア政策のイノベーションとその達成のさまざまな効果を検討し、そのいくつかは、COVID-19のパンデミックが解決された後、配当が支払われることになるであろう。

第5章とともに始めるのであるが、われわれは、長期の潜在的経済成長の基礎を確立するにあたってのCOVID前の政権の政策の役割を議論する。2017年「減税及び雇用法」は、企業と個人

図I-7　リセッションごとの労働市場の回復比較

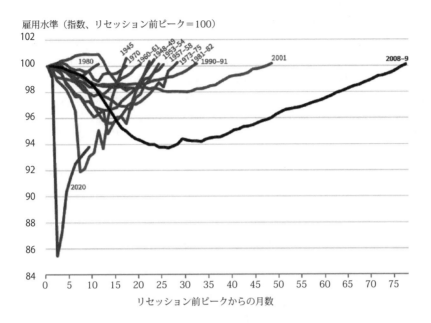

雇用水準（指数、リセッション前ピーク＝100）

リセッション前ピークからの月数

出所：Bureau of Labor Statistics; National Bureau of Economic Research; CEA calculations.

に広範に税を引き下げただけではなく、オポチュニティーゾーン（OZs）を定めて経済的に荒んで落ち込んでいるコミュニティーに投資を呼び込むために減税を行った。この章では、OZsの優越性を連邦のその他の反貧困プログラムのそれと比較し、OZsとして定められたほぼ8800の低所得コミュニティーの性格を記録する。CEAは、750億㌦がOZsとして投資されたこと、そしてこの投資はすでにOZ住人に恩恵を与え、現下の連邦予算にはちょっとの影響しかもたらさないということを発見する。

　第6章では、われわれは、再度経済的規制の問題を取り扱う。トランプ政権において、連邦機関は、規制改革に継続的にかかわってきたことを明らかにしてきた。その結果、わが政権の規制努力は、中小企業と中所得層家計に対して、お役所的形式主義の煩雑な手続きを削減することを促進してきた。わが政権が2020年に終了させた最も重要な規制撤廃行動の1つは、より安全を可能とする燃料効率（SAFE）車規則であり、これは、われわれの推定だと、実質所得の上昇に帰結し、年

間530億㌦あるいは、約0.3％のGDPを上昇させるであろう。CEAはまた、SAFE車規制のような規制の撤廃の便益は、より所得の低い層に有利に働き、それは、より低い所得層家計が、わが政権の規制撤廃行動から、家計所得に対して、最も恩恵を被っていることを示唆するものである。

　第7章において、われわれは、学校選択のトピックスを検討する。過去30年間、学校選択のプログラムは、米国において劇的に拡大をしてきた。これらプログラムは、――連邦レベル、州レベル、地方レベルにおいて組織されてきたものであるが――教育の選択へのアクセスの拡大という共通の目標をシェアしており、それと並んで、初等、中等教育における公的学校選択を究極において改善するのである。これらプログラムは、基本的なやり方で初等中等教育を変えてきたが、学校システムの競争を促進し、すべての学生に教育機会を増進させることによるもので、とりわけ不利な状況にあるグループの学生たちのためなのである。われわれは、学校選択プログラムの発展と拡充を記録し、連邦政策の役割を議論し、それには、

この拡張をより推進するトランプ政権による最近の行動が含まれる。われわれは、いかに教育における競争が家族に力を与え、学校により多くの価値を伝達するよう動機づけするかを説明し、そして、注意深く作られた学校選択プログラムがすべての学生に対して教育成果を改善するという実証的根拠の増進を記録する。

第8章においては、経済能力の潜在性のフロンティア、すなわち、宇宙経済におけるイノベーションと機会の重要な発展について分析する。われわれは、過去1年の宇宙船と宇宙政策の前進を概観するが、それには歴史上初めての商業用の人間を載せる宇宙船と宇宙経済における民間セクターの役割を示唆するものが含まれる。われわれはまた、わが政権の政策の役割、とりわけ、「宇宙資源の発見と使用についての国際支援の促進」とアルテミス協定に関する行政命令について論じるが、宇宙経済における投資家の確信を強化し、それゆえ民間の宇宙セクターの拡充を可能とするのである。財産権の経済理論と実証的財産権研究文献の広範な概観の後、われわれは、宇宙のような新しい経済セクターでの投資家の期待の改善は、そのセクターでの投資を促進することの十分な証拠を発見する。加えて、われわれは、次の8年間で民間宇宙投資が倍増すると予測するが、それは、わが政権の行政行動と宇宙においてのその他財産権の増進によるものである。

第9章において、われわれは、いかにしてわが政権が国際貿易において米国の利益を増進したかを検証するが、それは、中国、日本そして韓国との新しい二国間貿易協定の締結によるものであり、わが国にとって最も重要な貿易パートナーである、カナダ、メキシコとの貿易協定を近代化し、地域協定を再構成したからである。米国・メキシコ・カナダ協定は、分野の全般にわたって米国の新しいセーフガードを達成し、それは、デジタル・サービス、知的財産、そして労働保護を含むものである。これら諸協定は、過去この貿易協定の焦点であった公式の関税障壁を超えるものであり、自由かつ公正な貿易の構造的技術的障壁に対処する。われわれはまた、COVID-19パンデミックがいかに全面的国際貿易の減少となり、過小評価されたグローバル・サプライ・チェーンのリスクが注目されたかを概観する。

第10章で、われわれは、第1、2、3章をもとに、2020年の主要なマクロ経済的展開を要約し、将来の経済的概観を議論するが、とりわけ、その上ぶれ及び下ぶれリスクに注目する。われわれは、米国経済が2020年において大恐慌以来最大の逆行するマクロ経済的ショックを受け——産出、労働、資本、住宅、そしてエネルギー市場への影響はすべて今までにない大きさであったが、今日に至る引き続く回復はまた、かつてないスピード、広さ、そして大きさであったことを発見する。現在のところ、公式及び民間の予測家達が2021年の継続的な強力な回復は、2020年の前代未聞の経済政策対応、強力なCOVID前の経済、オペレーション・ウォープ・スピードによるワクチン利用性の応援によって、行われることとしているが、パンデミックと政策リスクの両方を含み大きなリスクが残っていることに、われわれは、注目しなければならない。

近い将来、唯一の最大の経済的下振れリスクは、COVID-19感染の拡大が、ワクチンの広範な利用可能性に先立って起こり、ウィルスの再来に対する政策と行動対応が間に合わない場合である。すでに、2020年12月いくつかの州と地方政府は、11月と12月の上昇するケースに対応して自宅待機命令（shelter-in place orders）を再び発出した。この理由によって、わが政権は、オペレーション・ウォープ・スピードによるワクチン希望者の広範な利用可能性とのギャップを供給する追加的財政措置を支持する。長期にわたって、この『報告』、そしてまた2018、2019、2020年版『大統領経済報告』において議論された成長促進政策の諸タイプが維持され実行されないとなると、それは追加的下振れリスクを構成する可能性となるであろう。しかしながら、わが政権の成長促進政策の継続と拡大が、完全に労働市場の回復を支えるなら、急速な上振れ可能性が訪れ、雇用、生産、そして実質所得成長レベルの急速な回復となり、パンデミック直前に戻ることであろう。

われわれは、第11章のこの『報告』で結論するが、COVID-19パンデミックによって明るみに出た政策分野の集大成を概観し、米国が直面する引き続く経済的課題にふさわしい改革について分析する。とりわけ、われわれが検討する可能性ある政策は、次の通り、労働力へのつながりを強化

すること、労働と家族の間のバランスをサポート
すること、21世紀の課題に取り組む国際的な協
力を前進させること、より効果的なヘルスケア制
度を創出すること、インフラ改善によってダイナ
ミックな経済を建設すること、そして、より技能
に優れた柔軟な労働力を生み出すこと、これであ
る。われわれは、これらを解決することで、すべ
てのアメリカ人に利益をもたらし、米国がただ単
にパンデミック前の繁栄を取り戻すだけではなく、
より公正な、よりダイナミックな、そしてより柔
軟な経済を建設することを確実にしうると考える。

第I部
戦後最大の経済ショックに立ち向かう

新型コロナ感染症（COVID-19）パンデミックを
鎮静化させる連邦対応

第 1 章
最速の経済回復を創出する

2020 年初頭、米国には、どのような
人の素性であろうと、すべてのア
メリカ人に雇用、所得、そして資
産増加の実現をもたらせる 1 つの強力な経済が
到来した。2020 年 2 月まで、失業率は 3.5％の
低さを打ち、それは 50 年来最も低いものであり、
マイノリティー集団、そして今まで不遇であった
アメリカ人の失業率は、今日まで記録された歴史
において最低かそれに近い数値となった。賃金
は、管理職より一般労働者においてより速く上昇
し、所得と資産の不平等は、低下の傾向にあり、
マイノリティー家計の所得中央値はとりわけ急速
な上昇をたどった。2017 年から 19 年にかけて
のこの強力な労働市場が拡大した成果には、また、
660 万人を貧困から救い出したことが含まれる
のであるが、1964 年に貧困との戦いが開始され
て以来、新政権スタートからの 3 年間では、最
大の貧困の落ち込みである。これらの成果は、ト
ランプ政権の成長促進、労働者のための政策の成
功を示すものである。

　2019 年末まで年間の米国経済の繁栄の状況
は、ほぼすべての予測家たちに、2020 年とそれ
を超えて健全に成長を継続させることを予測さ
せた。しかしながら、2019 年末、そして 2020
年、COVID-19 を原因とする新型コロナウィルス
は、中華人民共和国を源として全世界に拡散し始
め、米国内にも拡散した結果、パンデミックを引
き起こし、それとともに前代未聞の経済的かつ
公衆衛生上の危機をもたらした。経済の需要と
供給の両面が急速に痛めつけられ、パンデミッ
クによる巨大なショックがもたらされた。春の
間、「上昇を抑え込む」目的でロックダウンが行

われ、労働市場では、2220 万人の職が失なわれ、
失業率は 11.2％から 14.7％に跳ね上がった――
それは、歴史的にみて月次統計最大の変化であっ
た。しかし、トランプ政権がパンデミック前に作
り上げた健全な基盤が、危機に対する強力かつ決
定的な行動と相まって、わが国における破壊的
な COVID-19 ショックを緩和させることに役立っ
たのであり、いかなる公式あるいは民間予測家が
予測したよりも、より速いリバウンドとなった。
2020 年第 2 四半期の迅速な収縮の後、米国経済
は、第 3 四半期には、国内総生産（GDP）は、年
率で 33.1％の上昇を記録し、それは、歴史的に
最大の上昇であり、1970 年以前の記録のほぼ倍
という数値であった。その結果、米国経済は、ちょ
うど 1 つの四半期で、COVID-19 による GDP の
落ち込みの 3 分の 2 を回復した。

　この章では、まず、COVID-19 パンデミックを
引き起こしてしまった米国経済だが、その強さと
柔軟性を、絶対的かつ相対的意味の両方から跡づ
ける。この章では、トランプ政権下の米国経済は、
大リセッション前の経済より、マクロ経済的によ
り傷つきやすく脆弱であるということはなく、も
し 2017 年から 2020 年の初頭までの経済的改善
がなされなかったとしたら、パンデミック中の経
済的経験は、今よりもより悪化したであろうとい
うことを明らかにする。

　加えて、この章では、大リセッション期に比較
して、連邦政府が、いかにより速いスピードをもっ
て行動し、COVID-19 危機に対して、より巨額な
救済をどのようにして供給したかを詳しく論じる。
とりわけ、2.2 兆㌦の「コロナウィルス援助・救

最速の経済回復を創出する

図 1 − 1　2020 年国内総生産予測値の変化、2020 年

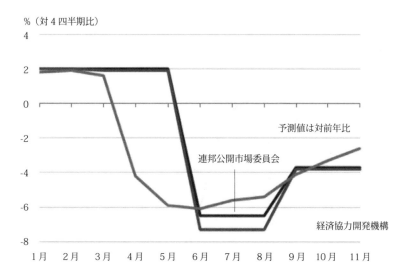

注：FOMC＝連邦公開市場委員会、OECD＝経済協力開発機構。＊OECD の GDP 予測値
　　は対前年比（％）である。
出所：FOMC, OECD, Blue Chip Economic Indicators.

済及び経済安定化（CARES）法」は、大統領の国家緊急事態宣言発出後、2 週間も経たずに議会を通過し、米国史上最大の広範な財政救済を供給したのである。さらに、その供給は、主として傷つきやすい脆弱な家族、労働者、中小企業を対象としたのであり、大リセッション期の財政対応が銀行や大企業に、より多く対象が絞られたのとは対照的であった。

　2 つの包括的な目的が、COVID-19 による経済的な諸結果と戦う連邦政府のアプローチを特徴づけるのであって、第一は、困難を削減するために金銭的窮迫を和らげることであり、第二は、急速な回復を促進するため基礎となる経済の健全性を維持することである。例えば、増額した失業保険手当と差し押さえの一時停止は、家計のバランスシートを支え、そして、給与支払い保護プログラム（PPP: Paycheck Protection Program）は、雇用主と休暇中の雇用者の間を取り持つことを支えることによって、労働市場のつながりのある組織を強化し、米国史における最速の雇用リバウンド

のステージをセットするのである。

　この『報告』〔『白書』〕の第 2 章、第 3 章、第 4 章は、COVID-19 によって引き起こされた公衆衛生上ならびに経済上の 2 つの危機に取り組むために実施したこの政権の特別な対応について分析する。

米国経済は、今までにない低い失業と貧困、不平等の削減、そして、記録的に強力な家計所得と資産増加を伴って 2020 年に入った。つまり、米国経済は、社会経済的ないかなる範囲においても人々により大きな機会を提供しつつあったのである。同時に指導的な予測家たちは、この繁栄は 2020 年とその後も GDP の健全な成長とともに続くと予想していた。しかしながら、COVID-19 が、中国の国境を越えて拡散し、このブームを中断させ、ほぼこの百年で最も深刻な世界的公衆衛生上の危機と経済危機をもたらした。この章では、COVID-19 が米国にたどり着く前の米国経済の健全性を述べ、何が、大恐慌以来最大

図1−2　実質国内総生産の低下と上昇は大リセッションよりも現在の方が急激

指数（100＝リセッションの底の前5四半期）

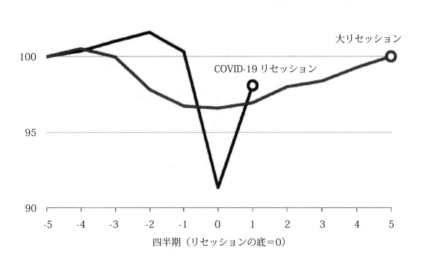

四半期（リセッションの底＝0）

出所：Bureau of Economic Analysis; CEA calculations.

の米国経済へのショックとなったかについて論じ、そして、経済を支え、精力的な回復のための基礎を築く法律として急速に成立した画期的な諸政策について叙述する。

　これら諸問題を個別に探求する前に、2020年の広範な経済状況を把握しておくことと、また、この春のシャットダウンの危機のピーク以来米国経済がどの程度回復したかをとらえておくこととは価値がある。図1−1が示しているように、この年の初めには、指導的予測家たちは、2020年においてGDPの2％成長を予測していた。そして、パンデミックが深刻になるにつれ、彼らは、自分たちの予測を鋭く下方に修正し、第2次世界大戦後最悪の年率GDP収縮を予測した。しかしながら、今日まで、ほぼ誰もが予測したよりも、強力な回復に直面し、予測家たちは、とりわけ、70年前の記録を塗り替える第3四半期の年間33.1％のGDPリバウンドに照らして、その年の予測を上昇させる大きな修正によって対応した。

　図1−2は、COVID-19と大リセッションにおける経済の動きの明確な輪郭を浮かび上がらせる。それぞれの曲線は、それぞれの下落の底前の5つの四半期へ指数化された実質GDPをプロットしたものである。水平軸の時間0によって示されているように、COVID-19の開始は、大リセッション時よりも2倍以上の指数化されたGDPの落ち込みを招いた。しかしながら、この図はまた、パンデミック中の経済的富のより劇的なリバウンドを明らかにしており、それは、とりわけ家計と中小企業へ救済すべく連邦政府により採られた迅速かつ大胆な経済的干渉によって行われた。経済が適切かつそれに適格に対応する財政サポートを受けるものと前提すれば、回復は、健全な方向に向かって進むものである。対照的に、大リセッションの後、脆弱かつ長引く回復過程に苦しみ、とりわけ、それは労働市場の視点から見るとそういえたのであるが、それについては、この章の後で論じることとしよう。

COVID-19 前の米国経済の今までにない強さ

COVID-19 パンデミック前、トランプ大統領下の米国経済は、画期的事件に次ぐ画期的事件が連続し、いかなる素性のアメリカ人も広範な基礎を持つ経済的な増進を経験していた。大リセッションの後、今までにない遅い回復の年の後、失業率は、2000 年 12 月以来初めて 4％を下回り、2019 年末にはそれを下回る 3.5％に到達した。より包括的な、「U-6」失業率——これには、仕事を探してはいないが仕事を望んでいる人、そして、フルタイムの仕事に就くことを望みながらパートタイムの仕事についている人を含むのであるが、——2019 年 12 月にかつてない 6.7％の低さになった。

さらに、労働市場における機会が、米国社会の隅々にまですべて広がった。アフリカ系アメリカ人の失業率は、2019 年末には 5.4％に下落し、トランプ大統領が就任した時の 7.5％から下がったのであって、記録的な低いレベルとなった。例えば、以前のどの政権においても、2000 年 4 月の 7.0％が、その達成した最低率であった。ヒスパニックのアメリカ人もまた、記録的な最も低い失業率を謳歌したが、2019 年末には 3.9 に落ち込んだ。正式の教育を受けていない人々もかつてない労働市場の強さの恩恵を受け、高等学校卒業以下の人々の失業率は、2019 年末には 4.8％に到達したのであり、高卒のみのアメリカ人は 3.6％の失業率であった。

これらの COVID 前の労働市場の強力な状況は偶然ではなく、また拡大が続く年によって実施された経済的動向の受け身的な継続によるものでもない。失業率は、記録的な歴史における最も遅い労働市場の回復後に 5％を下回るまで下落することになったものの、議会予算局と連邦公開市場委員会は、2016 年選挙の前に予測を発表し、失業率は平準化し、図 1 － 3 にみられるように、4％を超えるところで止まるとした。しかしながら、2017 年の画期的な「減税及び雇用法」とトランプ大統領の成長促進規制撤廃アジェンダの実施が重なって、経済的競争とダイナミズムの押し上げ

は、これらの予測を超える経済の基盤を築いたのである[1]。

さらに、雇用機会の豊富さの増進があり、低失業率はまた、労働者が雇用主と協議する時、彼らにより大きな交渉力を与える。新しい労働者を求め、現存の才能のある人を留めようとするなら、雇用主は、失業率が低い時には、高い給料を提供しなければ、競争者に価値ある労働者を奪われるリスクを冒してしまう。事実、求人及び労働異動調査（JOLTS: Job Openings and Labor Turnover Survey）の 2019 年データが示すところだと、2001 年以来、最も高い離職率——これは、労働者をつなぎ留めようとする雇用主にとって困難な環境を示すものである。なぜなら、労働者は彼らのサービス提供についてのタイトな競争を利用しうるからである。表 1 － 1 は、COVID 前のトランプ経済の下での異なるタイプの労働者別勤労所得成長の大きさを、前政権の景気拡張期との比較で示したものである。表 1 － 1 が示しているように、勤労所得成長は、2017 年以降 COVID 前までの時期は、全範囲にわたってより高くなっており、その上位では、労働者の勤労所得は管理職のそれを凌いでおり、賃金所得者の下位 10％では、上位 10％より急速な勤労所得の成長が記録されている。

CEA の発見によると、低賃金労働者のより高い勤労所得成長は、トランプ経済のもとで上昇する労働需要の結果である。ある者は、2016 年以降の州横断的な賃金上昇比較を基礎として、州レベルの最低賃金上昇の重要性を強調するが（Van Dam and Siegel 2020; Nunn and Shambough 2020; Tung 2020; Tedeschi 2020）、そこには深刻な限界があり、これらの分析には、これらの結論を損なわせる欠陥が存在する。とりわけ、これらの研究の限界は、彼らが、そのような上昇を行った州の最低賃金上昇のタイミングに合わせて整合的な賃金上昇が行われたタイミングを示していないことである。というわけで、これらの研究は、最低賃金上昇前に起こった賃金上昇と上昇後

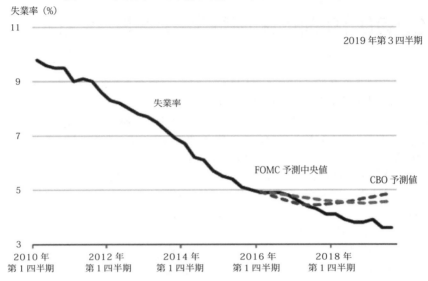

図 1-3　失業率と選挙前予測値の対比、2011〜19 年

失業率（％）

2019 年第 3 四半期

失業率

FOMC 予測中央値　　　　CBO 予測値

2010 年
第 1 四半期　　2012 年
第 1 四半期　　2014 年
第 1 四半期　　2016 年
第 1 四半期　　2018 年
第 1 四半期

注：CBO＝議会予算局、FOMC＝連邦公開市場委員会。CBO 予測値は 2016 年 8 月以降のもので
　　ある。FOMC 予測値は 2016 年 9 月以降のものである。
出所：Congressional Budget Office; Bureau of Labor Statistics; Federal Reserve.

に起こった賃金上昇を区別していない。このタイ
ミング問題を考察するうえで過ちを犯しているた
めに、これらの研究は、賃金上昇に最低賃金の上
昇が影響しているとする強い証拠を提示すること
ができないのである。加えて、賃金上昇は、最低
賃金を上昇させた州では、たとえそうでなかった
としても、より高かったはずである。

　対照的に、CEA による分析では、人口現況調
査の詳細なマイクロデータを使用し、最低賃金の
影響を計算されているが、直接的に影響があると
思われるグループの賃金上昇において、最低賃金
の上昇が起こった形跡はないと推定した。これ
らの計算と敏感分析を基礎として、CEA は、賃
金分布の下位 3 番目の労働者の賃金上昇のたっ
た上界 0.2％㌽を最低賃金上昇に起因するとした。
この数値を正しく眺めれば、そのような労働者は、
2017 年から 19 年にかけて 3.8％の年間賃金上
昇を経験したのである。

　最低賃金ではなく、強力な労働市場状況が、
観察された賃金上昇をもたらしたという考えを支
持して、アトランタ連邦準備銀行による調査は、

最低賃金を上昇させた州とそうでない州との賃金
上昇の比較を行った。ロバートソン（Robertson
2019）は、すべての労働者の賃金中央値に対して、
12.5 百分位賃金（すなわち、最低 4 分位の賃金
中央値）の割合を検討する。2014 年から 2019
年にかけて、この割合は、上昇したのであり、そ
れは、賃金分布の下位においてより速い賃金上昇
が行われたことを示すものである。注目すべきは、
割合が、最低賃金を上昇させた州もさせなかった
州も同じ割合であったということである。ロバー
トソン（2019）は、結論づける。「労働市場の増
加するタイト化、あるいは、州の最低賃金の上昇
より他のファクターが、低賃金雇用の人々への支
払いを上昇させている」と。

　さらに、ちょうど前政権のみならず、さらに
昔を振り返ってみれば、2019 年実質所得中央
値 4400㌦の上昇は、記録的な年間上昇であり、
2017 年の米国センサスの算出調整後、2016 年
以来ほぼ 10％の上昇をしのぐものである。さら
に、図 1 − 4 が明らかにしている通り、家計所
得の急上昇があらゆる種族間で起こっており、マ

表１－１　勤労所得の伸び、2009 ～ 20 年

グループ	COVID 以前の経済 （2017 年 1 月～ 2020 年 2 月）	先の景気拡大期 （2009 年 7 月～ 2016 年 12 月）
労働者	3.3	2.3
経営者	2.7 （2017 年第 1 四半期～ 2019 年第 4 四半期）	2.5 （2017 年第 1 四半期～ 2019 年第 4 四半期）
大卒未満	3.0	1.3
大卒以上	2.9	1.5
下位 10% 賃金稼得者	4.9	1.9
上位 10% 賃金稼得者	3.3	2.4

注：データは、2009 年第 3 四半期～ 2016 年第 4 四半期つまり 2009 年 7 月～ 2016 年 12 月と、2017 年第 1 四半
　　期～ 2019 年第 4 四半期つまり 2017 年 1 月～ 2020 年 1 月の年平均成長率を表す。労働者と経営者については、
　　勤労所得は平均週間勤労所得として定義されている。他のすべてのカテゴリーについては、勤労所得は中位平常週
　　間勤労所得として定義されている。
出所：Bureau of Labor Statistics; CEA calculations.

図1−4　世帯主の人種別の実質中位世帯所得、1967～2019 年

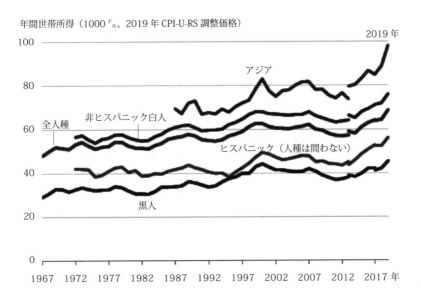

注：CPI-U-RS＝消費者物価指数研究統計。
出所：Census Bureau, Current Population Survey, 1968 to 2020 Annual Social
　　　and Economic Supplements.

図1−5　百分位別の純資産総額に占めるシェア、2007〜19年

純資産総額に占めるシェア（％）　　　　　　　　　純資産総額に占めるシェア（％）

上位1％の世帯により保有されるシェア（左目盛り）

2019年
第3四半期

TCJA以降0.5％ポイント低下

TCJA以降0.4％ポイント上昇

下位50％の世帯により保有されるシェア（右目盛り）

注：TCJA＝減税・雇用法。
出所：Federal Reserve Board; CEA calculations.

イノリティーが格段の増加を経験した。とりわけ、2019年、黒人家計の実質所得中央値7.9％上昇し、ヒスパニックのアメリカ人は7.1％の上昇、アジア系アメリカ人はより大きい10.6％の上昇を見たのであり、一方で白人家計はより小さかったが、なお5.7％のかなりの上昇をみた。これら各数値は、記録的な上昇であり、いままでにない全体レベルを表わしている。

　COVID-19前の広範に広がる所得と雇用の増進はまた、家計の純資産の上昇、より低い所得の上昇、そして資産集中の増大を引き起こし、公式貧困率の記録的下落をもたらした。2019年第4四半期を通して、下位50％の純資産は、トランプ大統領の第Ⅰ期中に38.9％上昇したが、上位1％のそれは、20.1％の上昇に止まった。「減税及び雇用法」の通過後、上位1％の資産シェアは0.55ポイント減少し、下位50％のそれは、0.4％ポイント上昇したが、それは図1−5に示されている通りである。この広範な純資産の上昇は、ある程度住宅所有率の強力な展開を反映したものであり、それは、62.9％の2016年の底から回復し、2019年

には65.1％に達した。所得集中はまた落ち込み、ジニ係数——これは0から1までの範囲で集中の測定に使われるものであるが——は、2017年の0.489から2019年の0.484に落ち込んだ。2019年消費者金融調査からのデータだと、広範な資産上昇はより低い稼ぎ人によるもので、最も低い2つの所得5分位の純資産中央値は2016年以来30％を超えて上昇した。ヒスパニック系アメリカ人とアフリカ系アメリカ人は、それぞれ64％の増進、32％の増進であった。

　所得分布の下位において、2016年から2019年にかけての強固な労働市場の拡大は、660万人を貧困から引き上げたが、それは、1964年に貧困との戦いが開始されて以来政権発足3年における最大の削減であった。人口構成からいうと貧困率は、2019年には、かつてなく10.5％の低さに落ちたのであって、それには、とりわけアフリカ系アメリカ人、ヒスパニック系アメリカ人そしてアジア系アメリカ人の減少を伴い、それは図1−6に明らかである。さらに、2016年から19年にかけて280万人の子供を貧困から救い出

図1-6　人種別及びヒスパニック出自別の貧困率、1959～2019 年

出所：Census Bureau.

図1-7　米実質国内総生産、2014～19 年

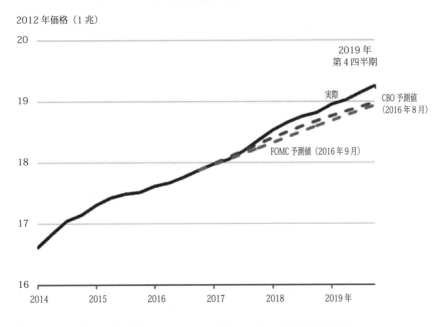

出所：Bureau of Economic Analysis; Congressional Budget Office（CBO）; Federal Open
　　　Market Committee（FOMC）.

し、子供の貧困率を 50 年来最低の 14.4％にダウンさせた。

　パンデミックが始まる前の幾年かは、力強い GDP 成長を経験したのであり、それは、議会予算局ならびに連邦公開市場委員会のこれらの年の予測を超えたのであり、図 1 − 7 に示されている通りである。実質 GDP は、2018 年と 2019 年はそれぞれ 2.5％と 2.3％の成長であり、先進 7 カ国のいかなる国より速かった。2020 年に入ると、多くの予測家が、米国の産出は 2020 年において約 2％の健全な成長を遂げると予測したが、もしグローバル経済が大恐慌以来最大の外生的ショックである COVID-19 パンデミックに襲われなければ、米国経済は予測を超えてこの成長を継続できたであろうといえよう。

COVID-19 の初期の経済的影響

　2020 年 1 月 7 日、中国の研究者は、中国の旅行のハブである武漢市において、深刻な急性呼吸器症候群コロナウィルス 2 （SARS-CoV-2）を発見したと表明したが、それが、COVID-19 病を発するものとなった[2]。1 月 21 日、武漢から旅行の後、新型コロナウィルスに感染した人の最初のケースが、米国において報告された[3]。2 月末までに、疾病管理予防センター（CDC: Center for Disease Control Prevention）は、米国における最初のコミュニティー伝染の事例を確認し、スタンダード＆プア 500 には、売りが殺到し、3 月 23 日を通して、勃発前のちょうどピークと比較すると、その価値の 33.9％が失われた[4]。

　トランプ政権は、ウィルスを抑え込むため非薬物的干渉政策を即実行に移した[5]。中国への渡航禁止は、1 月 31 日に実施されたが、それは、引き続きヨーロッパといくつかの国[6]に 3 月中旬まで拡大された（White House 2020a, 2020b）。3 月 13 日には、トランプ大統領は、COVID-19 に関して国家非常事態宣言を発した（White House 2020c）。ソーシャル・ディスタンス処置を進めることを採用し、──それは、学校の閉鎖、グループでの集会の禁止、レストランの閉鎖──など、全州に即実施された。3 月 23 日までには、州規模に広がった学校閉鎖、バーやレストランへの制限は、アメリカ人口の 90％を超える人々に影響を与えた（図 1 − 8）。3 月 30 日までには、30 の州で自宅待機命令が発出され、加えて 13 の州では、州の区域にこれら命令を発出した。4 月初めまで、90％を超える米国民は、自宅待機命令が発された州の下で生活した。

　過去のパンデミックの経済的影響についての研究は、パンデミックが 3 つの主要なチャネルを通じて経済活動に影響することを示している[7]──（1）増加する死亡　（2）疾病とさぼり　（3）感染を少なくするための避ける行動である。これらのショックは、労働力の規模、総生産性、総需要を削減する。これらの観察と軌を一にして、米国における COVID-19 の爆発的感染の結果、経済は急激な、巨大な、同時的な、供給と需要のショックを経験した。

　供給サイドでは、多くの企業がソーシャル・ディスタンス処置によって閉じたが、それは、州あるいは地方政府が行ったもので、企業は、それを自主的にウィルス感染拡大阻止と「感染カーブを平らにする」ために採用した[8]。オープンしている企業へは、供給が途絶え、通常業務を実行するのが妨げられた。需要サイドでは、多くの消費者が自宅待機命令に直面し、あるいは、自主的に彼らの経済行動を制限し、疫病がとりつくリスクを削減する行動に出た[9]。消費者はまた、彼らの需要の構成を変えた。例えば、彼らは、レストランへの肉の需要を家庭での肉の需要に変え、クリーニング供給に対する需要を増大させた。

　さまざまな経済活動全般の需要の代理変数として機能する高頻度指標が示すところによれば、下落は 3 月初めに開始され、いくつかのケースでは、州レベルのソーシャル・ディスタンス処置が実施される前であり、4 月終わりに底を突いた。毎日の消費支出データは、3 月半ばに落ち込みが始め、3 月終わりに前年比では低下 30％となり底を脱出した（図 1 − 9）。避難所命令と食事規制

図 1−8 州全域制限下にある米国人口の割合、2020 年

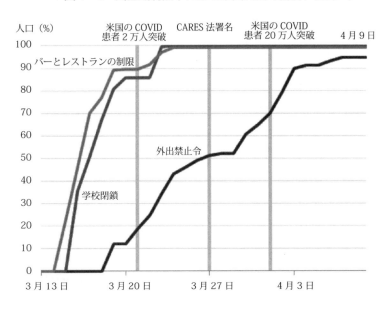

出所：*New York Times;* State policy announcements; CEA calculations.

図 1−9 パンデミックの初期段階における小売支出、7 日平均、2020 年

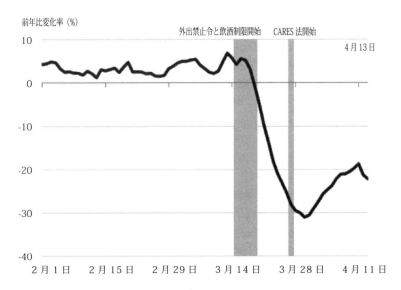

注：CARES 法は 2020 年 3 月 27 日に成立した。
出所：The CARES Act was signed into law on March 27, 2020.

図1−10　パンデミックの初期段階における交通渋滞、全州の中央値、7 日平均、2020 年

前年比変化率（%）

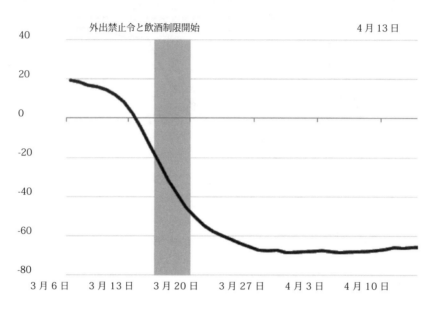

出所：TomTom; Exante; CEA calculations.

が始まるまで、毎日の交通渋滞（図1−10）と会食者（図1−11）は、全州通してすでに前年比で20％を超える下落であった。同様に週のホテル使用率は、避難所命令措置が始まる週において56％の前年比の落ち方であった（図1−12）。

供給指標——オープンしている中小企業の数、働いている時間雇用者の数、労働時間——はまた、3月と4月に前年比で最も深い収縮をみた。図1−13は、ホームベースによって報告されたもので、これらの指標が1月のCOVID-19前のベースラインと比較してどのようなものかを示している[10]。避難所待機命令が、3月中旬に広範囲に広がった後、働く雇用者の割合は、普通の状況を約15％も下回り、約55％と60％へと落ち込んだ。以上議論された諸指標が示しているように、移動の制限とソーシャル・ディスタンスへの移行は、経済活動を制限するのに大きな役割を果たした。COVID-19パンデミックが始まってから行われた学術的な調査は、自主的鎮静化行動に対する政府の制限が、この春の移動の低下にどの程度寄与したか数量化を試みている。例えば、グールズ

ビーとシヴェルソン（Goolsbee and Syvewrson 2020）は、携帯電話記録を使って、異なる政策を持つ隣接する境界を横切る、個別企業への顧客訪問を調査する。彼らが結論づけたところによれば、顧客往来は、州と地方政府の制限措置が出される前から下落しており、民間の自主的鎮静行動の度合いが、ウィルスの地域的深刻さ（すなわち、そのカウンティーの死者数）に連結しており、全体として、法律的制限は行動低下の全体的落ち込みの全く小さな部分を説明しているに過ぎないという。しかしながら、彼らは、シャットダウン命令は、消費者行動の変化に寄与し、「必要不可欠ではない」企業から「必要不可欠な」企業へ、レストランから食料雑貨店への移動を引き起こしたということを見つけ出した。クロニンとエヴァンズ（Cronin and Evans 2020）による、また別な研究でも、同様な発見が含まれており、民間の、自主的な規制行動は、徒歩での往来が低下した4分の3以上を説明したが、規制は、レストラン、ホテル、そしてあまり重要ではない小売りへの徒歩での往来に大きな影響を与えたという。

図1−11　パンデミックの初期段階における米レストランの 1 座席当たりの着席飲食者数、7 日平均、2020 年

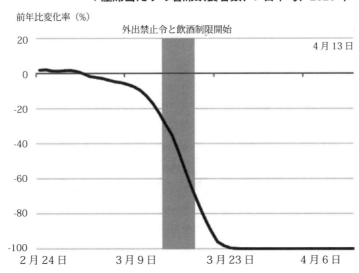

前年比変化率（%）

外出禁止令と飲酒制限開始

4 月 13 日

出所：Open Table; *New York Times*; CEA calculations.

図1−12　パンデミックの初期段階における米ホテルの週別客室稼働率、2020 年

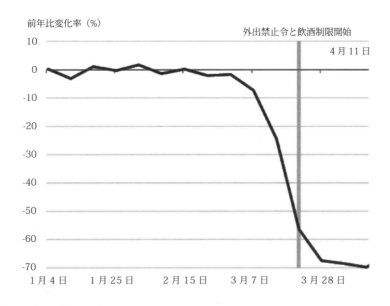

前年比変化率（%）

外出禁止令と飲酒制限開始

4 月 11 日

出所：STR; CEA calculations.

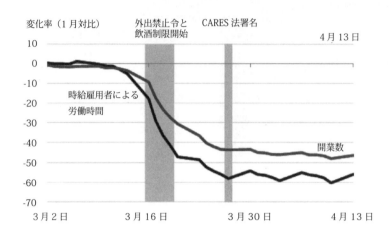

図1−13　パンデミックの初期段階において、開業した中小企業と、
働いていた自給雇用者の変化率、2020年

注：すべての率は、2020年1月4〜31日の期間の週のある曜日についての中央値に
　　対し、一定の日にちを比較している。働いている自給雇用者の数は、自給雇用者に
　　よる労働時間を追いかけている。
出所：Homebase.

　パンデミックはまた、労働市場とマクロ経済活動への深刻な攪乱の要因となった。ちょっとした報告遅れがあるので、COVID-19パンデミックと封じ込め処置がいかに労働市場に影響したかについての時宜を得た情報は、失業保険（UI）の初めの請求が提供する。3月には、大恐慌以来見たこともないレベルで失業が引き起こされ、初めのUI請求は、3月14日に終わる週では、28万2000件、その2週間後には690万件へと急上昇した。

　全体の経済産出についてのデータはまた、COVID-19パンデミックとその封じ込め処置が経済に与えた巨大な負のショックを反映してい

る。最初の四半期の実質GDPは、年率5.0％で落ち込み、──それ自身大きいものと思われたが──この落ち込みは、第2四半期の年率31.4％のGDP崩壊に比べれば、実に小さいものであった。6月初めに、経済協力開発機構（OECD）は、もし秋に第2の波が来なかったなら（単一感染シナリオであるが）2020年第4四半期においては前のそれより7.4％減少し、もし第2波が来れば12.3％の落ち込みとなるであろうと、推定した。この予測は、議会予算局や民間ブルーチップの7月に行われた予測よりも悲観的であり、それらは、なお大きくても、それぞれ、5.9％と5.9％の減少であった。

COVID-19ショックを乗り切る米国経済の柔軟性

　COVID-19前のアメリカ人が楽しんでいた直接的繁栄を超えて、米国経済の壮健さは、それにより多くの柔軟性を与え、COVID-19ショック

を切り抜けるのに、それ以前にもし起こっていたらその時の経験よりもより良く、準備ができていた。この柔軟性を数量化するために、もし、

図1-14　失業とCOVID-19──トランプ経済と2016年反事実的仮想、2020年

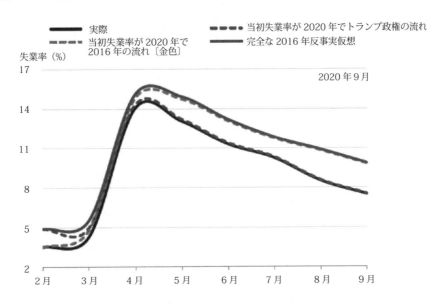

注：当初失業率。
出所：Census Bureau; CEA calculations. Note: IUR = Initial unemployment rate.

COVID-19ショックが、経済がより強力であった2020年のCOVID前の状況ではなく、2016年のより弱体化していた時に起こった場合、失業率の経路を予測してみた。この予測を行うにあたって、CEAは、現況人口調査を用い、雇用と失業、非労働力の間を移動する労働者の月次蓋然性を測定する。CEAの分析はCOVID-19による2019年から2020年にかけての移動蓋然性の年次下落を想定するのだが、それは労働力移動におけるCOVID-19ショックを分離させることを可能とする。そして、CEAは、この想定されたCOVID-19ショックを2016年労働市場の月次移動蓋然性に適用し、もしCOVID-19が2016年の経済状況で起こったとした場合に想定される労働移動と最終的には、その失業動体に到達するのである。

図1-4の青実線は、実際に観測された失業経路を示し、緑色の実線は、完全な2016年状況の下でのCOVID-19への失業対応の予測された経路を示すが、──とりわけ、（2020年2月の失業率3.5％と比較して）2016年2月の失業率は、4.9％から出発し、2016年から（COVID-19がない場合の）より悪いベースライン労働ダイナミズムを伴っている。図が示すように、もしCOVID-19が米国経済の2016年状況において到来したとすれば、失業率は、より高い率のピークを打ち、ほぼ実際の10月のレベルより2％ジ上になっていたであろう。それに対して、もし米国経済が2016年レベルの失業率でCOVID-19危機に突入し、しかし、──図の赤色の破線において示されているように──より健全なトランプ労働市場フローを伴えば、失業のダイナミズムは、実際に起こったものと実質上そう変わらないものになったであろう。言い換えれば、最初の失業率の違いはトランプ経済の超柔軟性の核心ではないということである。反対に、金色の破線が示しているように、2月の最初の失業率を3.6％に固定してみても、もし経済が2016年経済のより悪いダイナミズムに痛めつけられれば、失業率は、より悪い経路をたどることになるであろうということである。

COVID-19 リセッションと大リセッションとの比較

COVID-19 前の米国経済は、過大な家計の借金や膨大に膨れ上がった金融セクターが、結果として大リセッションとなったようなマクロ経済上の脆弱性を持ち合わせてはいなかった。以前のリセッションと異なって、COVID-19 危機は、そこに潜む経済不均衡の結果ではなかったのであって、最高の財政対応を伴った COVID-19 前の米国経済のより大きな柔軟性は、より大きな活発な経済の継続する未来を予言していたのである。この節では、2007 ～ 9 年金融危機と大リセッション前の数年に比較して、現下の危機前の米国経済の健全性の比較に光を当てる。

危機前の経済状況

この項では、危機前の米国経済のさまざまなセクターについて見てみる。家計、非金融企業、銀行が検討される。

家計 家計部門の金融状況は、2020 年初めは大リセッションが始まる前よりもより強力であった。連邦準備資金フローデータによれば、2000 年から 2008 年まで、個人可処分所得に対する家計負債の比率は 96％から 136％に上昇したが、COVID-19 前には 100％以下に下落していた。しかしながら、総額の検討だけでは、リスクの本当のレベルを見逃してしまうので、分布状況の詳細に立ち入って把握してみよう。しかしながら、この側面から見ても米国経済は、金融危機のスタートする前の 2006 年よりも COVID-19 前の方がより強力な状況であった。50％を超える負債・所得比率を持つモーゲージの割合は、2006 年の 11.0％から 2018 年にはたったの 6.9％に下落した。新モーゲージのローン・価値比率は、2006 年のそれと同レベルであったが、クレジットは、高信用スコアを持つ借り手に向かった。モーゲジをとる借り手の 14.1％は、2006 年では 620 の信用スコアを下回っていたが、2018 年では、それはたった 3.3％にしか過ぎなかった。2018 年では借り手はまた、より安全なローンに依存していた。完全償却していないモーゲージの割合は 2006 年で 29.2％から 2018 年には 0.6％に下落し、開始するにあたって最小限の文書の提出を必要とされる借り手のモーゲージはそのシェアを 2006 年の 34.5％から 2018 年の 1.8％へと下落を見た（Davis et al. 2019）。モーゲージ以外では、サブプライム借り手のクレジット・カードの分量のシェアは 2019 年には 2.5％を下回り、金融危機前は 3.4％の高さであったと、消費者金融保護局はいっている。また、保護局曰く、自動車ローンについて、サブプライム借り手のシェアは、COVID-19 前の 2019 年では 15％を下回ったが、2006 年ではほぼ 20％近かった。

COVID-19 前、研究者は、いかにして経済へのマイナスの影響が、家計負債の債務不履行につながるのかを検証するために家計のストレステストを実行した。ある研究は、大リセッションにおいて起こったものと同様な住宅価格の下落が起こり、差し押さえのより小さなピークが生み出されると予測した。平均的にショックとなり強められた債務不履行率——それは、金融危機の再来とともに開始直後、特定のローンにとって予想される債務不履行率を表わすのであるが、2006 年の 34.8％に対して 2018 年は 9.7％にしか過ぎなかった（Davis et al. 2019）。別の研究は、大きな住宅価格の下落と失業の急上昇を予測し、それが金融危機と同様なものを意味したとする。2007 年から 2009 年と同様のショックに直面したとしても、予測される 2020 年の経済的対応は、家計のバランスシートが良好なので、あまり債務不履行を生み出さないという（Bhutta et al. 2019）COVID-19 による経済的ショックは、最近の危機のそれと異なるけれども、より強力な家計バランスシートと大胆な財政対応の結合された効果は、現実の金融苦境の規模を大きく削減してきたのである。

非金融企業 家計は COVID-19 の前では良好な

図 1−15　対国内総生産比での家計セクター債務及び非金融企業セクター債務、
2006 年第 4 四半期〜2020 年第 2 四半期

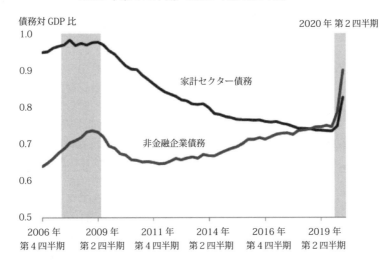

注：家計セクター債務は、非営利組織による債務も含む。債務は、未払ローンと債務証券として定義
　　されている。影はリセッションを示す。
出所：Bureau of Economic Analysis; Federal Reserve Board; CEA calculations. Note: Household sector
　　debt includes debt owned by nonprofit organizations. Debt is defined as oustanding loans and debt
　　securities. Shading denotes a recession.

態であったが、非金融企業部門はより借金を抱え
ていた。2020 年初頭まで、非金融企業の負債・
GDP 比の全体は、金融危機以来見られることの
ないレベルにまで到達していた（図 1 − 15[11]）

　しかしながら、非金融企業の負債が上昇してい
た 1 つの理由は、金利が今までになく低かった
ことである。これは、債務返済の負担を軽減した。
負債の負担の基本的な測定は、会社の利子支払い
に対する会社の収益比率、あるいは利子をカバー
する比率である。パンデミックに導く幾年かにお
いて、中位企業にとっての利子カバー率は高かっ
た（Federal Reserve 2020）。利子支払いを行う
のに非金融公開株式会社の収益の 30％、40％、
50％より多く使うそれら株式会社の、売り上げ
でウェイトづけしたシェアは、すべて下落しつつ
あった。そして、2020 年初頭、COVID-19 の到
来において、これらシェアは大リセッションが
開始された時よりすべて低かった（Grouzet and
Gourio 2020）。

　今までになく低い借り入れコストではあったが、
連邦準備と国際通貨基金は、会社の負債の質につ

いて懸念を表明した。2020 年初頭、投資格付け
負債の約 50％は、BBB とランクづけされた。分
量は今までになく高いものに近かった。BBB は、
投資格付け負債の最低の格付けカテゴリーであり、
高いグレードの負債より債務不履行のリスクが高
い。もう 1 つの懸念は、近年、大企業への貸し
付けが、より借金をしている企業に向けて、集中
増加してきていることである。2020 年 2 月、パ
ンデミック・リセッションの開始において、この
比率は、大リセッション開始時よりもより高かっ
た（Federal Reserve 2020; IMF 2019, 2020）。
全体として、2020 年第 2 四半期は、2009 年第
1 四半期以来、膨れ上がったローンの債務不履行
の最も多い四半期となった。（LCD News 2020）。

　銀行　銀行部門は、COVID-19 の開始時、資本
は充実していた。連邦預金保険公社によって集め
られたデータによれば、2019 年第 4 四半期にお
いて、商業銀行ならびに貯蓄貸し付け組合部門は、
記録的、もしくは記録的に近く、さまざまな産業
支払い能力と流動性の面で良好であった。この状

況は、多くは大リセッション後の継続的な経済成長と 2010 年ドッド・フランク法の継続的な実施によるもので、それは、規制的監視と、産業の資本基準を劇的に増加させた。

連邦預金保険公社の「問題となる銀行リスト」の数は、COVID-19 に至るまで非常に少なかった。問題になる銀行の数は、2007 年第 4 四半期の 76 行から下落し、2019 年第 4 四半期には 51 となり、2006 年第 4 四半期以来最低となった。問題銀行の総資産額は、2007 年の 220 億㌦から 2019 年の 460 億㌦へと増加した。商業銀行部門はまた、資産の質は安定的で、危機に突入した。

始まりと進行

この項では、COVID-19 によって引き起こされたリセッションと大リセッションの異なる始まり方とこれらショックがどのように時間とともに過ぎ去っていったかについて見てみる。金融危機とその結果としての 2007 － 9 年大リセッションは、加熱する住宅市場とともにスタートした。2006 年、弱気の住宅市場が始まり、最初はより長くかかる販売という形——これは住宅の流動性の悪化を示すものであるが、次いで住宅価格上昇の減速と反転となった。住宅市場の弱さは、続いて他の経済分野にも波及したが、それは、家計と銀行のバランスシートの破壊というダメージとなったからである。

2007 年 3 月までには、住宅市場の悪化がかなりのヘッジファンドに打撃を与えるという報告が相次いだ。『最初の対応者』という本において、バーナンキ、ガイトナー、そして、ポールソン（2020, 12）はいっている「もしわれわれが危機の開始時点を特定するとすれば、それは、2007 年 8 月 9 日であって、フランスの銀行 BNP パリバスが米国のサブプライム・モーゲージを担保とする証券を保持した 3 つのファンドからの引き出しを凍結した時点だ」という。2007 年の晩夏までには、投資銀行ベア・スターンズは、サブプライム・モーゲージに多くを投資していた 2 つのヘッジファンドを売り払った。次の年にかけて、伝染は金融市場の隅々まで広がり、完全な危機に展開した。バランスシートの悪化と凍りつく市場に直面し、貸し手は経済への信用供給を打ち切り、それ

は、家計と企業が支出を抑える原因となった。経済は雇用の大出血となったから、大量の失業が住宅市場の崩壊を加速させ、それはさらに急速に悪化する経済の悲惨に油を注いだ。

失業率は、2007 年 11 月の 4.7％から 2009 年 10 月がピークで 10.0％にまで上昇した。さらに、失業は、リセッションが、GDP 下げ止まりとなった後 2 年間にわたって 9％を超えたのであって、雇用喪失の平均期間は記録的な高さに近い水準に止まった。家計は住宅資産が価格下落によってほぼ 30％も平均で蒸発したことを経験し、それは海岸地方やいくつかのサンベルト州においてはより深刻に下落し、同時に退職者の資産はピークから 2009 年 3 月 9 日に底をつくまでダウジョーンズの 50％もの落ち込みという被害を受けた。加えて、380 万もの住宅が、2007 年から 2010 年にかけて、抵当流れとなった（Dharmasankar and Mazumder 2016）。その時点で今まで考えられなかったような干渉政策のすべてをもってしても、米国経済が完全に回復するには何年もかかり、傷跡が残った。

その起源と回復の進行の双方において、COVID-19 リセッションは、大リセッションとは全く異なるといってよい。第一に、上述したように、COVID-19 前の米国経済は、より健全な状況にあったのであり、2007 － 9 年金融危機における債務不履行と金融危機の波を悪化させる家計におけるバランスシートの弱体化などはない。住宅価格はまた、顕著に安定的である。それは CARES 法による個人所得の追加的上昇によって支えられているようであり、これら価格は家族の資金状況を支え、大リセッションの時に経済を通して切り裂くような抵当流れの繰り返す波を阻止することに役立っているからである。最も重要なことは、今日までの回復のスピードが劇的に速く、失業率は COVID-19 の場合には 9％を超えたのはたった 4 カ月に過ぎず、金融危機後の硬化症的回復における 9％を超える失業率は 2 年以上続いたことであった。COVID-19 に襲われ雇用の底以来、7 カ月のデータは、米国経済がすでに雇用喪失の 56％を取り戻したことを示す。これと比べると、大リセッション後の雇用回復は、半分以上の雇用喪失を取り戻すのに 30 カ月の歳月がかかっている。さらに、広範な「U-6」失業率は、

大リセッション後のスローな回復では、5年も13%以上であったが、COVID-19到来以来、その率は、ちょうど5カ月後にはそのレベルを下回った。

・・・・・・

・・・ 財政及び金融政策の対応

・・・・・・

2020年初め、米国経済は、健全であり柔軟性に富んでいたにもかかわらず、最初の負のショックは前代未聞のものであった。さらに、直接的経済被害は2020年の第2四半期に集中したが、シャットダウンが広範に全米に広がった時、連邦政府は、短期の流動性危機に対応する行動を起こし、それが広範に広がり支払い不能危機に展開する範囲を最小化することを試みたが、それは、家族と企業が破産し、失業し、そしてそれが生産への長期に長引く悪影響を考えてのことであった。この項では、大リセッションと闘うために取られた行動と、COVID-19に連邦政府がとった対応のスピードと規模とを比較する。後の諸章では、COVID-19への特別な経済干渉政策の経済効果を分析する。

2007－9年の金融危機に取り組む連邦政府の政策は、何年にもわたり、かつ広範囲であった。第一にインフラ、健康、教育、エネルギー自立への政府支出の増額、低・中所得家族を目的とした税還付と企業投資促進のための税刺激であり、第二に、リファイナンスあるいはモーゲージの修正の援助のために金融的公開市場操作を行い、流動性を高めるプログラムによってさまざまな機関の救出と援助を行うことであり、最後に、重大な規制変革であった。金融政策サイドでいうと、連邦準備制度は、公開市場操作を行い、フェデラル・ファンド・レートがゼロ以下の低い領域に達するや（一般には量的緩和政策といわれるのであるが）膨大な資産買い入れプログラムを採用した。連邦準備制度はまた、さまざまな市場と市場参加者に流動性供給のためさまざまなアプローチをとったが、主として、それは、いくつかの資金、信用、流動性ならびにローン施設を通して行われた。

これらそしてその他の連邦準備による干渉の他に、議会は、危機を通して重要な刺激法を通過させた。2008年2月、危機切迫のもとで、2008年経済刺激法が通過し、個人とその扶養家族に税

の払い戻しが、低所得・中所得納税者をターゲットに行われた。その法はまた、加速度償却あるいは特定の資産に対する直接支出によって企業投資へのインセンティブを創出した。2008年10月になると、2008年緊急経済安定化法が通過し、7000億㌦が金融危機に対処するために配分され、不良資産の買い取りと保証が行われ、制度上重要と認定される金融機関の破産を回避する試みがなされた。これは、TARPとして知られる不良資産救済プログラムとなった。2009年には、「米国復興及び再投資法」が通過し、それには、減税と政府支出、合わせて8000億㌦を超える支出が含まれ、全国のインフラ、エネルギーの自立、教育、健康そして、減税のために支出された。連邦政府はまた、自動車産業に踏み込み救済することを行った。2010年「ドッド・フランク・ウォールストリート改革及び消費者保護法」が立法化され、米国金融市場の規制の仕組みに大きな変化をもたらした。

加えて、連邦政府は、直接に住宅市場を援助するいくつかの行動を行った。それは、初めての住宅購入者税額控除（First-Time Homebuyer Tax Credit）が、2008年と2010年の間に制度化され、住宅購入と住宅価格を刺激する目的をもった。政府はまた、住宅適正化修正プログラム（HAMP: Home Affordable Modification Program）と住宅適正化リファイナンス・プログラム（HARP: Home Affordable Refinance Program）を創設し、困難に陥り重債務に陥っている借り手を破産から救出することを試みた。この2つの法律の主たる違いは、HAMPが、借り手のモーゲージ契約を修正することにあり、それはしばしば、支払いの期間を延長することや利子の削減となり、一方、HARPは、借金より少ない住宅資産を持つ、重債務に陥っている借り手にリファイナンスを通じてより低い利子率の恩恵を与えるように書かれてある文書の必要事項を緩めることを目的とした。

大リセッションと比較して、連邦政府は、COVID-19に対しては、迅速かつ協調的に対応し、それは、より拡張的な政策範囲を持つものであった（図1－6）。連邦準備は、迅速にフェデラル・ファンド・レート目標範囲を効果的なより低いバウンド（0.00から0.25％）において、0％まで引き下げ、2007－9年の金融危機の時に作られ

①

図 1−16　COVID−19 及び金融危機への財政・金融対応のタイムライン

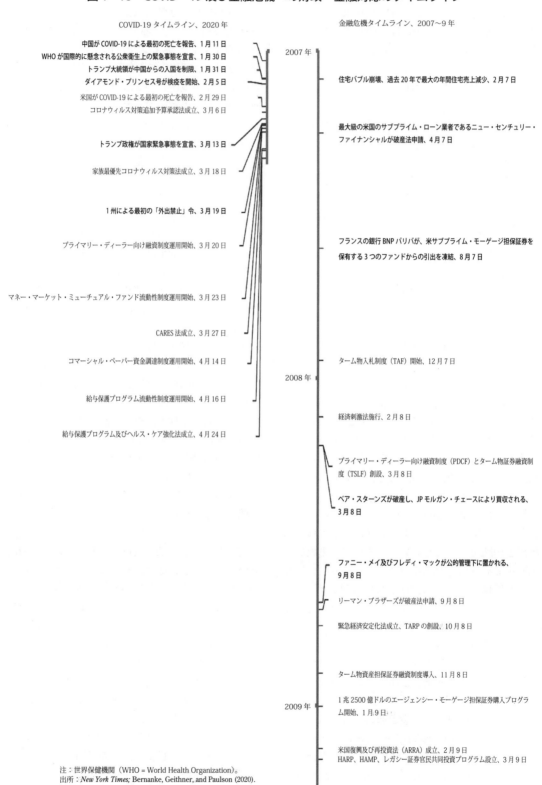

COVID-19 タイムライン、2020 年

金融危機タイムライン、2007〜9 年

中国が COVID-19 による最初の死亡を報告、1 月 11 日
WHO が国際的に懸念される公衆衛生上の緊急事態を宣言、1 月 30 日
トランプ大統領が中国からの入国を制限、1 月 31 日
ダイアモンド・プリンセス号が検疫を開始、2 月 5 日
米国が COVID-19 による最初の死亡を報告、2 月 29 日
コロナウィルス対策追加予算承認法成立、3 月 6 日

2007 年

住宅バブル崩壊、過去 20 年で最大の年間住宅売上減少、2 月 7 日

最大級の米国のサブプライム・ローン業者であるニュー・センチュリー・
ファイナンシャルが破産法申請、4 月 7 日

トランプ政権が国家緊急事態を宣言、3 月 13 日

家族最優先コロナウィルス対策法成立、3 月 18 日

1 州による最初の「外出禁止」令、3 月 19 日

プライマリー・ディーラー向け融資制度運用開始、3 月 20 日

フランスの銀行 BNP パリバが、米サブプライム・モーゲージ担保証券を
保有する 3 つのファンドからの引出を凍結、8 月 7 日

マネー・マーケット・ミューチュアル・ファンド流動性制度運用開始、3 月 23 日

CARES 法成立、3 月 27 日

コマーシャル・ペーパー資金調達制度運用開始、4 月 14 日

ターム物入札制度（TAF）開始、12 月 7 日

2008 年

給与保護プログラム流動性制度運用開始、4 月 16 日

経済刺激法施行、2 月 8 日

給与保護プログラム及びヘルス・ケア強化法成立、4 月 24 日

プライマリー・ディーラー向け融資制度（PDCF）とターム物証券融資制
度（TSLF）創設、3 月 8 日

ベア・スターンズが破産し、JP モルガン・チェースにより買収される、
3 月 8 日

ファニー・メイ及びフレディ・マックが公的管理下に置かれる、
9 月 8 日

リーマン・ブラザーズが破産法申請、9 月 8 日

緊急経済安定化法成立、TARP の創設、10 月 8 日

ターム物資産担保証券融資制度導入、11 月 8 日

2009 年

1 兆 2500 億ドルのエージェンシー・モーゲージ担保証券購入プログラ
ム開始、1 月 9 日

米国復興及び再投資法（ARRA）成立、2 月 9 日
HARP、HAMP、レガシー証券官民共同投資プログラム設立、3 月 9 日

注：世界保健機関（WHO = World Health Organization）。
出所：*New York Times;* Bernanke, Geithner, and Paulson (2020).

表1—2　大リセッション及び COVID-19 における連邦政府の対応

救済カテゴリー	大リセッション （名目）	COVID-19 （名目）
給付金	合算申告者に 1200ﾄﾞﾙ、扶養者 1 人につき 300 ﾄﾞﾙ（2600 億ﾄﾞﾙ）	合算申告者に 2400ﾄﾞﾙ、扶養者 1 人につき 500 ﾄﾞﾙ（～ 3000 億ﾄﾞﾙ）
失業保険	週 25 ドル追加。最大 99 週まで延長	週 600ﾄﾞﾙ追加。13 週延長。通常の失業保険の対象にならない自営業者などを含めるように拡大。
家計債務救済	住宅モーゲージ適正条件修正プログラム。住宅モーゲージ適正借り換えプログラム	差し押さえ猶予。立ち退き猶予。
中堅・大企業救済	不良資産救済プログラム（TARP）（7000 億ﾄﾞﾙ割り当てられ、4200 億ﾄﾞﾙが分配された）。連邦準備融資。銀行、保険、及び信用市場保険。自動車産業支援	連邦準備融資（4540 億ﾄﾞﾙ）。航空会社ローン保証及び給与助成。国家安全保障上重要な企業融資保証（320 億ﾄﾞﾙ）
中小企業救済	中小企業庁（SBA）融資調整	給与保護プログラム（6490 億ﾄﾞﾙ）。雇用者雇用維持税額控除。SBA 融資拡大／条件修正
ヘルスケア	ヘルスケア補助金（1280 億ﾄﾞﾙ）	保健福祉省（HHS）公衆衛生及び研究予算。医療提供者救済基金（1750 億ﾄﾞﾙ）
教育	幼稚園から高校まで（K-12）学校給与及び設備支出（1090 億ﾄﾞﾙ）	教育安定化基金（310 億ﾄﾞﾙ）。学生債務繰延。
減税、控除、繰延	一時的雇用者側、2% ポイント給与税減税。所得税還付。	一時的雇用主側、全給与税繰延。準営業損失繰り戻し一時拡大。2020 年 12 月までのソーシャル・セキュリティー税の支払い繰延。
州・地方政府援助	連邦政府により支払われ、州・地方政府により管理されているプログラム（いくつかはこの表で浮き彫りにされている）への資金拠出（2820 億ﾄﾞﾙ）	コロナウィルス救済基金（1500 億ﾄﾞﾙ）
立法による財政的救済の合計	1 兆 4000 億ﾄﾞﾙ（2008 年経済安定化法 1520 億ﾄﾞﾙ、米国復興・再投資法 7870 億ﾄﾞﾙ、不良資産救済プログラム 4750 億ﾄﾞﾙ）	2 兆 7000 億ﾄﾞﾙ（家族最優先コロナウィルス対策法 1920 億ﾄﾞﾙ、コロナウィルス支援・救済・経済保障法 2 兆 2000 億ﾄﾞﾙ、給与保護プログラム及びヘルス・ケア強化法 3210 億ﾄﾞﾙ）

出所：Great Recession: Economic Stimulus Act of 2008 (ESA 2008); American Recovery and Reinvestment Act, 2009; Troubled Asset Relief Program (TARP, 2008); COVID-19: Families First Coronavirus Response Act; CARES Act; Paycheck Protection and Health Care Enhancement Act.

た流動性施設を再活性化することを始めた。ほんの二カ月程度で連邦準備のバランスシートは、3兆ﾄﾞﾙを超えて跳ね上がったが、それは、大リセッション時には 5 年もかかったものである。連邦準備はまた、メイン・ストリート・貸し付け施設を創設し、より大きな一連の中小企業に対して直接救済を行った。

　COVID-19 に対する財政対応はまた、より迅速かつより巨額であった（図 1 − 16）。大リセッション中、財政刺激は 1 年のコースを超え

る諸局面で行われた。2008 年 2 月の経済刺激法（ESA: Economic Stabilization Act）、2008 年10 月の緊急経済安定法、そして 2009 年 2 月の「米国復興及び再投資法」である。それと対照的に、COVID-19 においては、連邦政府は家族第一COVID-19 対応法と CARES 法の 2 つを 2020 年3 月（これは、より小規模な「コロナウィルス準備及び対応補足支出法」を伴ってであるが）に通過させた。CARES 法は、財政救済 2.2 兆ﾄﾞﾙを供給したが、それに対して、ARRA によっては、

表 1―3　米国復興及び再投資法の下での主要労働力プログラム・イニシアティブの資金調達、2009 年

資金調達カテゴリー	資金調達額（10 億ドル）
失業保険行政	0.5
失業保険近代化	7.0
ワグナー＝ペイザー法の州への助成	0.15
ワグナー＝ペイザー法の再雇用サービス	0.25
WIA 成人	0.5
WIA 失職労働者	1.25
WIA 失職労働者国家保留	0.2
高成長及び新興産業助成	0.75
WIA 若年層	1.2
職業部隊	0.25
ユースビルド	0.05
高齢者コミュニティー・サービス雇用プログラム	0.12

注：WIA ＝労働力投資法。
出所：Bureau of Labor Statistics; Bradley and Lordeman (2009).

8000 億ドルを少し超えるもの（インフレ調整すると 9700 億ドル）であった。構成からいうと、2 つの財政パッケージは、家計への直接援助であり、税還付と失業手当を通じてであった。ARRA はまた、給与税減税と収入減に対応して州への援助を行うことが含まれていた。大リセッションの時とは異なって、COVID-19 中の CARES 法は、給与保護プログラム（PPP: Paycheck Protection Program）を確立し、それは 5250 億ドルを中小企業へローンとして配分し、彼らの給与支払いと破産を防ぐことをはかるものであった。

表 1 － 2 が示しているのは、COVID-19 への対応と大リセッションへの対応とを比較したものである。ここで明らかなように、COVID-19 の立法的財政救済の規模はほぼ全体として約 2 倍であるが、それだけではなく、それは主として家計と中小企業へ向かったのであり、より優しい失業手当と家計には経済的インパクト支払いとなり、中小企業へは新しい PPP を伴ったのである。次の項では、COVID-19 への政策対応において、いかにして、低所得労働者へ供給されるサポートが前代未聞のものであったのかを詳細に論じる。

低所得家計への連邦支援

　CARES 法とその他に救済法の主たる目的は、経済的弱者の家計への現金と経済的支援の供給にあった。この項では、これらのかつてなかった諸処置を大リセッション期に採用されたそれを比較する。

経済的インパクト支出とその他の税条項
COVID-19 リセッションと大リセッションの双方において、連邦政府は、家計への経済的サポートを供給する税条項を使用した。2008 年経済刺激法（EAS）はブッシュ政権下で成立したものであるが、個人所得税「復興税還付」が含まれていた。還付は、刺激小切手の形をとって納税者に送られた。典型的な納税申告者は、単独申請者は、600ドルまで税額控除を受けることができ、共同申請者に対しては 1200ドルまで税額控除を受けることができた。適格な個人は、扶養される子供 1 人当たり追加的な 300ドルを受け取った。ネットでの税負担がない個人も、なお還付の対象となったが、少なくとも年間 3000ドルの収入が必要とされた。還付は、（CARES 法と同じように）共同申

請者に対しては7万5000ᵈˡと15万ᵈˡを超えると5%の率で消えていった。ARRAはオバマ政権下で2009年に通過したが、2009年と2010年にメーキング・ワーク・ペイの個人税額控除を権限づけ、単独労働者個人に対して400ᵈˡまでの還付付き税額控除を供給し、カップルには800ᵈˡまでのそれを供給した。控除は、所得が7万5000ᵈˡ（共同申請者の場合、15万ᵈˡ）を超えるとより高い所得の1ᵈˡにつき2セントの率で消えていった。ARRAは、また一時の刺激的支払い250ᵈˡが含まれており、年寄、身体不自由者、そして退役軍人に支給された。

COVID-19リセッションの場合、連邦政府はまた、家計への経済的救済を提供するにあたって税条項を使用した。サポートは、ESAやARRAよりも貨幣タームでいうとより大きく、連邦所得税納税者の家計に限定はされず、だから、それは、最も所得の低い家計への拡張された救済となった。CARES法においては、米国政府は、2018年と2019年の税申告情報を一般的に基準として個人に対して迅速な経済インパクト支出を供給した。2020年に前金の支払いとして受け取っていない人は、2020年税の税額控除として申告することができる。消滅率と所得閾値はESAとARRAの下でと同じであり、CARES法による支払いはかなり大きく、個人だと1200ᵈˡまで、共同申請だと2400ᵈˡまで申し込むことができる（El-Sibae et al. 2020）。CARES法による支払いはまた、子供を持つ適格な個人にとっては、より大きい。ESAは扶養の子供1人当たり特別300ᵈˡの税額控除を提供したし、ARRAは、子供税額控除適格性を拡大した。CARES法はそれに対して扶養の子供1人当たり500ᵈˡの税額還付を行ったが、子供の税額控除と同様の扶養の子供の同様な適格性を使った。ESA税額控除と異なり、CARES法の税還付は、完全な還付を受けるのに最低の納税が必要とされず（Marr et al. 2020）、それが意味するのは、所得の分布の非常に低いところの人も所得援助を得ることができるということである。

ARRAによって立法化された税救済のタイプのいくつかは、CARES法と同じようなものではない。ARRAは、勤労所得税額控除を拡大し、その範囲を拡大し、3人の子供を持つかそれ以上持つ労働者によって要求された控除を引き上げる。こ

れらの変化は、しかし、最初は一時的に立法化されたものであり、議会が後に永久化した。ARRAはまた、車の購入者や最初の自宅所有者へ補助するのであり、自動車販売税額控除（総額1.7兆ᵈˡ）や自宅所有権税額控除（6.6兆ᵈˡ）を通じてのことである。

労働力プログラム　2つのリセッションに対応して、連邦政府は、わが国の労働力にサポートを供給した。全体として、CARES法は、より大きなサポートを供給した。このサポートはまた、危機の異なった性格を反映している。大リセッションでは、ARRAの刺激パッケージ7870億ᵈˡのうち、約120億ᵈˡは、参加率の上昇（表1－3）に合わせてさまざまな公的労働力プログラムに資金を提供した。州の失業保険庁は、行政的サポート基金において5000億ᵈˡを受け取ったし、増大する需要に取り組むため近代化基金70億ᵈˡを受け取った（BLS 2014）。それに対して、家族第一COVID-19対応法は、増加する取り扱い件数と拡大するプログラムを伴う、失業保険行政をサポートするため追加的資金10億ᵈˡを権限づけた（Emsellem and Evermore 2020; Goger, Loh, and George 2020）。

議会はまた、失業保険プログラムへ追加的増加と延長を資金化した。26週間以上にわたって失業する労働者数の拡大に対応して、議会は、失業保険の一時的延長を立法化した。2008年緊急失業補償法とその延長は、通常の州の失業保険を補う支給週の追加的層が含まれ、延長支給プログラムが含まれる。2009年11月と2012年9月の間において、結合されて、これらのプログラムは、失業保険受給者が99週まで支給を受けることができるように最大に受けることができる週を延長した。

2009年、ARRAは、これらの給付に付け加えて、失業保険の延長と適格労働者に週当たり失業保険給付の25ᵈˡ給付の追加を臨時の緊急失業補償を通じて供給した。この給付の増加は、2009年から11年にかけて、201億ᵈˡの連邦政府コストをかけた。永久に延長された給付プログラムは、2010年1月を通して完全に連邦に基金で賄われ、州の適格性ルールは緩和され、より失業をせざるを得ない労働者が適格となった。これらの延長さ

れた給付は、2009年から11年にかけて、240億ドルのコストを連邦政府にかけた。ARRAはまた、一時的に2400ドルの失業保険給付を最初に受けた場合、課税が差し止められた。

COVID-19リセッションに対応して、議会は、一時的に失業保険給付の長さを延長し、大リセッションに対してそのレベルをかなり増加させた。CARES法の下では、失業保険受給は追加的に13週が付け加わり、州は給付が受給者に許可される前の1週間の強制的待ち期間を廃止することを許可した。CARES法はまた、追加的な失業保険所得のかなりの増加を提供し、大リセッションの時に提供された25ドルの追加的給付金の24倍にもなった。失業保険請求の労働者は、2020年7月15日まで週600ドルの補助を受け取った。さらに、復興法とは異なって、CARES法は、新しいプログラムを付け加え、自営業、短期の仕事に就く労働者、限られた労働経験しか持ち合わせない労働者、その他、普通では一般の失業保険給付の対象にならないタイプの労働者を含む失業保険給付の適格性を拡大した。週600ドルの補助金が7月で切れた後、そして、議会の行動がない中で、トランプ政権は、喪失賃金援助プログラムを創設する大統領メモランダムを発行し、失業労働者への救済を拡大したが、それは、災害救済基金（Disaster Relief Funds）の使用を権限づけるもので、喪失賃金1週当たり400ドルまでの（300ドルは連邦の貢献、100ドルの選択は州の貢献）補足的支払いを行うものである。ワシントン特別区とともに、49の州といくつかの米国領土がこのプログラムに最終的に署名し、9月10日まで適用されるすべての州と米国領土へ6週間の給付金が供給された。

大リセッションの間は、ARRAの下で、失業保険に適格な個人が、雇用紹介と再雇用サービスのための雇用サービス（Employment Service）を照会された。ARRAは、再雇用サービス交付金（Reemployment Services Grants）の追加の2億5000万ドルを失業保険交付金受取人に役立たせるため、地域の雇用事務所に配分した。労働統計局は記録しているが、資金を増大したにもかかわらず、地域の事務所はなお大きな資金繰りの困難に直面し、それは結局低コストサービスへの増大する登録（オリエンテーションや評価）となり、高価な、労働集約的なサービス（カウンセリング、教育、訓練）などがおろそかになった。その他の雇用に関するサービスは、例えば、外された労働者への労働力イノベーション・プログラムや成人労働力イノベーション・プログラムがまた増大した資金を受け取った（表1－3）。

CARES法は、再雇用サービス交付金や労働力イノベーションと機会法に定められたフォーミュラーにおけるARRAの増大と同じように資金を増大させるものではなかった。2019年CEA報告に明らかなように、多くの政府による訓練プログラムが、事実に基づく厳格な結果の検証にかけ、それは、訓練あるいは再訓練労働者や彼らに仕事を斡旋する効果に現れている。CARES法は、しかしながら、COVID-19を阻止し、準備し、対応するため、外された労働者へ3億4500万ドル供給する。加えて、この法は州に対して短期の補償プログラムを採用し活用するインセンティブを提供し、それは、雇用主に労働時間を短縮することで雇用者を解雇することのないようにさせるものである。これらのプログラムの下で、労働者は、短縮された労働時間を埋め合わせするために失業保険給付に適格となることであろう。

CARES法は、ARRAを乗り越えて労働力サポートを行うもので、それは、PPPへの資金によって行われる。このプログラムは、パンデミックを通して中小企業の雇用主と雇用者支援のために企図された。CARES法は、PPPローンに3490億ドルを権限づけ、米国中小企業、自営業、部族企業、そして非営利・退役軍人組織への給与とその他費用のサポートを行う。PPPとヘルスケア増進法の部分として、追加の3100億ドルが権限付けされ、PPPへ権限付けされた総額は6590億ドルとなる。これら資金は保証や貸し付け返済免除に使用されるであろうが、完全に借金免除の条件は、60%（もとは75%）ほども多くの資金が24週（もとは8週）間以内に給与支払いに使われるということである。

ヘルスケア　COVID-19リセッション中にヘルスケアをサポートするためにとられた連邦の対応は、大リセッション中にとられた対応とは異なったのであって、それは、今度はCOVID-19の健康危機の深刻な事態に直接取り組む必要があったか

らである。この点に関して、大リセッション時と類似点はないのであって、大リセッションは、健康にかかわる危機ではなく金融危機であったからである。

大リセッション中、連邦の対応は、職を失った人々へのヘルスケア給付の増額に集中したのである。大リセッション前は、統合オムニバス予算調整法（COBRA: Consolidated Omnibus Budget Reconciliation Act）が、職を失った労働者（その家族）の保険適用を多くの雇用主が継続することが必要条件であったが、雇用主が保険料を援助することの継続が必要条件ではなかった。ARRA は、65％の補助を雇用主に提供し、2008 年 8 月から 2010 年 5 月まで職を喪失した COBRA 適格の多くの労働者の保険料支払いをカバーすることを援助した。この補助は、9 カ月（後に 15 カ月に延長され）まで、労働者とその家族をカバーした。CARES 法は、COBRA の期間を変化させなかったが、労働省は一時的に保険適用とその保険料支払いに署名している職を失った労働者の期限を延長した。

COVID-19 健康危機に直接対応するため、CARES 法は、パンデミックの最中にヘルスケア提供者をサポートするための供給者救援基金を立ち上げた。CARES 法は、厚生省（Department of Health and Human Services）を通して、1000億ドルを病院とその他のヘルスケア供給者に配分した。給与支払い保護プログラム（PPP: Paycheck Protection Program）とヘルスケア増進法は、追加の 750 億ドルを供給者救済基金へ振り込んだのであるが、それは、COVID-19 による高コスト治療と失われた収入の弁済に使われた。厚生省は、現在この 1750 億ドルを援助に配分中である。この援助は、セーフティーネットを供給する特別のプログラムを含むのであって、それは、最も脆弱な人々に医療サービスを提供している病院、田舎の病院、そして小さな都会地域の病院への援助である。

この援助はかなりのものではあるが、病院に充てられる部分は、パンデミック中に経験した病院の損失を完全に相殺するものではない。米国病院協会は、パンデミックは、3 月 1 日から 6 月 30 日までの 4 カ月間で、米国ヘルスケア・システムへの損失は、2000 億ドルを超えると推定す

る。この推定されるコストの 80％を超える部分は、外科治療やその他の医療サービスのキャンセルから発生する収入減によるものである。これには、選択的治療と非選択的治療、外来治療、そして、緊急医療サービスが含まれる。残る 20％あるいは推定されるロスの数％は、病院に対するCOVID-19 の直接コストであり、COVID-19 治療、追加的な個人防護施設の購入、そして、前線の医療労働者に支払う病院、これへのサポートである。

CARES 法はまた、COVID-19 検査の増加を援助し、250 億ドルを供給した。これには、保険に入っていない個人の検査費用の弁済が 10 億ドルを限度に入っており、それは、以前、家族第一コロナウィルス救済法（FFCRA: Families First Coronavirus Relief Act）によるこの目的で割り当てられた10 億ドルに追加するものであった。FFCRA はまた、CARES 法によって修正されたものであるが、患者のコスト負担なしの COVID-19 診察検査をカバーする、メディケア・パート B、州のメディケイドと子供健康保険プログラム、そしてグループ健康プラン、健康保険発行人を必要とする。保険でカバーされていない個人はまた、もし州が選択をすれば、州のメディケイドプログラムの下で、COVID-19 診察検査を負担なしで受けることができる。メディケア＆メディケイド・サービス・センターは、このサービスを提供するよう、州がそのメディケイドプログラムを修正し、アクセス可能な簡単に使える道具キットを作った。

教育 大リセッション中、連邦政府は、かなりの割合で刺激支出を教育に向け、ARRA の下で追加的な支出、1000 億ドルを割り当てた。資金の中心的な目的は、学校地区と大学において解雇を避けることにあった。資金の約半分は、州財政安定化基金を通して、小学校、中学校、高等学校に使われるように、州知事に割り当てた。追加の100 億ドルは、低所得学生を対象に、約 120 億ドルは、身体不自由な学生をサポートするためであった。約 170 億ドルは、低所得家計の学生をサポートする高等教育ペル奨学金利用のための基金増額に使用された。ARRA はまた、米国機会税額控除を確立し、それは、現存の教育クレジット（HOPE クレジット）を修正し、より多くの学生をカバーできるように所得ベースの適格性限度を緩和し、ク

レジットのためのより多くの支出を適格とし、クレジットを2年制の機関のみならず4年制の高等教育機関で学ぶ場合にも請求を許可することとした。

CARES法の下、連邦政府は、教育機関に緊急救済310億㌦を供給した。これには、主として低所得学生の州での登録数に比例して配分されるK-12学校への約130億㌦が含まれる。さらに高等教育に配分される140億㌦は、その多くがペル奨学金受給者の機関別シェアに基づき配分されるが、しかし、歴史的に黒人カレッジと大学、そして他の有色人種にサービスする機関に約10億㌦が配分されるが、それについてはこの『報告』〔白書〕の第11章でさらに議論する。さらに救済の30億㌦は、知事が、とりわけCOVID-19によって影響を受けた学校と教育機関に配分するものである。

大リセッションと現下のリセッションとの大きな違いは、パンデミックに対応するため、全国的に多くの学校が閉鎖されたことである。3月の第1週と第3週との間、ほぼ100％の幼稚園、小学校、中学校は、閉鎖された。この閉鎖は、かなり大きな負の影響を米国経済と子供たち自身に与えた。アングリストとクルーガー（Angrist and Krueger 1992）とブーラー、モグスタッド、サルヴァネス（Bhuller, Mogstad, and Salvanes 2017）による分析をベースに推定してみると、学年歴が短縮されてより人的資本の形成が低くなった結果、将来の収入は2.3％から3.7％の継続する落ち込みを経験することになるであろう。その間、親たちは、学校閉鎖による子供のケアによって、仕事をすべて辞めなければならず、生涯にわたる所得の削減を経験する。CEAの推定では、18％の労働力は、生涯にわたって1％の継続的な所得の減少を経験するかもしれない。というのは、学校閉鎖による雇用経験の落ち込みがあったからである。これらの影響は、とりわけ経験の浅いシングルマザーに深刻であり、ただ低い所得のみならず雇用見通しの確実性も低くなるという。したがって、学校を安全に開くということは、経済を活気づけ、傷つきやすい学生とその家族を経済的にサポートすることになる。

補助的栄養支援プログラム　2つのリセッションへの連邦対応は、補助的栄養支援プログラム（SNAP: Supplemental Nutrition Assistance Program）を含み、この連邦プログラムは、米国で食料購入を最も必要としている家族に栄養援助を与える連邦のプログラムなのである。大リセッションの時は、ARRAがすべての参加者に追加的SNAP支給、400億㌦を配分し、最低の給付を引き上げた。これらの変化のおかげで、2009年には、平均の月次SNAP支給は、21㌦引き上げられた。月次支給の増加に加えて、ARRAは、2009年4月から2010年9月にかけて、身体が不自由でない、子供がいない成人という労働条件を停止した。

家族第一COVID-19対応法は、当局に、労働条件の免除を行い、SNAP支給を、最大限もらっていない家計には最大限配分するまで増加させる権限を与えた。CARES法は、FFCRA条項に関連して増加したコストとSNAPへの参加増加を予想し、臨時の資金を150億㌦以上、追加的に供給した。FFCRAとCARES法によって供給されたように、農務省はまた、かなりの必要条件の免除を行い、栄養プログラムは、ソーシャル・ディスタンシングの制限中にも家族と子供にいきわたらせることができた。FFRAはまた、COVID-19公衆衛生緊急時の終了後のその月を通して、身体不自由でない、子供がいない成人に対して労働必要条件を免除した。

住宅援助プログラム　大リセッション中、ARRA下の連邦対応は、住宅・都市開発省（HUD: Department of Housing and Urban Development）によって管理されたプログラムに136億㌦を供給したが、それには、ホームレス阻止ならびに迅速再住宅プログラムへの15億㌦が含まれていた。この『報告』〔『白書』〕の第2章で議論されるが、CARES法は、住宅所有者と借り手に住宅救済を供給したが、それは、連邦保証モーゲージに対する猶予という形をとり、さらに、トランプ政権の行政命令13945によってさらに延長された120日間の差し押さえモラトリアムによって行われたが、この行政命令は、借り手と住宅所有者に援助を供給することによって、COVID-19の拡大と戦うというものである。CARES法はまた、2020会計年度にHUDによって管理されたプログラムへ、1240億㌦配分した。この資金には、パンデミッ

クによって最も被害を受けて傷つきやすいホームレスへの 40 億㌦が含まれている。これらの資金は、緊急解決支給プログラムをサポートすることになるであろうが、それは、ホームレスの人々を援助し、ホームレスになるのではないかというリスクを抱える人々に向けられる。これら資金の約 30 億㌦は、緊急避難所（食料、家賃、安全が保障される）の運営に使用されており、より多くの避難所を使用可能とし、ホームレスの人々に基本的なサービス（子供の世話、雇用援助、精神的な健康のサービスを含み）提供する緊急の避難所を造り、急速な再住宅化を通して個人がホームレスになるのを防ぐのである。

結 論

　COVID-19 パンデミックは、2020 年初めの活発な米国経済に根底的影響を与えた。専門的予測家のブルーチップパネルは、パンデミックが本格的になり、連邦準備や OECD が彼らの予測を最新化するにつれ、3 月には 2020 年 GDP 予測を鋭く下方修正し始めた。2020 年の約 2％という GDP 成長の予測に代わって、これら 3 つの機関は、GDP の収縮率、約 6％から 12％という悲惨な警告を発したが、——それは、1930 年代以降、最も急峻な収縮となるものであった。しかしながら、迅速かつ劇的な財政介入が 3 月終わりから 4 月初めにかけて、連邦政府によって行われ、夏を通して利益を生み、米国経済は一貫して期待を超えて実績を上げた。

　その結果、2020 年秋には、すべてこの 3 つの主導的な予測者たちはその年の GDP 成長のより楽天的な見方をするようになり、GDP は、4％以下の落ち込みで終わるであろうと予測するようになった。この壮健な回復が健全なペースを維持するかどうかは、ある程度ウィルスの沈静化努力の進み方と財政サポートの適切、かつ、よく対応したレベルの維持にかかっている。引き続く諸章では、財政対応の主要な構成要素の深い議論とそれが米国経済の異なる諸局面に引き起こす諸影響について提供する。

　注

1　2019 年と 2020 年版『大統領経済報告』〔『米国経済白書』〕の第 1 章において、「減税及び雇用法」の成長促進的便益の包括的な分析がなされている。2020 年版『報告』〔『白書』〕では、ト

ランプ政権の家計所得のための規制撤廃が議論され、その便益に焦点が合わさっている。

2　中国の研究者は、2019 年 12 月 31 日武漢において、急性呼吸疾患のクラスターを確認後、新型コロナウィルスを隔離し、確認した（Patel, Jernigen, and 2019-n Cov CDC Response Team 2020）。

3　CDC は、1 人の旅行者が、武漢からワシントン州に戻った後、その数日前に、治療を求めてきた時に、米国における最初のケースを発表した。

4　汚染された地域への旅行の経験のない人が COVID-19 のケースとなったことが、CDC によって確認された（2020 b）。

5　CEC は、非薬物的干渉政策を定義して、薬物やワクチン接種とは異なるもので、人々やコミュニティーが COVID-19 のような疾病の拡大を遅らせることのできるようなやり方とする。

6　わが政権の米国公衆に告げ知らせる努力の後、州が保護的行動を指し示す制限的指示と規制を導入し始めた。CEA は、さまざまな保護的行動の観察できる全増加の 67％から 100％がアメリカ人の自主的な決定とこれらの自主的決定を促進するわが政権の努力によってなされたことを発見するが、33％だけは制限的な州の指示によるものであった。

7　Jonas（2013）; Kilbourne（2006）; Burns, van der Mensbrugghe, and Timmer（2006）; Verikios et al.（2001）; Mckibbin and Sidorenko（2006）; CEA（2019）; and McKibbin（2009）を見よ。

8　すなわち、3 月 11 日（トランプ大統領の COVID-19 に対する宣言が、国家非常事態宣言として出される前）、NBA は、すでに独自にバスケッ

トボールの試合を中止とした。次の日、メジャー・リーグ・ベースボールは、そのシーズンの開始を遅らせ、ナテョナル・ホッケー・リーグは、試合を中止し、マーチ・マッドネスは、キャンセルとなった。

9　Baqaee and Farhi（2020）は、供給と需要へのショックをモデル化し、いかにして供給と需要のショックの結合がデータを説明するか研究する。彼らの議論によると、総需要の否定的ショックがなかったのであれば、米国は、スタグフレーションを経験したかもしれない、あるいは、失業の増大と価格上昇のコンビネーションが発生したかもしれないという。代わって、総需要への否定的ショックがインフレを限定的にした。

10　ホームベースとは、中小企業所有者が雇用者時間表を管理することを援助するソフトウェアー供給の会社である。パンデミックが始まってから、ホームベースは、そのソフトウェアーを使用する6万社以上の企業からのデータを使って、米国中小企業雇用のデータベースをもっていた。そのデータは、2020年1月に米国において働いている100万人以上の雇用者をカバーする。多くのホームベースの顧客は、個人的に所有しているか経営者が管理しているかのレストラン、食品・飲料会社、小売販売店、サービス営業者などである。

11　これら比率はGDPが鋭く落ち込んだから2020年第2四半期に急上昇した。

第2章
米国の家計を優先する

COVID-19 パンデミックから発生した経済的及び健康危機は、アメリカ人の家計を守るためにすべてのレベルで政府による協調的対応が必要とされた。トランプ政権は決定的な行動をとって議会と協力し、2020 年 3 月、3 つの主要法案を通過させて署名したが、その最大のものは「コロナウィルス援助・救済及び経済安定化（CARES）法」であり、パンデミックからの経済的崩壊に対処するためのものであった。CARES 法の条項は、8 月には期限切れあるいは消滅を始め、議会はさらなる行動のない中で、トランプ大統領はアメリカ人家計のさらなる救済を拡張する一連の行政行動によってフォロー・アップした。

　これら政策の重要な目標は、パンデミックによって鋭く落ち込む経済的収縮を切り抜けるアメリカ人家計に金融的支援を供給することであった。これらの政策は、この前代未聞の出来事に対抗して、大きな成功を収めた。失業率は 2020 年 2 月の 50 年来最低の 3.5% から 2 か月後の 2020 年 4 月には 14.7 に上昇したものの、家計所得は増加しており、それは、経済インパクト支払い（Economic Impact Payments）と拡大のうえ増額された失業保険のおかげであった。低い方の所得の家計は、最も大きな比率の所得増加を一般的に経験し、彼らの月次所得は、少なくとも 2020 年 8 月を通して、すべての月で、COVID-19 前のレベルを超えた。

　直接的な金融援助の供給に付け加えて、CARES 法とトランプ政権によるフォロー・アップの行政支所の行動は、立ち退きリスクと学生ローン破産に対抗してアメリカ人を保護した。立ち退きは、米国中の都市において COVID 前の水準に落ち、パンデミックのさなか、追加的健康リスクを引き起こす住宅の共有とホームレスの突如の出現を回避させた。住宅所有をサポートするためにとられる長期にわたる行動の成功は、経済回復のペースとその強さにかかっている。4 月から 11 月にかけて、失業率は 8.0% 下落、14.7% から 6.7% になり、記録的な最も大きい 7 カ月の低下となった。2 月から 4 月の間のすべての失われた雇用のほぼ 60% が 11 月までに回復され、雇用はこの期間で 1200 万人の増加となった。

　継続する経済回復、それは、CARES 法の条項消滅後の援助を拡大することを計画したトランプ大統領の行政行動によってサポートされ、トランプ政権の最初の 3 年間に顕著であった強力な経済と同じものを取り戻すことをやりやすくできるが、これらはある程度、「減税及び雇用法」とその他の成長促進政策によって拍車を掛けられたといえる。2016 年から 19 年にかけて、純資産中央値は 18% 上昇し、それには、黒人家計の 32% の上昇とヒスパニック家計の 64% 上昇が伴っている。所得中央値は、2016 年から 2019 年にかけて、9.7% の上昇、そして、2019 年における 1 年での 6.8% の上昇は、かつて記録されたうち 1 年で最も大きな増大であった。貧困は、すべての人種と民族グループにおいて 2019 年に記録的な低さを打ち、50 年を通して最も大きな（1.3% の）落ち込みであった。継続する成長促進政策、それには規制撤廃と「減税及び雇用法」の継続する恩恵が含まれるのであるが、それらとともに、COVID 前の経済を再び取り戻すことができ、家

②

計は、トランプ政権の最初の3年間で経験した前進からの恩恵を継続させるであろう。

CO VID-19へ対応した米国経済の部分的シャットダウンは、かつてない前代未聞のものであった。90%を超えるアメリカ人の多くは、州規模の学校閉鎖、バーやレストランへの制限によって3月末までに影響を受けたし、4月初めまでは州レベルの自宅待機命令の下にあった。これらの出来事の結果、2020年2月から2020年4月にかけて、失業率は50年以来（3.5%）の低さにあったものが、大恐慌以来最も高いレベル（14.7%）に上昇した。米国における移転前総可処分所得は、2月から4月にかけて9%下落、2カ月間のかつてない最大の落ち込みであった。失業が低い方の賃金労働者に集中したため、移転前所得は、低い方の所得家計に最も打撃となり、彼らの家賃、食料及びその他の基礎的必要物資の支払い能力を脅かした。

トランプ大統領と議会によってとられた迅速かつかつてない行動によって、これらのアメリカ人家計への痛々しい影響は強力に緩和された。2020年3月20日、トランプ大統領は、納税日を遅らせ、納税義務を負うアメリカ人に流動性を供給した。そして、その他2つの重要な法律に引き続き、2020年3月27日、トランプ大統領は、「コロナウィルス援助・救済及び経済安定化（CARES: Coronavirus Aid, Relief, and Economic Security）法」に署名し、家計と企業に2兆2000億㌦の救済資金を供給した。2人の子供を持ち所得15万㌦以下の家族は、3400㌦の経済インパクト支払いを受けたが、それは、大リセッション期に供給された最大1800㌦の刺激小切手のほぼ2倍の金額である。大リセッションの刺激支払いと異なって、完全経済インパクト支払いは、課税義務を負わない最も低い所得家計で利用可能であった。CARES法はまた、職を失った労働者への前例を見ない救済を供給した。補正的な週600㌦の失業保険（UI: Unemployment Insurance）手当は、職を失った多くの労働者が所得の減額を経験することはなかったし、適格性はUI手当に典型的に適格ではない労働者にも拡大された。CARES法は、さらに、連邦保証モーゲージを持つ住宅の抵当流れと追い出しを一時阻止した。初期の立法

化は、有給休暇便益を拡大し、病気や学校閉鎖に影響された子供たちをケアするため拡大した。

トランプ大統領は、CARES法の条項が期限切れとなり、議会がその延長の合意に至ることができなかった場合には、家計に追加的救済を供給した。大統領は、2020年8月8日、いくつかの重要な行政行動を発出し、失業労働者に週300㌦の補正の連邦援助を供給し、2020年末まで継続的に給与税支払いの雇用主分を猶予し、家賃を支払えない借主を援助する命令を発し、究極的には、2020年末まで一貫して借家からの追い立てに一時ストップをかけ、そして、2020年末まで継続的に学生ローン返済への猶予を拡張した。これらの行政支所の行動は、多くの家計に、さらなる法律的パッケージの欠如の場合、その救済を受けることを継続させることとなるであろう。

トランプ政権によるCARES法と続く行政行動によって、貧困と所得不平等は縮小した、そして、多くの仕事を失った労働者は、補正的な失業手当を受け取る間、所得喪失を経験することはなかった。CARES法が通過して直後、所得分配のすべてにわたって家計は、COVID前のレベルに対して所得増加を見た。増大は、所得の最も低い家計において最大であった。例えば、25百分位の家計は、月の所得が4月に127%も上昇したが、その多くが経済インパクト支払いによるものであったし、これら家計は、5月から8月を通して、COVID前のレベルを保っていたのであるが、この多くは、UI手当が拡張されたためであった。事実、経済インパクト支払いだけで、彼らが全部のその他所得が喪失したとしても、4人家族を1.5か月間貧困から抜け出させるに十分であった。拡張されたUI手当は、多くの仕事を失った労働者が、その働きから得ていたものをほぼUI手当から受け取ることを確実にした。これらUI手当は、働くことへのインセンティブには、典型的にマイナスであることとはいえ、4月から7月にかけての部分的な経済シャットダウンは、そのような懸念を緩和させた（Altonji et al. 2020; Bartik et al. 2020; Marinescu, Skandalis, and Zhao 2020）。トランプ大統領の8月の行政行動下で発出されたいくぶん削減された緊急喪失賃金への援助は、3月から4月にかけての回復が進行するにつれて600㌦支払いによるかなりの労働へのインセン

ティブの阻害を緩和したが、一方で失業労働者へは、追加的なサポートの供給が継続した。

これらの行動は、強力な経済回復へ繋がることに役立った。4月から11月の間、失業率は8.0%ポイント下落し、14.7%から6.6%になったが、これは、7カ月の下落では最も大きいものである。継続する経済回復、これは、カギとなるCARES法の条項の期限切れを超えて多くの家計に援助を拡張するトランプ大統領の行政行動と結びついたものであるが、歴史的に強力なCOVID前の労働市場と全般的な経済回復のための道慣らしとなるものである。

強力な経済は、長期において家計を改善する最も効果的な道具である。トランプ大統領が2016年に選出され2019年まで、純資産中央値は、18%上昇したが、それは少数民族派において最も大きな前進となった。黒人家計では、純資産中

央値は、32%も増大し、ヒスパニック家計では64%もの増大であった（Federal Reserve Board of Governors（2020a、2020c）。所得中央値は、2016年から2019年にかけて9.7%の上昇であるが、2019年だけで6.8%の上昇であり、これはかつて記録された1年間の最も大きな上昇である。2019年では、貧困は、この50年間で最も大きな量（1.3%ポイント）に落ち込み、記録的な低さとなった。黒人の貧困は、これまでで初めて20%を下回るまで落ちた。継続する成長促進政策、これには、規制撤廃と「減税及び雇用法」（TCJA: Tax Cuts and Jobs Act）の継続的な恩恵が含まれるのであるが、COVID前の経済を再び達成させることを確実に促進でき、トランプ政権の最初の3年間で経験した継続的前進を家計に許すものだ[1]。

COVID前の経済の強さとCOVID-19のショック

トランプ政権の政策は、経済成長と雇用創出に気合を入れることに焦点を合わせてきた。規制撤廃は、企業に対して投資と労働者の雇用へのコストを削減してきた。税制改革は、新しい資本投資を促進し、仕事への効果の高い税率を課す家計への税を削減してきており、とりわけ所得分配における最も低層部分に顕著である。他の政策——低所得労働者への子供ケアの援助を拡大すること、オポチュニティー・ゾーン、そして薬物中毒を削減するための記録的な投資は、労働市場のわきに残された人々の雇用成長に気合を入れることを促進してきた。COVID-19に襲われるまで、これら政策の結果は、高い経済成長であり、とりわけ、最も優遇されてこなかった人々に対しての強力な労働市場であった。

2017年1月、それはトランプ大統領の就任の時であるが、それから2020年2月の間、米国失業率は4.7%から3.5%に下落し、この50年で最も低いレベルとなった。伝統的に、優遇されてこなかったアメリカ人は、最も大きな労働市場の前進を経験した。2017年1月から2020年2月まで米国黒人の失業率は、1.7%ポイント下がりヒス

パニック系アメリカ人は、1.4%ポイントの下落であり、全体の1.2%ポイント下落よりさらに大きかった。

労働需要の上昇は、労働者をより多く労働力として導き出したのみならず、賃金を上昇させた。平均実質賃金は2017年1月から2020年2月まで、3.2%の上昇であった。賃金上昇は、最も賃金が低い労働者に対して最も速く、トランプ政権の最初の3年間で名目賃金上昇11.7%を見たのであり——同じ時期の全労働者の賃金中央値の成長より、4.2%ポイント高かった。

増大する雇用と賃金は、家計への大きな所得増となって現われる。2016年から2019年の間、米国の税引き前家計所得は、9.7%上昇した。TCJAによって、税引き後所得はさらに速く成長した。例えば、「税政策センター減税及び雇用法」測定人によれば、4人家族で所得が8万2500ドルの場合は、現在はTCJA前よりも2300ドル少ない税を支払っている。

所得配分におけるすべての家計は、トランプ政権の最初の3年間で所得増加を経験した。成長促進政策は、2016年から2019年にかけて貧困を2.2%ポイント（660万人）削減した。そして、貧

困率は、2019 年においてかつてないほど低い 10.5%に到達した。すべての人種的・民族的グループは、記録的に低い貧困率に到達し、黒人の貧困率は、初めて 20%以下に低落した。

家族の資産はまた、トランプ政権下で増加した。2016 年から 2019 年にかけて、すべての純資産中央値は 18%上昇し、黒人家族では 32%の増加、ヒスパニックでは 64%の増加である。純資産は、より低い中層の資産家族（純資産の 25 百分位から 50 百分位の間にある家族）で最も増加し、彼らは、純資産中央値で 22%の増加である。住宅所有権に関しては、2016 年から 2019 年にかけて 1.2%の増加であるが、最初の 3 年間の増加は 2004 年以来の消費者金融調査によって明らかである（Federal Reserve Board of Government 2020b, 2020d）。すべての家計において持ち上げられていた 2016 年から 19 年にかけての強力な

経済成長は、COVID-19 パンデミックによって打ち砕かれた。2020 年 2 月から 2020 年 4 月の間、失業率は急上昇し 3.5%から 14.7%になり、――そして、この 11.2%゚ﾝﾄの上昇のみで大リセッションにおいて到達した失業率のピークより大きかった。雇用欠員は、4 月の終わり頃までに 40%より大きく落ち込んだ（Forsythe et al. 2020）。議会予算局は 2020 年 5 月に予測し、失業率は 2020 年第 3 四半期に 15.8%、2020 年第 4 四半期には 11.5%になるであろうとしたが、それは、失業率が、2020 年の残りの時期において大リセッションのピークを超えて継続するというものであった。現実はしかし、失業率は、これらの予測より低く下落した、11 月には、わずか 6.7%となり、議会予算局の予測より低かった（CBO 2020）。

家計救済を行う政策対応

COVID-19 による急激かつ深刻なショックに対応して、議会は急速に、2020 年 3 月、3 つの法案を通過させ、トランプ大統領が署名し、それらは成立した。2020 年 3 月 6 日のコロナウィルス準備対応補正的調達法、2020 年 3 月 18 日の家族第一コロナウィルス対応法、そして、2020 年 3 月 27 日の CARES 法（これは、4 月に「給与保護及びヘルスケア増進法」によって補足された）である。これら法律の特定の条項が期限切れになった後、出てくる法律の欠如の下で、トランプ大統領は、2020 年 8 月 8 日、一連の重要な行政行動を発出したのであり、それらは、まず借家人と住宅所有者への援助の供給によって、COVID-19 の拡大と戦う行政命令（White House 2020a）、第二に COVID-19 の被害の継続に鑑みての給与税支払い義務の延期に関するメモランダム（White House 2020d）、第三に COVID-19 に関連する主要災害宣言に対してのその他に必要とされるプログラムの権限付けに関するメモランダム（White House 2020b）、そして、COVID-19 パンデミック間の継続する学生ローン返済救済に関するメモランダム（White House 2020c）である。この節では、アメリカ人家計に直接救済を供給してきたこれら法律と行政行動の諸条項を要約する。

2020 年 3 月の立法的行動

コロナウィルス準備対応補正的歳出予算法、それは、2020 年 3 月 6 日、トランプ大統領の署名を得て法律となったが、COVID-19 への最初の健康対応に対しての資金 83 億゚ﾙを供給した。資金付けは、国際的救済努力に資金付けすることに付け加えて、健康緊急事態に対するワクチン、治療、テスト、そして、一般的な対応に集中した。

家族第一コロナウィルス対応法（FFCRA: Families First Coronavirus Response Act）、それは、2020 年 3 月 18 日、トランプ大統領の署名を得て法律となったが、推定コスト 1920 億゚ﾙと見積もられる家計と州政府に援助を供給した。FFCRA は、COVID 関連の作業欠勤に対して、疾病及び家族有給休暇を雇用者へ供給するためには、500 人以下の雇用者を持つ特定の雇用主を条件とし、税額還付を通じて連邦政府によって完全に

補償されるであろう。前金で休暇手当の条項を資金付けするために、企業は、そうでなければ内国歳入庁（IRS: Internal Revenue Services）にとどめ置かなければならない税金にアクセスすることが許され、あるいは、かつて源泉徴収された税によってカバーされなかった金額について、IRSから前払いとして税額控除を受けることが許された。労働者は、賃金の100％まで、2週間の疾病有給休暇が認められ、追加の10週間では、67％までカバーされる家族及び疾病有給休暇が、賃金にある程度の制限を設けて許可された。FFCRAはまた、失業保険延長給付とメディケイドに資金提供し、補正的栄養補給プログラムへの労働必要条件を停止し、メディケア、メディケイドならびに子供健康保険プログラムによってカバーされるすべてのアメリカ人に無料のCOVID-19テストと緊急治療を提供した。

最大の立法的パッケージは、CARES法であり、2020年3月27日にトランプ大統領によって署名され成立した。CARES法は、COVID-19に影響された家計と企業への救済として2兆2000億ドルを供給した。関連するものとしては、大リセッションへの主要な立法的対応として、2009年「米国復興及び再投資法」があり、（2009年ドルで）10年にわたって8360億ドル供給した。

経済インパクト支払いは、2924億ドルのコストで（JCT2020）、CARES法のカギとなる条項であり、家計への直接救済を供給することを意図した。適格な成人は各々1200ドルまで、そして資格のある子供の各々に500ドルを受け取ることができ、これら支払いは高い所得になるにつれ消滅していった。たとえ納税義務がなかったとしても、両親と2人の子供を持つ年15万ドル以下の収入の家族へは3400ドル支給された。それに対して大リセッションにおける刺激的支払いは、4人家族で最大1800ドル供給され、納税義務がなく、適格所得が3000ドル以下のすべての人々には何も支払われることはなかった。経済インパクト支払いは、迅速に配分され、IRSの報告によれば、6月3日までに1億5900万人にほぼ2670億ドルが支払われた。

CARES法は、追加として職を失ったアメリカ人に目標を絞った救済3470億ドルを供給した。連邦パンデミック失業補償（FPUC: Federal Pandemic Unemployment Compensation）は、2020年3月29日から7月31日まで、追加的な失業手当の週600ドルをすべての失業保険受給者に提供した。例えば、週400ドル稼ぐ典型的な労働者は、失業すると正規の失業手当200ドルを受け取れる。FPUCの下では、その労働者は週合わせて800ドルとなる追加的600ドルを受け取れるであろう。パンデミック緊急失業補償は、正規の州の給付を使い切った労働者へ追加的な13週の失業保険手当を給付し、さらに（延長された手当によるカバレッジの追加として）多くの州では総額39週のカバレッジが供給された。パンデミック失業援助は、正規の週の失業保険手当に適合しない労働者にも失業手当を認めたのであって、彼らは、失業保険の選択的カバレッジプログラムに参加していない、自営業労働者、ジャズ演奏家たち、企業所有者、独立契約者たちであり、通常の失業手当をもらうには十分な労働履歴がない労働者たちである。この失業労働者たちへの援助は、給与支払い保護プログラム（PPP: Paycheck Protection Program）によって補正され、それは、企業家たちに援助し、彼らが労働者支払いを続けることを可能とし、失業援助から抜け出してしまうことを避けることを確実にした。

CARES法はまた、ローン返済支払いの援助を行った。COVID-19によって金融的困難を経験した連邦保証のモーゲージを所有する住宅所有者は、180日を上限として支払い猶予が認められ、さらに180日以上の延長の可能性を伴った。この期間中、利子あるいは手数料が生じることはないであろう。CARES法はまた、2020年3月18日から少なくとも60日間、連邦保証の単一家族モーゲージとともにある住宅へは差し押さえが禁止され、2020年3月27日から120日間、特定の連邦にサポートされた貸し所有地の借り手への立ち退きを禁止した。必要とあればお金を借りることを許可するため、COVID-19によって深刻な被害を受けた個人退職勘定（IRAs）所有者が、彼らのIRAから配分を受け、その配分に関しては、無税のロールオーバーとして取り扱い、3年以内にその金額を彼らが再び寄与するとした。CARES法はまた、消費者信用がウィルスによって被害を受けないことを確実にしたのであり、もし、消費者が貸し手と支払いの遅れや部分的返済について約

束をしていたのであれば、消費者が不利になるような信用報告は受けることがないとした。

CARES法はまた、学生ローンの借り手保護への条項も含まれていた。雇用主には、個々の雇用主に対して税金を生じさせることなく、2020年12月を通して学生ローン返済を5250㌦まで穴埋めする能力が付与された。加えて、2020年12月を通して、教育省所管の学生ローン返済と利子支払いが猶予され、賃金の差し押さえ、税還付の削減、不利な信用報告を通して学生ローンに関連して強制的に集金することはまた、教育省所管のローンに関して猶予された。

最後に、CARES法はまた、州と地方政府に援助として1500億㌦を許可した。多くの州と地方政府は、とりわけ、貯蓄もなく多くが売上税に頼っているところではパンデミック中雇用を維持するのが困難である。この措置は、40万の公的セクターの職について救済したと推定された（Green and Loualiche 2020）。

トランプ大統領の行政行動

中心的なCARES法の条項は、7月で期限切れになり、経済は強力な回復の過程にあるとはいえ、多くのアメリカ人は仕事に復帰していなかった。7月の最終週は、CARES法が失業労働者に失業保険手当を増額して供給する最終週であった。連邦保証のモーゲージを持つ住宅の追い立てや差し押さえの猶予は、7月24日で期限切れとなった。議会の行動がない中でトランプ政権は、2020年8月8日、一連の行政行動をとった。

トランプ大統領の、COVID-19に関連する主要な被害宣言に対応するその他に必要な援助プログラムを権限づけるメモランダムは、連邦が賃金喪失に供給すべしとし、440億㌦までそれに向けられた。連邦賃金喪失援助に適格となるためには、申請者は、自身が失業していること、あるいは、COVID-19によって部分的に失業していることであり、すでに少なくとも手当として週100㌦を受け取っていたことを自己申請しなければならなかった。その結果、彼らの正式な失業保険手当に付け加えて、申請者は週400㌦の手当を受けることが適格となり、そのうち300㌦は連邦政府によって支給されたのである。これら手当は、連

邦資金が枯渇すれば終了することとなっていたが、それは、2020年12月6日を超すことはないというものであった。

行政命令13945は、パンデミック中、追い立てと差し押さえを最小化し、ホームレスや共有住宅状況を阻止することが目指された。疾病管理及び阻止センター（CDC: Center for Disease Control and Prevention）の報告によれば、いくつかの人種と民族集団は、極端により多く追い立てをこうむり、とりわけ、ホームレス避難所と共有住宅がCOVID-19爆発的感染の大きな影響を受けたという。命令は、CDCの長官に一時的にではあるが、家賃を支払わないことで追い立てをこうむることを阻止する権限を与え、財務長官と住宅都市開発長官（HUD）にCOVID-19によって金融的困難に陥っている住宅所有者に一時的金融支援をすることが可能な連邦資金を認める権限を与え、そして、HUD長官に差し押さえを避けるために住宅所有者と借り手を援助する権限を与えたのであり、それは例えば、住宅権限者と地主に金融援助を供給することによって行われたのである。

加えて、連邦住宅金融庁長官（FHFA: Federal Housing Finance Agency）が、COVID-19による追い立てと差し押さえを阻止することに使用できる資源について審理するために差し向けられた。行政命令13945に対応して、FHFAは、2020年末を通して連邦保証のモーゲージを持つ住宅に関して差し押さえの猶予を延長し、そしてCDCは、ホームレスや共有住宅状況に直面する可能性のあるいかなるタイプの所有権を有する借り手で適格性を持つ人は追い出されることはないと宣言した。

トランプ大統領の継続するCOVID-19に関して給与税義務を遅らせるメモランダムは、財務長官に必要なアメリカ人にある程度旧税支払い義務を遅らせる権限を与え、労働者の一時的な流動性制約を緩和した。雇用主の自由裁量において、この延期は、税引き前2週間の賃金が、4000㌦以下の雇用者に適用された。加えて、トランプ大統領は、財務長官を指揮し、結果としてこれら遅らせられた税を支払うことを排除する追加的手段を検討するよう命じた。

最後に、トランプ大統領のCOVID-19パンデミック中の継続された学生ローン返済救済に

ついてのメモランダムは、返済の延期を延長し、2020年12月31日を通して教育省所管の学生　　ローンの利子を権利放棄した。

家計への救済供給政策のインパクト

COVID-19のマイナスの結果に対応して取られた立法と行政行動は、それらの大きさとその範囲によって、米国家計へ大きな影響を与えた。図2-1に示されているように、2020年において、政府移転を除く実質可処分所得は、2月から4月にかけて（8.7％）という記録的に大きな2カ月間の下落を経験し、8月を通してそれは継続した。しかしながら、政府移転を含めた実質可処分所得は、2月から4月にかけて（13.1％）というこれまた2カ月で最も大きな上昇を経験し、公表の時を通して上昇を続けた。

移転後の可処分所得の歴史的な上昇は、CARES法の条項の結果であり、それは家計に救済を供給した。4月から8月にかけて、経済インパクト支払いと失業保険手当の支払いを合わせると、同じ時期に引き起こされた、移転前の可処分所得の喪失のほぼ2倍以上となった。経済インパクト支払いだけで、移転前の可処分所得喪失の総額の79％を穴埋めし、失業保険手当それだけで、移転前可処分所得削減全体の126％を穴埋めした。これは、大雑把にいうと600ᵈˡ の連邦失業保険週補填の結果である。ガノング、ノエルとヴァヴラ（Ganong, Noel, and Vavra 2020）の推定によれば、正式の失業保険手当取得の適格者の76％の労働者は、4月から6月にかけて、彼らが失業しなければ受け取っていたはずの通常の稼ぎより、より多くの失業援助を受け取ったのである。そのような援助は、本来なら深刻な雇用への忌避を創出するのであるが、これらの懸念は、パンデミック中に家にとどまるという健康利益によって緩和された。

パンデミックによって引き起こされた経済危機への連邦政府のこれまでにない対応によって、より低い所得の家計は、COVID-19危機のさなか最も大きな所得増を経験した。図2-2は、経済インパクト支払いと拡大された失業保険手当があった場合となかった場合において、所得分配の

異なる点での家計所得の軌跡についてシミュレーションを行っている。これらの供給がなかった場合、所得分配の10百分位（下位10％のこと──訳者）の家計は、2020年4月において2020年2月と比べて10％ᵈˡ の下落を経験したことであろう。そして、それは、8月まで7％低くとどまることになったであろう。しかしながら、拡大された失業保険手当と経済インパクト支払いがあったがゆえに、その月次所得は、2020年2月に比較して、4月に127％より高く、5月には42％より高く、6月と7月には15％より高く、そして、8月には7％より高くなった。4月の所得の急激な上昇は、主として経済インパクト支払いの影響であり、5月から8月までの継続的に引き上げられてきた所得は、主として拡大された失業保険手当によるものである。

図2-2には、すべての家計を含むので、CARES法と後の行政行動が失業を経験した家計所得の維持にどのように重要であったかについては示されてはいない。図2-3は、大人2名、子供2名の家計で、2020年4月に1人の労働者の失職があり、すべての所得は給与所得から得られているという家計のより典型的な例を示している。「低賃金」家計の労働者は、週500ᵈˡ 稼ぐことが想定され、「高賃金」家計の労働者は、週1500ᵈˡ 稼ぐことが想定されている。

拡大された失業保険手当と経済インパクト支払いがないとすると、図示された低賃金家計は4月から8月にかけて50％の所得減少を経験することになるが、図示された高賃金家計はこの2カ月で68％の減少を経験することになる。連邦行動の結果、低賃金家計は、それに代わって2月に比較して、4月には所得の240％の上昇を経験し、5月から6月にかけて70％の上昇、8月には10％の上昇を経験する。高賃金家計は、それに対して、4月には28％の上昇、5月から6月にかけては28％の下落、そして8月には48％

図 2-1　月次可処分個人所得、2020 年

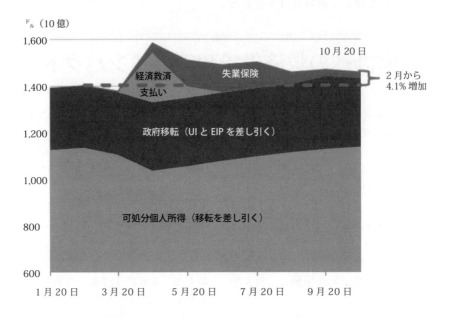

ドル（10 億）

注：UI＝失業保険給付、EIPs＝経済救済支払い。
出所：Bureau of Economic Analysis; CEA calculations.

図 2-2　百分位別の家計所得の指数、2020 年

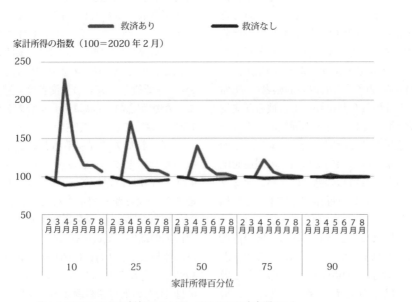

注：ここで用いられた方法については、CEA (2020) を参照のこと。
出所：Census Bureau, Current Populat on Survey, Monthly and Annual Social and Economic Supplement; CEA calculations.

図2−3　標本世帯についての世帯所得の指数、2020年

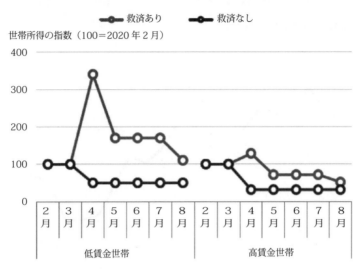

注：低賃金世帯は週500ﾄﾞﾙ稼ぐ。高賃金世帯は週1500ﾄﾞﾙ稼ぐ。ここで用いられた
　　方法については、CEA (2020) を参照のこと。
出所：Census Bureau, Current Population Survey Monthly and Annual Social and
　　　Economic Supplement; CEA calculations.

の下落を経験する。というわけで、連邦行動は、CARES法がないという仮想のシナリオにおける双方の家計に比較して、より大きな所得保護を提供するだけではなく、高賃金家計よりもまた、より低い賃金家計により大きな所得保護を与えたのである。

とりわけ、より低い所得家計への所得の大きな増加によって、また、CARES法の制定直後の数カ月において貧困の削減を見ることができる。ハン、メイヤーとサリバン（Han, Meyer, and Sullivan 2020）たちは、月次人口現調査の直近のリアルタイムデータを使って、過去12カ月所得をベースにして、各月の貧困率を測定する。最新の分析によれば、3月から9月までの毎月貧困率は、2020年2月のCOVID-19前の貧困率11.0%に近いか、その下であった（図2−4を見よ）。ハン、メイヤー、そしてサリバンは、CARES法の供給によって2020年6月に終了する12カ月において4.0%ﾎﾟｲﾝﾄ貧困率を削減したと推定する。パロリン、クランとウィーマー（Parolin, Curran, and Wimer 2020）は、CARES法による供給は、

2020暦年の貧困率をかなり引き下げることができたと算定する。

6月16日において、センサス局家計動向調査が示すところだと、家計の大部分（85.3%）が経済インパクト支払いを受けていた（図2−5）。経済インパクト支払いの迅速なタイミングは、家計がその基本的な必要を満たすことのできることを確実に援助した。確かに、6月16日の時点で、わずか12.8%の家計は、経済インパクト支払いの多くを貯蓄勘定の増加に使用し、13.5%は、その多くを車のローンや学生ローン、そしてクレジット・カードの債務を返済することに使われたと報告した。それに対して、約59.1%の家計は、その経済インパクト支払いを、食品、衣服、そしてシェルターの費用として使用したと報告した。ベイカーら（Baker and others 2020）が示すには、経済インパクト支払いの20%を超える額は、受け取り後10日以内に使われ、食品、家賃、借金返済と非耐久財支出が増加した。チェティーら（Chetty and Others 2020）は、経済インパクト支払いは低所得家計による支出に最も大

図2−4　連邦貧困線未満の割合、2019〜20年

連邦貧困線の100%未満の人口（%）

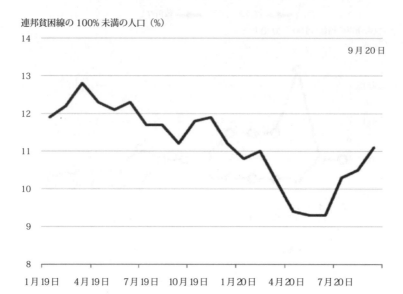

9月20日

出所：Meyer and Sullivan (2020).

図2−5　世帯の経済インパクト済支払い受取と使用、2020年

■　経済インパクト済支払いの受取を期待しなかった、していない

■　ほとんどを貯蓄に追加

■　ほとんどを債務の返済（自動車ローン、学生ローン、クレジットカード）

■　ほとんどを出費の支払い（食料、衣服、住居など）

世帯（%）

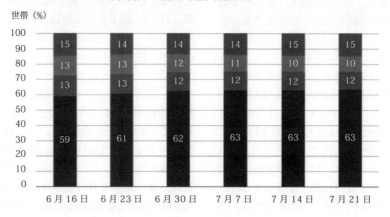

出所：Census Bureau, Household Pulse Survey; CEA calculations.

図2−6 特定都市における月別の立ち退き、2020年

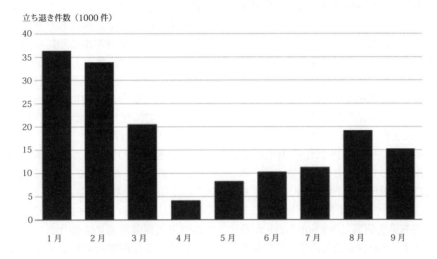

立ち退き件数（1000件）

注：立ち退き件数は、オースティン、ボストン、ブリッジポート、チャールストン、シン
シナティー、クリーヴランド、コロンバス、フォートワース、ゲインズヴィル、ハートフォー
ド、ヒューストン、ジャクソンビル、カンザスシティー、メンフィス、ミルウォーキー、フェ
ニックス、ピッツバーグ、リッチモンド、セントルイス、タンパ、ウィルミントンにつ
いてのものである。
出所：Hepburn, Louis, and Desmond (2020); CEA calculations.

図2−7 特定都市における立ち退き件数、2020年

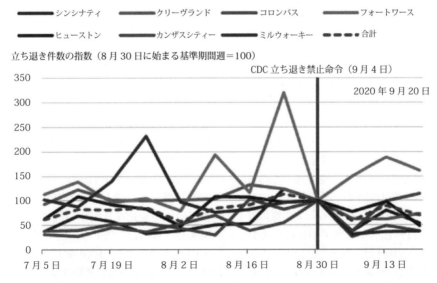

立ち退き件数の指数（8月30日に始まる基準期間週＝100）

注：データは週ごとのものである。日付は参照週の最初の日に対応している。基準期間、8
月30日～9月6日の週は、すべての統計で100に等しい。9月4日、全米の立ち退き
を一時的に停止するCDCの立ち退き禁止命令が発効した。
出所：Hepburn, Louis, and Desmond (2020); CEA calculations.

きな影響を与え、4月遅くまでにCOVID前のレベルにその支出レベルを回帰させたことを発見する。

家計が所得喪失を経験しなかったことを確実にすることを援助することに付け加えて、CARES法は、連邦保証のモーゲージを持つ資産のすべての差し押さえと立ち退きを差し止めることによって家計を援助することを試みた。アトランタ連邦準備銀行の推定によれば、この法律によって、すべてのレンタル・ユニットの28%から46%に適用されたという。この立ち退きの一時猶予は、多くの年の地域の立ち退き猶予と結びついて、立ち退きをCOVID前のレベル以下に引き下げることに貢献した。立ち退き研究（Eviction Lab）からのデータによれば、それが調査したすべての都市における立ち退きは、2020年4月から8月にかけて、2月よりも平均して66%低かったという（図2−6）。

トランプ政権の9月4日に始まった適格借家人に対する立ち退きへの全国的な一時的猶予は、立ち退きそのものを削減することに役立ったように思われる。図2−7が示しているように、立ち退き研究によって追跡された9つの都市の立ち退きは、CDC命令が出る時には現地での立ち退き猶予はまだ発出されていなかった。8月30日前（CDC命令の前）に始まる週において、9つの都市の立ち退きの総数に比べると、次の3つの週において、立ち退きは41%、11%、そして30%より少なかった。

立ち退き猶予の持つ1つのリスクは、家賃の不払いが増加し、家主がモーゲージとその他のコストを支払えなくなるのではないということである。しかしながら、経済インパクト支払いと拡大された失業保険手当による今までにない所得サポートは、この問題を緩和してきたようである。事実、全国複数家族住宅会議（2020年）によるデータが示すところだと、複数家族住宅資産においてとりそこなった家賃支払い率は、前の年の同じ時期に比較して、2020年5月から9月にかけてわずか1から2%しか増大したに過ぎなかった。

COVID前の経済に戻るべく気合を入れる

CARES法と他の立法の諸条項は、トランプ大統領の行政命令とともに、米国家計に直接救済を供給した。しかしながら、生活水準の長期の増進を確実にする重要な方法は、急速な経済回復である。

急速な経済回復を促進することを意図したCARES法の中心的な構成要因は、給与支払い保護プログラム（PPP: Paycheck Protection Program）である。それは、3490億ドルを給与とその他の費用をサポートするために権限づけることにより、労働者を雇用につなぎとめることを促進したのであり、COVID-19危機の最中に、中小企業、自営業、部族企業と非営利あるいは退役軍人組織に対して行われた。PPPとヘルスケア増進法の部分として、追加的な3100億ドルがそのプログラムに充当された。資金はローンとして出されたが、もし60%（もともとは75%であったが）も多くの資金が給与に使われれば、借金は免除された。ローン免除に適格なその他の費用とは、モーゲージ利子、家賃、そして公共料金が含まれる。雇用主が労働者とのつながりを維持することをさらに促進するために、雇用主の営業がCOVID-19による被害を受けてはいるが、PPPローンを受けなかった場合、雇用主には、つなぎとめている雇用者1人当たり5000ドルまでの雇用者維持税額控除が提供された。

この『報告』の第3章においてさらに議論されるが、これらの政策は、経済回復を早めることを促進した。例えば、アウトーら（Autor and others 2020）は、PPPローンの適格性の500人雇用者基準をいくぶん下回ったり、上回ったりの企業の雇用変化を比較する行政給与データを使用する。彼らは、PPPが6月の第1週を通して140万人から320万人の雇用を救ったことを見つけ出すが、それは、適格性基準をいくぶん下回った企業は、適格性基準をいくぶん上回った企業による経験と同様な雇用変化を見るという仮説に基づいていた。しかしながら、もしより小さな

図2−8　リセッション別の労働市場回復比較、1945〜2020年

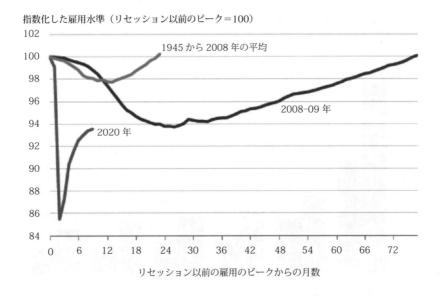

指数化した雇用水準（リセッション以前のピーク＝100）

リセッション以前の雇用のピークからの月数

出所：Bureau of Labor Statistics, Current Employment Statistics; National Bureau of Economic Research; CEA calculations.

企業が、PPPの欠如によって、より大きな企業よりも雇用喪失を経験していたとすれば、その場合、PPPの本当のインパクトは著者たちによって推定されたものより、より大きいものとなるであろう。他の研究は、雇用に関するPPPの初期の影響の範囲を見つけ出す（Bartik et al. 2020; Chetty et al. 2020; Granja et al. 2020）。PPPは、企業閉鎖を阻止したがゆえに、雇用への全体的効果は、PPPが解雇した労働者を再雇用する企業を援助するので、時間が経つにつれて大変大きくなるようである。全体として、スタンダード＆プアーズ・ユー・エスの主任エコノミスト、ベス・アン・ボヴィノの推計だと、PPPは、1360万人以上の雇用を救済し、J・Pモルガン・チェースのジェイミー・ダイモンの推計だと、PPPは、3500万人の雇用を救済した（Fox et al. 2020; Ruhle, Miranda, and Capetta 2020）。失業率が2020年2月から4月にかけて、3.5％から14.7％に上昇した後、予測家達は、残りの2020年において、失業率は10％を超えてとどまり続けるであろうとした。しかしながら、その予測と異なって、失業率は、その後ちょうど7カ月で6.7％に下落した。対照的に、失業率が、大リセッションにおいて、2009年10月にピークに達した後、それは、10年も経つのに2020年4月から11月に起こったように下落しなかったのである。図2−8が示しているように、COVIDショックからの回復は、失った雇用を取り戻すことにおいて、戦後のその他のリセッションや大リセッションからの回復よりより速かったのである。

すべての主要民間セクター産業の労働者は、雇用増を経験してきた。4月から11月にかけて、レジャーともてなし産業は、雇用喪失の59％（490万人）を取り戻した。商業、運輸、公益事業は71％（240万人）、そして、教育、健康サービスは55％（150万人）取り戻した（図2−9）。黒人労働者は53％、ヒスパニック労働者は、66％、アジア系労働者は66％そして白人労働者は66％失った雇用を取り戻したのである。

大恐慌以来の最も急激かつ深刻な経済下降への政策対応は、かつてないものであった。それは広範な救済と家計に供給したし、そうでなければ深

図 2-9　2020 年 2 月以降におけるセクター別の民間就業者雇用減少

■ 2 月から 4 月までの減少　　　■ 4 月から 11 月までの増加

雇用の変化（100 万）

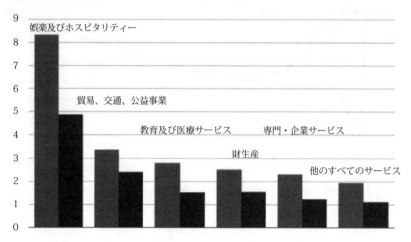

注：「他のすべてのサービス」は、金融活動、情報、「他のサービス」のカテゴリーの合計である。
出所：Bureau of Labor Statistics, Current Employment Statistics; CEA calculations.

刻な所得喪失を経験したのである。それはまた、経済回復への強力な足掛かりを構築したのである。もちろん、強力な COVID 前の経済に戻るには、継続的な前進が必要である。加えて、COVID-19 の再来に備えての政策と行動の対応が、今日まで見ることのできる相当の労働市場の回復を混乱に陥れるという近時のリスクがある。この理由から、2020 年遅く、わが政権は、オペレーション・ワープ・スピードの下に開発されたワクチン候補の広範な利用可能性への橋掛けを供給する追加的な財政措置サポートを明確化し続けたのである。

結　論

　COVID-19 パンデミックとそれに引き続くロックダウンは、米国経済にこれまでにない歴史的なショックの要因となった。失業率は、2020 年 2 月の 3.5％という 50 年来の低さからちょうど 2 カ月後 14.7％へ上昇した。専門家たちは、残りの 2020 年において、10％を超える失業率が継続するであろうとした。政策行動がなければ、失業と所得喪失は、何百万人もの人々に被害が及び、アメリカ人家計は、食品、住宅その他基礎的必要品への支払いに窮してしまったであろう。

　幸運なことに、連邦政府による対応は、急速であり、これまでにない規模のものであり、最も被害を受けやすい家計と企業が目標とされた。トランプ政権は、議会とともに働き、2020 年 3 月、3 つの主要法案を通過させ、2 兆ドルを超える救済資金を米国家計、給与支払いを労働者に継続させるための雇用主援助、拡大され増額された失業援助、住宅差し押さえと立ち退き阻止の措置、そして、アメリカ人への救済給付と経済回復の浮揚を意図したたくさんのその他の諸措置につぎ込んだ

のである。2020年8月、トランプ大統領は、ア
メリカ人家計へのさらなる救済を拡大すべく、賃
金喪失への給付援助、住宅立ち退きの一時停止を
含み、一連の行政行動でフォローした。

　これらの行動は、家計所得のこれまでにない
歴史的「増加」を導き、とりわけ、それは、貧
困と住居立ち退きの減少を伴いながら、所得分
配の底辺層に対して行われた。しかしながら、長
期には、家計サポートの行動の成功は、いかに経
済が急速に回復するかに依存することであろう。
4月から11月にかけて、失業率は8.0%ポイント下落
し、14.7%から6.7%になり、それは7カ月とし
ては最も大きな記録的な落ち込みであった。確か
に、もっと前進が必要とはいえ、経済は、経済予
測家達が最初予測した以上により速く回復して
きた。幸運なことに、失業率が50年来の低さで、
労働参加率はより強力に上昇し、貧困率は記録的
に低く、そして、所得中央値は50年で最も大きく、
1年で上昇した。強力なCOVID前の経済が、前
代未聞のこれまでにないCOVID-19危機中の連邦
政府の行動とともに、強力な経済回復に道を固め
てきたのである。

　注

1　CEAは、かつて、この章で議論されたトピック
　スのいくつかについての調査を発表した。この章
　のテキストは、CEA報告『COVID-19への経済対
　応の結果を評価する』（CEA 2020）に基づいてい
　る。

第3章
企業への助成を通じて
起業家と労働者を援助する

「コ ロナウィルス援助・救済及び経済安定化（CARES: Coronavirus Aid, Relief and Economic Security）法」は、2020年3月20日トランプ大統領によって署名され、今までにないレベルの金融的サポートを権限づけ、COVID-19パンデミックにおける家族と労働者への多く必要とされる救済を供給した。連邦政府はまた、CARES法と追加的な措置を通じて、このユニークな外生的経済ショックに見舞われている中小企業をサポートすべく、いくつかの重要な措置を補正した。企業は自宅待機命令と家計によるソーシャル・ディスタンスの結果、収入と需要の深刻な喪失に直面し、トランプ政権は中小企業浮揚を維持するため決定的な行動をとってきたのであり、大リセッションと同じような破算の大波と金融システムの崩壊を今日まで避けてくることができたのである。

米国中小企業援助のためのCARES法の最も重要な条項の1つにおいて、給与保護プログラム（PPP: Paycheck Protection Program）は、雇用者をつなぎ止め雇用主と彼らの労働者との関係を保つことを浮揚する返済無用のローンに何百億ドルもつぎ込んだ。このプログラムは、最もローンを必要としている中小企業をターゲットとして成功し、521万の中小企業と、非営利組織がローンを受け取り、これらローンの多くは、極めて少ない雇用者を持つ中小企業と組織に行った。推定だと、PPPは、何百万もの雇用を救いサポートした。

PPPに加えて、CARES法は、この経済ショックのただ中で、企業に流動性を供給するいくつかの措置に資金付けを行った。その結果、2020年の経済は、大リセッションの時のような破産の大波を見るということはなかった。確かに、破産は、パンデミック中急伸し、パンデミックは、2008年の経済ショックよりもより深刻であった事実にもかかわらず、破産は、大リセッション中よりも低率であった。パンデミック前の力強い労働市場が、企業と労働者がこの危機を乗り切ることを可能とし、パンデミック中の中小企業のより低い破産率に貢献した。

財務省と連邦準備制度はまた、金融逼迫を緩和し、企業が流動性にアクセスすることを確実にすることにおいて決定的な役割を果たした。これを実現するにあたって、CARES法は、金融システムを安定化させ、信用の直接サポートを供給する緊急行動を権限づけた。そうすることによって、法律は、大リセッション中に起こったと同様の金融システムの崩壊の可能性の芽を摘むことに役立ったから、急速な経済回復の様相を一段と改善した。

パンデミックにかかわる多くの金融的経済的指標を分析し、この章では、CARES法とトランプ政権の行動が米国企業を存続させ、たくさんの職を救済したことを示す。これら行動は、そのスピードと大きさにおいてこれまでにない歴史的なことであり、データが示すには、中小企業は、これら今までにない行動によって最も便益を被ったのである。その結果、経済は、多くの人々が予想

したよりもより急速に回復し、財政政策が適切なサポートを与え続けるということを条件に、パンデミック前に経験した繁栄のレベルに戻るべく突き進んでいるのである。

この章では、COVID-19 パンデミックに対応すべく連邦政府によって採られた、今までにない並外れた行動が、企業に与えた影響を、とりわけ、中小企業に焦点を合わせて論じることにする。予測家達が 2020 年国内総生産（GDP）の予測を上方に、かなり修正したと同じように、彼らの企業活動見通しも上方に修正した。4月から10月にかけて、全国独立業者連合によって集められた中小企業楽観指数は、90.9 から 104.0 に上昇したが、それは、この指数の歴史において最も鋭い上昇の1つであった。連合は、かなりの改善の要因を PPP による返済無用ローンの特徴に求めているが、それは、その他の企業向けの CARES 法の条項とともに、ここで論じられる。

米国企業と労働者への助成政策の要約

この章の分析の多くは、PPP と連邦準備貸し付け機関に向けられるが、——それは、これらが最大の企業貸し付け機関であり、専門的研究者から最も注目を集めていることを前提としているのであり、——ここで、われわれはまた、小・中・大の企業に向けられる CARES 法の主たる条項のいくつかの要約も含ませよう。総額、1兆6000万㌦が、（連邦準備貸し付け機関を除き）配分され、約9300億㌦は、2020年10月には配分されていた。

給与保護プログラム

CARES 法は、米国中小企業、自営業、部族企業、そして、非営利/退役軍人組織の給与とその他の費用をサポートするための返済無用の PPP ローンとして 3490 億㌦を認めた。給与保護プログラムとヘルスケア増進法、それらは、2020年4月、トランプ大統領の署名を得て成立したが、その部分として、追加的な 3100 億㌦が認められ、PPP の総額は、6590 億㌦となった。資金は、保証あるいは返済無用のローンとして使用されたが、完全に返済無用の条件として、受け取り企業が少なくとも適用期間とされる 24 週の期間内で給与費用が借りたローンの 60％以上使われていなければならないとする[1]。その他のローン返済無用の適格費用は、モーゲージ利子、家賃、そして公共料金が含まれる。

雇用者維持の税額控除

CARES 法は、COVID-19 関連の政府命令がゆえに閉鎖し、あるいは、四半期で1年間の少なくとも 50％の収入の下落を経験した雇用主に対して、給与税の戻し税額控除を供給した。信用額は、適格な賃金の 50％で、最大 5000㌦までである。PPP のように、これらの信用は、雇用維持をもたらす賃金補助として働き、税制共同委員会は、3月において 550 億㌦のコスト供給と推定するが、適格性の制限に照らして、上限がどこなのかについては明らかではない。加えて、100 人以上の労働者を雇用する企業の適格賃金には、（休暇中のような）不活動な雇用者に支払われる賃金だけが含まれるのである。

経済的損害災難ローンと貸し付け

米国中小企業（SBA: Small Business Administration）庁の経済的損害災難ローンと貸し付けプログラム（EIDL: Economic Injury Disaster Loans and Advances）は、COVID-19 危機に先立って存在したが、それは、一時的な収入喪失を経験している中小企業と非営利組織へ救済を行うものである。PPP 貸し付けと異なって、EIDL の貸し付けは、期限が長く、高金利であり、返済無用ということではなく、すべて貸し付けは返済されなければならない。コロナウィルス準備対応補正予算法は、

CARES 法に先駆けてできたが、SBA の災難プログラムの下で、COVID-19 の損失を適格な災難とし、影響を受けた企業にプログラムの貸し付けを許可するものである。CARES 法は、PPP とヘルスケア増進法とともに、適格性を拡大し、適用条件を緩和した。法はまた、200 億㌦を資金として付け加え、より多くの機関に 1 万㌦の EIDL 貸し付けを受けることを許可するものである。11 月 23 日において、1940 億㌦の EIDL 貸し付けが、ちょうど 260 万件の貸し付けを超えて認可された。

連邦準備貸し付け機関

米国財務省は、連邦準備法 13 条（3）に基づいて連邦準備によって立ち上げられた緊急貸し付け機関のいくつかをバックアップするために CARES 法により 4540 億㌦を利用可能とした。この財務省によるバックアップの目的は、連邦準備が、損失によって使い尽くされることのないようにすることを確実にすることであった。この協調により創設された機関によって、連邦準備銀行は、民間企業、非営利組織、あるいは州政府、地方政府に貸しつける。

機関は、大きく 2 つのグループに分けることができるが、1 つは、（CARES 法資本基金によって）マクロ経済に信用を供給することを目的とするもので、──主要及び副次的市場法人信用機関、期間資産担保証券貸し付け機関、地方都市流動性機関、メイン・ストリート貸し付け機関であり、第二は、（財務省為替安定基金（ESF）もしくは担保によって保証されている）市場に資金を提供するもので、MMM 資金流動性機関、コマーシャル・ペーパー基金機関である。連邦準備はまた、主要ディーラー信用機関と PPP 流動性機関を創設し、これら機関は、財務省からの経済的サポートあるいは投資は、受けていない。この章では、後の節で、これら機関について深く検討する。

その他プログラム

中小企業庁の負債救済　CARES 法は、SBA からの新規借り手と既存の借り手への負債の救済へ、170 億㌦を割り当てた。とりわけ、SBA は、6 カ月間、特定のローンが負っている元金、利子、及び手数料の支払いをこの条項の下で支払うことが求められる。この負債の救済は、新しく創設された PPP ローンに付与された条件付き返済無用とは区別される。

雇用主給与税猶予　CARES 法は、2020 年 3 月 27 日から 2020 年 12 月 31 日を通じて発生する、雇用主が支払うべき給与税部分の支払い猶予を認めた。企業は、遅れた支払いを 2021 年 12 月、と 2022 年の 2 回に分けて行うことになるであろう。この遅れは、事実上の企業への融資であり、多少の企業が危機を乗り越えるために流動性の注入が必要とする範囲は別として、長期の金融状況を直接変えることなく短期の流動性を与えることになる。

純営業ロスの修正　CARES 法は、2017 年後に始まり 2021 年前に終わる納税年において、純営業ロス（NOLs: net operating losses）を持つ納税者における課税所得の 100％差し引きを認めた。CARES 法が成立する前は、2017 年後に始まる納税年の納税者の NOLs は、それら納税年の課税所得から 80％を差し引く程度に限られていた。CARES 法はまた、もし、ロスが 2017 年後に始まり 2021 年前の納税年に起こったとすれば、その納税者は、NOLs を所得から差し引き持ち越すことができ（そして、さらに税負担の全額か一部を戻してもらうことを要求できる）ことを一時的に許可した[2]。税制共同委員会が推定するところでは、この条項は、2020 年に 1540 億㌦収入を削減し、2020 年から 30 年にかけての予測では、1610 億㌦の削減となるであろうという。

セクター特定の直接援助　CARES 法は、影響の受ける特定の産業に対して、460 億㌦のローン、ローン保証、投資を割り当てた。とりわけ CARES 法は、250 億㌦を旅客航空業者に、40 億㌦を貨物航空業者に、そして、170 億㌦を国家安全保障維持のために重要とみなされる企業に割り当てられた。これら資金を受け取ることと見返りに、旅客航空業者は、2020 年 9 月を通じて 10％以上の雇用削減を行わないという条件に同意したのである。

選り抜きの CARES 法企業条項の中小企業による使用を測定する

表3—1　COVID-19中における中小企業向け流動性供給プログラム

プログラム	支援を受け取る中小企業の比率
給与保護プログラム（PPP）	73.2
経済的損害災害融資（EIDL）	23.8
中小企業庁（SBA）債務救済	10.2
その他の連邦プログラム	2.4
この企業はあらゆる連邦プログラムからの金融支援を受けていない	22.0

注：企業は複数回答を選択できるので、これらの合計は100にならない。調査結果は、2020年11月23〜29日の
　　期間のものである。国勢調査局は、中小企業を、「従業員数1名から499名、少なくとも1000㌦を受け取る単一
　　拠点企業」と定義している。サンプルは約88万5000社で構成されている。
出所：Census Bureau; CEA calculations.

表3—2　金額別PPPローン規模、第1、第2ラウンド合計（2020年8月8日時点のデータ）

ローン規模 （1000㌦）	承認されたローン （件数）	承認されたローン総額 （10億㌦）	件数に占める割合	金額に占める割合
50㌦以下	3,574,110	62.7	68.6	12.0
50–100	683,785	48.7	13.1	9.3
100–150	294,557	36.1	5.7	6.9
150–350	377,797	84.8	7.2	16.1
350–1,000	199,679	113.6	3.8	21.6
1,000–2,000	53,218	73.9	1.0	14.1
2,000–5,000	24,248	72.2	0.5	13.7
5000㌦超	4,734	33.1	0.1	6.3
合計	5,212,128	525.0		

注：PPP ＝給与保護プログラム。
出所：U.S. Small Business Administration.

　表3−1は、中小企業現況調査センサスにおいて報告された、2020年3月13日において、中小企業がさまざまなプログラムにアクセスした比率を示したものである。中小企業はまた、経済インパクト支払いと失業保険あるいはパンデミック失業援助にもアクセスしたかもしれない。

　8月8日の時点、それは、PPPの終了の時であったが、SBAは、5250億㌦を超える520万の中小企業ローンについて認可し、すべて50州にわたって、推定510万人の雇用をサポートし、それは中小企業給与の80%を表していた。平均ローンの規模は、約10万1000㌦であった。ローンは、圧倒的に数少ない雇用者を持つ中小企業に配分された。認可されたローン総額の87%以上、認可されたローン総額の4分の1が15万㌦か、それ以下であった（表3−2）。認可ローン総額の

図3−1　各ラウンドのPPPローン総件数及びPPPローン総額に占めるシェア

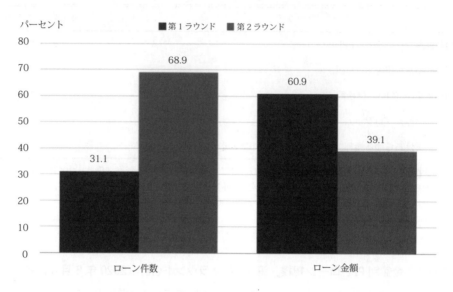

注：第1ラウンドのローン件数とローン金額は、SBAの8月8日更新を用いて算出され
　　たもので、その更新は第2ラウンドに固有のデータを共有している。
出所：U.S. Small Business Administration (SBA); CEA calculations.

94％以上、認可ローン総額の44％以上は53万
㌦あるいはそれ以下であった。企業が申し込める
ローンの上限は、給与総コストと関連していたの
で、PPPローンのほとんどは、非常に少ない雇
用者を持つ中小企業あるいは組織に認められた。

　PPPの第1ラウンドは、資金がなくなった4
月16日に終了したが、数少ないローンがロー
ン総額のより大きなシェアを占めた（図3−1）。
第2ラウンドは、ローンを受ける企業の構成が
変わり、より小さな企業へ向かった。参加の条件
として、ローンの平均規模は、第1ラウンドの
19万7462㌦から、第2ラウンドの5万7095
㌦に減少した。全体として、中小企業の73.2％
がPPPローンを受けたが、それは表3−1に示
してある通りである。さらに、プログラム修了時
点で、認可されたPPP資金の1300億㌦以上が
支出されずに残ったが、それが示していること
はPPPローンに適格であり、それに申請した中
小企業は、その1つを受領したという事実のよ
うである。残った資金の存在は、PPP需要が満
足されたことを示しているのではないということ

である。むしろ、残った資金が示していることは、
PPPローンについて、1つ以上の受領について企
業に制限されているということの結果ということ
のようである。例えば、春と夏の初めを乗り切る
ために最初のローンを受けた後、秋の事業を行う
ために、第2のローンを受け取ろうとする企業
に対して許可されなかったというようなことであ
る。そのような認可を可能とするには、さらなる
立法化が必要ということのようである。アウター
ら（Autor and others 2020）による最近の調査
によれば、2020年6月の第一週を通して、PPP
は、140万から32万人の雇用を救済したという
証拠があるという。PPPローンの返済無用の資格
を求めて、その月以来の一時帰休の労働者の再雇
用は、PPPに起因して、より多くのPPP雇用救
済の総人数に帰結したようである。全体で、スタ
ンダード＆プアー（S&P）USの主任エコノミス
ト、ベス・アン・ボヴィノの推計によれば、PPPは、
最大1360万人の雇用を救済し、一方、JPモル
ガン・チェースCEOジェイミー・ダイモンがい
うには、3500万人の雇用より多い（Fox et al.

企業への助成を通じて起業家と労働者を援助する

表 3—3　産業別の PPP ローン

NAICS 下位セクター区分	承認されたローン件数	承認された金額	ローン件数に占める割合	ローン金額に占める割合
医療、社会支援	532,775	67.8	10.2	12.9
専門、科学、技術サービス	681,111	66.8	13.1	12.7
建設	496,551	65.1	9.5	12.4
製造	238,494	54.1	4.6	10.3
宿泊、飲食サービス	383,561	42.5	7.4	8.1
小売り	472,418	40.6	9.1	7.7
その他サービス（行政を除く）	583,385	31.7	11.2	6.0
卸売	174,707	27.7	3.4	5.3
管理、支援、廃棄物管理、修繕サービス	258,907	26.6	5.0	5.1
交通、倉庫	229,565	17.5	4.4	3.3
不動産、レンタル、リース	262,921	15.7	5.0	3.0
金融、保険	181,493	12.2	3.5	2.3
教育サービス	88,022	12.1	1.7	2.3
未分類事業所	219,502	9.7	4.2	1.8
情報	73,824	9.3	1.4	1.8
芸術、エンターテイメント、レクレーション	130,760	8.2	2.5	1.6
農業、林業、漁業、狩猟	149,535	8.1	2.9	1.6
鉱業	22,503	4.5	0.4	0.9
行政	14,291	1.8	0.3	0.3
企業の管理	9,472	1.6	0.2	0.3
公益事業	8,331	1.5	0.2	0.3
合計	5,212,128	525.0		

注：NAICS ＝北米産業分類システム、PPP ＝給与保護プログラム。
出所：U.S. Small Business Administration; CEA calculations.

図 3-2　2020 年 8 月 8 日までに PPP ローンを受けた中小企業の割合

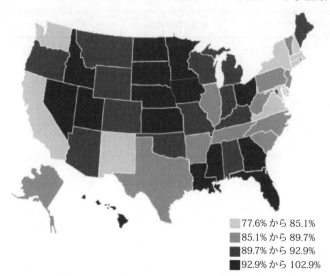

77.6% から 85.1%
85.1% から 89.7%
89.7% から 92.9%
92.9% から 102.9%

注：給与の金額は、国勢調査局の 2017 年 SUBS 調査を 2019 年価格に調整し、2.5 カ月相当に減じたものである。中小企業は、従業員 1 名から 499 名の雇用として定義されている。個人事業主も PPP ローンを受けたので、いくつかの州ではこの給与の 100% 以上を受け取った。
出所 U.S. Small Business Administration; U.S. Census; CEA calculations.

2020; Ruhle, Miranda, and Cappetta 2020）。8 月 8 日の時点で、ヘルスケアと社会援助、専門的、科学的、技術サービス、建設、製造業が、PPP の 2 つのラウンドにおいて、認可総額ﾄﾞﾙの 48% を占めた。（表 3 - 3）。

図 3 - 2 は、500 人の雇用者より少ない企業による 2.5 カ月を超えて起こった給与支払いコストの総額% として、各州での PPP の適用を示している（PPP ローン規模を決定する期間と適格性の限界企業規模）[3]。PPP によってカバーされた給与の多い州は、すべてとはいわずとも南東諸州と中西部諸州が圧倒的である。小売消費支出のデータが明らかにしているように、PPP ローンは、とりわけ消費支出が劇的に落ち込んだ州に向かった。中小企業現況調査センサスの報告によれば、春以来、中小企業の 73.2% が、全国的に PPP ローンを受け取っていた。

COVID-19 中の予想された中小企業破産とその実際の破産とを比較する

COVID-19 パンデミックの破壊的な影響はより大きな事業攪乱に導いた兆候があるが、センサス局の報告によれば、企業の破産申請は、2020 年で過去 10 年間のいかなる時点よりも 2 倍の多さとなっている。しかしながら、企業退場の測定は、より課題が多く、生きたデータがないことと COVID-19 の経済的ショックのユニークな性格によるからである[4]。とりわけ、永久に退場する企業と一時的に店を占める企業とを区別することは難しい。破産は、所有者が負債の負担に耐えかねての企業退場の一種であり、その代理として役立つことができる。このセクションでは、COVID-19 経済的ショックの大きさを前提として、観察される破産と歴史的経済関係の予測の実証的

図3−3　米中小企業による第11条倒産法申請総件数、2020年

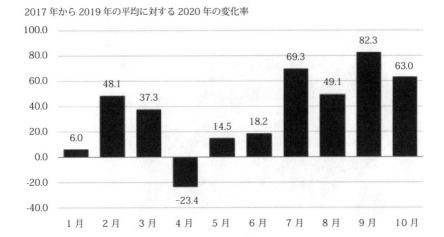

2017年から2019年の平均に対する2020年の変化率

注：週ごとの報告のため、7月期は6月28日〜8月2日、8月期は8月3〜30日である。
出所：U.S. Department of Justice; CEA calculations.

分析の何が米国において観察されることが予期される破産の数となるのかを比較検討する。

　司法省のデータは、中小企業の破産の週ごとの変化をモニターすることが可能とさせ（とりわけ、破産法第11条の下でファイルされた破産）、中小企業破産が危機の結果急上昇するかどうかを見るために、かつての諸年と同じ月のものと2020年の月次トータルを比較する[5]。図3−3は、2月と3月の突出を示しているが、それは、COVID-19が深刻化する前であり、2月に新しいサブチャプター5項が効力を発揮することによって起こったものだ[6]。データはそこで4月に急に落ち込みを見せたが、その時は、全国的にロックダウンの時であり、それが、企業所有者をして破産を物理的に申請することを阻止したのである、というのは、ソーシャル・ディスタンス措置があり、あるいは、裁判所が同じ理由で申請を受けつけることができなかったからである（Tett 2020）。企業はまた、いかに経済的不安定が、破産申告の前に明らかになるかを見るのを待ってきている（Keshner 2020）。さらに、パンデミック

前の強力な経済が、COVID関連の混乱に直面したにもかかわらず、企業をかなりの時間生き延びるのにいいポジションに置いたのである。4月の落ち込みの理由にもかかわらず、破産申請は、晩春と初夏にかけて上昇し始め、7月、8月、9月そして10月においてそれぞれ、69.3％、49.1％、82.35％、そして63％というより大きな上昇を示したのである。しかしながら、このレベルは、2009年の金融危機のピーク時よりもなお、34％も低かった。

　図3−4は、2017年から19年の平均と比較して、どの州が2020会計年（9月30日まで）において、中小企業第11条破産が上昇しているかを示している。36の州で、2017年から19年にかけての平均よりも2020会計年において中小企業第11条破産が高かった。これらの州では、2020会計年において、中小企業第11条破産全体の72.9％を占めた。

　図3−5は、中小企業の破産申請について司法省のデータを使い、大リセッションとその後の破産についての動態を比較している。中小企

図 3−4 中小企業第 11 条倒産の 2020 会計年度における 2017〜19 会計年度平均からの変化率

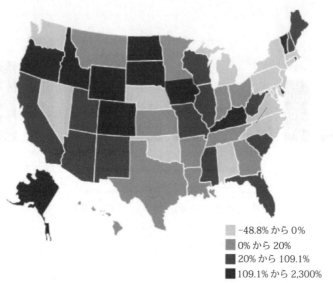

-48.8% から 0%
0% から 20%
20% から 109.1%
109.1% から 2,300%

注：アラバマ州とノースカロライナ州は、連邦管財官プログラムの管轄下にないため、
入手可能なデータがない。凡例はそれぞれ四分位を示す。FY= 会計年度。
出所：U.S. Department of Justice; CEA calculations.

図 3−5 中小企業第 11 条倒産、2008〜20 会計年度

中小企業 10 万社当たりの倒産

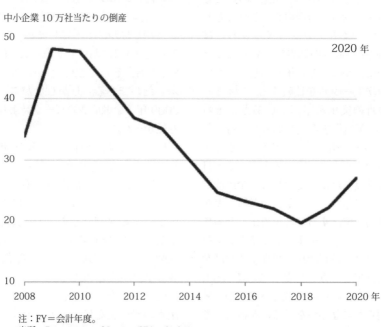

注：FY＝会計年度。
出所：Department of Justice; CEA calculations.

業第 11 条破産は、2009 年から 2010 年にかけて大きく上昇し、回復が継続するにつて下落した。2020 年データは、破産の最初の上昇はより小さいものであったことを示しているが、四半期 GDP が、大リセッションの最悪であった四半期のわずか 8.4％の下落と比較すると、春は年率 31.4％の下落（2008 年第 4 四半期）であったのだから、それは驚くべきことである。

これらの観察された破産申告を COVID-19 によって混乱が予想されるそれといかに比較し、評価するには、さらなる分析が必要である。なぜ破産件数の増加がそれほど急激でなかったのか、それは CARES 法の迅速な通過成立と、その記録的な財政救済の実施が行われたことによるものであり、CARES 法が、過去においては破産を申請しなければならないほどの企業キャッシュ・フローへのショックを吸収することを促進したからである。われわれが以下に述べるように、そうした大胆な政策対応が行われなければ、多くの会社が、永久に閉鎖する事態に陥ったことであろう。

中小企業第 11 条破産を予測する 1 つの方法は、2006 年 1 月から 2019 年 12 月にかけて 3 カ月ラグ付きの失業保険申請のベクトル自動回帰推定によるものがある。このアプローチのいい点は、マイナスの経済ショックとその破産への影響間におけるラグを決定することができるからである。図 3 － 6 において、実際の破産と予想された破産とのギャップは、「避けられた破産」を示す。4 月から 9 月にかけての中小企業破産は、全体として 181.8％上昇することが予想されたが、一方で、実際の申請は、より少ない 28.4％の上昇であった。

この分析は、春と夏の歴史的な今までにない経済政策対応がマクロ経済ショックとそれに伴う金融攪乱を緩和したことを示唆するものである。しかしながら、とりわけ、もし米国議会が追加的な救済と回復立法を来るべき諸月に通過させることに失敗したのであれば、この成功は、巨大な未来の破産突出の可能性を排除するものではない。

中小企業の生き残りを促進する CARES 法の役割

9 月を通して（図 3 － 6）の予想された破産と実際の破産のギャップは、多くの要因で上昇しうるであろう。第一に、パンデミックの初期においては、ソーシャル・ディスタンシングのメカニズムが、裁判制度と負債者の両者に対して、破産申請率に影響したかもしれなかった。企業所有者が、もし、法律家に連絡できず、あるいは、電子申請の提出において、困難に直面すれば、データにおいては、遅れてより高く申請が現れるという申請遅れに導く可能性がある。同時に、裁判所の事件に取り組む能力が、州の規制によって影響されるかもしれなかったのである。第二に、重要な要因は、PPP の役割が企業をまだ倒産させない状況に置く可能性である。企業に返済無用のローンを与えることによって、PPP は、企業がキャッシュ・フローへのショックに直面する間、費用を埋め合わせることを企業に許す。この流動性とともに、多くの企業は、そうでなかったのであれば破産申告せざるを得なかったのを生きながらえる

ことができるのである。PPP ローンにアクセスすることによって、破産申請のプロセスを企業に許さない、適格性の基準は、また、破産への強力な忌避として働くのであり、中小企業のほぼ 3 分の 4 が PPP ローンにアクセスしたと報告している事実に照らしてこれは数量的にも重要なものである。

最後に、CARES 法のその他の要素も企業が破産を忌避することを援助してきたかもしれない。例えば、パンデミック失業援助は、失業保険を、自営業、単一資産所有者、そしてその他に従来であれば失業手当の支給対象とならない人々へ拡大し、中小企業に対して彼らの月づきの支出を埋め合わせる流動性を供給するのである。彼らの雇用者は、もし、一時解雇があれば、同時に失業保険の延長を要求できるのである。ローンの返済猶予条項は、企業に対して追加的に特定の費用の支払い猶予を可能とし、それには、レンタル費用やモーゲージ費用が含まれている。別言すれば、PPP

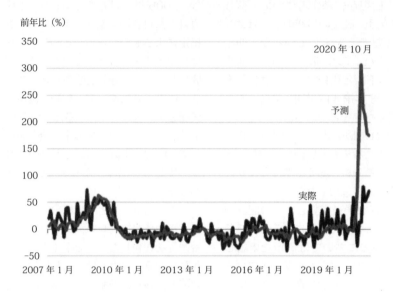

図 3−6　中小企業第 11 条倒産申請の実際と予測の件数の対比、2007〜20 年

注：予測される申請は、最初の失業保険請求を用いた 3 カ月のラグを持つベクトル自己
　　回帰モデルの結果に基づいている。
出所：U.S. Department of Justice; U.S. Department of Labor; CEA calculations.

と CARES 法の他の要素は、企業が破産を避けられるように援助する重要な役割を演じてきたようである。

　最近の専門的推計はまた、中小企業を借金のない状況に保つことに PPP の約束と成功について焦点を当てている。例えば、エレネヴ、ランドヴォイド、ヴァン・ニューワーバー（Elenev, Landvoigt, and Van Nieuwerburgh 2020）は、一般均衡マクロ経済モデルにおいて PPP タイプのプログラムの効果について、模擬実験し、それは、メイン・ストリート貸し付けタイプのプログラムを伴って、会社の倒産を成功裏に阻止することを示した。インスツルメンタル変数アプローチを使用して、バーティクら（Bartik and others 2020）は、PPP ローンが企業の予想される生き残りにおいて 14％から 30％の増加を導くことを見つけた。明らかに、ある程度 PPP が企業閉鎖を緩和したのであって、それは、これら企業の多くの雇用を救ったのである。

　重要とはいえ、破産は、危機における中小企業の健康を測る唯一の測定値である。この節の残りでは、ふさわしい中小企業像の状況を考察

するホームベースからのデータを議論する。ホームベースは、中小企業所有者に雇用者シートの管理を手助けするソフトウェアーを供給する会社である。パンデミックが始まってから、ホームベースは、そのソフトウェアーを使用する 6 万以上の企業からのデータを使用して、米国中小企業雇用のデータベースを維持してきた。データは、2020 年 1 月、米国で活動している 100 万人以上の雇用者をカバーしている。ホームベースの顧客の多くは、レストラン、食品・飲料、小売り、そしてサービス企業であり、個人的に所有されているか、彼らのオペレーターによって管理されている。

　ホームベースのデータは、中小企業への COVID-19 パンデミックの劇的な影響を示している。図 3−7 は、ホームベースを使用して、中小企業で働く 1 時間当たり雇用者数の毎日の変化を 1 月のベースラインと比較して示したものである。3 月半ばに、退避命令が広範に広がってから、雇用者労働の数は、通常よりも約 55％から 60％低いレベルに下落した。しかしながら、CARES 法の通過は、この下落を反転させる重要

図3−7　中小企業時間給従業員労働の変化、2020 年

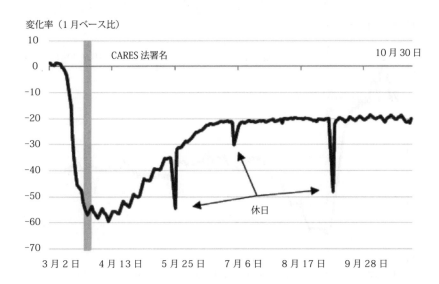

変化率（1 月ベース比）

注：すべての率は、その日と、2020 年 1 月 4〜31 日の週の日にちの中央値を比較したもの
　である。
出所：Homebase.

図3−8　開業する中小企業数の変化、7 日平均、2020 年

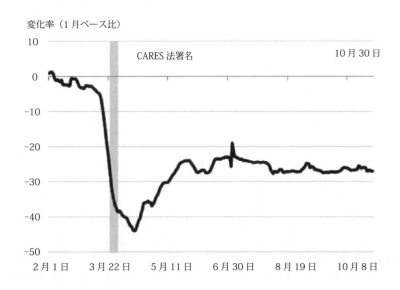

変化率（1 月ベース比）

注：すべての率は、その日と、2020 年 1 月 4〜31 日の週の日にちの中央値を比較し
　たものである。
出所：Opportunity Insights.

図3−9 中小企業収入の変化、7日平均、2020年

変化率（1月ベース比）

注：すべての率は、その日と、2020年1月4〜31日の週の日にちの中央値を比較した
ものである。
出所：Opportunity Insights.

な屈折点を記した。データが示していることは、中小企業はそれ以来重要な基盤を取り戻したのであって、中小企業で働く1時間当たりの雇用者数は、伸び悩み、通常より20％ほど低かったが、それは、完全な中小企業の回復は、なお進行中であるということである。

PPPローン受領と雇用の会社ごとのデータは、労働者を彼らの雇用主につなぎとめるプログラムの役割を果たすことへの洞察を示すが、それについて、以前の範囲は明確ではない[7]。行政による給与データを使用したアウターら（Autor and others 2020）の最近の分析は、PPPが、6月のちょうど第1週を通して、140万人から320万人の雇用を救済したことを示した。しかしながら、PPPはまた、企業閉鎖を阻止したので、全体としての雇用効果は、これら企業が一時帰休した労働者を再雇用するに従い、かなり大きいと思われる。上述のように、S&Pグローバル格付けサービスの主任エコノミスト、ベス・アン・ボヴィノは、PPPは、1360万人以上の雇用を救済することができたと推計する。

オポチュニティー・インサイト、これは、ハーヴァード大学に基礎を置く非営利の調査機関であるが、また、2020年1月から中小企業へのCOVID-19のインパクトを跡づけるデータを明らかにした。それは、COVID-19の影響を跡づけるため、時間の一連の流れを検証するため「クレジット・カード所有者、給与支払い企業、金融サービス企業」というさまざまなソースからデータを引き出している（Chetty et al. 2020）。図3−8が示しているように、4月半ばまで、営業している中小企業の数は、1月に比べて40％を超えて落ち込んだ。この傾向は、しかし、4月半ばから上昇し始めたのであり、それは最初のPPPローンがいきわたりつつあり、さらに州が徐々に移動と経済活動の制限を解除し始めたからである。上述した時間当たり雇用者データとともに、営業中小企業の数は、COVID以前のレベルから25％ほど下のレベルにとどまっている。しかしながら、これら企業がどのくらいの数永久に営業をやめているのか、それとも、どのくらいの数の企業が一時的に活動を停止しているのかをいうことは難しい。

というのは、今後の州や地方政府の制限の再実施がどうなるのか、また、継続する通常より低い需要レベルがどうなるのか、によるからである。

オポチュニティー・インサイトはまた、中小企業の総収入がどの程度下落してきたかを追跡している（図3-9）。3月遅く底を迎え、中小企業の収入は、ほぼ50％近く下落した。4月末から6月初めにかけて、収入はかなり回復し、COVID前のレベルの約25％減となったが、しかしそれ以降、これらデータにはさらなる改善は見られない。

コロナウィルス食料支援プログラムの農場所得へのインパクト

CARES法には、COVID-19パンデミックの影響によって痛めつけられた農場経営者へのサポートを権限づける条項が含まれていた。これら条項は、米国農務省コロナウィルス食料支援プログラム（CFAP: Coronavirus Food Assistance Program）の形を採った。COVID-19パンデミックとそれに関連する経済への対応は、食料と農産物市場を崩壊させたが、それは、一連の広範な農産物の農場収入の劇的な下落にも帰結した。CFAPは、影響を受けた商品の生産者へ金融支援として160億

ドルの利用を可能としたが、それには、2020年1月半ばから4月半ばにかけての商品価格の下落による損失を補填する95億ドルを、また継続する市場混乱に対する65億ドルを含んでいた。2020年2月初め、農産物市場にパンデミックのインパクトが広がる前に、2020年の米国農場純所得は990億ドルと予測されたが、それは2019年を超えて4％の増加であり、2013年以来最高の農場純所得であった。6月まで、パンデミックの大きさが明らかになったので、分析家は予測を修正

図 3－10　米国農業純所得、2016〜20 年

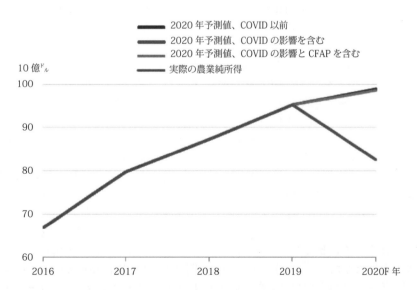

注：「2020F」は予測を示す。CFAP＝コロナウィルス食料支援プログラム。
出所：U.S. Department of Agriculture; Food and Agricultural Policy Research Institute; CEA calculations.

し、農場純所得は 240 億㌦（25％）以上の下落としたが、それには CFAP の支払いは除かれていた。160 億㌦の緊急農場支払いを含めて、予測では農場純所得が 990 億㌦に引き上げられた（図 3 − 10 ）。

金融セクターと貸し付け機関の役割へのパンデミックのインパクト

　COVID-19 パンデミックの脅威が増加するにつれ、金融システムは、2020 年 2 月と 3 月において緊張下に置かれた。株式価格は、急落、市場の浮動性は上昇した。ベイカーら（Baker and others 2020）による最近の分析によると、COVID-19 は、とりわけ、1918 〜 20 年のスペイン風邪を含めて、その他の流行性病の大流行と比較しても、これまでにない影響を株式市場に与えた（図 3 − 11）。企業は、2020 年初めには記録的な高いレベルの負債をすでに持っており、急激に債務不履行危機の高いリスクに直面したことで信用利用の低下へと導き、家計の負債返済能力は、失業と所得喪失に直面して不安定となった。債務不履行の可能性が鎌首をもたげ、現実経済ショックのリスクは、貸し手の資産を傷つけ、それゆえ、信用市場への伝染が無視できないものとなった。こうした状況の下で、海外での貨幣・財政問題が、とりわけ、ヨーロッパ、中国、そして新興市場経済において、米国にあふれ出てきそうな勢いであり、金融システムに相乗的にストレスをかけた。

　CARES 法は、連邦準備法第 13（3）条項の下で、連邦準備と財務省がシステムを安定させ、大リセッション時のような金融危機を阻止する行動を取るように権限付けをしていた。連邦準備の『金融安定報告』と協調して、連邦準備は、積極的な貨幣政策介入を採り、また、短期資金市場の安定行動を採り、信用に直接サポートを供給した。さらに、ジェローム・パウエル連銀議長は、連邦準備が「この困難な時期に、銀行が過去 10 年間に経済をサポートするために築き上げてきた膨大な資本と流動性を使用することを許可し、促進する措置を採る」と断言した。ここでわれわれは、『金融安定報告』からいくつかの発見を要約する（Federal Reserve 2020）。

　貨幣政策への介入　連邦準備は、借り入れをより費用のかかるものにしないため、政策金利をゼロに近く引き下げた。連邦公開市場委員会は、機関モーゲージ担保証券と商業モーゲージ担保証券のみならず長期財務省証券の購入を、投資家が、浮動性と不安定がゆえに、現金と短期財務省証券に向かった後に開始し、市場状況に滑らかさと改善の効果をもたらした。

　短期資金市場の安定化と直接信用サポートの供給　流動性に向かっての突進において、投資家は、コマーシャル・ペーパーの購入をストップし、他の短期負債手段とともにコマーシャル・ペーパーとともにあった貨幣市場ミューチャル・ファンドから抜け出し、営業を援助するのにコマーシャル・ペーパーに依存していた企業に現金不足を導いた。これに対応して、連邦準備法第 13（3）条項に従い、かつまた、財務省の認可を得て、連邦準備は、企業、非営利組織、州、都市に信用フローをサポートするために多数の緊急貸し付け機関を確立した。

　いくつかの機関は、CARES 法の前から始まっていた。プライマリー・ディーラー信用機関は、プライマリー・ディーラーに、市場機能をスムーズにし企業と家計に信用利用を促進することを許可する。コマーシャル・ペーパー基金機関（CPFF: Commercial Paper Funding Facility）は、短期基金市場に流動性を供給する。貨幣市場ミューチャル・ファンド流動性機関（MMLF: Money Market Mutual Fund Liquidity Facility）は、貨幣市場ミューチャル・ファンドから金融機関によって購入された高質の資産によって担保されている適格金融機関にローンを利用可能とするものである。

　多くの追加的な機関が CARES 法の制定後開始された。プライマリー・マーケット法人信用機関（PMCCF: Primary Market Corporate Credit Facility）とセカンダリー・マーケット法人信用機関（SMCCF: Secondary Market Corporate Facility は、PMCCF と CCF とともに）は、投

企業への助成を通じて起業家と労働者を援助する

図3-11　コロナウィルス・パンデミック中におけるダウ・ジョーンズ工業平均

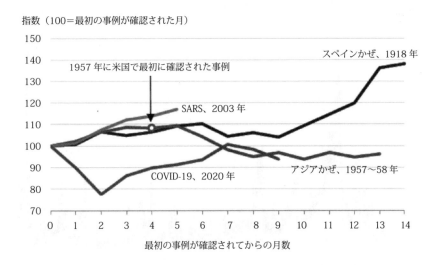

指数（100＝最初の事例が確認された月）

注：t=0月は、世界で最初の事例が確認された月であり、1918年4月、1957年2月、2003年2月、2020年1月である。アジアかぜ以外のすべてのパンデミックは、世界で最初の事例と同じ月のうちに米国で最初の事例が見られた。
出所：Dow Jones; CEA calculations.

資格付け法人債券に（あるいは、2020年3月22日現在、投資格付け特定会社の債券）に対して、また同時に、交換取引資金（ETFs: exchange traded funds）に流動性を供給するのであるが、その目的は、米国法人債券市場に対して、広範に自己顕示させることを目的とする。期間資産担保証券貸し付け機関（TALF: Term Asset-Backed Securities Loan Facility）は、消費者と企業への信用供給をサポートするのであるが、それは、民間学生ローン、自動車ローンとリース、消費者と法人信用カード受け取り、中小企業庁によって保証されたあるローン、そしてその他の資産によって担保された資産担保証券の発行を可能とする。地方自治貸し付け機関（MLF: Municipal Lending Facility）は、州、都市、カウンティ政府、特定の複数州機関、その他に地方自治債券の発行者への貸し付けをサポートする。給与支払い保護プログラム流動性機関は、中小企業庁給与支払い保護プログラムを通して中小企業に貸しつける金融機関の貸し手に流動性資源を供給する。メイン・ストリート貸し付けプログラム（MSLP: Main Street Lending Program）は、COVID-19パンデミック前には金融状況が健全であった、中小の企業、非営利組織に貸し付けをサポートする。MSLPは、5つの副次機関において営業するが、それらは、メイン・ストリート優先ローン機関、メイン・ストリート拡大ローン機関、非営利組織新ローン機関、そして、非営利組織拡大ローン機関である。これらの機関をサポートし、財務省は、CPFF, CCF, TALF, MLF そして MSLP の中にエクイティー投資を行い、MMLFへの後ろ盾関与を供給した。

これら機関は、オーバーナイト・コマーシャル・ペーパーの発行と貨幣市場ファンドの買戻しの下落に帰結し、市場の緊張を緩和させた。全国商業銀行からの商業及び工業用ローンは、3月4日から5月6日の9週間、7260億㌦上昇し、これは、1973年以来集められた記録上、いかなる同じ期間においての上昇を超えるものであった。リ・ストラハン、ザーン（Li, Strahan and Zhang 2020）は、銀行は、連邦準備の流動性プログラム、強力なショック前の銀行資本、そして、預金者からの

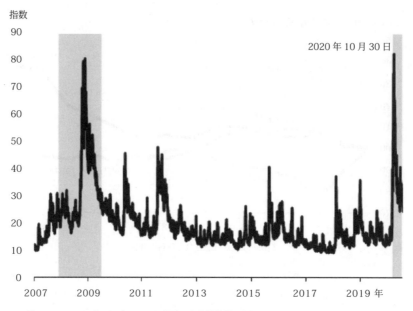

図3−12　市場変動性指数（VIX）、2007〜20年

注：VIX＝シカゴ・オプション取引所の変動性指数。影はリセッションを示す。
出所：*Wall Street Journal.*

一致せる預金流入があったがゆえに、この需要に応えることができたといっている。

　さらに、COVID-19パンデミックによって初期に突出した金融混乱のさまざまな指標は、2020年10月には収まってしまった。多くのその他のショックが経済を襲ったが、パンデミックそれ自身についてのニュースを含めて、パンデミックが金融市場に伝染することを公共政策が緩和したとすることができるであろう。

　VIX（シカゴ・ボード・オプション・エクスチェンジ・変動性指数）、オプション価格から生じる予想される株式市場浮動性のことであるが、それは、2月遅くに27から3月16日には83のピークに突出した（図3−12）。しかしそれ以降一般的に下落したが、（10月30日時点で、VIXは38）といくぶん上昇してとどまっている。同様に、財務省証券に対してのBBB債券とのスプレッドのような、法人債券スプレッドは、同様のパターンを示しているのであり、3月23日にピークとなり、その後減退した（図3−13）。

　これら指標の傾向は、その他も含めて、貸し付

け機関が、金融市場の緩和に重要な役割を果たしていることを示すもので、2020年に企業が流動性にアクセスすることを確実にしたのである。最新の専門的仕事は、またこの事実を認めている。例えば、コックス、グリーンウオルド、ラドヴィグソン（Cox, Greenwald, and Ludvigson 2020）は、COVID-19の初期の週の株式市場の行動を分析しているが、大きな市場の揺れを、リスク回避あるいはその感情によってもたらされたリスクの価格付けにおける波動に帰せ占めている。彼らはまた、経済をサポートしようと踏み出す、連邦準備の「非伝統的な」金融政策アナウンスメントが、市場の方向転換にある役割を果たし、S&P500において8%の上昇を、そして、ラッセル2000指数において12%の上昇に導いたのである。重要なことは、彼らが、連邦準備からの声明は、たとえそれが拡大されて供給される信用の一部分だとしても、多くのベネフィットは、その声明のシグナル価値からくるということを結論づけたことである。ハダッド、モレイラ、そしてムイラー（Haddad, Moreira, and Muir, 2020）は、法人債

図 3−13　BBB 社債と 10 年物財務省証券のスプレッド、2006〜20 年

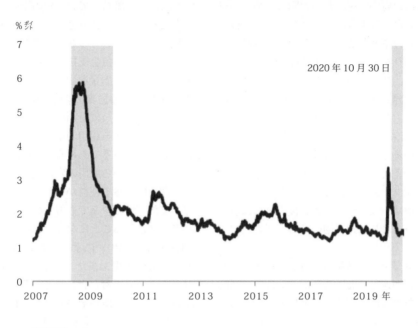

出所：Bloomberg.

③

券市場の回復を跡づけ、連邦準備の取った債券買い取りの今までにない行動に求め、3 月 23 日の投資格付け債券の買い付け宣言が、価格を騰貴させ、債券スプレッドの減少に導いたという。4 月 9 日の宣言は、たとえそれが、よりリスクのある結果となったとしても、投資格付けならびに高利回り債券の両方への大きな効果を持ったのである。ギルチェリストら（Gilchrist and others 2020）は、同じ結論に達しているが、セカンダリー・マーケット・法人信用機関に関してのアナウンスメントが、70 ベーシスㅊほど、購入資格のある債券の信用スプレッドの削減に導いたことを見つけ出した。

最後に、大規模な所得と中小企業の収入の穴埋め、債務救済、そして、CARES 法のコスト緩和

条項が、金融市場の安定性に有益なインパクトを与えたのである。そのような拡大した救済は、金融混乱を緩和させることに役立ったのであり、そうでなければ、第二の負債市場の適切な機能は脅かされていたであろうし、広範な債務不履行危機を作り出していたかもしれないのである。そのような流動性条項は、COVID-19 からくるキャッシュ・フローへの直接的ショックに対して、家計と中小企業のバッファーとなることを援助したのであり、また、悪化するバランスシートの健全性を健康に維持する手助けとなったし、それゆえ、彼らの金融的義務をサービスする長期の能力を改善することになったのである。

結 論

米国企業の健康は、2020 年春のロックダウンにおいて、COVID-19 危機の深さから劇的な転換点を見てきた。中小企業で働く雇用者の数、開業している企業の数、そして、中小企業の収入は、

すべて4月に経験し失ったものの半分以上を回復した。連邦政府の決定的かつ大胆な行動、つまり、2兆㌦を超える所得の穴埋めを目指した投入と、その他のカギとなるプログラムは、金融的に存続し生き残りを可能とする企業能力を鼓舞するのに役に立ち、彼らの雇用者を再雇用し、究極的に行動を再出発させたのである。このステージにおいて、なお、ちょうどパンデミック前に存在した記録的な繁栄のレベルの回復を取り戻す本格的な基盤があるといえるのであり、2008年から9年にかけて経験したよりも大きないくつかの逆行するショックがあったにもかかわらず、しかし、すべての指標は、大リセッション後よりもより少ない傷を持ってより急速な回復を行ってきたのである。

さらに、企業閉鎖を緩和し、解雇を阻止し、雇用のペースを加速させる財政サポートは、経済的傷のリスクをさらに削減することになるであろう。例えば、強く打撃を受け、リスクにある中小企業が第2ラウンドのPPPローンを受けることを可能とすることによって、彼らが生き残り、パンデミックから健康に出現することになる助太刀となるであろう。事実、10月29日の調査が、全国独立企業連合によって行われたが、それによれば、75％の中小企業が、可能であればPPPの第2ラウンドの適用を申し込むことを考えているという。また、雇用者維持税額控除（ERTC: Employee Retention Tax Credit）を拡大し、その目標を、ただ雇用を維持し、雇うことに褒美をやるということになれば、雇用は著しく加速されることとなるであろう。適格性に関して、もし、ERTCの主たる目標を雇用の最大化にすれば、重大な収入喪失の被害を被っている企業へのアクセスの制限は、失業から労働者を雇いたい、あるいは雇うことができる多くの雇用主を除外してしまうことになるが、しかし、経済的不安定性の進行に照らしてERTCのインセンティブからのさらなるプッシュが必要となるかもしれない。

この問題は、苦境にある企業が、雇用の最も高い傾向を持つか持たないかを前提にすると重要であり、彼らにとって個別的か産業的か、いずれにしろその見通しによることになる。インセンティブそれ自身をどう創るかに関していえば、企業全体の労働力を維持することに補助金を出せば、そ

の意味するところは、もし閉鎖寸前でないとして、いずれにしろ維持している縁の下の労働者を企業が支えることに支払うということにある。会社の頭数あるいは、いくつかの法律的に特定化されたベンチマークの賃金支払いを超えてネットで拡大する場合だけ補助金を出すとERTCを再設計すれば、COVID前の労働力の規模に復帰しあるいはそれを超える企業に特別に報酬をやるということになり、増加する雇用の中への失業労働者の再吸収が加速化されるであろう。この設計は、とりわけ、回復を始める雇用の穴が最も深い、被害が大きい企業にとって便益が生じるであろうが、一方で、また、他の企業でも彼らのリクルートが一段とアップされることになるであろう。ハミルトン（Hamilton 2020）による最近の調査だと、希望のある労働市場もまた、ERTCの拡張から便益を得ることができるといわれている。これら両方の政策行動は、経済がその完全な潜在力を取り戻すにつれ、最も速い記録的な回復を継続することをサポートすることになるであろう。

注
1　2020年給与保護柔軟法、それは、トランプ大統領によって2020年6月に署名、成立したものであるが、その前は、返済無用の条件は、8週の適用期間で75％の給与支払いであった。
2　NOLsの規則変化に付け加えて、CARES法は、分離した規則の変更を含んだのであり、それは、パス・スルー企業の所有者ロスに関する制限を遅らせ、個人のNOLsの計算にあるインパクトを与えた。
3　PPPプログラムの初期の分析によれば、かなりの資金がパンデミックによってあまり影響を受けていない地理的地域に流れていたという（Granja et al. 2020）。
4　クレインら（Crane et al. 2020）は、企業退場の別な方法での測定範囲と標識と同時に、これらの測定課題のいくつかについて議論している。
5　「中小企業」として言及される時、データは、彼らが第11条破産としてファイルされる時、彼ら自身を中小として分類することを反映する。
6　第11条のサブチャプター5項は、第11章破産のもとで、より小さな企業が、再組織し易くしたものである。CARES法下で、サブチャプター5

　項破産に適用される企業にとって負債の閾値レベルは、さらに高められ、より小さな企業もこの条での適用がなされやすくなった。

7　チェッティら（Chetty et al. 2020）による分析によれば、PPP の、中小企業の雇用レベルへのインパクトは限定的である。しかしながら、彼らの分析はまた、PPP ローンの受領と雇用に関する企業レベルでのデータ不足によって制約されている。

③

第4章
米国のヘルスケア制度の質と
効率性を前進させる

　グローバルな COVID-19 パンデミックに直面し、トランプ政権は、健康と経済危機がヘルスケア・セクターと労働家族に与えた困難に対処する決定的な行動を取ってきた。この対応には、二面あり、第一は、病院と労働者への金銭的サポートであり、第二は、テストとワクチンと先進医療の展開の利用可能性を促進するヘルスケア・セクター内における規制撤廃である。

　2020年3月、トランプ大統領は、超党派のCARES法に署名し、ヘルスケア供給者に1000億ㇽを割り当て、それは、病院が COVID-19 パンデミックにおいて、経験している金融的負担を緩和してきた。これは、給与支払い保護プログラムとヘルスケア増進法の部分としての、供給者緩和基金 750億ㇽの追加によって補正され、そしてまた、家族第一コロナウィルス緩和法によって供給されたテストの資金化が行われ、結果としてヘルスケア・セクターには、直接的援助として 1750億ㇽがつぎ込まれた。その結果、この COVID-19 パンデミックにおいて、ヘルスケア制度は、最も回復力のある弾力的な産業の1つとなってきたと CEA は認識する。わが政権はまた、2020年12月31日を通して、休暇支払いのため雇用者 500人未満の民間雇用主に利用可能な税額控除を通じて、緊急家族疾病休暇支払いを確立した。これは、病気の時に働かず、家にとどまる労働者を援助することによって公衆衛生を守ることに役立ってきたし、雇用者に、労働時間と交換することなく、病気の家族メンバーの面倒をみることを許可した。さらに、わが政権は、無保険の患者にコストのかからない COVID-19 のテストと治療を提供する資金を供給し、低所得と高いリスクの個々人に対してコスト障壁を取り除き、──そうして、米国が COVID-19 のケースをきちんととらえ、COVID-19 パンデミックの影響を緩和させるよう手助けをした。

　米国が、COVID-19 パンデミックの開始時、ウィルスのテスト能力をかき集める必要があった時、わが政権は、食料及び薬品庁（FDA: Food and Drug Administration）を通じて、COVID-19 診療テストのため緊急使用権限を発する行動に出た。その結果、FDA は、2020年3月末まで、20を超える COVID-19 診療テストの使用を許可し、米国においてコロナウィルスの拡大を追跡する公衆衛生職員を援助した。

　同時に、メディケアとメディケイド・センターは、テレ診療の使用をめぐる規制の多くを緩和し、患者が安全な彼らの家庭から COVID-19 のスクリーニングや命にかかわらない状況へのアドヴァイスを求めることを許可した。これは、そう重要ではない個人的なヘルスケア訪問を削減し、ヘルスケア機関の過大な負担の重圧を削減し、病院やヘルスケア機関における COVID-19 の感染可能性を小さくした。

　パンデミックにおいて最大の努力の1つは、トランプ政権がオペレーション・ワープ・スピード（OWP: Operation Warp Speed）によって、公的セクターと民間のそれを近代化したことであり、安全かつ効率的な COVID-19 のワクチンの開発、生産、分配を加速化したことである。OWSは、開発にあたって可能性のあるワクチンを早くから確認し、テストの手順を標準化し、製造能力

を準備し、ワクチンの分配のインフラに基金供給を行うことでそれを成し遂げる。加速化されたワクチンの時間の流れは、公衆衛生に測り知れないベネフィットをもたらすだけではなく、CEAの推定だと、OWSは、もし、それがワクチンの到着を1カ月早く急がせれば、1550億㌦の経済的ベネフィットが生み出され、あるいは、科学者が2021年1月までにワクチンをもたらすことができるのであれば、2兆4000億㌦のベネフィットが生じるという。2020年11月半ばの時点で、ワクチン候補の4つが治験の第3段階にあった。これら候補の中間分析の非常に楽観的な結果だと、研究開発者が2020年末前にワクチン開発を行い、目標とされた的を絞った人々への広範な使用が行われる。トランプ政権の規制撤廃行動は、COVID-19パンデミックの伝播を超えて、アメリカ人にヘルスケア成果の改善を継続することができる。例えば、CEAが推定していることであるが、より広範に広がったテレ診療の採用は、田舎のアメリカ人に旅に関連する機会費用1訪問当たり130㌦を節約させ、一方で高質なヘルスケアへのアクセスを全国的に増加させるという。さらに、CEAが推定していることは、新薬のFDA認可が、1年2年3年と永久に削減があれば、社会的余剰は何兆㌦になるかもしれないのである。それ以上に、CEAの計算だと、看護師による治療の職業上ライセンスの規制撤廃が拡大すれば、年間620億㌦のコスト節約に結果するというのである。また、この章では、いくつかCOVID-19パンデミックへの対応を超えてヘルスケア政策成果の結果を検討し、それが、市場における追加的選択と競争を促進するであろうことを論じる。ヘルスケア・セクターの規制撤廃の側面は、COVID-19パンデミックに国が陥っているアメリカ人に、より良いヘルスケアの選択と彼らの金銭的節約をもたらすことであろう。

米国は、同国を襲ったSARS-CoV-2の到来によって、2020年、大きな逆行する健康と経済的ショックに耐え忍んだ。このパンデミックの影響は、広範な緩和策が採られた2020年中つづく残るようであるが、COVID-19は、新しいコロナウィルスによる疫病であり、グローバルなパンデミックに導き、2020年11月の時点で、

世界的に5000万人以上が感染し、少なくとも125万人がグローバル規模で死亡した。米国では、1000万人以上が感染し、23万人以上が死亡している。この疫病は、計り知れない死亡と死に至る負担として現われているように、アメリカ人に苦難を強いているが、それだけではなく、あらゆるレベルにおいて重大な経済的負担を国にもたらしている。2020年第1、第2四半期において、米国経済は、10.2%縮小し、総雇用は、4月に2080万人の記録的な減少の後、2月から4月にかけて、14.5%下落となった。そのピークでは、失業率は4月に14.7%であった。通常の州失業保険への最初の申請は、3月28日に終わる週にピークとなり、690万人、一方で、通常の州のプログラムの保険適用の失業は、5月に終わる週にピークとなり、2490万人となった。この今までにない経済攪乱のレベルは、大恐慌以来最も高い失業レベルに帰結し、何百万人ものアメリカ人の経済的福利に直接打撃を与えた。

COVID-19の公衆衛生と経済への二重の影響は、2つの前線での対応を必要とした。第一が、この『報告』の前諸章において議論したように、この危機の経済的影響に対処することである。第二の前線は、この章で論じるが、根本的な健康危機それ自体に対処するトランプ政権の努力である。

いかなるヘルスケア危機の解決も、3つの人々のグループの努力に大きく依存する。第一にそれは、疫病に対する新しい治療法と治験を開発する科学者の努力に依存する。第二にそれは、疫病にかかった患者を治療するヘルスケア供給者とヘルスケア制度の努力に依存する。そして、第三にそれは、危機の最中に適切な行動をとる公的機関の努力に依存する。これらの努力は、地方、州と連邦レベルの調整された政府を必要とする。

連邦レベルでは、トランプ政権は、新治療法の開発、あるいは、彼らの患者をケアするヘルスケア供給者の能力を妨げる規制の障壁を取り除くために動いた。CEAが見つけたことであるが、これらの規制撤廃努力は、巨額な経済的価値を持つのである。例えば、メディケア及びメディケイド・サービス・センター（CMS: Center for Medicare & Medicaid Services）は、テレ医療使用にまつわる規制の多くを緩和し、テレ医療メディケア・プライマリーケア訪問は、劇的に増加し、0.1%の

④

図4−1 米国人口のうち州全体の制限下に置かれた割合、2020年

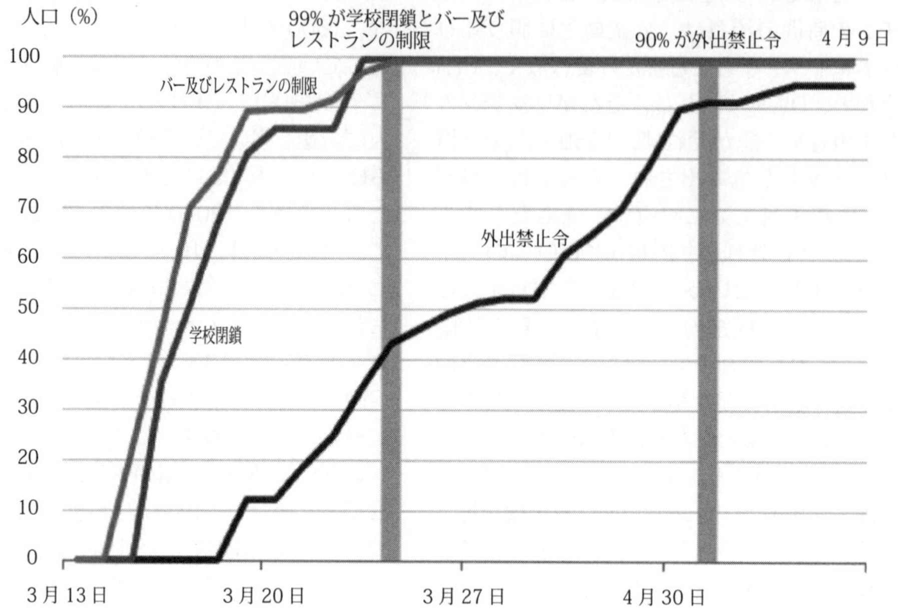

出所：*New York Times;* State policy announcements; CEA calculations.

2月から4月には、43.5％へ増加した。

　加えて、パンデミック中のヘルスケアは、経済的に強力なヘルスケア制度を必要とするという理解は、わが政権を動かし、ヘルスケア制度の金融的安定性を確実にするようにした。CARES法と給与支払い保護プログラムとヘルスケア増進法（PPP/HCE法）、の下で、議会は、ヘルスケア供給者が、彼らの金融的健康と生活をサポートするために、1750億㌦を利用可能としたのである。これとその他わが政権の行動の結果、CEAによると、ヘルスケア制度は、雇用を基盤とすれば、2020年の最初の3つの四半期において、最も弾力性のある産業の1つであったし、確かに、COVID-19による最初のショックから最も急速に回復した産業の1つとして現れている。パンデミックの初期においてヘルスケア制度への1つのカギとなる脅威は、現地の利用可能な資源を大幅に超えるヘルスケアサービスへの需要の急激な上昇であった。このリスクと戦い、ウィルスをより広範に拡大することを遅らせるために、地方と州政府は、ロックダウン命令の実施、そして、経済活動のコストへの拡大と戦うためにその他の制限を実施始めた。パンデミックが全国に広がるにつれ、ロックダウン措置は、同時に拡大し、99％を超える人々は、3月24日まで学校が閉鎖され、限定的なバーやレストランの活動をせざる得ない州に生活したし、90％を超える人は、4月4日まで、退避命令の発令州で生活した。（図4−1）。

　最後に、トランプ政権の努力は、アメリカ人をCOVID-19に関連したケアのコストから守ること、そして、アメリカ人に危機において適切な行動にかかわるインセンティブを供給することに集中した。例えば、わが政権は、COVID-19の患者へ緊急の有給の家族ならびに疾病休暇を確立し、これら患者を病気であるにもかかわらず働くということのないように、家にとどまることを奨励したのである。これはまた、家族のメンバーが休暇を取り、彼らがCOVID-19にかかった人の面倒をみることを許すことになる。同時に、わが政権のテストのキャパシティーを増大させる努力について多くが書かれなければならないが、経済的観点から

いうと、そのアプローチの他の重要な、そして見逃されていた部分は、アメリカ人がテストを受けるにあたっての障壁を低くする努力であった。治療がないということで、テストをすることは個人にとっては限定された価値しか持たないかもしれない。なぜなら、積極的テストは、疫病の管理にはあまり影響をもたないからである。しかしながら、テストをするということは、公衆衛生という観点からは、社会的価値を供給する。なぜなら、それは、自宅待機や感染源追求のような疫病の拡大を制限することのできる公衆衛生上のアプローチを可能とするからである。なぜなら、個々人は、テストに関して十分な社会的インセンティブに直面するわけではなく、保険会社と医療費償還機関が保険に入っていない人のテストのコストをカバーすることを条件に、COVID-19 テストをケアの点で無料にすることは、テストへの個人的社会的インセンティブを付与する重要なやり方である。カイザー・ファミリー財団が見つけだしたことであるが、2020 年 7 月において、78 の病院のデータは、COVID-19 の診断上のテスト価格は、1 件当たりの診療テストにつき 20ﾄﾞﾙから 850ﾄﾞﾙの範囲にあり、その中央値は、127ﾄﾞﾙであった。わが政権による補助は、おそらく、COVID-19 のテストを増加させたはずであり、とりわけより低い所得層に対してそういえるであろう。

COVID-19 による、極めて特異な健康と経済への二重の危機への大統領の対応は、ヘルスケア改革と規制撤廃のアジェンダを含む。規制には公衆に便益を与えることが意図されているが、それが実際にそう実施されるかどうかは、実証上の問題であり、部分的には、COVID-19 に対処するために多くの規制を一時停止して緩めることが、わが政権の努力によって応えられてきた。パンデミックへの対応を支えるための規制撤廃の便益は、明確である。例えば、COVID-19 への効果的な治療とワクチンは、極度に速いペースで導入されるべきで、ヘルスケア供給者は、ケアを提供するのにより少ない規制に直面すべきである。もし、多くの規制が存在せず、社会福利が改善されるのであれば、自然な質問として、なぜこれら規制が、パンデミック補助の時に、再び課される必要があるのであろうか? 確かに、CEA は、現存の規制撤廃努力の拡張された多くから多くの便益を見つけ出す。例えば、CEA によれば、全国的な職業上のライセンスに関する規制撤廃は、年間 620 億ﾄﾞﾙのコスト節約に帰結するであろうといわれている。

この章では、わが政権の COVID 治療とワクチンの研究開発促進の努力を概観することから始め、わが政権のヘルスケア制度のサポート努力の議論に続けていく。次に、われわれは、COVID ケアの適切な行動とコストを補助することによって、広範なアメリカ人公衆を保護するわが政権の努力を議論する。最後に、われわれは、COVID-19 関連の改革を拡大することによってヘルスケアをいかに改善するのか、この分析をもって結論とする。

④

COVID-19 の新治療法とテストのための研究開発を拡大する

COVID-19 の治療とワクチンの研究開発の 1 つの重要な局面は、緊急の事件の時に薬品製造物の利用可能性を促進する緊急使用権限の発出である。加えて、効果的な COVID-19 治療とワクチンの利用可能性を加速化するために、わが政権は、オペレーション・ワープ・スピードを発出したが、それは、処置、治療ならびにワクチンの開発、生産、分配をサポートする官民パートナーシップである。

緊急使用権限

結局、いかなるヘルスケア危機であってもその解決は、現下の疫病の処置法を見つけることである。そして、トランプ政権は、できる限り広範なやり方で迅速に、処置現場に積極的に動いたのである。処置方法の開発にあたっての重要な障害は、重く規制されている薬品とワクチンの開発過程である。平均して、市場の薬品とワクチンが持

ち込まれるのに 10 年かかり、ちょうどワクチン開発の臨床前の局面で、6 カ月から 3 年はかかる（Andre 2002; ECA 2019; DiMasi, Grabowski, and Hansen 2016; Grady et al. 2020; Mullard 2020; Plotkin et al. 2017; Pronker et al. 2013）。これらの時間のかかり方は、グローバル・パンデミックに直面しては許されるものではない。

これら努力の早期の収益は、見込みのあるものである。例えば、レムデシビル、抗ウィルス剤であるが、食品及び薬品庁（FDA）から 5 月 1 日、緊急使用権限（EUA）を受けたが、それは、米国において最初に報告された COVID-19 のケースの 3.5 カ月以内のことであった。10 月 22 日までには、レムデシビルは、COVID-19 の治療のために FDA によって認可されていた。同様に、トランプ政権は、早急に初期の COVID-19 テストのキャパシティー問題を解決した。パンデミック前の FDA の規則では、FDA が市場に出る前に許可を出すことが必要とされ、あるいは、病院研究所でのそれらの使用前に COVID-19 治療のテストの EUA 審査が必要だったのであるが、それは、COVID-19 パンデミックの開始において十分なテストのキャパシティーに深刻な遅れを導いていた。確かに、2 月においては、ただ CDC の COVID-19 治療テストだけが、全国の研究所における緊急使用として FDA によって権限づけられていたのであった。FDA が、新しい治療テストを認可するのに最終的には何年もかかる一方、2020 年 3 月末までには、FDA は、COVID-19 の 20 を超える治療テストの緊急使用を EUA が許可することを発出していた。（FDA 2020; Ivanov 2013）。この急速な数多くの COVID-19 テストへのアクセスは、FDA のこれまでにない柔軟性によって、製造業者や研究所に認められ可能となったのであり、FDA の有効性データの検査の前に、彼ら自身のテストを開発し使用することを研究所に認めることを含んでいた。そして、最終的に 2020 年 9 月の時点で、4 つのワクチン候補者が治療テストの第 3 段階に入っていたのであり、2020 年末前にワクチンは開発される可能性があったのである。（Milken Institute 2020）。

緊急使用権限とは、「連邦食品・薬品及び化粧品法」により FDA に認められた権限であり、それは FDA に未認可製品の生産と分配を許可した

り、緊急事態の間、一時的に未認可製品の使用を認めたりするというものである。それは、新製品の使用認可を意味するものではなく、いったん緊急事態が終了したり、EUA が公衆衛生に融合的ではないとする証拠が出てくれば取り消されうるものである。EUAs は、過去のパンデミックにおいても採用されてきたものであり、インフルエンザのテストと治療の開発や中東呼吸器シンドローム（MERS: Middle East Respiratory Syndrome）として一般に知られている新コロナウィルス 2012 のテストなどが取り上げられている。

オペレーション・ウォープ・スピード

トランプ政権はまた、新しいワクチン治療の開発と大規模な生産を促進するため働いた。オペレーション・ウォープ・スピード（OWS: Operation Warp Speed）は、ワクチンの利用を促進するこれら政権の努力の多くを包含する官民パートナーシップである。OWS は、ワクチンの展開を促進したのであり、開発の初期の段階で有望なワクチンを確認し、安全性と効き目の記録を標準化し、製造能力の準備をし、ワクチン分配のインフラに資金付けを行った。

いつもの時間のかかるやり方だと、COVID-19 ワクチンは、2021 年 9 月までには、到底でき上がるものではない。しかし OWS の下では、最初のワクチンは、2020 年 12 月末までには、あるいは、2021 年 1 月の初めまでには、利用可能となるはずなのであるが、もし、OWS がこれら 8 カ月までに最初のワクチン配分を加速すれば、CEA の推定では、OWS は、2 兆 4000 億ドルの経済的かつ健康上のコストを節約することになるであろう。もし、OWS が、たった 1 カ月ワクチンを加速すれば、OWS はなお 1550 億ドルの予想される便益を供給する。

伝統的にワクチン候補は、異なる企業によって個別に開発され、それらが認可され商業化されるまでお互いに比較されることはない。しかしながら、OWS の下では、候補のワクチンの動物を使った研究では、資源が最も有望な候補に向けられているかどうかを確かめるために（追加的に人間にテストする前に）お互いが比較される。8 月 31 日の時点で、連邦政府は金融的にいくつかのワク

図4−2 ワクチンが開発されなかった場合にCOVID-19が米国に及ぼす日常的な健康コスト及び経済的コスト

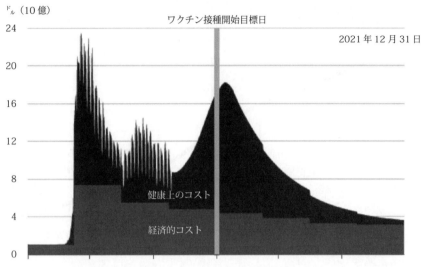

出所：Institute for Health Metrics and Evaluation; Centers for Disease Control and Prevention; Congressional Budget Office; CEA calculations.

チン候補の追加的なテストをサポートし認可した。顕著なことではあるが、OWSは、ワクチンに必要とされる試行の数やタイプに変化をもたらすことはない。

さらに、製造と分配のインフラは、診療試験の安全性と効果が明らかになるまで、概して確定されず、それがワクチン配布の追加的な遅れにつながっているのである。しかし、OWSの下では、連邦政府は有望なワクチン候補がまだテスト中であるにもかかわらず、認可を待たずに、製造キャパシティーに投資をしたのである。開発される製造キャパシティーは、結果としていかなるワクチンが成功したとしてもそれは使用され、いかなる企業がキャパシティーを開発したとしても、成功した生産物の性格を前提とすれば可能なのである。OWSはまた、ガラス瓶のような、どのようなワクチンの生産が増強されるのにも必要とされる物資の供給をあらかじめ拡大する。10月16日において、大統領は、厚生省（HHS）と国防省が、CVSとウオルグリーンズとパートナーシップを形成し、いったんワクチンが可能となった場合、無

料で、長期のケア施設において傷つきやすいアメリカ人の利用のため配布すると宣言した。

CEAの推定によれば、COVID-19の前代未聞のコストを前提とすると、OWSは計り知れない経済的便益をもたらす可能性があるという。図4−2は、ワクチンをもたなかった場合の米国への一日当たりのコストを、COVID-19による死亡（健康コスト）によるものと、より低い経済活動（経済コスト）によるものとに分けて推計してある。多くの伝染病に共通するのであるが、疫病を防ぐ経済コストは、しばしば、疫病によってもたらされる直接の死と健康コストの比較した大きさによる。一日当たりのコストは、4月初めに最高であって、それは、その時にCOVID-19による死者が最も多かったからである。しかしながら、ある顕著なモデル、それは、健康推計評価研究所（IHME: Institute for Health Metrics and Evaluation）のものであるが、2021年に第二の波を予測しており、それが意味することは高い将来の追加的コストの可能性があるということである。IHMEのものは、公衆衛生の専門家によって現在使用されて

図4−3 2021年9月1日開始のCOVID-19ワクチン接種の前倒しの価値

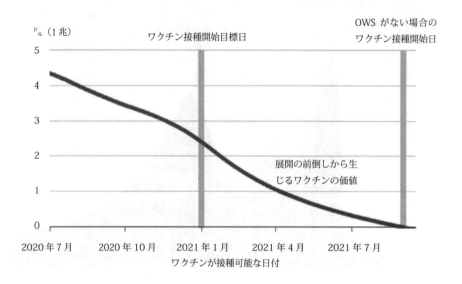

注：OWS＝ワープ・スピード作戦。
出所：Institute for Health Metrics and Evaluation; Centers for Disease Control and Prevention; Congressional Budget Office; CEA calculations.

いるCOVID-19予測モデルのちょうど１つに当たるが、それは、2021年予測として発出された唯一のものである。

図４−２は、ワクチン開発の小さな遅れでもなぜそれが高くつくのかを示している。2021年１月１日に最初のワクチン接種がなされたと考えよう、それは、灰色の垂直線によって示されている。このケースの場合、ワクチンの価値は、2021年１月２日とそれ以降のすべての日の毎日の健康コストの総額に2021年４月１日を通してそれ以降の、毎日のGDPコストの総計を加えたものであり、──それは、経済が通常に戻るのに90日かかるであろうということが仮定されている。しかしながら、ワクチンは、すでに起こってしまった損害を元に戻すことはできないので、灰色の垂直線の左のコストは、取り戻すことはできないのであり、それはたとえワクチンが2021年１月に導入されたとしても取り戻すことはできないのである。

図４−３は、より速いワクチン開発の価値を示してある。われわれは、OWSがないと仮定し

よう、HHSによる内部の予測に基づけば、ワクチンは2021年９月には利用可能となるであろう。しかしながら、これは、OWSの便益のより下方の推計値と見るべきであり、なぜなら、普通ワクチンは開発されるのに10年はかかるからである。垂直軸は、より速いワクチンのドル価値を表しているが、それは、最初に利用可能となった日付（水平軸）に依存している。もし、OWSがワクチン導入を（2021年８月から2021年１月１日に）８カ月加速することができれば、その時はCEAの推定であると、便益は、伝統的な導入を越えて２兆4000億㌦（図４−３の赤い線と左の灰色の垂直線の交点）となるであろう。

2021年１月のワクチンの全部の価値は、３兆8000億㌦になるであろう。従来のワクチン開発プロセスであると、2021年９月までCOVID-19ワクチンは、導入されないが、その時点では、便益は１兆4000億㌦となることであろう。OWSによる８カ月早まる便益（２兆4000億㌦）は、1月の３兆8000億㌦と９月の１兆4000億㌦との差である。

図4-2と図4-3を創ったCEAの方法は、2つの側面を持っている。第一に、生命コスト価値（健康コスト）に関しては、CEAは、IHMEによって開発された広く引用されてきたモデルを使用した。モデルの最近のものは、2020年2月4日から10月19日までの毎日、米国のCOVID-19による実際の死者数を報告し、2021年2月2月1日を通しての毎日の死者数を予測する。CEAは、2月1日以降に何が起こるのかについての情報が欠落しており、（ワクチンがない場合）この問題について、2021年2月1日以降死者数は毎日1%下落すると仮定し、パンデミックによる死者の将来経路がより深刻か、そうでないかによって、コストがより大きくなるか、より少なくなるかを認識する。CEAはそこで、年齢で調整した統計的寿命の価値を使用することによって、毎日の死者の数を経済コストに変換するのであり、これが死者の経済的コスト評価の標準的方法なのである（CEA 2019）。CEAは、ワクチンが利用可能になるや否や、それは、COVID-19の健康コストを直ちに削減するであろう。しかしながら、ワクチンが使用されるには時間がかかり、ただ決定的な人々が最初にアクセスし、多くの人は、ワクチンを接種するのに時間がかかるから、それは非常に楽観的シナリオであると述べる。

第二に、失われたGDP(経済的コスト)の価値を評価するために、CEAは、議会予算局の2022年を通した予測使用し（CBO 2020）、現在とCOVID前をベースライン（2020年1月）にした産出ロスの予測を計算した。これらの予測は、ただその時の法律を考慮しているので、これら予測は、いかなる追加の財政的救援パッケージも考慮していないことを意味する。いったんワクチンが利用可能となれば、簡単化によって、CEAは、経済は90日後にはCOVID前の状況に戻るであろうと楽観的に仮定する、しかし、COVID-19が経済に対してかなりの永続的な傷をつけているかもしれないのである。

CEAは、簡単化のためにこれらの楽観的仮定を採用するのであるが、しかしながら、彼らは、OWSの価値を著しく偏って評価はしない。それはなぜかというと、彼らは、ワクチンが2021年1月までに開発されたケースと9月まで開発されないOWSなしという仮想上のケースの両方を等しく適用するからである。CEAの分析は、COVID-19の本当の価値を過小評価しているようなのであるが、それは、人的資本のロス、COVIDではない否定的な健康効果、あるいは米国以外の国におけるワクチンの価値というような測定しにくい要素を含むことをしないからである。

COVID-19パンデミックに直接関連したわが政権の努力とともに、ヘルスケア制度をより広範にサポートするための規制撤廃イニシアティブがとられている。加えて、ヘルスケア供給者への金融的サポートの供給は、アメリカ人にとって健康リスクを悪化させることを回避させるためには欠かせない。

④

ヘルスケア制度をサポートする

規制撤廃

ワクチンに向かっての働きを超えて、トランプ政権は、連邦機関間のさまざまな規制撤廃行動を法制化することによって、パンデミックの必要に合わせるようにヘルスケアサービスの短期の供給を拡大してきた。実践の範囲の規制を緩めること、あるいは、テレ診療の供給についての規制を取り除くことによって、看護実践者により自立性を付与するというような、より大きな変化のいくつかについては、この章の後半でより完全に取り扱うことにするが、それは、規制の空間において長期の改善の重要な機会を提供するからである。これら主要な行動に、加えて、HHS内のさまざまな機関の規制者は、数としてはそう多くはないがしかし、重要な行動を行うのであり、それは、彼らの地域社会の必要に合わせるべくヘルスケア供給者のキャパシティーを増加させるのである。

パンデミックが開始されてから公衆衛生上の

主要な関心の１つは、テスト・キャパシティーの欠乏である。診断能力を早急に拡大するため、FDAは、EUA手続きを使用し、そのライフサイクルの初期においてテストの生産を許可した。生産サイドのこれらの行動を補充するため、トランプ政権は、消費者のCOVID-19診断テストへのアクセスの能力を増強したが、それは、ヘルスケア供給者がテストを管理することに関する実践範囲の規制を緩和し、CARES法を通してテストの自己負担を削減あるいは削除することによって行われた。全国健康研究所は、急速なテスト技術の改善に投資することによって、診断努力を拡大した。

かなりの地域は、COVID-19の急速な広がりに強く打撃を受け始めたので、公衆衛生上の１つのカギは、ヘルスケア供給者の供給不足であった。この懸念に対処するため、CMSは、職業上の過剰な免許規制を緩和し、供給者を増加させた。医者と看護師の供給は、免許切れあるいはその更新中の人々を許可することによって増加させた。CMSはまた、その他のヘルスケア労働者の供給を増加させるため規制撤廃の行動をとり、看護師を援助し、食事援助者のようなポジションに必要とされるかなりの免許を停止した。そのような行動は、強力に長期にわたるケア施設にとってはとりわけ便益が大きく、これらの施設の患者は、並外れてCOVID-19のリスクにさらされている。CMSはまた、州外の開業医に、より患者の多い地域で援助することを奨励し、免許を持つ州の外でメディケア受益者にケアを供給する彼らの能力に関しての連邦規制を取り除いた。

わが政権はまた、個人防護用品（PPE: Personal Protective Equipment）の危険なまでの不足を緩和することを援助した。パンデミックの初期の数カ月、ヘルスケア労働者の大きなリスクは、PPEの限定された供給であり、それの使用に関しての厳格な連邦規制であった。一時的なPPE供給の増加、そして、ヘルスケア供給者が、COVID-19に感染する高いリスクにさらすセッティングの労働を守るため、FDAのEUAと家族第一コロナウィルス救済法（FFCRA: Family First Coronavirus Relief Act）は、最初は工業用セッティングに使用されるように設計されていた高度に防護的な顔マスクを医療用セッティングにおいて使用されるのにも許可したのである。さらに、CMSは、ヘ

ルスケア供給者が貯蔵し、再使用するマスクの能力を制限する規制を取り除いたが、それは、病院に彼らがどんなPPE政策の実施を望んでいるかを判断する自立性を増加させ、規制撤廃につけ込んで選択した施設において新しいマスクの需要を減少させた。

ヘルスケア供給者数とPPEの供給を増加させる規制撤廃を使用することに付け加えて、トランプ政権は、病院分類と施設の規制を緩和した。病院内のCOVID-19の感染拡大を削減するため、HHSは、病院にCOVID-19の拡大を阻止するため、潜在的患者をスクリーンニングし、場所を移すことを許可した。感染拡大のスポットは巨大都市で起こったので、CMSは、医療サービスの突然の需要増へ対応するため、患者ケア地域の拡張を許可した。CMSはまた、パンデミック中、田舎の病院のいくつかの分類上の適格必要性を免除し、彼らにそのキャパシティーを拡大し、彼らの地域社会に貢献することを許した。多くのCMSの施設への規制撤廃の行動は、長期ケア施設に便益をもたらし、それには、代理を認めない会議という住人グループの必要条件、移転や退院の法律上の制限、そして、住民ルームメイトの要請を尊重する必要条件、それらの免除が含まれていた。これらの行動は、すべて患者と医療供給者の双方にCOVID-19拡大のリスクを減少させるためにとられたのである。

最後に、CMSは、一時的にパンデミック中に書類労働と官僚的必要条件の免除を行い、ヘルスケア供給者に、彼らの時間をどのように優先的に使用するか、そして、彼らの患者の必要に最高に応えるのかについて詳しい決定をさせることを許可した。これらには、報告必要事項についての時間枠、口頭での指令の必要性、退院計画、緊急準備計画、患者のプライバシー、使用検査、そして食品計画についての規制が含まれた。

ヘルスケア供給者への金融支援

COVID-19パンデミックは、全国のヘルスケア供給者の金融的健全性への脅威となり、彼らの地域社会の質の高い患者に対するケアを確実にする能力を制限する。それに対応して、わが政権は、議会と協力してCARES法を通過させ、パンデミッ

図4−4 全国メディケア利用、2020年1月10日〜10月30日

人工膝関節置換術 ①　　　　人工股関節置換術 ②
COVID以外のER診療 ③　　　大腸内視鏡検査 ④
胆嚢摘出術 ⑤

診療（2019年基準値に対する%）

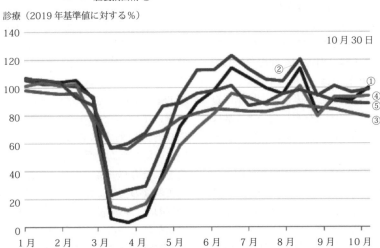

注：ER＝緊急救命室。
出所：Department of Health and Human Services; CEA calculations. Note: ER = emergency room.

④

クのさなか、ヘルスケア供給者を援助すべく供給者救済基金を立ち上げた。CARES法は、HHSを通じて、適格病院とその他のヘルスケア供給者に1000億㌦まで利用可能としたが、それは、支払い請求の約4.5％を構成した。PPP/HCE法は、ヘルスケアに関連する費用、そしてCOVID-19による収入減に対してヘルスケア供給者に償還するため、供給者救済基金に追加の750億㌦を供給した。加えて、PPP/HCE法は、COVID-19テストの増加を援助するため250億㌦供給した。これには、保険に加入していない個人をテストする費用を償還する上限10億㌦が含まれており、加えて、この目的のためにFFCRAによって以前振り分けられていた10億㌦も含まれていた。

FFCRAはまた、CARES法によって修正されているように、患者とコストを分担することなく、COVID-19診断テストをカバーするためには、メディケア・パートB、州のメディケイド、子供健康保険プログラム（CHIP）、そしてグループ健康保険プランを必要とする。保険でカバーされていない人も。もし州が選択すれば、州のメディケイ

ド・プログラムの下で、無料でCOVID-19診断テストを受けることができる。CMSは、州が彼らのメディケイド・プログラムを修正し、アクセス可能な、簡単に使うことができる道具一式を開発しており、彼らはこのサービスを提供できるのである。CARES法はまた、コロナウィルス救済基金1500億㌦を振り分けており、それは、財務省によって管理されるが、COVID-19パンデミックに対応する部分として、州、地方、そして部族政府によって引き起こされる費用を償還する。CARES法とPPP/HCE法によって配分された基金とともに、HHSは、これらコストを相殺するために、適格病院とその他のヘルスケア供給者へ1750億㌦までの援助を配分することができる。1000億㌦を超えて、10月初めまでに、病院とその他供給者に支払われてきた。これには、田舎の病院と小さな都市地域の病院と同時に、最も傷つきやすい人々の層にサービスを提供する病院への救済が含まれる。

急を要しない手術のキャンセルが、多くの医療供給者にとっての収入減の主要原因として働いた。

3月半ばにおいて、州レベルの政策担当者と公衆衛生軍医総監2人のアドバイスにしたがって、急を要しない手術は、COVID-19の拡大を抑える努力の1つとして、またパンデミック中のヘルスケア・インフラと資源に緊迫度を加えないために、キャンセルされるか延期された。図4－4は、2019年の比較できる週に対しての5つのタイプのメディケア患者の下落と引き続く回復を示しているが、膝関節手術の総計は、4月の半ばに、ベースライン数の3.2%の低さに到達した。規制は夏を通して解除されたので、急を要しない手術数は、リバウンドし、7月初めには、大体において、それらのベースライン数になるか近づくかした。これは、制限末期後において、すぐに行う延期された手術の患者数の一時的上昇を示しているが、メディケア人口において緊急を要しない手術の需要は、全体としてより低かった。

しかしながら、医療供給者へ供給された金融的サポートの一部ゆえに、ヘルスケアは、パンデミック中、最も柔軟性に富んだ労働市場であることを実証した。図4－5は、労働統計局（BLS: Bureau of Labor Statistics）からのデータを使用して、2019年ベースラインの%として、2020年の各月のセクターごとの雇用を示している。ヘルスケア雇用は4月においてその2019年の92.2%に落ちたが、それは、どのセクターとの比較でも2番目に小さな下落であった。対照的に、4月のすべてのセクターの平均雇用水準は、86.6%であり、レジャーと接客業の雇用は、とりわけ浮動的であり、51.8%に下落した。ヘルスケアは、第2番目の弾力的なセクターとしてとどまり、金融サービスに次いで、回復が継続しており、雇用を再び着実に増やし、10月には2019年レベルの97.2%に上昇した。

COVID-19による3月と4月の急速な雇用喪失からくる1つの主要な懸念は、雇用を通じて受給資格を得ている人々にとっての健康保険の喪失であった。5月2日時点において、カイザー・ファミリー財団が推定するに、雇用主提供の保険（ESI: Employer-sponsored insurance）によってカバーされている4750万人が、家族の一部で職を失ったという（CBO 2020; Garfield et al. 2020）。このグループの中で、約2680万人が、彼らの健康保険を可能性として失ったかもしれず、残る2080万人は、彼らの家族の他の労働者を通じてESIを維持しているか、その他の保険のカバーを受けているという。この考察を前提とすると、570万人以外すべての人が、メディケイドあるいは市場で補助を受けることを通じて、公的に補助されたカバーに適格ということになり、これは健康保険の喪失に帰結する雇用喪失のシェアをかなりのところ削減することになるであろう。

しかしながら、これらの予測は、これまでのところのデータによって生み出されてきたものではない。センサス局からの家計現況調査のアメリカ人からのデータは、4月末から9月末間のESI適用の最小の変化を示したが、それは、保険に入っている人、入っていない人と報告されているアメリカ人が、かなり低く報告されており、報告なし、「わからない」という報告の人がかなり上昇しているからである。事実、4月末と8月終わりの間、現況調査結果は、無保険率は現実には0.6%弱下落したことを示した。ESI適用の観察された変化と最初の予測との乖離は、部分的には、PPP/HCE法が、雇用主へ給与コストをカバーする返済無用のローンを許可したことによるのかもしれないが、それには、雇用主貢献の健康保険適用も含まれる。結局、ミクロのシミュレーションのモデル化は、COVID-19による健康保険適用のおおよその下落に使用され得るが、効果を数量化する調査データによっては、この時点でまだ確定的なことはいえない。

有益な行動とCOVID-19ケア・コストを補助する

テストすることは、COVID-19ケースの陽性、自宅待機と患者の治療、そして、感染源追跡記録の実施を確認するのに重要である。テストにかかる費用は、公衆のかなりの人にとって障壁になるかもしれず、それは、パンデミックを抑える努力に水を差すかもしれない。2020年3月18日

図4−5　セクター別月次雇用、2020 年

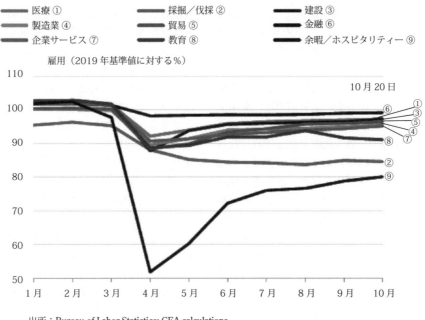

凡例：
- 医療 ①
- 採掘／伐採 ②
- 建設 ③
- 製造業 ④
- 貿易 ⑤
- 金融 ⑥
- 企業サービス ⑦
- 教育 ⑧
- 余暇／ホスピタリティー ⑨

雇用（2019 年基準値に対する％）

10 月 20 日

出所：Bureau of Labor Statistics; CEA calculations.

の FFCRA 通過は、このアメリカ人家族にとってのコスト障壁になるかもしれないものを削減した。ほぼすべての公的かつ民間の保険プランは、FDA が認めた COVID-19 テストをカバーし、さらに、コストを分かち合うことなしに、診断テストに伴うといかなるコストもカバーすることが必要とされたが、それは、そのテストが診療を行うヘルスケア供給者によって医療的に適切と認められ、連邦によって公衆衛生上緊急であることが効果的であると認められた場合に限られた。CARES 法は、2020 年 3 月 27 日に法制化されたが、さらに、民間保険プランが、公的に報告された現金価格まで、COVID-19 のネットワークから外れたテストを償還することを命令した。FFCRA 救済基金は、2 兆㌦（1 兆㌦は FFCRA によって配分され、1 兆㌦までは、PPP/HCE 法によって配分される）まで、保険に入っていない個人への COVID-19 テストを実施するヘルスケア供給者に償還することを含めたが、それは、これら個人が病気になった時にテストを求めるようになることを高めることになるであろうし、それゆえ、全国的に COVID-19

パンデミックを緩和する公衆衛生上の目的に貢献するということになるであろう。2020 年 9 月 22 日時点で、CDC は、120 億㌦を超える金額を州、部族、地方と準州に与えてきた。この金額には、州と地方レベルにおいて COVID-19 テストと関連する活動を増進するための決定的サポート 102 億 5000㌦が含まれる。これらすべての連邦の保護は、COVID-19 テストのコスト障壁を削減してきたのであり、——それは、今度は、米国が COVID-19 ケース陽性を確認することを手助けし、COVID-19 にかかった個人にケアを提供することを援助してきたということになる。

緊急疾病・治療有給休暇

　COVID-19 パンデミックの拡大を遅らせ、封じ込めるために、わが政権は、公衆のメンバーに、病気にかかりあるいは、家族の一員が病気にかかりケアする時は、家にとどまることを奨励してきた。同時にわが政権は、断固として、米国労働者が労働時間と彼ら自身あるいは家族のメンバーの

健康と広範な公衆衛生保護とを天秤にかけること
を阻止するため行動してきた。2020 年 4 月 1 日、
FFCRA によって供給されたごとく、米国労働省
は、2020 年 12 月 31 日まで、500 人未満の雇
用者を持つ民間雇用主は、COVID-19 による有給
休暇を与えることに伴う関連コストに対して税額
控除を適用すると宣言した。これら税額控除を通
じてのドルに対してのドルによる償還は、雇用主
をして、彼らの雇用者が COVID-19 を伴う病に
なり、また、家族の一員の面倒を見なければなら
ず、仕事ができない時に、給与を払い続けさせる
ことを可能とし、公衆衛生を促進、雇用主と雇用
者双方へ金融的サポートの流れを維持するのであ
る。内国歳入庁に、こうした事態が起こらなけれ
ば納めているはずであった給与税支払いの基金に
よって、有給休暇にかかるコストをカバーできな
かった雇用主に対し、FFCRA は、内国歳入庁か
らの簡素化された償還請求を通じて、促進された
前貸しを求めることが可能となった。

COVID-19 ケアのコストへの助成

　封じ込めとその緩和措置を実施するために、
COVID-19 発見に対して資金提供をすることに付
け加えて、わが政権はまた、COVID-19 治療コス
トを削減すべく連邦サポートを供給した。わが政
権は、個人が彼らの必要とするケアを求めること
を確実にするいくつかのやり方に対応してきた。
　多くの民間メディケア健康プラン、これは、メ
ディケア・アドヴァンテイジ・プランとして知ら
れるが、パンデミック中のメディケア受給者の特
別な必要性に対応して適用を拡大したものであり、
テレヘルスと医療輸送便益を含むものである。こ
れらタイプのサポートは、とりわけ、お年寄りの
より低い所得の個人にとっては重要であり、もし
これらのサポートがなかったら、COVID-19 の医
療ケアを獲得するのが困難な、コストあるいは移
動の制約に直面してしまう。
　加えて、「1135 免除」の使用を通じて、わ
が政権は、メディケイド、メディケア、そして
CHIP 必要条件により大きな柔軟性を創出してき
たのであり、それは、しばしば、ヘルスケア供給
者に、医療ケアを供給し、州が COVID-19 パンデ
ミックのような全国的緊急事態の時にメディケイ

ドと CHIP プログラムを管理するにあたって、課
題を提起してきたのである。これら免除によって
促進された削減管理コストは、供給者にこれら高
リスク医療人口に医療ケアを提供することを援助
してきたのである。いったん認められれば、これ
らの究極の目的は、州の能力を改善することであ
り、ヘルスケア・セクターがメディケア、メディ
ケイド、そして CHIP 受給者の必要に合わせるこ
とであり、そして、COVID-19 パンデミック中の
これら受給者に医療サービスへのアクセスを拡大
することなのである。
　最後に、わが政権は、無保険の個人が病気になっ
た時、彼らが直面する医療コストの大きな自己負
担部分に対処する行動をとってきている。パンデ
ミック中の命は、とりわけ、保険に入っていない
人にとっては、危ないものである、なぜなら、彼
らが COVID-19 にさらされた時、また結局それ
にかかってしまう事態が起こった時、彼らは、そ
の緩衝材としての保険を持っていないからである。
上記のように、FFCRA と PPP/HCE 法によって配
分された連邦基金、上限総額 2 兆㌦は、保険に入っ
ていない人たちにおけるテストのコスト障壁を削
減する。しかしながら、わが政権はまた、これら
アメリカ人への治療コスト障壁に対処すべく行動
してきた。HHS は、ヘルスケア供給者に要請に
基づく償還を供給するが、それは、COVID-19 に
かかった保険に入っていない患者を治療する供
給者に支払われる。11 月 9 日時点において、17
億 6000 万㌦が、COVID-19 の保険に入っていな
い患者のテストと治療のコストを償還するために、
医療供給者に分配された。この額のうち、ほぼ 2
万 5000 件の要請、6 億 7700 万㌦は、テストの
コスト、11 億㌦は、治療のためのコストであった。
CARES 法は、医療供給者救済基金に総額 1000
億㌦を確定し、配分した、そして、PPP/HCE 法は、
救済基金に追加の 750 億㌦を配分した。供給者
救済基金の一部は、COVID-19 にかかった保険に
入っていない個人を治療する医療供給者に償還さ
れるために使われた。2020 年 4 月において、わ
が政権は、補助的 COVID-19 基金要請の条件とし
て、医療供給者が、患者からの自己負担金、それは、
コロナ治療でない場合のネットワーク内ケアで必
要とされる以上の負担金ということであり、それ
を求めないことを証明する必要が始められた。

COVID-19 と未来のヘルスケア改革

その他のカギとなるいくつかのイニシアティブは、COVID-19 と未来のヘルスケア改革に関連している。これらには、FDA の薬品認可プロセスの改革、テレ診療の拡大、看護師専門家に対する実践範囲の必要条件の規制撤廃が含まれる。

FDA 改革

パンデミックはまた、新しい医療革新の展開スピードの価値と規制撤廃がそのような努力において演じるカギとなる役割を示す。COVID-19 の始まりにおいて、テストが限定されていた1つの理由は、広範な連邦規制であり、それには、長い FDA の認可プロセスが含まれた。これと戦うために、トランプ政権は、COVID-19 診療テストのために EUAs を、FDA を通じて発行する行動をとった。そのような決定的な行動は、最初の遅れの後、テスト能力を急速に高めることにおいてカギとなる役割を果たし、それらは、医療改革の認可を速める価値を示した。現在、米国は、世界で最も厳しい新薬のかなりの規制を有しており、FDA への申し込みから市場に出るまでほぼ12年かかる認可過程を有している。COVID-19 のテストと治療とともに、他の新薬は生命を救出する可能性があり、大きく厚生を改善するが、それは、長い認可過程のために、高い機会費用を創出する。CEA 推定によれば、FDA の認可時間が1年2年3年と減少するに従い、社会的剰余増加のネットでの現在価値は、それぞれ、1兆9000億ドル、3兆9000億ドル、そして5兆9000億ドルとなる。1990年代の処方薬使用者自由法（PDUFA: Prescription Drug User Free Act）に伴う経験は、政策変更がこの規模で認可の時間を削減できることを示唆している。

より短い認可時間の価値を推計するために、CEA は、特許が守られている各年に、薬品によって生み出される年間社会的剰余を推計する。FDA の認可時間は、直接に普通の薬品の特許の終了日付に影響するものではないので、特許期限切れ後

に獲得される効用は、変化がないと仮定される。さらに、そのような政策変更によって創り出された価値の CEA の推計は、本当の価値を過小評価しているようである、というのは、導入される新薬の数は、外生的なものとして取り扱われるからである。実際は、より短い認可時間は、新しい加入の収益性を高め、さらなる医療技術の前進に導き、消費者と薬品会社の双方に追加的な価値を供給するかもしれないのである。（すべてのドル額は、2019年ドル）。

図4－6は、薬品の平均寿命を示し、コスト、生産者余剰、消費者余剰に分解している。モデルは、フィリップソン他（Philipson and others 2008）によって描かれた平均薬品収入プロフィールを最新化している――FDA、BLS、そして、セントルイス連銀による新薬認可の数と価格の変化についてのデータを使っている。この最新化された薬品収入プロフィールを使って、CEA は、平均的薬品によって生み出される生産者及び消費者余剰を推計するために（下に述べるように）さらなる計算を施す。もちろん、実際には、大概の薬品は、非常に異なった収入プロフィールを持つであろうが、しかし、モデルでの構築されている平均薬品は特許期間中のコースを通しての総収入の平均のデータを使用し、代表例を構築するために各年の平均収入のシェアを使っている。

全体の収入プロフィールは、消費者支出の、公けに利用できるデータを使って、簡単に推計できるとはいっても、生産者余剰と消費者余剰の詳細な計測を行うことはより難しく、それはなぜなら、薬品工業の生産者と生産物の広範なヴァリエーションによるからである。CEA は、特許期間中の各年の生産者余剰は、収入の80％と推計するが、それは、限界費用が、収入のほぼ20％であるという発見に基づいている（Berndt, Cockburn, and Griliches 1996; Caves, Whinston, and Hurwitz 1991; Grabowski and Vernon 1992; Philipson et al. 2012）。もちろん、薬品会社はまた、1つの薬品の寿命の最初の時点で高い固定費

図4-6　特許期間中における平均的医薬品のライフ・サイクル

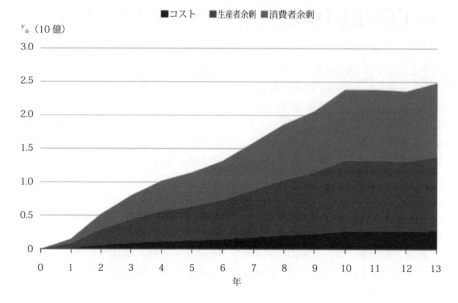

出所：Philipson et al. (2008); Food and Drug Administration; Bureau of Labor Statistics; Saint Louis Federal Reserve Bank; CEA calculations.

図4-7　承認期間短縮による平均年間社会的余剰

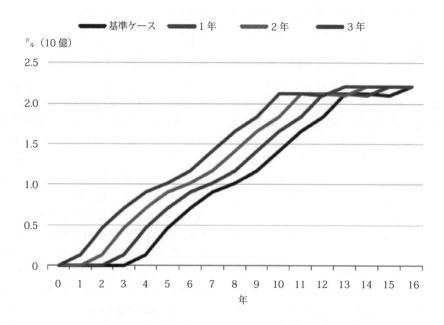

出所：Philipson et al. (2008); Food and Drug Administration; Bureau of Labor Statistics; Saint Louis Federal Reserve Bank; CEA calculations.

用に直面するが、それは成功するあるいはしない
にかかわらず製品の研究開発費であり、認可申請
費用であり、販売費用である（Kennedy 2018）。
認可時間の削減は、もし、認可までの時間枠が時
間とともに無視できないものであれば、認可プロ
セスとともに関連するコストをより低くという結
果になることであろう。しかしながら、その結果
が真実のより低い範囲を表現することを確実にす
るために、CEA は、総便益推計に固定費コスト
のいかなる削減も含めない。

　全体の社会的余剰の推計に到達するために、
CEA は、消費者余剰を生産者余剰と等しいと、保
守的に仮定する。消費者は、生産者によって作ら
れる利潤よりも新薬の開発からより大きな便益を
引き出すことが記録づけられている（CBO 2006;
Lichtenberg 2014; Philipson and Jena 2006;
Philipson et al. 2012: Roebuck et al. 2011）。事実、
文献が示唆するところによれば、消費者は新薬か
ら創り出されたス社会的余剰の大部分をとらえて
しまうのである。ということは、CEA は、新薬
認可の時間短縮が消費者に与える総価値をかなり
過小評価していたのではないということである。
これらの仮定をもとに、CEA は、普通の薬品が
市場において成熟段階に到達すれば、年間社会的
余剰約 2 兆 1000 億㌦を生み出すであろうこと
を発見する。

　図 4－7 は、薬品の認可時間が、1 年、2 年、
3 年と短縮されたならどの程度の年間の社会的余
剰に影響が出るかを示したものである。図はも
ちろん、3％の年間割引率を使用して、貨幣の時
間価値を計算する。ということは、年 1 の 1㌦は、
年ゼロにとって 97 セントの価値があるというこ
とである。割引要因の使用は、ある生産物の消費
者と生産者の双方が、後よりも今すぐそれを持つ
ことの事実を計算する。市場により早く参入が許
されれば、薬品は、現在よりもより早く市場で成
熟段階を迎え、最大の社会的余剰を供給すること
になる。最大の社会的余剰により早く到達し、未
来を割り引くことによってより高い価値を獲得す
る。それは、消費者と生産者に対して増大した価
値を提供する。

　FDA 改革へのかなりの批判者は、認可時間の
短縮は、市場にもたらす安全性の低いより危険な
製品に帰結するかもしれず、それゆえ、認可取り

消しの増加になるかもしれないという。しかしな
がら、PDUFA の下での 1 年を超える認可時間の
短縮、そしてフィリップソン他（Philipson and
others 2008）が、発見したが、認可時間の削減
後、取り消しが増加した証拠はどこにもなく、安
全性に逆行する事実もなく、取り消しに結果した
こ伴い。クエレシ他（Qureshi and others 2011）
の発見によると、安全性に関連しての取り消し
は、1980 年から 2009 年にかけて、すべての取
り消しの 4 分の 1 にも満たないのである。CEA
の安全性にかかわる取り消しの拡大されたデータ
セットを使った分析は、PDUFA の減少した認可
時間後、取り消しの増加を見つけることはまたで
きなかった。薬品収入による取り消しの分布に
関するデータが存在しないことを前提とすると、
CEA は、社会的剰余の潜在的増加への削減として、
15.9％の全薬品の取り消し率を適用する。この
ことは、取り消しが、さまざまな薬品による収入
のゆがんだ配分による潜在的便益を減少させてい
るかもしれない範囲を過大評価しているようであ
る。FDA による認可が、安全性の理由から薬品
の小さな部分が取り消されているとしても、ほぼ
80％は、自主的に商業上の理由から彼らの生産
者によって取り消されているのである。実際には、
生産者と消費者の双方により大きな剰余を生み出
しているより成功している薬品は、取り消される
比率は低いのであるが、全体の便益は抑え気味の
推計の結果となっている。

　図 4－7 に示された薬品のライフサイクルの
純現在価値の推計を使用して、CEA は、図 4－
8 に示されているように、FDA 認可の時間の短縮
によって生み出される社会的剰余の累積された限
界純現在価値を算出する。モデルは、FDA によ
る 1 年ごとの 44 の新薬の 2015 年から 2019 年
の 5 年の平均を使用する。上述のように、研究
投資への増加する見返りによって、FDA 認可時
間の削減は、新しい申請数を増加させ、認可も増
加する。それゆえ、年に 44 という新薬を一定と
する静学モデルでは、規制撤廃の価値の抑えられ
た推計に帰結し、とりわけ、新しい認可が 2005
年以降上昇傾向にある事実を考察するとなおさら
である。結果は、図 4－8 に示されている通りで、
薬品認可の 1 年の社会的余剰の増加は、薬品の
認可時間が、1 年、2 年、あるいは 3 年、削減さ

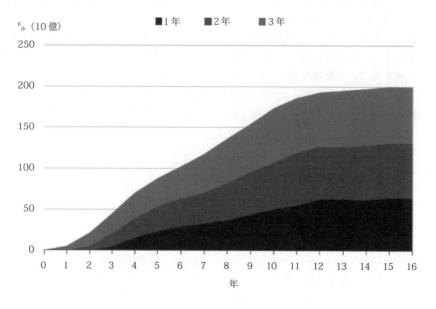

図4−8　承認期間短縮による社会的厚生の累積純現在価値

■1年　■2年　■3年

出所：Phillipson et al. (2008); Food and Drug Administration; Bureau of Labor Statistics; Saint Louis Federal Reserve; CEA calculations.

れるか否かによっている。

　社会的剰余の総額の増加を計算するためには、時間を通して、より速く薬品が認可されることに関連した社会的剰余の増加を総計する必要がある。認可時間を削減する政策は、すぐに実施することは困難であろうから、CEAは、認可時間の削減が、もし削減されなければ、2028年に認可されるであろう薬品に適用し始めると仮定する。こうした条件下で、表4−1は、2025年から2040年までの、1年、2年、3年の認可時間削減の各年の社会的剰余の割引なしの増加を示していると同時に、そうした政策変更の2020年における純現在価値をも示している。CEAの推計では、新薬の1年、2年、3年の認可時間の永久削減から生じる社会的剰余の純現在価値は、それぞれ、1兆9000億㌦、3兆9000億㌦、5兆9000億㌦となるであろう。

テレ診療の規制撤廃

　パンデミック中の長期にわたるヘルスケア改善において、注目されなければならない最も重大な規制撤廃のチャンスの1つは、テレ診療である。パンデミックの初期のうち、HHSは、テレ診療機会の利用可能性を増進させるため、4つの規制撤廃行動をとった。第一は、市民権局（OCR: Office for Civil Rights）が、ヘルス専門家に、HIPAAプライバシー規則に完全に遵守せず、リモート・コミュニケーション技術により、患者と交信し、テレ健康サービスを供給することを許可するように、HIPAA規則の実施を緩和すると宣言したことである。法律はそのまま変えることはせず、OCRは、その実施裁量権を行使し、管下にあるヘルス専門家に、広範な商業上利用可能なコミュニケーション技術を使用することを許可したが、（例えば、ズームやスカイプ）それは、そのサービスが直接COVID-19の診療や治療に関連するかしないかにかかわらず、パンデミック中、テレヘルス・サービスを供給するという良き誠意の努力の一部といえるであろう。

　第二は、トランプ大統領の緊急宣言であり、HHSが連邦ライセンス規制を緩和し、多くのヘ

表4—1　FDA 承認期間短縮による推計社会的余剰、2025 ～ 40 年（実質 2019 年価格、10 億ドル）

年	承認期間短縮		
	1 年	2 年	3 年
純現在価値（年）	1,905.8	3,870.5	5,896.0
2025	0.0	0.0	4.9
2026	0.0	4.9	22.1
2027	4.9	22.1	48.3
2028	17.2	43.4	76.9
2029	26.2	59.7	97.3
2030	33.5	71.2	114.5
2031	37.6	81.0	133.3
2032	43.4	95.7	157.0
2033	52.3	113.7	181.6
2034	61.3	129.2	207.8
2035	67.9	146.4	224.9
2036	78.5	157.0	234.8
2037	78.5	156.2	238.0
2038	77.7	159.5	241.3
2039	81.8	163.6	245.4
2040	81.8	163.6	245.4

出所：Philipson, et al. (2008); Food and Drug Administration; Bureau of Labor Statistics; Saint Louis Federal Reserve Bank; CEA calculations.

ルス専門家が州をまたいで患者にケアを実際に提供できることになったことである。これは、テレ健康サービスを求めるどのような状況の患者にも、潜在的にヘルス専門家の大きなプールを創設したということで、最も必要性の高い諸州における医療サービスへのアクセスを増加させる。最後に、CMS は、2 つの重要な規制撤廃行動とり、ただ単に田舎の地域だけではなく、全国的にメディケア受給者に、どの地域からでもテレヘルス・サービスを受けることを許可する、メディケアテレヘ

ルスの範囲の拡大を一時的に行うことでテレヘルスを促進したが、それを受けるのに家からでも可能であり、135 以上のサービスが受診可能、テレヘルスを通じて、メディケア受給者が受けることのできるサービスの数は、倍以上に膨れ上がった（Verma 2020）。CMS は、特定のヘルスケア機関にだけ付与されたテレ診療サービスの償還制限の法的規制条項を臨時に停止し、地域に関係なくヘルスケア専門家に、テレヘルス・サービス供給に対して、支払うことを許可したのである。

CMSはまた、ビデオやオーディオ・コールによって供給された広範なサービスも許可し、それには、緊急部門訪問、セラピー・サービス、そして、最初の看護施設訪問や退院訪問なども含まれる。これら諸措置は、テレ診療の使用の促進し、患者が家にいる間でもヘルスケアへのアクセスができることを確実にする。

パンデミックの最初の段階では、迅速な規制撤廃行動は、発病者急増地域や診療需要急増地域の患者に対するケアの混乱をやわらげた。マン他（Mann and others 2020）は、ニューヨーク市のCOVID-19発症ケースの最大の期間では、ほぼ7倍のテレ診療訪問の増加したことを発見した。これらオンライン訪問の多くは、直接にCOVID-19に関連していたが、それは、3つのカギとなる公衆衛生上の目標を前進させた。第一に、テレ診療は、患者が緊急治療室に到着する前に患者を費用が掛からず極めて効率的なやり方で選別することを許す。これはコストを削減し、不必要なヘルスケア訪問を阻止するのであって、すでに過剰負担となっているヘルスケア供給者へのストレスを削減し、他の患者へならびに医療度労働者へのCOVID-19の感染可能性を削減するのである。第二に、テレ治療のアクセスの拡大は、公衆衛生管理官に有用なデータを供給するのであって、彼らは、この疫病の拡大経路を突き止め、未来の感染拡大を阻止しようとするのであり、そのアプローチは、過去には、インフルエンザ拡大の時の有用な全体像の供給によって示されている（Chauhan et al. 2020）。第三に、COVID-19に直接関連しないテレヘルス・サービスの条項は、とりわけ、積極的に自宅に待機し、ヘルスケアを必要とする患者に必要である、なぜなら、そのような患者を伴う人的訪問は、ヘルスケア労働者と彼らの患者に対し、リスクにさらすことが増加するからである。

テレ診療訪問はまた、医療サービスへの物理的アクセスが制限されている時、重大なケア・サービスへのアクセスを維持するということで、有用である。COVID-19による深刻な疾病リスクが高まる年配者にとって、テレ診療は、CMSの規制撤廃行動によって、人の胸を打つ代替を提供してきたのである。テレヘルス訪問は、4月においてメディケア主要ケアの45.5％を構成したが、それは、パンデミック前の2月には、0.1％に過ぎなかった。都市部では、COVID-19による入院が高いレベルになり、高い率でテレヘルス・サービスが使用されたのであり、それは、この上昇がCOVID-19に関する懸念によってかなり引き起こされたことを示唆している。不安と失業がパンデミック中は上昇し、テレヘルス・サービスはまた、すべての年齢層にまたがった精神健康サービスへの需要増に応える安全で効率的な方法を供給してきた。2月から4月にかけて、主要ケア訪問のメディケア・テレヘルス使用の上昇は、すべての州で劇的に増加し、例えば、テキサス州では、0.20％から43.9％に、マサチューセッツ州では、0.03％から69.7％に上昇した。マッキンゼー＆カンパニーの調査データによれば、米国消費者の11％は、2019年においてテレヘルス・サービスを使用した（Bestsennyy et al. 2020）。2020年4月の時点において、米国消費者の46％は、2020年において、キャンセルされた対人ヘルスケア来院に代わって、テレヘルス診療をすでに受けたと報道された。テレヘルス診療はCOVID-19によって患者が医者を訪れるということが規制されている時、ケア・アクセスの拡大を援助したのであるが、テレヘルス・サービスを永続的な選択肢とすることへの強い関心が存在してきた。76％の米国消費者は、未来のテレヘルス診療を受けることに関心を寄せている。需要サイドのテレヘルス診療への熱望は、供給サイドのテレヘルス診療への好意的見方によって応えられる。医療供給者57％のテレヘルス診療への見方は、COVID-19前よりも好意的であり、64％は、それを使うことに、より快適であるとしている。テレヘルス診療の選択を行使することへの積極的な反応は、時間が経つと一層増加するようであり、事実上のヘルスケアサービスの発見と経験が、成長するにつれ、現存の課題（すなわち、より低所得地域のより低い携帯とコンピュータ能力と安全への関心）は、解決される。

COVID-19パンデミックの直接かつ緊急の本質は、ヘルスケア制度が、加速された時間軸の下で一層テレ診療を抱え込むことを要求してきたということである。テレヘルス診療サービスの利用可能性は、時間が経つほどに一貫して増加の傾向を辿ってきたが、建設された追加的インフラと取ら

れてきた規制撤廃の行動は、未来のヘルスケアの重要な部分としてテレヘルス診療を抱え込む機会を供給する。2019年、米国病院協会は、メディケアの償還にかかわる差異と規制の障壁は、米国におけるテレ診療採用の広範な採用への2つの甚大な障壁であることを確認した。これら規制負担の多くは、一時的に取り除かれてきており、ヘルスケア制度は、すでにパンデミックに対応して、テレ診療プログラムを実施してきており、もし、HHSの規制撤廃行動が永続的であれば、追加的立ち上げコストをかけることなく、COVID-19を超えて、それらを使うことができる。いったんパンデミックの脅威が過ぎ去り、自宅待機の個人への便益とCOVID-19感染のリスクが減少しても、その他の便益が残ることになるであろう。テレ診療プログラムの研究が見つけたところでは、その診療は、患者の満足度を増加させ、労働時間のロスを減少させ（それは患者の必要とするケアを探す機会費用を削減し）、そして、選別する前の到着による緊急部門の不必要な使用を削減し、コストを下げ、患者が最も必要としているケアの質を向上させるであろう。

加えて、パンデミック中のテレ診療の増加する利用可能性の最大の受給者は、都市部の患者であろうが、テレ診療が常態化する長期の最大の受益者は、主要メディカルセンターを近くに持つことのできない田舎に住むアメリカ人ということになるであろう。退役軍人省の発見によれば、そのテレ診療利用の45％は、田舎に住む退役軍人からだという。テレ診療は、医者が同じ病院あるいはその地域にいない時でも、特に医療分野の知識を持つ専門家へのアクセスをより容易にするであろう。さらに、田舎の人々は、医療ケアに関して高い機会費用を被っているが、それには、失われる賃金、移動コスト、そして子供に書かある費用なども含まれる。バイヌン他（Bynum and others 2003）によるこの現象についての研究を基礎にして、CEAは、田舎に住むアメリカ人は、平均して1回の来院当たりの機会費用130ドルを節約できると推計するが、それは、もし彼らの来院がテレ診療に切り替わったなら、燃料、賃金、そしてその他の家族にかかる費用が節約されるからである。田舎に住む患者は、テレ診療がなければ、年平均2.8回の内科医院の来院を行うが、それが

節約されると年間362ドルの節約となる。田舎の患者は、一年でかなり少ない内科医院への来院を行っているが（Spoont et al. 2011）、テレ診療によって供給される増大するアクセスは、田舎と都市部のアメリカ人の医療に関する地理的分離を減少させるかもしれない。

テレ診療への継続するアクセスへの消費者及び供給者の関心を前提にすると、それは、未来の経済価値の重要な潜在的資源である。マッキンゼー＆カンパニーの推計によると、COVID-19前、米国のテレヘルスによる年間収入の総計は、ヴァーチャルの緊急ケアに焦点を絞った最大の売り上げを含めて、約30億ドルであった（Bestsennyy et al. 2020）。彼らの推計によると、ヴァーチャルのヘルスケアが、この部分を超えていけば、2500億ドルまで、あるいは、現下のヘルスケア収入5ドルのうち1ドルまでもが、ヴァーチャル化されることになるであろう。

診療実施の範囲の規制撤廃

COVID-19パンデミック中、厳格な診療実施の範囲（SOP: Scope-of-practice）条件の緩和は、病院やその他ヘルス供給者に、彼らの地域社会に供給することのできるケアの量の増大を許した。COVID-19が、爆発的に発症する前、22州と2準州は、看護実施者（NPs: Nurse Practitioners）に対して、すべての実施を許していたが、その意味するところは、これら州及び準州のNPsは、彼らの看護局から、患者を評価し診断すること、診断テストを命令し説明すること、そして、処置を管理すること（薬物治療を処方することを含める）を医者の指示なしに行うことが権限づけられていた。病気になる医療実施者による医療供給の減少にもかかわらずウィルス患者からの医療需要の増大は、全国の病院システムでは間に合わない危機をもたらした。対照的に、より多くの制限的なSOPガイドラインを持つ州は、これら地域の1つあるいはそれ以上においてNPsに制限を科したが、それは、一般的に禁止や内科医の監督条件という形をとった。それに対応して、州政府と連邦機関は、SOPガイドラインを緩めたが、そのガイドラインは、免許のある内科医の監督なしに一定のルーティンの課題を実行することを看護

図4−9　州の診療範囲規制緩和

凡例:
- ■ 命令期限切れ
- ■ 一時的免除
- ■ 措置なし
- ■ 既存の全範囲診療

出所：American Association of Nurse Practitioners.

実施者に禁止していた。2020年4月24日まで、他の22州は、一時的に彼らのSOP条件を緩和した。加えて、CMSは、一時的に2020年3月にSOPガイドラインを緩和した。メディケアとメディケイドの償還支払いは多くの病院の生き残りにとって決定的であり、州の規制はつねに窮屈である。それが原因で、病院は州とCMS規則がぶつかる時、より厳格な規制の下で経営しがちになるものである。このことは、COVID-19に最も深刻にやられた地域の医療供給者に彼らの地域の必要に応じた労働の柔軟性をもって対応することを可能とする。

　NPsに関してのSOP制限の存在は、1つの強力な地理的相関性を示す（図4−9）。このことは、都市の地域と比較して田舎の地域におけるSOPの拡大と関連したより多くの便益によるものであり、完全実施が主としてニュー・イングランド、北部草原地域、山岳西部、そして、北西太平洋地域でなされたことが前提となっている。田舎の地域は、より多くのNPsに強力に依存しており、都市部よりも彼らに自立性を認めている

が、それは、NPsを監督する内科医の数が少ない傾向にあるからだ（Rosenblatt and Hart 2000）。この内科医不足は、地域ヘルスセンター（CHCs: Community Health Center）を開設するのを阻止している。田舎の地域における新しいCHCsの開設は、SOPの条件を緩和することと関連している。さらに、SOPガイドラインを緩和した州のCHCsは、厳格なSOPガイドラインを持つ州のCHCsよりも内科医に対してNPsがより多い（Shi and Samuels 1997）。より多いCHCsは、田舎の地域においてケアへのアクセスがよりよいということを意味する。そして、SOPの緩和は、より多くのCHCsの開設を許し、より多くのCHCsは、ケアへのよりよいアクセスを意味するから、SOPの規制撤廃は、田舎の人々がヘルスケアにアクセスする能力を改善することになるであろう。

　アクセスを拡大することに加えて、SOP規制の緩和は、ヘルスケアコストを削減する。そのような規制は、ヘルスケアコストを増加させる、なぜなら、NPsが内科医の監督なしに特定の仕事を行うことができないからであり、内科医の時間は、

高価だからである。かなりの課題を実行するのに内科医を必要とする厳格な規制は、元気な子供の診察コストを3～16％も増加させる（Kleiner et al. 2016）。他の分析では、規制されたSOPを持つ州より、削減されかつ十分なSOPを持つ州においてより低かった（Spetz et al. 2013）。

NPsについてのSOPガイドラインの全国的な緩和の経済的便益を推計するため、CEAは、ポゴスヤン他（Poghosyan and others 2019）からの州際コスト比較を使用するが、彼らは、メディケア患者の外来コストと処方箋薬コストの州間の違いを、NPsに対して、完全な医療行為を許すか、削減された医療行為を許すか、それとも制限された医療行為を許すのかに関しての州の違いを考慮し推計する。これらの数値を、BLSとカイザー・ファミリー財団からのデータとともに使用し、CEAは、完全な医療行為の実施は、外来患者コストを年間339億6000㌦、処方薬コスト277億3000億㌦、雇用主ヘルスプラン、非グループ・プラン、あるいはメディケイドに登録されている患者全体で削減されるであろうと推計する。これは、処方薬の全国支出の5.3％の削減となり、合わせると、全国のヘルスケア支出の1.7％の削減となるであろう。NPsの制限された供給のために、この数は、いったんNPsの労働市場が増大する需要にマッチして拡大した場合の長期の潜在的便益を表す。しかしながら、NPsの供給は柔軟であり、州がSOP制限を取り除いてきたので、この15年間で、倍以上となった。

CEAの推計は、2つのやり方において全体の便益を低く評価しているようである。第一に、一人当たりのメディケイド支出は、民間保険に入っている人たちよりも低く、ドルタームの一般の人々の節約は、メディケイド登録者よりも、より大きいかもしれない。第二に、CEAの分析は、ただ、雇用主健康保険、非グループ・プラン、あるいはメディケイドのメンバーの個人の数だけを計算に入れている。NPsに関してのSOPの緩和は、またその他のグループのコストを削減するかもしれないのであり、それには、軍のプラン、あるいはメディケア、また保険に入っていない人々も含まれる。

健康結果についてのSOP緩和のインパクトは、次の3つのうちの1つである。第一が、もし、SOPによる規制の緩和が、内科医の監督の欠如で、より低い質のケアの供給の原因であれば、その時は、SOP緩和は、健康結果にマイナスの影響を持つということになる。もし、それに代わって、NPsが医者と同じように実施できれば、健康結果に何の影響も及ぼすことはないであろう。加えて、もしNPsが、以前は監督を行う内科医の不足ゆえに実施できなかったが、より決定的なヘルス行動を実施できれば、人はSOP規制が緩和された時には健康結果が改善されることを期待できることであろう。

実証的事実が示唆していることであるが、看護実施者に完全な実施を全国的に許可することは、患者へのケアの質を下げ、妥協するということにはならないであろう。州レベルのSOP規制は、小児死亡率あるいは保険料の不正請求には何の影響もなかった（Kleiner et al. 2016）。より広い視野からのアプローチをすれば、もう1つの研究は次のことを見つけ出す。

われわれが評価する初期手当の質の指標の領域におけるそれぞれに含まれる諸措置の結果に関するかなりの多様性——慢性病の管理、癌のスクリーニング、救急ケアに敏感に対応し受け入れること、そして、不都合な結果——これらは、州レベルのSOPと継続的パターンあるいは関係を明らかにはしなかった（Perloff et al. 2017）。

田舎の地域では、ある分析の結果は、健康結果と緩和されたSOPガイドラインとのプラスの相関関係を示唆した（Ortiz et al. 2018）。NPsと内科医間の患者結果の違いを分析した豊富な文献が継続的に見つけ出していることであるが、多くの患者にとって、NPsは、より低いコストで同じレベルの、あるいはよりよいケアを供給している（Lenz et al. 2004; Martin-Misener et al. 2015; Mundinger et al. 2000; Olive et al. 2014; Stanik-Hutt et al. 2013）。COVID-19パンデミック中彼らのSOPガイドラインを一時的に緩和した州と連邦機関は、この機会をとらえて、ヘルスケアの彼らの市民へのアクセスと利用可能性とを改善することができた。

選択と競争の促進への追加的諸変化

COVID-19 健康危機への対応を超えて、トランプ政権は、いくつかのヘルスケア改革に一生懸命に取り組み、市場における追加的な選択と競争を促進した。これら政策は、アメリカ人に明白な改革を提供し、米国経済のため急速な回復の重要な部分を演じている。

第一に、CMS は、病院で実施される診療サービスに、2019 年において立地中立な支払いを導入した。立地中立支払いは、2019 年病院外来患者支払い見込みシステム最終規則の一部であり、構外の、病院ベースの部門における診療所への来院の不必要な増加に対処する。メディケアとその受給者は、しばしば、同じタイプの来院において、内科医病院での処置よりも、病院の外来患者処置の方でより多く支払う。規則は、連邦裁判所において、米国病院協会によって導かれた病院提携によって、攻撃された。2019 年 9 月、コロンビア特別区米国地方裁判所は、CMS が変化をもたらすことにおいて立法的権限を踏み越えていたと裁定した。しかしながら、2020 年 7 月、コロンビア特別区米国巡回上訴裁判所は、下級裁判所の裁定を覆し、実施の経路を認可した。立地中立支払いは、ヘルスケア節約を生み出すことが推計されており、直接かつプラスの受給者、メディケア・プログラム、雇用主、そして米国納税者への直接かつプラスのインパクトがある。CMS による評価、それは、CEA によって推計されていたものであるが、評価や管理サービスへの立地中立支払いは、2021 年において、メディケア・プログラムにおいて推定 3 億 3000 万ドル、患者自己負担 8800 万ドルの節約が見込まれる。

第二に、処方薬は、2019 年において、この50 年において最大の年間価格切り下げをみた。連続 3 年間で、FDA は、ジェネリック薬の記録的な数を承認した。CEA の推定だと、これらの認可は、2017 年と 2018 年において、患者に260 億ドル節約させた。2020 年同等サンプルへの平等アクセスを創出し回復する法はまた、テスト用サンプルへのアクセスの増加によって、ジェネリック薬から多大な節約の機会を創出するであろう。CEA の推定だと、米国納税者への予測される節約は、2020 年から 2030 年にかけて 35 億ドルになるであろうという。

また、2019 年 7 月、トランプ政権は、行政命令を発し、腎臓に慢性的な病気を抱える患者のケアを改善した。2020 年、厚生省（HHS）は、複数の規則を公表し、腎臓病ケアシステムの簡素化を試みたが、それは、規制の障壁を撤廃し、臓器確保組織の監視を強化し、生きた肝臓の提供者を促進した。HHS の推定によれば、これら組織のシステムの変化だけで、2026 年までに、追加的腎臓移植が 4500 件にまで上昇することになるであろうという。CEA が推定するところだと、これらのイニシアティブは、かなりの健康と経済的な便益を生み出すであろうという。各腎臓移植は、生涯にわたる医療支出を推定 13 万 6000ドル削減し、増大する寿命のような健康便益を生み出すゆえに、推定 180 万ドルの価値があり、これら腎臓移植の純現在価値は、大体年間 88 億ドルになるであろう。さらに、腹膜透析促進の努力は、年間 1億 3000 万ドルから 4 億 5000 万ドル節約に帰結することができるであろう。腎臓移植からの健康増進と節約の価値を伴うことを結合すると、わが政権のイニシアティブによって、ほぼ 93 億ドルの現在価値を伴う社会的便益を供給することができるであろうと CEA はいう。

結　論

COVID-19 は、2020 年を通して、重大な健康と経済的コストを課したが、トランプ政権は、その影響を緩和する決定的な行動をとってきた。テストと治療能力の開発のスピードアップは、ウィルスによる人間にかかわるコストの削減に重要な役割を果たしてきたのであるが、一方で、負担となる規制の排除と金融的サポートの供給は、ヘルスケア・セクターを悪いショックにうまく対応さ

せることを促進した。COVID-19 を伴うわが国の経験は、有害な規制の停止を拡大させる機会を提供し、それは、さらなる経済回復を促進し、長期の健康と金融的便益を供給するということになるであろう。とりわけ、FDA の薬品認可プロセスを改革し、認可時間を短縮し、テレ診療を広範囲に継続させることを促進し、そして、有害な実施範囲規制を取り除くことは、大きな節約を生み出し、未来におけるアメリカ人の健康の改善になることであろう。

第II部

アメリカの偉大さの復興

第5章
オポチュニティー・ゾーンの初期効果を評価する

2017年「減税及び雇用法」は、広範囲に及ぶ企業や個人を対象とした減税というだけでなく、オポチュニティー・ゾーン（OZ; Opportunity Zones）として指定された経済的困窮地域への投資を加速させることに的を絞った減税でもあった。本章で、経済諮問委員会（CEA）は、OZの利点と他の連邦貧困対策プログラムの利点を比較し、OZに指定された約8800の低所得地域の特徴を示す。また、OZ投資の効果を定量化し、連邦予算への影響はあるとしてもわずかである一方、すでにOZ居住者に恩恵をもたらしている大幅な増額を明らかにする。

OZは、困窮地域を改善することを狙った連邦政府政策において新たな方向性を示している。貧困対策移転プログラムは、住宅やヘルスケアのような財の消費を助成するが、税を引き上げ、受給資格を持つ生産年齢にある受給者が求職活動する意欲を低下させることで、経済活動の沈滞をもたらす可能性がある。また、他の既存の場所ベースの開発プログラムの下では、連邦政府は助成金または税額控除を受ける人を選別し、その用途を狭く規定している。それに対し、OZは、民間セクター投資、雇用創出、自立を促進することにより、経済活動を活性化するために減税を行う。また、参加に上限はなく政府の承認も必要ないため、市場の力が起業家や投資家を導く余地がより大きい。

CEAによると、OZとは、州知事によって推薦され、米国財務省によって投資減税の対象として認定された国勢調査区のことであり、米国で最も貧しいコミュニティーである。これらのコミュニティーでは、平均貧困率が他のすべてのコミュニティーの2倍以上であり、アフリカ系アメリカ人、ヒスパニック、高校中退者の割合が高い。連邦法

の下でOZの資格を持つすべてのコミュニティーの中でも、選択されなかったコミュニティーよりも中位世帯所得が低いコミュニティーを各州は概して選択している。

OZにある住宅に買い手が支払うつもりの価格に反映されているように、投資のこの増加はすでにOZを居住者にとってより魅力的なものにしている。CEAの推計によると、OZ指定だけで住宅価格は1.1%上昇したという。住宅価格上昇の背景にある住環境と経済的機会の改善は幅広く享受され、自分の住宅を持つOZ居住者の約半数に対し、その住宅価格上昇は推計110億㌦の新たな資産をもたらしている。

連邦予算への影響に関しては、2019年までに適格オポチュニティー・ファンド（Qualified Opportunity Fund）により調達された金額1㌦につき、連邦歳入15㌦の直接的歳入放棄が生じることがCEAにより判明した。比べると、同様の目標を持つ既存の連邦プログラムである新市場税額控除（NMTC; New Markets Tax Credit）によって促進された投資1㌦については、連邦歳入18㌦の直接的歳入放棄が生じる。CEAの推計によると、間接的影響を含めた場合、低所得コミュニティーの経済成長が所得移転支払いを減らし、キャピタル・ゲイン課税から生じる歳入放棄を相殺するので、OZ優遇措置は歳入中立的である可能性がある。したがってCEAは、適格オポチュニティー・ファンドによりすでに調達された資本は、100万人を貧困から救い出して自立させ、OZの貧困を11%減少させると予測している。

COVID-19パンデミックは、OZも含め、2020年第2四半期にあらゆるところで投資を減速させたが、初期の証拠によると、OZモデルは投資

家を動員する力を有している。そして、州、地方、部族の利害関係者を関与させ、低所得コミュニティー──すべてが連邦政府からの援助は限られている──の経済的見通しを改善する力を有している。本章での調査結果は、全米の何千もの困窮コミュニティーにおいて、OZ モデルが COVID-19 後の回復を加速する役割を果たす可能性を浮き彫りにしている。

2017 年 12 月に成立した「減税及び雇用法」の主要条項の 1 つは、米国の法人所得税率を国際的水準まで引き下げた。法人所得税率引き下げは資本コストを低下させるので、投資を刺激し、国内総生産及び賃金の増加を刺激する（CEA 2017）。同法のオポチュニティー・ゾーン（OZ）条項は、資本課税を低下させるこの取り組みを反映しているが、困窮コミュニティーに焦点を合わせている。困窮コミュニティーへの投資から生じたキャピタル・ゲインへの課税を削減することにより、その条項は、企業の資本コストを低下させ、何十年も不足していた新たな投資、雇用、経済的機会をもたらすと期待されている。本章では、他の連邦貧困対策プログラムと OZ の利点を比較し、OZ として指定された約 8800 の低所得コミュニティーの特徴を示す。CEA はまた、投資に対する OZ の影響を定量化し、連邦予算への影響はあるとしても小さい一方、すでに居住者に恩恵をもたらしている大幅な増額を明らかにした。

OZ への投資を刺激するために、その規定は、要件を満たした OZ 物件に投資する仕組みである適格オポチュニティー・ファンドに、キャピタル・ゲインを投資する投資家に 3 つの潜在的な税優遇措置を与えている。適格オポチュニティー・ファンドへの投資の第一の利点は、OZ に投下されたキャピタル・ゲインに対する納税を 2026 年まで繰り延べられる可能性があることである。第二に、これらの税金が支払われると、投資家は 5 年（7 年）以上投資が保有された場合、元のキャピタル・ゲインの 10%（15%）を除外することができる[1]。最後に、そして最も重要なことに、適格オポチュニティー・ファンドへの投資に対して生じるあらゆるキャピタル・ゲインは、投資が 10 年以上保有される場合、非課税となる。

ファンドは、所得を生み出す場所や資産がある場所など、さまざまなテストによって決定されるものとして、OZ で運営されているパートナーシップまたは企業に株式投資を行うことができる。適格オポチュニティー・ファンドはまた、ファンドの取引または事業で使用するために有形資産を直接購入することもできるが、しかし、その資産はファンドにより最初に使用されなくてはならない。そうでない場合、ファンドはその資産を大幅に改善しなくてはならない。例えば、適格オポチュニティー・ファンドは、新たなソーラー・パネルを購入して OZ に設置したり、アパートメント 1 棟を購入し大幅に修繕したりすることができる。

ここで説明する連邦税優遇措置は OZ の核心であるが、全レベルの政府がこの優遇措置を補完するために働いてきた。連邦レベルでは、2018 年 12 月 12 日、トランプ大統領は大統領令 13853 号に署名し、ホワイトハウス・機会及び活性化評議会を設置した[2]。その大統領令により同評議会は、「都市部と経済的困窮地域を活性化させるため、公的資金をより有効に活用する方法を模索する州、地方、部族政府と協力するように」、行政府全体にわたる取り組みを主導するという使命を与えられた。大統領に向けた 1 年間の報告で、同評議会はこの目的のために 223 の勧告を行い、2020 年 8 月時点で、270 以上の関連措置を講じた。

補完的な取組は、州及び地方レベルでも行われている。例えば、アラバマ・インセンティブ近代化法は、適格オポチュニティー・ファンド向けの追加的な州税控除を提供し、ニュージャージー州は、OZ のウェブサイトを開設し、地方自治体、投資家、企業向けにリソース付きのデータ・ツールを作成した。ペンシルヴェニア州エリー市は、地元の企業や非営利団体のリーダーとともに、市内の OZ への投資を鼓舞するためにフラッグシップ・オポチュニティー・ゾーン開発公社を設立した。そしてクリーブランド市は、地元の OZ 投資を促進するために、オポチュニティー CLE イニシアティブを設立することで、同様の方法を採用している。

CEA によると、投資減税の対象として知事により選択された国勢調査区である OZ は、米国で最も貧しいコミュニティーである。これらのコミュニティーでは、平均貧困率は他のコミュニティーの 2 倍以上であり、アフリカ系アメリカ人、

⑤

ヒスパニック、高校中退者の割合が高い。連邦法の下で OZ の資格を持つすべてのコミュニティーの中でも、選択されなかったコミュニティーよりも中位世帯所得が低いコミュニティーを各州は概して選択している。

CEA はまた、OZ 減税が大きな投資反応を加速させたことを明らかにした。本章では、2019年末までに適格オポチュニティー・ファンドが750億㌦を調達したと推定しているが、そのほとんどはこの優遇措置がなければ OZ に入ってこなかったであろう。この新しい資本は、OZ への年間総投資額の 21% に相当し、OZ に選ばれなかったので対照群とされた適格コミュニティーと比べて、OZ 企業への民間株式投資が 29% 伸びたことを CEA が発見した理由を説明するのに役立つ。

OZ にある住宅に買い手が支払うつもりの価格に反映されているように、投資のこの増加はすでに OZ を居住者にとってより魅力的なものにしている。CEA の推計によると、OZ 指定だけで住宅価格は 1.1% 上昇したという。住宅価格上昇の背景にある住環境と経済的機会の改善は幅広く享受され、自分の住宅を持つ OZ 居住者の約半数に対し、その住宅価格上昇は推計 110 億㌦の新たな資産をもたらしている。

連邦予算への影響に関しては、2019 年までに適格オポチュニティー・ファンドにより調達された金額 1㌦につき、連邦歳入 15㌣の直接的歳入放棄が生じることが CEA により判明した。比べると、同様の目標を持つ既存の連邦プログラムである新市場税額控除によって促進された投資 1㌦については、連邦歳入 18㌣の直接的歳入放棄が生じる。CEA の推計によると、間接的影響を含めた場合、低所得コミュニティーの経済成長が所得移転支払いを減らし、キャピタル・ゲイン課税から生じる歳入放棄を相殺するので、OZ 優遇措置は歳入に影響を及ぼさない可能性がある。また、CEA は、適格オポチュニティー・ファンドによりすでに調達された資本は、100 万人を貧困から救い出して自立させ、OZ の貧困を 11% 減少させると予測している。これらの研究結果は、アレフェバら（Arefeva and others 2020）による最近の研究により補完されている。それは、大都市地域では、OZ 指定は同等の国勢調査区と比べて雇用の伸びを 3.0%㌽から 4.5%㌽高め、広範囲に及ぶ産業と教育水準を通じて新規雇用を生み出したことを示している。

オポチュニティー・ゾーンを他の貧困対策プログラムまたは場所ベースのプログラムと比較する

貧困対策移転プログラムは、税金を引き上げ、プログラム受給者が生産的経済活動に従事するインセンティブを低下させるが、それとは異なり、オポチュニティー・ゾーンは、困窮地域の経済活動を刺激するために税金を引き下げる。他の場所ベースの政策に比べ、OZ の優遇措置は、その設計において期限がなく上意下達式が少ないので、OZ は最も必要としているコミュニティーに投資を引きつけるのに効果的である。

貧困対策移転政策

貧困対策移転プログラムは、現金による助成金、または、財の消費に対して補助金を提供する。注目すべき例は、住宅バウチャー、フードスタンプ、困窮家庭のための現金支援、メディケイドである。これらのプログラムは、困っている多くのアメリカ人を支援するが、それらは生産年齢の人々が求職活動をするインセンティブを弱める可能性もある。所得に関連した資格要件があるため、就労したりより多くの時間働いたりし、所得がプログラムの域値を上回った場合、受給者は資格を喪失する可能性がある。かなりの証拠により、貧困対策移転プログラムはたいてい雇用を阻害することが確認されている（例えば、Hoynes and Schanzenbach 2012; Jacob and Ludwig 2012; Bloom and Michalopoulos 2001）。

貧困対策移転プログラムはまた、これらの移転

の資金を賄うために税金を引き上げる。移転及びそれに関連した資格要件が就労を阻害しなかったとしても、それでもコストがかかる。公的資金の限界費用はプラスであるため、税金により調達された金額1ᵈ゚ルごとに1ᵈ゚ル以上のコストが社会にかかる。このコストは、追加1時間の労働が生み出すものの市場価値と、その時間の労働者の価値（つまり、労働者の機会費用）の間に楔を打ち込む税金の影響を把握している。この税の楔を考慮すると、税金で調達された資金1ᵈ゚ルにつき約50ᵈ゚ルの放棄価値を社会にかけることになる（Dahlby 2008; CEA 2019）。

適格性は特定個人の貧困や所得の計測値ではなく、コミュニティー全体の計測値に基づいているので、OZを統治する規則は働く意欲を削ぐものではない。また、OZ優遇措置には、税収によって調達された所得移転に関連した公的資金と同じ限界費用もない。その優遇措置は、低所得コミュニティーに供給される資本に対する税金を削減し、資本の需要と供給に関連した税の楔を縮小させる。放棄された連邦歳入は、どこか別の場所での増税によって埋め合わされるかもしれない。そうでない場合、貧困地区の所得が増加するので、政府移転の減少によって補われる可能性がある。これらは後で検討される。

それにもかかわらず、OZは、現金による助成金や補助金の代わりにはならない。誰もが働けるわけではなく、貧困の中で暮らす多くの人々はOZの範囲内で暮らしているわけではない。移転プログラムが働ける人々に対する適切な就労条件を持っている限り、OZは雇用創出を促進することによって貧困対策移転プログラムを補完する。

OZはまた、貧困対策税優遇措置である勤労所得税額控除（EITC）を補完する。EITCは、低所得の労働者、とくに子供を持つ低所得労働者を対象とし、家族の所得が増加するにつれて段階的に縮小する。EITCは、勤労所得を持つ低所得家族にのみ提供されるため、人々が労働力に参入するよう促す。実証研究により、EITCは、最も恩恵を受けているシングル・マザーの労働力参加率を高めることが確認されている（Nichols and Rothstein 2015）。この意味で、EITCは労働供給を増加させる一方、OZは労働需要を刺激するのである。

連邦による場所ベースの政策 ──新市場税額控除プログラム

オポチュニティー・ゾーンに匹敵する連邦プログラムは、新市場税額控除である。もっともOZはNMTCよりも改善されている。ともに低所得コミュニティーへの民間投資を促進するために税優遇措置を用いるが、NMTCを通じて利用できる税優遇総額には上限があり、それが加速させられる投資額を制限している[3]。2007年以降のほとんどの年で、議会は、場所ベースの投資で約35億ᵈ゚ルを支援するため、税額控除を与えるNMTCプログラムを承認してきた。平均すると、これらの税額控除は、プロジェクト総費用の約半分を占めるので、同プログラムは年間約70億ᵈ゚ルの投資を支えている。2000年代初頭にプログラムが開始されてから、2016年時点までに、およそ3400の国勢調査区がNMTCプログラムの税額控除を受け取っている（Tax Policy Center 2020）。

NMTCプログラムは、OZイニシアティブよりも規模が小さいことに加えて、税制優遇措置を分配するために上意下達式の方法を採用している。財務省がコミュニティー開発金融機関基金（CDFI; Community Development Financial Institutions Fund）を通じてNMTCプログラムを管理しており、それが最終的にどの申請者が税額控除を受けられるのかを決める。コミュニティー開発事業体は、プログラムの資格を得るために最初にCDFIに申請しなくてはならない。そうして資格を持つ開発事業体は、投資機会を特定し、限られた税額控除枠を競うために申請書を提出する。2018年、開発事業体は148億ᵈ゚ルのNMTC基金を要請したが、利用できたのは35億ᵈ゚ルのみであり、全申請者の約3分の1だけが資金を受け取ったに過ぎない（Lowry and Marples 2019）。

承認された申請者であっても、NMTCプログラムは投資家に大きな制限を課す。ファンドは7年間投資され、プログラム要件に準拠し続ける必要があり、そうでない場合、すべての税制優遇措置（利息と罰金を含む）を放棄する必要がある。OZでは、すべてのキャピタル・ゲインに標準税率が適用されるが、ファンドはある投資を清算し、罰則を受けることなく収益を新たな投資先に振り向けることができる。OZは他の点でも柔軟

⑤

性がある。投資家はあらゆる規模で資金を拠出でき、他の投資家と資金をプールすることができる（Vardell 2019; Bernstein and Hassett 2015）。

NMTC プログラム参加者の多くは、CDFI の申請プロセスを乗り切り、コンプライアンス・リスクを管理する備えのある大金融仲介機関である（Vardell 2019; Hula and Jordan 2018）。リスクを管理するため、ほとんどの NMTC 取引は、負債と資本を組み合わせた複雑なレバレッジ・モデルを用いる。フーラとジョーダン（Hula and Jordan 2018, 23）によると、レバレッジ・モデルには、投資を構成するために関連の専門知識を持つ「会計士と弁護士のチーム」が必要である。対照的に、要件を満たしたキャピタル・ゲインを持つ投資家であれば誰でも、適格オポチュニティー・ファンドに投資することができる。これらのファンドは、納税申告書で投資を自己申告し、財務省の規制によって規定された幅広い指針にしたがうだけですむ[4]。

NMTC プログラムは OZ よりも規範的であるが、CDFI ファンドによって提供される経済開発助成金よりも柔軟性がある。ハーガーら（Harger, Ross, and Stephens 2019）は、税額控除——助成金ではない——が低所得コミュニティーにおける新規事業数を増加させたことを発見した。彼らは、その違いの原因を、一つには助成金に比べて税額控除の柔軟性が高いことに求めている。それだけでなく、著者らは、NMTC プログラムでさえも現地の雇用にあまり影響を及ぼしていない可能性があることを明らかにした。

連邦による他の場所ベースの開発プログラム

オポチュニティー・ゾーンとともに、ここ 2、30 年で、他の 3 つの連邦プログラムも特定の場所で経済開発を促進するために税制に依拠してきた。エンパワーメント・ゾーン（EZs; empowerment zones）、エンタープライズ・コミュニティー（ECs; enterprise communities）、リニューアル・コミュニティー（RCs; renewal communities）である。EZ と EC は 1993 年まで遡ることができ、他方 RC は 2000 年に承認された。これらのプログラムは、指定された国勢調査区の企業に対する税制優遇措置と助成金のセットを提供した。これらの

プログラムは、地理的範囲が比較的狭く、多くの州はほとんど、またはまったく参加していなかった。これらのプログラムの主な税制優遇措置は、指定された国勢調査区に住み、働いている人々に支払われる賃金に対する最大 3000ドルの雇用税額控除であった。その他の税制優遇措置には、費用控除限度額の引き上げ、非課税債券融資、一定のキャピタル・ゲイン税免除がある（CRS 2011）。EC プログラムと RC プログラムはともに終了し、EZ プログラムに関連した税制優遇措置だけが継続されている。プログラムの効果に関する初期の研究では、成功という証拠はほとんど示されていないが、直近の研究では、失業、賃金、貧困に対して有益な効果が実証されている（CRS 2011; Ham et al. 2011; Busso, Gregory, and Kline 2013）。

連邦政府はまた、助成金プログラムを通じて場所ベースの経済開発を支援しており、最大のものはコミュニティー開発包括助成金プログラムである。住宅都市開発省（HUD）がプログラムを管理し、年間約 30 億ドルの包括助成金を提供している。同プログラムの構造のために厳密な評価は困難であり、とくに近年では体系的な評価がほとんど行われていない（Theodos, Stacy, and Ho 2017）。住宅都市開発省は、人口、貧困、住宅事情、その他の要因に基づいた計算式を用いて資金を割り当てている。州、地方政府の補助金受領者は、少なくとも資金の 70% が貧困者及び低所得者（low-and moderate-income persons）に利益をもたらすよう使用される必要があることなど、幅広い指針の範囲内であれば、資金の使用方法にかなりの裁量権を有している。プログラムの柔軟性は OZ と類似しているが、コミュニティー開発包括助成金の設計は、それが公的資金にもっぱら依存し、民間投資を奨励する意図をもっていないという点で大きく異なる。

商務省経済開発庁（EDA; Economic Development Administration）も、経済開発のための助成金を管轄している。EDA の 2019 年の予算承認は約 3 億ドルであったが、「コロナウィルス援助・救済及び経済安定化法」（CARES Act; Coronavirus Aid, Relief, and Economic Security Act）は、COVID-19 パンデミックによって悪影響を受けた州やコミュニティーへの助成金を管理するために、追加で

15 億ﾄﾞﾙの予算支出を認めた。HUD の助成金と同様に、EDA の助成金についても厳密な評価は行われてこなかった（Markusen and Glasmeier 2008）。

オポチュニティー・ゾーンの特徴

オポチュニティー・ゾーンとして指定された国勢調査区は、米国で最も根強く貧困が隠された地域の一部である。これらのコミュニティーの平均中位所得は 2000 年には米国平均の半分強であったが、その後 16 年間にさらに遅れをとるようになった。

オポチュニティー・ゾーンの選定過程

法律に規定されているように、州知事は、財務省によってオポチュニティー・ゾーンとして指定されるべき国勢調査区を推薦する。指定の対象となるには、国勢調査区は、

・最低 20% の貧困率を有している。または、

・中位所得がその州または大都市地域の 80% 未満であるか、地方の国勢調査区の場合、州全体の 80% 未満である。または、

・上記のいずれかの条件を満たす国勢調査区に隣接し、その中位所得が対象の隣接国勢調査区の 125% 未満である。

知事は、対象国勢調査区の 25% までを指定することができる。または、対象国勢調査区が 100 未満の州の場合、最大 25 である。対象の隣接国勢調査区は、各州で指定された OZ の 5% 以下に制限されている。

これらの制限を別にすると、各州は、どのように、またどの国勢調査区を OZ 指定とするかを決定するため、州及び地方政府の専門知識を活用することができる。連邦政府によるこの設計により、州は OZ を指名する上で多様な方法をとった。例えばアリゾナ州は、アリゾナ州商務局に対し、国勢調査区を選定するために市、郡、部族政府と会合を持つように命じた。カンザス州は異なる方法をとっており、その商務部は OZ 指定を求めるコミュニティーに「関心表明書」を請求し、コミュニティーが必要性と投資を引きつける力を持つことを説明できるようにしている。

全知事は、2018 年 4 月末までに財務省に検討のために国勢調査区候補を提出した。財務省は最終的に合計 8766 国勢調査区を OZ に指定し、ほぼすべての指定は 2018 年 4 月から 6 月に行われた。ほぼすべての OZ（8537 国勢調査区）は、低所得コミュニティーの規準の 1 つを満たしていた。残りの 229 国勢調査区、全体の 2.6% は、低所得国勢調査区に隣接していることに基づいて選定の対象となった。図 5 － 1 は、OZ 国勢調査区（緑色）と、選定されなかった対象国勢調査区（灰色）を示している。

オポチュニティー・ゾーンの経済状態

この項では、オポチュニティー・ゾーンとして選定された国勢調査区が米国で最も貧しい水準のコミュニティーであるとの CEA の全体的な研究結果に基づいて述べていく。CEA によると、それらの平均貧困率は他のすべての国勢調査区の 2 倍以上であり、アフリカ系アメリカ人、ヒスパニック、高校中退者の割合が高い（図 5 － 2）。

OZ の経済的苦境は新しいものではない。2000 年国勢調査に見られるように、2000 年、後に OZ となった国勢調査区の平均中位世帯所得は 3 万 9305 ﾄﾞﾙで、他の国勢調査区の平均の 6 万 8726 ﾄﾞﾙの 57% であった。実質タームでは、平均 OZ の中位世帯所得は 2000 年から 2012 ～ 16 年までに 11% 減少し、それに対して平均非 OZ 国勢調査区では 6% の減少であった（図 5 － 3）。

適格性に関する貧困と所得の規準は、選定された国勢調査区が低所得である理由の一部を説明する。しかし、対象国勢調査区の中でさえ、各州は一貫して低所得国勢調査区を指名した。50 州とコロンビア特別区のそれぞれにおいて、OZ における中位世帯所得は、対象だが選定されていない国勢調査区よりも低く、非対象国勢調査区よりもかなり低かった（図 5 － 4）。

⑤

図 5−1　オポチュニティー・ゾーンの地理

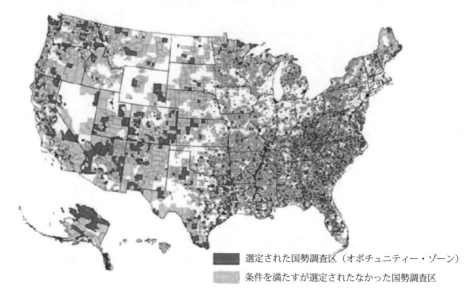

選定された国勢調査区（オポチュニティー・ゾーン）

条件を満たすが選定されたなかった国勢調査区

出所：U.S. Department of the Treasury; U.S. Census Bureau.

図 5−2　オポチュニティー・ゾーン（OZ）の人口動態、2012〜16 年

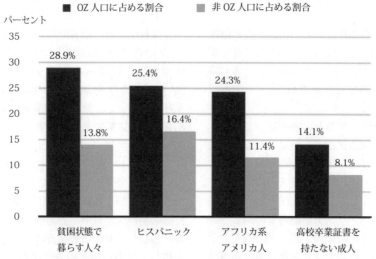

注：この分析は、プエルトリコ、アメリカ領サモア、米国バージン諸島、グアム、北マリ
　　アナ諸島を除いている。さらに、2016 年 ACS は 2012〜2016 年の 5 年推計に基づいて
　　いる。
出所：2016 American Community Survey (ACS) five-year estimates; CEA calculations. Note: This
　　analysis excludes census tracts in Puerto Rico, American Samoa, the U.S. Virgin Islands,
　　Guam, and the Northern Mariana Islands. n addition, the 2016 ACS is based on a five year
　　estimate from 2012 to 2016.

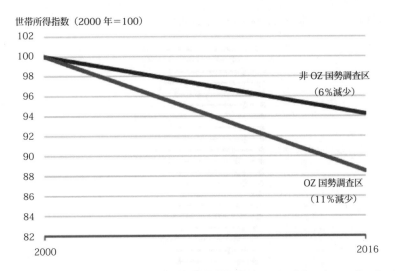

図 5-3　国勢調査区 OZ 指定・非指定別の平均中位世帯所得、2000〜2016 年

注：この分析は、プエルトリコ、アメリカ領サモア、米国バージン諸島、グアム、北マリアナ
　　諸島を除いている。さらに、2016 年 ACS は 2012〜2016 年の 5 年推計に基づいている。
出所：2000 Decennial Census; 2016 American Community Survey five-year estimates; U.S.
　　　Department of the Treasury; CEA calculations.

　図 5-2 から図 5-4 は、全体として、OZ が経済的困窮地域を網羅していることを示している。平均値は OZ グループ内の多様性を覆い隠すことができるが、アーバン・インスティテュート（Urban Institute 2018）によって作成された指標によると、OZ の 3.2% のみが急速な社会経済的変化を経験した。この指標は、所得、人口動態、教育達成度、住宅取得能力の変化を検討している。

　図 5-5 に示されているパターンが示すところによると、州は、経済的に困窮し、実りある投資を引きつける可能性を示している国勢調査区を選定した。州は、（対象国勢調査区の中で）貧困率が低い地域または貧困率が最も高い地域だけに焦点を合わせるのではなく、さまざまな水準の貧困を抱える国勢調査区を選定した。その戦略には経済的根拠がある。指定が投資を促進しそうもない国勢調査区を選定した場合、州は OZ からほとんど恩恵を受けないであろう。

総投資に対するオポチュニティー・ゾーンの影響

　CEA によると、2019 年末までに、適格オポチュニティー・ファンドは民間資本を 750 億㌦調達した。この資本の一部は税優遇措置がなくとも発生した可能性があるが、CEA は、750 億㌦のうち 520 億㌦、つまり 70% が新規投資であったと推計している。

適格オポチュニティー・ファンドによって調達された資本

　調達された民間資本が 750 億㌦であるという推計は、これらのファンドを長期にわたって追跡している 2 つの異なるサンプルに基づいている。サンプル値から母集団値を推定するため、われわ

図5-4 国勢調査区指定及び州別の平均中位世帯所得、2012～2016年

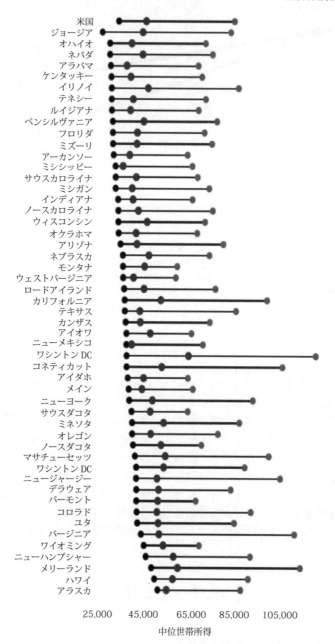

● OZ 国勢調査区　　● 対象国勢調査区であるが非選定　　● 対象外国勢調査区

注：この分析は、プエルトリコ、アメリカ領サモア、米国バージン諸島、グアム、北マリアナ諸島を除いている。さらに、2016 年
ACS は 2012～2016 年の 5 年推計に基づいている。対象だが非選定の国勢調査区には、低所得状態に基づいて対象となったものと、
低所得国勢調査区と隣接していることに基づいて対象となったものがある。
出所：2012–16 American Community Survey (ACS), five-year estimates; U.S. Department of the Treasury ; CEA calculations.

れは税務申告に基づいて財務省が推計したように、存在するこれらのファンドの総数（2008年に1500ファンド）に依拠する[5]。2つサンプルと推計方法により、これらのファンドによって調達された資本についてほぼ同様の推計値が与えられ、その平均が750億ドルである。

最初のサンプルは、ノボグラダック（Novogradac）にデータを自発的に報告している適格オポチュニティー・ファンドを対象としている。ノボグラダックは2019年5月からファンドを追跡している全国的な専門サービス組織である。2020年1月17日時点で、サンプルはこれらのファンドのうち513であり、全ファンドのごく一部であるが、それら全部で76億ドルの資本を調達した[6]。自発的にデータを報告している適格オポチュニティー・ファンドは、ファンド全体を代表していない可能性がある。しかし、以下で説明するように、非自発的サンプルと比較すると、それがかなり一般的であることが分かる。

第二のサンプルは、証券取引委員会（SEC）のデータに基づいている。SECは、適格オポチュニティー・ファンドへの投資持分を証券と見なしており、ファンドは免除を申請しない限りSECに登録しなくてはならないことを意味する。免除を求める適格オポチュニティー・ファンドは、証券公募の最初の販売から15日以内に様式Dを提出できる。様式Dの提出では、これらのファンドは、証券公募で販売された金額などの情報を提供するが、それ自体をファンドとして識別するように求められることはない。様式Dデータからこれらのファンドのサンプルを作成するため、名前に「オポチュニティー・ゾーン」または同様の言葉（例えば、「OZファンド」や「QOZF」など）を持つすべてのファンドを選択した。これにより、2019年末までに様式Dを提出した適格オポチュニティー・ファンド197件が得られ、そのうち153件が資本を調達し、合計約29億ドルになった。もし適格オポチュニティー・ファンドの名前がファンドのその他の特徴と無関係である場合、私たちのサンプルは、SEC登録の免除を求めるファンドの幅広い母集団を合理的に代表しているはずである[7]。

ノボグラダックとSECのサンプルは、適格オポチュニティー・ファンドの数が同様に増加し

たことを示す。ノボグラダックがファンドの追跡を始めた2019年5月からノボグラダックの2020年1月17日の報告書までに、ファンドの数は277%増加した。各ファンドがいつ設立されたのかに関する情報に基づくと、SECのデータは、2018年から2019年までにこれらのファンドの数が271%増えたことを示している。さらに、ノボグラダックの適格オポチュニティー・ファンドにより報告された資本は報告期間中に858%増加した一方、SECサンプルのファンドにより調達された資本は2018年から2019年にかけて1523%増加した。図5−6を参照のこと。

適格オポチュニティー・ファンドの2つのサンプルは、ファンドによって調達された合計資本を推計するための異なる方法を示している。第一の方法は、自己申告のノボグラダックのデータに基づいており、ノボグラダックの総資本額（76億ドル）に拡張係数を掛けるものである。拡張係数は、母集団の適格オポチュニティー・ファンドをノボグラダック・データベースにおけるファンド数で割ったものと定義される。この拡張係数は、ファンド母集団のどのくらいがノボグラダックのデータベースにより把握されているかを反映している。調達資本の推計値は次の通りである。

調達資本（Novo.）＝
ノボグラダックの総資本額 ×

$$= 76\text{億ドル} \times \frac{\text{母集団のファンド数}}{\text{ノボグラダック・データベースのファンド数}}$$

$$= 76\text{億ドル} \times \frac{1500\text{ファンド}}{136\text{ファンド}} = 840\text{億ドル}$$

母集団の適格オポチュニティー・ファンドの数（1500）は、財務省からのものであり、2018年末のものである。そしてノボグラダック・データベースのファンド数（136）は、ノボグラダックのデータで最も古い報告である2019年5月のものである。この推計方法は、ノボグラダックへ報告している適格オポチュニティー・ファンドが、ノボグラダックへ報告していないファンドの規模と同様と想定している。それはまた、私たちの拡張係数は、2020年1月の適格オポチュニティー・ファンド母集団のノボグラダックによるカバー率

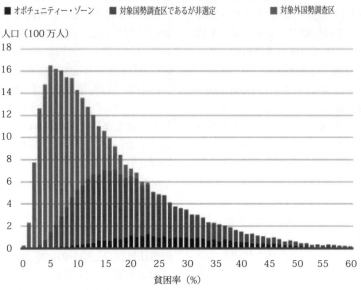

図 5−5　貧困率及び国勢調査区指定・非指定別人口

出所：2016 American Community Survey, five-year estimates; U.S. Department of the Treasury; CEA calculations.

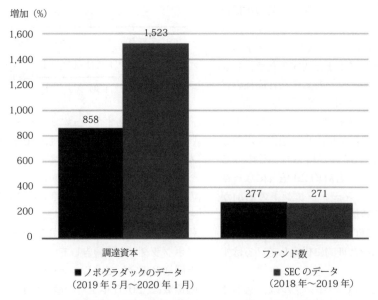

図 5−6　適格オポチュニティー・ファンドの増加、ノボグラダックと SEC のデータ

出所：Novogradac; Securities and Exchange Commission (SEC); CEA calculations.

を正確に反映していると想定している。

第二の推計方法は、SEC サンプルによるもので、2019 年末の適格オポチュニティー・ファンドの数の推計値に、調達資本を持つものの中で、1 ファンド当たりの平均調達資本額の推計値を掛けるものである。より詳しくは次の通り。

調達資本（SEC）=
2018 年母集団ファンド数×
2018 〜 19 年ファンド数増加×
2019 年資本を持つファンドの割合×
2019 年 1 ファンド当たりの資本
=1500 × 3.71 × 0.60 × 0.019=630 億ドル

適格オポチュニティー・ファンドの母集団は、ここでも財務省からのもので、ファンド数増加は設立ファンド数の 2018 年から 2019 年までの増加に基づいている（SEC データに報告されている通り）。資本を持つファンドの割合は 2020 年 1 月時点のもので、ノボグラダックからのものである。1 ファンド当たりの資本は SEC データによるものである（1 ファンド当たり 0.019、単位は

10 億ドル）。資本を持つ適格オポチュニティー・ファンドの割合（0.60）については、SEC のデータではなくノボグラダックのデータを用いた。SEC のデータは、そのデータを生成した SEC 様式提出のきっかけとなるものであるから、資本を調達しているファンドを主に対象としている。そのようなものであるから、少なくともいくらかの資本を調達したファンドは、SEC のデータの中で多過ぎになりがちである。要するに、第二の方法のカギとなる想定は、SEC のデータが、母集団における適格オポチュニティー・ファンドの数の増加と、資本を持つファンドの中で、その平均調達資本額の信頼に足る推計値を提供することである。ノボグラダックのデータと同じく、第二の方法もまた、全ファンドの 60% が 2019 年末までにいくらか資本を調達したと想定している。

適格オポチュニティー・ファンド 1 件当たりの平均調達資本額の標準誤差は、総調達資本額の SEC ベースの推計値に信頼区間を提供することができる[8]。その結果得られた 90% の信頼区間は、下限が 330 億ドル、上限が 930 億ドルである。それゆえ、ノボグラダック・ベースの推計値と

図 5-7　オポチュニティー・ゾーン（OZ）投資の需給モデル

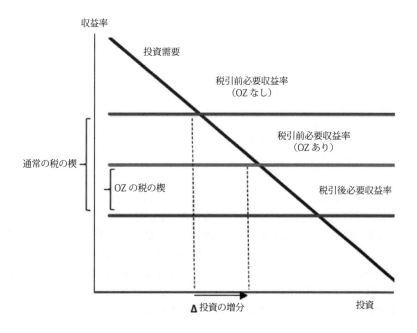

2つの推計値の平均を含む。それは約750億ドルで、私たちの選好した推計値である。これはOZにおけるベースライン年間投資額の21%で、次項で報告されている。

オポチュニティー・ゾーンのインセンティブに起因する投資増加の推計

適格オポチュニティー・ファンドによって調達された資本すべてがオポチュニティー・ゾーンにとって必ずしも新規というわけではない——その一部は優遇装置がなくても生じた可能性があり、実際ファンドを通じて生じている。この項では、学術文献をもとに、OZ優遇措置に起因する減税を考慮するとどれだけ新規投資が見込まれるかを推計する。OZ優遇措置により、2019年までにOZへの新規投資に520億ドルがもたらされたと推計される。それは、適格オポチュニティー・ファンドによって調達された750億ドルの70%に相当する。

新規投資を推計するため、キャピタル・ゲイン税率の引き下げに起因する資本コストの削減を算出する。次に、その資本コストを学術文献から得られた投資弾力性に結びつける。OZ優遇措置のこのモデル化は、その優遇措置が「減税及び雇用法」から生じた法人税率引き下げにいかに類似しているかを示す。こうした減税はまた、資本の使用者費用の低下を通じて投資を増加させると予測された（CEA 2017）。

その投資推計値は、OZに資金を供給するため、投資家を引きつけるのに必要な税引前収益率を最初に計算することから得られる。OZの内部でその外部と同じ税引後収益を達成するため、投資家は、OZの実効税率が低いゆえに相対的に低い税引前収益をすすんで受け入れるであろう。次に、推計の第二ステップでは、相対的に低い資本コストで新規資金を利用できるために生じるOZ企業からの投資増加を算出する。図5－7は、計算の背後にある考え方を図示しており、いかにして減税により、投資家が相対的に低い税引前収益をすすんで受け入れて、なおOZに投資するかを示している。

数値推定は3つの変数に依拠している。すなわち、優遇措置以前におけるOZ国勢調査区へのベースライン投資、資金を引きつけるのに必要な

税引後収益率、優遇措置を持つOZで一般的な実効税率である。第一の変数については、国内総生産に基づいて全国的投資を各郡に割り当て、それから各郡から各国勢調査区に所得と人口に基づいて割り当てることにより、ベースライン投資を2430億ドルと推計している。第二に、OZ外の投資家が獲得した税引前収益率が9.8%である——そうするとキャピタル・ゲイン税が21.3%となる——ことを示すデータを用いると、必要な税引後収益率は7.7%である。OZ内——「オポチュニティー・ゾーンが予算に及ぼす影響」の項で説明されるように、その実効税率はわずか6.9%である——で同じ7.7%の税引後収益率を受け取るためには、2019年には、税引前収益率は8.3%（＝7.7 /（1 - 0.069））であればよい。最後に、オーン（Ohrn 2019）から、資本コストに対する投資の準弾力性が –9.55であると仮定する。1年半の期間について、投資の増加は次のように計算される。

1.5年×
（2430億ドル）×
（8.3%-9.8%）×（–9.55）
＝ 522億ドル

1年半の期間は、オポチュニティー・ゾーンの指定（2018年半ば）から2019年末までの期間を反映させるように用いられている。

適格オポチュニティー・ファンドの注目産業

証券取引委員会からの最近のデータにより、前述のものと同じく、適格オポチュニティー・ファンドのサンプルをセクター別に見ることができる。適格オポチュニティー・ファンドにより記入されたSECの様式では、産業グループを1つ選択する必要がある。図5－8に示されたその選択は、ファンドの関心が多様であることを明らかにしている。半分弱が不動産に焦点を合わせており、多くが商業用不動産を対象としている[9]。別の45%は、自らの産業を「共同投資ファンド」としており、それはさまざまな産業に投資していることを示している。最後に約10%が「その他」というカテゴリーに分類されており、それには医療、テ

クノロジー、建設、投資に焦点を合わせていると報告したファンドと、様式で「その他」という選択肢を選択したファンドが含まれる。

　SECのデータにより示される産業の関心は、適格オポチュニティー・ファンド投資を引きつけようとするプロジェクトのタイプと一致している。それは、OZの企業と資産を地域的及び全国的に展示するのを助ける民間組織、オポチュニティー・

エクスチェンジからのデータにより証明される通りである。2020年2月時点で、オポチュニティー・エクスチェンジは、24州で提案された450億ﾄﾞﾙのプロジェクトを受け入れた。オポチュニティー・エクスチェンジのプロジェクトの約30%は、株式投資を求める企業であり、26%は開発計画を持つ不動産プロジェクトで、残りは開発計画がない販売用資産である。

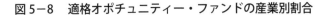

オポチュニティー・ゾーンが企業投資と住宅価格に及ぼす影響

　CEAによると、OZ指定を受けることで株式投資が相対的に29%増加したという。そのようなコミュニティーはまた、住宅価格の大幅な値上がりから利益を受けており、住宅所有者に対し110億ﾄﾞﾙの追加の住宅資産を生み出し、賃借人に対し地域住環境を改善した。

オポチュニティー・ゾーン企業への株式投資

適格オポチュニティー・ファンドは、不動産を直接購入することにより、あるいは、事業会社に株式投資を行うことにより、オポチュニティー・ゾーンに投資をすることができる。この項では、OZ内の企業への民間株式投資に関するデータを提示

図5-8　適格オポチュニティー・ファンドの産業別割合

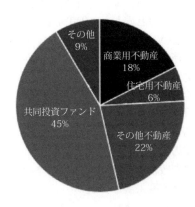

注：「その他不動産」には、不動産投資ファンドが含まれる。「その他」には医療、テクノロジー、
　建設、投資が含まれる。
出所：Securities and Exchange Commission; CEA calculations.

図 5－9　国勢調査区グループ別の民間株式投資、2016～19 年

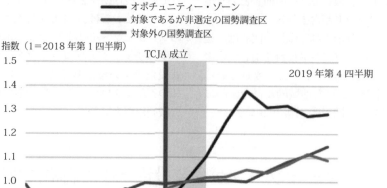

注：TCJA= 減税・雇用法。
出所：Securities and Exchange Commission; U.S. Department of the Treasury; CEA calculations.

し、OZ 外の企業と比較する。証券取引委員会からの投資データによると、OZ 指定により、対象であるが OZ に選定されていない国勢調査区の企業と比較して、主たる事業所が OZ 内の企業への株式等は 29% 増加した。

株式投資を求めている多くの企業は、適格オポチュニティー・ファンドが提出するのと同じ SEC 様式 D を提出しなくてはならない。主たる事業所の立地が分かるこの様式の住所情報を使用し、OZ 国勢調査区、対象だが選定外の国勢調査区、対象外の国勢調査区のどこに企業が立地しているかを判断する。非金融事業会社を把握するため、銀行または投資ファンドと自らを識別した主体を除外した[10]。いくつかの大企業の動向の変化とは別に、体系的な投資傾向の計測を改善するため、いずれの四半期においても 5000 万㌦未満しか調達しなかった報告書に焦点を絞ったが、それは報告書の 96% 以上を占めていた[11]。それから四半期ごとに各国勢調査区タイプにおいて企業によって調達された総投資額を収集した。

図 5－9 では、各国勢調査区グループの総株式投資の 4 四半期移動平均を示し、その値は

2018 年の第 1 四半期の値を基準としたものである。3 つのグループは、OZ 企業への投資が急増した 2018 年上半期まで、同様の投資傾向を示していた[12]。すべての州が 2018 年 3 月から 4 月に国勢調査区を指名し、財務省が 2018 年第 2 四半期までに OZ の正式指定を完了した。2018 年第 2 四半期～ 2019 年第 4 四半期の 7 四半期を通じて、OZ への株式投資は、それ以前の 7 四半期よりも 41% 多かった。対照的に、非選定の国勢調査区においては、投資はわずか 13% 増えたに過ぎない。これは、OZ 指定により、同等の国勢調査区に比べて株式投資が 29%（41.4% － 12.6%）増加したことを示している[13]。

オポチュニティー・ゾーン指定と住宅価格

不動産市場からの証拠は、オポチュニティー・ゾーン優遇措置が多くの OZ を居住者にも投資家にも魅力的なものにしていることを示唆している。住宅価格のこの上昇により、住宅を所有している OZ 居住者のほぼ半数（47%）に、110 億㌦の追加資産をもたらした。

オポチュニティー・ゾーンの初期効果を評価する

表5—1 オポチュニティー・ゾーン指定が住宅価値値上がりに及ぼす効果

特性	CEA 推計値		
	Chen et al. （2019）	Chen et al. データ	更新データ
オポチュニティー・ゾーンの住宅価格に対する効果（%）	0.25	0.25	0.53
標準誤差	0.22	0.22	0.19
オポチュニティー・ゾーンの数	2,674	2,674	2,700
選定されなかった対象ゾーンの数	10,198	10,198	10,288

注：効果の推計値は、オポチュニティー・ゾーンと、対象であるが非選定の低所得国勢調査区の比較に基づいている。
出所：The estimated effect is based on comparing Opportunity Zones with low-income tracts that were eligible but not selected.

リアル・キャピタル・アナリティクスは、価格250万㌦以上の商業用不動産及びポートフォリオを追跡している。そのデータが示すところによると、財務省がOZを指定した後、開発用地取得の対前年比が2018年後半に50%以上急上昇し、米国の他の地域の増加を大幅に上回った。同様にセージら（Sage, Langen, and Van de Minne 2019）は同じデータを用い、OZ指定により、2019年初めの時点で、再開発物件の価格が14%上昇し、空閑地となっている開発用地の価格が20%上昇したことを明らかにした。

セージら（Sage, Langen, and Van de Minne 2019）によれば、特定の物件タイプについてのみ価格上昇が見られ、OZ優遇措置はコミュニティーに限定的な経済的波及効果しかないと結論づけた。しかし、そのデータには、価格250万㌦以上の商業用不動産しか含まれていない。さまざまな物件タイプと価格の取引に基づいたジロー（Zillow）による分析は、OZ優遇措置が幅広い効果を持つことを示している。指定後、OZ内の物件の平均販売価格の対前年比は25%以上上昇し、他方、対象であるが選定されなかった国勢調査区は10%以上下回った。

ジローの分析は、販売されている物件の構成の変化を制御することなく、時間の経過に伴う販売価格の変化に基づいているという点で限界がある。それは、1平方フィート当たりの価格、またもっと理想的なものだが、他の多くの次元で類似している住宅に関する価格変化に基づいていない。チェンら（Chen, Glaeser, and Wessel 2019）は、住宅価格への影響をより厳密に評価しているが、2018年までである。住宅価格の計測のため、彼らは連邦住宅金融局（FHFA; Federal Housing Finance Agency）の一戸建て住宅のリピート販売指数を用いている。彼らの分析は、OZと、対象であるが非選定の低所得国勢調査区（したがってその資格が低所得国勢調査区との隣接性にのみ基づいている国勢調査区を除いている）の比較に重点を置いている。2つのグループ間で、彼らは、過去数年間（2014～17年）の住宅価格に対する2018年の住宅価格の上昇を比較している。彼らが推計した効果は、ジローの分析によって示唆されたものよりはるかに小さい。彼らの基本モデルは、0.25%値上がりという推計値を与えるものであり、いくつかのモデルの推計値は0.09%から0.74%の範囲である。

私たちはチェンらによって行われた分析を複製し、拡張する。第一に、基本モデルによる結果を複製し、同様の結果を明らかにした（表5－1、第1列及び第2列）。それから、2020年5月に発表の更新されたFHFAデータでモデルを再推定した。その更新は、過去の年のデータを改善し、2019年のデータを追加した[14]。

更新及び拡張されたデータを用い、OZ指定が0.53%というより高い年上昇率につながったと推計している。2年間で、約1.1%（= 1.0053 ^

2-1）の価値上昇であることを意味する。これは、国勢調査区が実際に投資を受け入れたのかどうかではなく、OZ指定に基づいているので、注目に値する事実発見である。さらに、適格オポチュニティー・ファンドにより調達された投資の大部分は、おそらく2019年末までに投資されていなかった。対照的に、フリードマン（Freedman 2012）は、新市場税額控除を通じて投資を実際に受けた国勢調査区を調べたが、約5年にわたる住宅価格に対する投資の統計的に有意な効果は見つけられなかった。その点推定は、最大で年0.5％の効果を示唆している。

　1.1％の追加上昇は、住宅を所有しているOZ居住者のほぼ半数（47％）に110億㌦の追加資産が生じたことを意味する。住宅所有者は、キャッシュアウト・リファイナンスを通じて自宅を売却することなく、新たに生じた持分を使用できる。これは、住宅価格上昇が住宅所有者だけに利益をもたらすことを意味しているわけではない。価格上昇の原因——住環境と期待される経済的機会の改善——は、賃借人にも恩恵をもたらす。例えば、荒廃した建物の改修は、近くに住む人すべてに利益をもたらす。ブラメットとリード（Brummet and Reed 2019）は、国勢調査のマイクロデータの徹底的分析から同様の結論を引き出しており、貧困への暴露の減少と住宅価格上昇が元々の居住者に恩恵をもたらし、その子供たちのより良い結果につながる傾向があることを明らかにした。それとは異なるメディケイド記録からのデータ・ソースを用い、ドラゴンら（Dragan, Ellen, and Glied 2019）は、住宅価格上昇と地区改善が居住者とその子供に及ぼす影響について、同様の結論を導き出した。

　オポチュニティー・ゾーン内では、住環境改善から生じた利益の分配は不明確である。場合によっては、その利益は主に低所得世帯にもたらされる。例えば、ガンペール＝ラビンドランとティミンズ（Gamper-Rabindran and Timmins 2013）によると、安価な住宅は有害廃棄物処理場に近い傾向があるから、それらは有害廃棄物処理場の浄化から最も恩恵を受けるという。同様に、放棄された倉庫の改修は、近隣の居住者に最も利益をもたらす。彼らもその地区で最も貧しい人々であるかもしれない。

　住宅を借りている居住者は、居住者が享受する住環境の価値が丸ごと家賃の引き上げという形で転嫁されない限り、住環境の改善から概して恩恵を受けるであろう。地区の状況が改善しても、すべての賃借人の家賃が上昇するとは限らず（Brummet and Reed 2019）、住環境が改善されると、家賃よりも大きく住宅価格が上昇する場合もある（例えば、Granger 2012）。

オポチュニティー・ゾーンが貧困と予算に及ぼす影響

　新規投資に関するCEAの推計によると、オポチュニティー・ゾーンは約100万人を貧困から救い出し、OZの貧困の基準人口を11％削減する可能性がある。この貧困削減とそれに伴う移転支払いの減少は、OZ優遇措置をほぼ歳入中立的にするのに十分かもしれない。

オポチュニティー・ゾーンが貧困に及ぼす予想される影響

　2019年の貧困に関する国勢調査区レベルのデータは、数年間入手できないであろう。それゆえCEAは、投資を貧困と関連づけた先行研究を用い、貧困への影響を予測している。フリードマン（Freedman 2012）は、国勢調査区レベルのデータを用い、新市場税額控除によって助成された投資が国勢調査区レベルの結果に及ぼす影響を推計した。彼の実証的方法は、助成金がなくても実績が向上した国勢調査区に向かった投資を助成した可能性に対処するため、そのプログラムの適格性打ち切りを活用している。彼の最も控えめな推計は、助成付き投資100万㌦（2018年価格）ごとに、それを受けた国勢調査区において20人が貧困から救い出されることを示している。この事実発見をオポチュニティー・ゾーンへの新規投資の私たちの推計（520億㌦）に適用すると、100万人（＝52,000×20）が貧困から救い出されることを示

している。

この効果はほぼ間違いなく OZ 投資に当てはまる。NMTC プログラムは、国勢調査区について同様の適格性要件があり、助成付き投資が適格な国勢調査区で行われるようにするための規則がある。主な違いは、コミュニティー開発エンティティが財務省に申請し、それによって選択される必要があることである。財務省は申請の一部だけを選択するのである。財務省は、コミュニティーの雇用及び経済成長に当該プロジェクトが及ぼすと期待される効果など、いくつかの規準を用いて申請者を採点する。申請者の報告と財務省の選択により、貧困により大きな影響を及ぼす投資とすることは可能である。逆に、特定のプロジェクトが低所得層に与える長期的な正味の影響を一貫して識別することは、ほぼ間違いなく困難である。いずれにせよ、私たちの貧困予測値は間違いなく控えめである。私たちはフリードマン（Freedman 2012）の最小の推定効果を用いており、それは報告された主な推計値の約半分である。それをフリードマンの推計の基礎であるすべての助成付き投資ではなく、新規投資に適用している。

オポチュニティー・ゾーンが予算に及ぼす影響

CEA は、連邦政府は 2020 年以前に適格オポチュニティー・ファンドに投資されたキャピタル・ゲイン 1ﾄﾞﾙにつき 0.15ﾄﾞﾙ、つまり、2019 年末までに調達された 750 億ﾄﾞﾙについて 112 億ﾄﾞﾙを放棄すると推計している。歳入放棄は、元の利益に対するキャピタル・ゲイン税の繰延、支払われる時に元の利益にかけられる税の削減、適格オポチュニティー・ファンドに投資中に得られた利益に対する税の欠如によって生じる。私たちの計算では、納税者は元の利益に税を支払うのを、法律によって認められている最も遅い日付である 2026 年まで待つことにより、節税を最大化すると想定している。また、適格オポチュニティー・ファンドに最低 10 年間資金を維持すると想定している。

私たちの計算では、キャピタル・ゲインは通常 21.3% の税率で課税されると想定しているが、実効税率は 2019 年に 6.9% であった。この低い実効税率は、初めに OZ に投資された資金に対する

課税繰延と、取得価格から簿価までのステップアップと、少なくとも 10 年間保有された後にこれらの投資に生じる収益に対するキャピタル・ゲイン課税の免除から生じる。2019 年に投資されたファンドの場合、OZ への投資に支払われる税の現在価値は、OZ 外に投資された場合の 3 分の 1 未満である。そうしてこれらの計算は、議会調査局のレポート（Lowry and Marples 2019）で説明されている通り、OZ 税優遇措置のダイナミックな性質を組み込むように毎年繰り返される。

全体的な歳入効果を推計する時、固定課税ベースを想定しながら税率の差だけを用いた静的な計算では、税収損失の計測値が膨らむ。それゆえ、私たちの方法では、投資の反応——それゆえ課税ベース——を優遇措置に組み込む。具体的には、新規投資と比較し、観測された 750 億ﾄﾞﾙのうち——OZ 内であろうと国内の他の場所であろうと——どれだけが発生したかを推計する。とにかく発生し、21.3% で課税されていたはずの投資は、優遇措置により歳入を明確に減少させるので、現在はそれより低い税率で課税されている。しかし、新規投資は、より低い OZ 税率で課税された場合でも、それを相殺する歳入増加を生み出す。

本章の投資の節と同様の弾力性ベースの方法を、私たちは採用している。その方法は、750 億ﾄﾞﾙの適格オポチュニティー・ファンドの資本のうち、優遇措置がなかったとしても、228 億ﾄﾞﾙが OZ 内でともかく発生したことを示唆している。コビーとウルフ（Koby and Wolf 2019）による投資弾力性の動きを用いた計算に基づくと、残りの 522 億ﾄﾞﾙのうち、さらに 249 億ﾄﾞﾙは OZ にとって新規のものであるが、国内の他の場所からシフトしたものであった。したがって、その優遇措置はこの 477 億ﾄﾞﾙ（228 億ﾄﾞﾙ＋249 億ﾄﾞﾙ）の歳入損失をもたらすが、まったく新規の 273 億ﾄﾞﾙ（750 億ﾄﾞﾙ–477 億ﾄﾞﾙ）の投資からの歳入増加を生み出す。正味では、2019 年までに投資された資本に対する税収損失の現在価値は 112 億ﾄﾞﾙと推計されており、これは、適格オポチュニティー・ファンドの資本 750 億ﾄﾞﾙの 15% である。

比較すると CEA は、新市場税額控除に関連した投資 1ﾄﾞﾙごとに、連邦政府は 0.18ﾄﾞﾙ放棄しており、それは OZ に関する金額よりも多い。両院合同税制委員会の推計に基づくと、税額控除権限

1ドルごとに失われる税収は 0.26ドルである[15]。しかし、控除権限はたいてい、プロジェクトに関連した総民間投資のわずか69%に過ぎない（Abravanel et al. 2013）[16]。これは、関連の投資1ドルにつき約0.18ドルの歳入放棄を意味する。

　以前の計算は、オポチュニティー・ゾーンの優遇措置がキャピタル・ゲイン税収に及ぼす影響しか考慮していなかった。ただし、その優遇措置は、連邦政府から移転支払いの大部分を受け取る低所得地域の経済を刺激することにより、連邦予算に相殺効果をもたらすであろう。移転支払いと貧困率に関する郡レベルのデータを用いた CEA の推計によると、郡内で貧困状態にある人が 1 人増えると、所得維持、失業保険、医療支援（主にメディケイド）を含め、連邦政府から郡への移転支払いが約 8240ドル増えるという関連がある[17]。この割合を考えると、100 万人を 1 年強の間に貧困から救い出す経済成長は、キャピタル・ゲイン減税から生じる歳入放棄を十分相殺し、連邦政府を救うであろう（112 億ドルの節約＝ 100 万人の貧困削減× 1.36 年× 1 人当たり 8240ドル）[18]。

結 論

　オポチュニティー・ゾーンが不動産市場、企業家精神、貧困、所得に及ぼす影響に関しては、まだ多くの研究が必要である。今後数年間で、研究者は、コミュニティーの多様な成果に対し OZ が及ぼした影響を評価するのに十分なデータを入手するであろう。2019 課税年度の時点で、内国歳入庁の改訂版様式 8996 は、適格オポチュニティー・ファンドの活動について詳細情報を収集するであろう。この情報により、研究者は、特定の国勢調査区や経済セクターで、適格オポチュニティー・ファンド投資がどの程度発生しているかを知ることができる。これらのデータは、新市場税額控除（Freedman 2012; Harger and Ross 2016）について行われたのと同じ厳密な実証研究を可能にし、OZ の影響を評価するために他のデータ・セットを用い、アレフェヴァら（Arefeva and others 2020）によってすでに行われている厳密な研究に加わるであろう。

　入手可能な証拠は、適格オポチュニティー・ファンドが 2020 年にコミュニティーに投資するのにうってつけであることを示している。それらのファンドは、かなりの資本を調達しており、2019 年 12 月に発表された財務省の最終規則により、優遇措置とその関連の投資が機能する仕組みがより明確になった。しかし、COVID-19 パンデミックの拡散を抑制するために州が義務づけた多数の制限及び予防措置により、通常の事業が妨げられ、OZ を含めてあらゆる場所で投資が鈍化した。

　2020 年には、相当規模の資本が適格オポチュニティー・ファンドに流入するであろう。前述のように、ノボグラダックのサンプルでこれらのファンドにより調達された資本は、2020 年の最初の 8 カ月で約 79% 増加した。第 1 四半期後半、パンデミックは、大量売却を促し、それにより長かった強気相場から抜け出した多くの投資家にキャピタル・ゲインが生み出された可能性が高い。そして、株価の急速な回復は、より多くの利益の可能性を生み出している。

　COVID-19 以前の証拠は、OZ モデルは、全米の数千もの困窮コミュニティーの経済回復に拍車をかけられることを示している。それは、投資家を動員し、州及び地方の利害関係者を巻き込み、低所得コミュニティー――すべてが連邦政府からの援助は限られている――の経済的見通しを改善する力を有している。いい換えると、2017 年「減税及び雇用法」の OZ 条項は意図した通りに機能している。

　コミュニティーをオポチュニティー・ゾーンとして指名する上で、州は投資を引きつける可能性を秘め、必要としている場所を選択した。この規定の優遇措置は、適格オポチュニティー・ファンドに 750 億ドルの民間資本を動員するのに役立ち、この資本の一部は、企業や不動産への直接株式投資の増加にすでに拍車をかけている。最後に、OZ 指定とその関連の投資（予想と実際の両

方）により、人々は住んだり働いたりする場所としてこれらのコミュニティーについてより楽観的になっており、指定により2019年末までに住宅価格は1.1%増加した。

そのように初期効果は、オポチュニティー・ゾーン・モデルの可能性を強調している。それは、民間主導で、州、地方、部族政府が関与し、連邦政府の指示が限定されている——最も欠けているそうした地域において、すべてが繁栄と自立を促進するためのものである。このダイナミックな過程は、COVID-19パンデミックから経済原則の影響を最も受けた貧しい人々を支援するために重要になる。

注

1　投資家は2026年までに元の利益に対するキャピタル・ゲイン課税を支払わなくてはならないため、元本の85%に対してだけ税金を支払うという最初の選択肢は期限切れとなり、2020年に行われた投資には適用されない。これは、税金を支払う必要がなくなる2026年までに、投資を7年間保有できないためである。

2　ホワイトハウス・機会及び活性化評議会は、省庁合同のウェブサイトOpportunityZones.gov.で浮き彫りにされている。

3　NMTCは、連邦税納税義務額を減らす税額控除の限定的割当である。税額控除（tax credit）は、課税対象となる所得額を減らす税控除（tax deduction）とは別物である。

4　最終規制は次の場所で入手できる。www.irs.gov/pub/irs-drop/td-9889.pdf.

5　母集団の適格オポチュニティー・ファンドの数（1500）は、様式8996の申請の仮集計値に基づいた財務省の推計値に依拠している。財務省は、より多くの情報が入手できるようになった段階で、この集計値を調整する可能性がある。

6　私たちの分析は2019年末のものであるが、ノボグラダックからの直近のデータによると、2020年1月から4月に調達された資本は31%増加し、2020年4月から8月には約20%増加しており、2020年の最初の8カ月間に79%増加したことになる。

7　証券の公募を行おうとするファンドは、通常SEC登録を免除されず、様式Dを提出しないであろう。そのようなファンドは、平均的には、私募に焦点を合わせたファンドよりも大きいと予想される。

8　結果として得られた信頼区間は、1ファンド当たりの母集団の資本額に関する不確実性を反映している。それは、母集団のファンドによる総調達資本額の計算に用いられる他の変数に関する不確実は把握しない。

9　様式Dは、申請者が選択できる産業分類の明らかにしていない。

10　具体的には、自らの産業またはそのファンドを「共同投資ファンド」、「商業銀行」、「投資銀行」、「その他の銀行及び金融サービス」、または、「投資」と識別した全企業を除外している。

11　ボーゲスら（Bauguess, Gullapalli, and Ivanov 2018）は、報告書の96%以上が5000万㌦以下の公募規模であると記している。

12　法令及び規制により定義されているように、必ずしもすべてのOZ内企業が適格オポチュニティー・ゾーン企業ではない。

13　特定のOZへの企業の立地は、その企業の活動がその特定のOZに集中しなくてはならないことを意味するものではない。企業は、その総収入の50%が任意のOZでの事業活動から得られた場合、適格オポチュニティー・ゾーン企業（Qualified Opportunity Zone Business）の地位を達成できる。したがって、企業は、さまざまなOZにまたがる複数の収入源を持つこともできる。あるいは、購入及び使用するサービスの最低50%（時間または金額で計測された）がOZで発生する場合、または、有形資産及び経営機能の最低50%がOZ内で発生する場合、当該企業は資格を得ることができる。

14　データは、www.fhfa.gov/DataTools/Downloads/Pages/House-Price-Index-Datasets.aspxで入手できる。「国勢調査区（開発指数、季節調整なし）」を参照のこと。また、住宅価格指数を正規化して、2013年を基準年（= 100）にした。再正規化により、指数の変化がおよそパーセントの変化となり、指数の1㌽の変化は価格の1%上昇に対応することが保証される。元の指数で典型的だが、指数値が約300であるならば、1㌽の上昇は0.3%の価格上昇に相当する。再正規化した値はまた、元の指数値よりもはるかに歪みが小さい。

15　2019年12月、両院合同税制委員会は、NMTCの50億㌦の割当から生じる動的な歳入上の影響を推計した（関連の行を参照のこと。www.jct.gov/publications.html?func=startdown&id=5237）。

16　これはアブラヴァネルら（Abravanel et al. 2013）の脚注7に基づいている。それは、適格株式投資が総プロジェクト費用の53%を占め、公的資金が23%を占めると報告している。これは、適格株式投資が民間プロジェクト費用の69%に相当することを意味する（＝0.53／（1−0.23））。

17　この推計は、経済分析局の連邦政府移転に関する郡レベルのデータと、国勢調査局の郡レベルの人口及び貧困のデータに基づいている。貧困者1人当たりの平均移転額は、郡内の総移転額を郡の貧困人口で割ったものとして定義されるが、7年間において約1万1500㌦であった。しかし、1人当たりの郡レベルの移転額を貧困率で回帰することで、限界では、貧困状態の人の1人追加がその郡の居住者への移転額の8240㌦増加と関連していることが分かる。

18　もちろん、この計算は、連邦政府総支出に対する（投資優遇措置を介した）貧困削減の因果的影響の推定を欠いているため、例示と見なすべきである。

第 6 章
規制負担を軽減することで
経済的自由を強める

トランプ政権を通じて、連邦政府機関は規制改革への持続的取組を示してきた。その結果、トランプ政権の規制上の取組により、中小企業と中間層に対するお役所仕事は減少した。わが政権は、新たな規制 1 つと引き換えに既存の規制を 2 つ撤廃するというゴールを設定し、それをはるかに上回った。2017 会計年度から 2019 会計年度までに、行政機関は、1 つの重要な規制措置と引き換えに、約 7 つの規制緩和を行った。わが政権の措置は、米国経済における競争と生産性を高めながら、企業及び家計に対するコストを削減するのに役立ち、とくに所得分配の中間から下層において、実質的な利益をもたらした。

トランプ政権が 2020 年に最終決定した最重要の規制緩和措置の 1 つは、安全・費用適正化自動車燃費基準車両規則（Safer Affordable Fuel Efficient（SAFE）Vehicles Rule）である。環境保護庁と運輸省によるこの合同規則は、2021 〜 26 年型について厳しいが合理的な軽量車両二酸化炭素（CO_2）及び燃費基準の要件を確立した。この規制アプローチは、自動車業界が消費者の需要を満たす製品を生産するように柔軟性を高め、メーカーと顧客の両方に有意義な節約をもたらすように、効率性、経済性、安全性の目標のバランスをとりながら、燃費を毎年向上させ続ける。経済諮問委員会（CEA）の推計によると、SAFE 車両規則は、生産者と消費者に年間 260 億㌦の節約をもたらし、同等の総コストで以前の基準よりも年間約 30 万台多くの新車を納入するであろう。CEA によれば、市場の歪みを考慮に入れると、SAFE 車両規則の幅広い便益が 390 億㌦であり、実質所得及び国内総生産が 530 億㌦、つまり

約 0.3% 増加する。

CEA は、規制緩和の利益が低所得五分位に偏る傾向があることを明らかにした。これは、世帯所得との比率でいえば、わが政権の規制緩和措置から低所得世帯が最も恩恵を受ける可能性があることを示している。この事実発見は、規制緩和がしばしば経済的必需品——食料品、電気、処方薬、健康保険、テレコム——の価格を引き下げ、それによって規制緩和措置が累進的になるという事実によって支えられている。なぜなら、低所得五分位は、高所得五分位と比べると、所得のうち突出して大きな割合を必需品に支出するからである。具体的には、この章で説明される規制緩和措置から生じる利益は、最も貧しい五分位の世帯については平均所得の 3.7% であるのに対し、最も豊かな五分位の世帯については平均所得のわずか 0.8% である。これは、規制緩和措置が、最も貧しい世帯に最も豊かな世帯の 4 倍の利益を与えることを示唆する。

CEA が 2020 年版『大統領経済報告』のためにトランプ政権の規制緩和アジェンダの影響を検証した時、5 年から 10 年後、これらの規制緩和は 1 世帯当たり年間 3100㌦の実質所得の増加をもたらすと推計した。こうした以前の研究結果は、私たちの分布解析とともに、賢明な規制改革が最低所得世帯にとくに利益もたらし、米国経済が COVID-19 パンデミック以前には記録的な水準に到達したことを意味している。規制改革に持続的に焦点を合わせることは、米国経済が COVID-19 パンデミック以前に達成した経済的繁栄の水準に復帰する上で、決定的な役割を果たすであろう。

本章では、わが政権の規制改革の進展を簡潔に

振り返り、前政権と比較してわが政権が重大な規制を発する速度を減速させたことを明らかにする[1]。行政機関は 2001 年から 2016 年の大統領年（PY）の間に年間平均 275 の重大な規制を追加したが、規制緩和措置を除くと、トランプ大統領は年間平均わずか 74 を追加しただけであった[2]。また、2020 会計年度（FY）に、トランプ政権は 4 年連続でコスト削減を達成することを明らかにする。大統領令 13891 号についても説明する。それは、行政機関に対し、簡単に検索できる公開ウェブサイト上に指針文書を公開するように指示したもので、米国経済の全セクターを規制する文書の透明性とアクセス性を高める重要なステップをなした。

次節で、CEA は、トランプ政権で最重要の規制緩和措置の 1 つ、SAFE 車両規則に関連する利益を推計する。この規則は、自動車メーカーの CO_2 排出基準を適正化し、2026 年までの厳格化の進展を減速させる。CEA によると、2012 年の規則と比較して、SAFE 車両規則は、自動車メーカーと消費者に年間 260 億㌦の節約をもたらし、同等の総コストで以前の規則よりも年間約 30 万台多い新車を納入するであろう。さらに、要素市場に対するこの規則の影響を考慮すると、CEA の推計では、2021 ～ 2029 年の期間を通し、SAFE 車両規則によりアメリカ人の実質所得は年間 530 億㌦、つまり 1 世帯当たり年間 416㌦増加する。

最後に、CEA は、規制改革から生じる利益が所得分布を通じてどのように分配されるかについて検証する。連邦政府機関は、規制緩和措置案が規制コストを削減するかどうか、コスト削減が規制の撤廃によって放棄された便益よりも大きいかどうか、分析しなくてはならない。以前、経済諮問委員会（CEA 2019）は、放棄された便益よりも大きなコスト削減をもたらす規制緩和措置を分析した。この章では、CEA により、そうした規制から生じるコスト削減が累進的に分配されることが分かる。具体的には、規制改革はすべての世帯に利益をもたらすが、最低所得五分位の人々が所得に対する割合としては最も大きな便益を受ける可能性が高いことが分かった。私たちが研究した規制緩和措置から生じるコスト削減は、最低所得五分位の世帯については平均所得の 3.7%、それに対し最高所得五分位の世帯についてはわずか 0.8% に過ぎない。私たちの研究結果は、わが政権の規制改革取組が低所得世帯の消費者を助けていることを再確認する。1 つには、低所得世帯は、食料品や医療など、経済の中で最も厳しく規制されているセクターによって生み出されている必需品に、彼らの予算のうち比較的大きな割合を費やすからである。

規制の再検討

トランプ政権の規制改革アジェンダは、引き続き労働者、公衆衛生、安全及び環境を保護しながら、不必要な規制負担を軽減してきた。本節では、このアジェンダを実施した 3 つの主要な大統領令について説明する。大統領令 13771 号及び 13777 号の指示にしたがい、行政機関は新規制を導入する割合を大幅に削減し、規制予算を遵守してきた。大統領令 13891 号の下で、行政機関は規制指針文書に対する公的利用権を改善してきた。

大統領令 13771 号は、2017 年 1 月 30 日に署名されたもので、行政機関に対し、新しい規制措置 1 つと引き換えに 2 つの規制措置を撤廃することを義務づけている[3]。大統領令 13777 号は、2017 年 2 月 24 日に署名されたもので、行政機関に対し、定期的に規制を評価し、不要な規制負担を軽減するためにそれらを撤廃、置換、修正する勧告を行うように求めた。わが政権は、2019 会計年度にこれらの大統領令に基づく義務を上回り、行政機関は 150 の規制緩和措置を発布したが、新規の重大な規制措置はわずか 35 しか発布しなかった。2017 会計年度から 2019 会計年度にかけて、トランプ政権は、規制緩和措置と重大な規制措置の比率を約 7：1 にした。重大な規制に焦点を合わせ、わが政権は、2017 会計年度から 2019 会計年度にかけて、重大な規制措置

規制負担を軽減することで経済的自由を強める

図6−1　規制緩和措置を除く重大な最終規則、2001〜19 大統領年

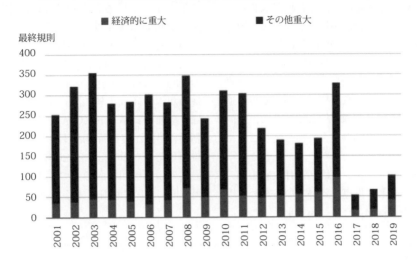

注：大統領年は、2月に始まり翌年の1月に終わる。2017、2018、2019 年の規則数は、重大な規制緩和措置と見なされるものを除いている。2017 年より前については、CEA はそのような重大な規制緩和措置は年間約1件であると推計している。

出所：George Washington University Regulatory Studies Center; Office of Information and Regulatory Affairs; CEA calculations.

1件に対し、重大な規制緩和措置2.5件の比率を達成した。

図6−1は、重大な規則の総数を示しており、それには、経済的に重大な規則と他の重大な規則が含まれている。それらは、大統領令12866号に記載されている経済的に重大に関する定義の一部を満たすか、その他の理由のために重要である（注1を参照のこと）。トランプ政権時代、規制緩和措置を除くと、経済的に重大な規制の平均数は、1大統領年当たりわずか26であった。経済的に重大な規制に関するトランプ政権の平均数は、2001大統領年から2016大統領年までの1年当たりの経済的に重大な規制措置の平均52を下回っている。経済的に重大な規則と他の重大な規則の両方を含めると、行政機関は、2001大統領年から2016大統領年にかけて年間平均275の重大な規制措置を加えた。2017大統領年から2019大統領年の間に、各年における重大な規制の平均数はわずか74であった——規制緩和措置を除く。これは、トランプ政権が2001年以降のどの政権よりも重大な規制の導入速度を遅くした

ことを示している。

2対1という要件に加えて、大統領令13771号は、行政管理予算局により設定されたコスト削減目標を用い、年間規制予算を遵守することを要求した。2019会計年度に、トランプ政権は、3年連続でコスト削減目標を達成し、行政機関は135億㌦の規制コストを削減した。2017会計年度から2019会計年度にかけて、これらの機関は約510億㌦の規制コストを削減した。2020会計年度には、わが政権は、さらに4年目に規制コスト削減を達成する可能性が高い。この4年間にわたる規制改革により、これらの機関が課す規制負担が大幅に削減された。

2019年、トランプ大統領は、連邦政府機関がその規制を明確化するのに使用する規制指針文書の蓄積に対処するために、大統領令13891号を発行した。大統領令13891号は、行政機関に対して、「その機関すべての個別指針文書を含むか、それにリンクを貼った単一、検索可能、索引付きのウェブサイト」を構築することにより、一般人がより利用しやすい指針文書にするよう求めてい

る。これに準拠するため、政府機関は2020年6月27日まで猶予を与えられ、それ以降はまるで新しい指針かのように公に投稿できなかった既存の指針文書を提出するよう求められた。クルーズ（Crews 2020）は、政府機関は2020年7月7日時点で5万4010以上の文書を投稿したと推定している。多くの連邦政府機関は遵守期限の適用除外を求めたが、大統領令13891号は、透明性及び監視を連邦政府指針文書に持ち込むことに向けた重要な一歩である。

わが政権の規制アジェンダは、連邦政府規制の負担を制限することに重点を置いているため、以前の政権のものとは異なっている。4年にわたる規制改革の後、規制のコストと程度に観測可能な変化が生じている。規制予算の設定と、新規の重大な規制措置1件につき規制を2件撤廃するという公約により、米国の企業と消費者に相当なコスト削減がもたらされている。政府機関指針への公的利用権の向上に支えられて、これらの変化はわが国の経済効率と競争力を高めている。CEAは、以前のレポート（CEA 2019）で、多くの規制緩和措置が実質所得成長に及ぼす影響について説明した。次節では、2020年に最終決定された最大の規制緩和措置の1つ、すなわち、SAFE車両規則について検証しよう。

安全・費用適正化自動車燃費基準（SAFE）車両規則

トランプ政権下で最終決定された最大の規制緩和措置は、SAFE車両規則であった。この規則は、軽量自動車のCO_2排出基準を修正し、厳格さを適度に増したもので、今や、消費者が欲する自動車を製造、販売する自動車メーカーにより大きな自由を与えている。それは、自動車メーカーによって生産された軽量自動車についてCO_2排出要件を削減することにより、この目標を達成する。CO_2排出量と燃費に固有な関係を前提とすると、これはまた、必要最低燃費基準を（1ガロン当たりマイル数、mpgで）削減する効果を持った。SAFE車両規則は燃費を向上させるけれども、政策上の考慮事項を適切にバランスさせるため、燃費基準は2026年まで、以前の政策により規定された速度よりも低い速度で厳格化を進める。本節では、SAFE車両規則に関連した潜在的コスト削減と、その分配上の効果を推計する。

使用される燃料とGHG排出は直接関連しているので、2つの基準の調和を確保するため、企業平均燃費（CAFE）と温室効果ガス（GHG）の規制は、運輸省（DOT）と環境保護庁（EPA）によって合同で作成された[4]。より厳格なGHG基準は、品質調整済み自動車価格を上昇させる。図6－2のような需要と供給のグラフにおいて、金色の線はもう1台自動車を生産するための限界費用を指し、赤色の線は消費者が自動車に支払う意思を表す。GHG基準は、自動車を生産する限界費用（規制遵守費用を除く）と消費者が自動車を購入する限界意欲の開きを拡大し、自動車価格を限界生産費用以上に上昇させる。図6－2のΔpにより表されているように、2012年の規則はSAFE車両規則と比較して、2026年型まで自動車1台当たり約2200ドルその開きを拡大させるであろう。

環境保護庁と運輸省の規則により、一般的に、企業は、基準をクリアした他の企業から排出権を購入することで遵守することが許可されているので、業界全体の遵守コストは最小限となる。この分析のアプローチは、自動車メーカーが排出権を売買する価格が、その基準を満たす私的コストを明らかにすると仮定している。なぜなら、それはわずかに効率の高い自動車を製造するコストと、消費者がそれらを購入する意欲の両方を組み込むはずだからである。排出権の価格を推計するため、CEAは、7年間（2012～18年）に行われた約7億ドルの排出権取引に関する公的記録を用いているが、それは私たちのコスト推計に単純かつ透明な根拠をもたらすものである。

実際の企業行動——この場合、自動車メーカーがGHG排出権を売買する価格——に基づいて費用と便益を推定することで、大量の当て推量を排除できる。排出権価格には、より効率的な自動車を製造する追加コストや消費者がそのような自動

規制負担を軽減することで経済的自由を強める

図6-2　GHG基準がある場合の自動車市場均衡

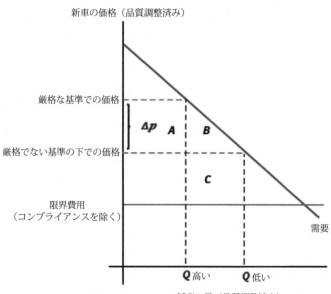

注：GHG＝温室効果ガス。

車に支払う意欲など、他の方法では観測が困難で
あった豊富な情報が織り込まれている。このアプ
ローチは、顕示選好アプローチとして知られてい
るもので、CAFE及びGHG基準のコストに関す
る既存研究のほとんどと異なっている。既存研究
のほとんどは、自動車工学データの量を調べ、消
費者の運転習慣、燃料購入定型行動（給油に費
やした消費者の時間に価格をつける試みも含む）、
いつ自動車を廃棄するかに関する決定を評価する
ものであった[5]。

　顕示選好アプローチでは、工学的仮定を、コス
ト最小化やコストの転嫁などの経済的仮定に置き
換える。その場合、排出権価格は、基準に準拠す
ることの私的コストと便益を推計するのに必要な
情報を伝える[6]。メーカーが特定モデルの生産コ
ストを最小化し、自由に排出権を取引できる限り、
観測される排出権価格は、そのメーカーの全車両
排出量を削減する限界費用に等しくなる[7]。GHG
排出権のコストが、消費者が自動車に支払う価格
を反映している限り、そのコストはまた、GHG
プログラムによって計測されるように、追加的排

出を生み出すより多くの重量や他の属性を有す
る自動車を消費者が保有する意欲を反映している。
これには、消費者が自動車の寿命全体にわたって
燃費に置く価値など、消費者の好みの多くの側面
が含まれる。

　排出権の価格は、基準を変更するための私的純
コストと等しく、それは、車両属性を変更するこ
とと、低排出ガス車へ売上をシフトさせることを、
何らかの形で組み合わせることから生じる。これ
らの私的純コストは、SAFE車両規則の影響を理
解する要である。基準に関する以前の分析による
と、私的コストと便益は環境上のコストと便益を
矮小化するという（Bento et al. 2018）。

GHG排出権取引データ

　自動車メーカーがGHG排出権を売買する価格
は、公表されていない。しかし、排出権収入はテ
スラにとって重要であるから、財務報告書でその
収益を証券取引委員会に報告する。その報告書
が示すところによると、テスラは、2012～18

年の期間に GHG 排出権の売却から 6 億 9500 万
ドル（2018 年価格）の収益を稼いだ[8]。同じ期間に、
環境保護庁のデータが示すところによると、テス
ラは、GHG 排出権取引が 2012 年に始まってから、
ホンダに次ぐ GHG 排出権の売り手であった。テ
スラの売上は、米国排出権市場における全売上の
約 4 分の 1 を占めていた（EPA 2019）。これら
の収益と売上の数字は、GHG 排出権取引プログ
ラムが始まって以降、約 30 億ドルの排出権取引が
業界全体を通じ発生したことを示している。

テスラの排出権売上と収益を用い、2012 〜
16 年の期間における平均排出権価格を算出し
た[9]。2010 〜 16 年型で獲得した GHG 排出権は
2021 年型まで使用できるので、私たちはこの価
格を 2012 〜 21 年の基準に関連づけた。排出権
は自動車メーカーや車種全体を通じて預けられ取
引されるので、2012 年型から 2021 年型まです
べて、GHG コンプライアンス目的に対しては事
実上単一の車種全体である[10]。2012 〜 16 年の
価格に焦点を絞ることは、トランプ大統領の選挙
以前の期間であるという利点があり、それにより
2012 〜 21 年の期間の後半における排出権の価
格に対する期待が変化したのであろう。

排出権価格を算出する時、テスラの 2012 〜
16 年の排出権を調整してそのタイミングを組み
込み、全収益があたかも 2016 年に獲得されたか
のように 7% の金利を用いて標準化する。これは、
業界の車種全体が基準を上回り排出権を蓄積して
から、基準を下回り排出権を引き出す場合である。
総収益をその期間を通じて売却された排出権の量
で割ると、CO_2 排出量 1 トン当たり 86ドルという
平均価格、また、車両 1 台当たりの 1mpg 当た
り 116ドル（2018 年価格）になる[11,12]。

116ドルの排出権価格は、テスラが排出権を販売
した実際の平均価格の下限推計値である。自動車
メーカーは、取引のタイミングを報告する必要が
ないため、個々の年の排出権販売を特定する作業
が複雑になる。しかし、自動車メーカーは保
有していない排出権を売却することはできない。
2012 〜 16 年の期間中、テスラは 2015 年型ま
でに獲得したすべての排出権を売却することがで
きた。これは、2012 〜 16 年の価格を推計する
ために私たちが用いた数量である。テスラの販売
数がこれより少ない場合、同一の収益がより少な

い数の排出権で徐算されるため、推計価格は高く
なるであろう。

コンプライアンスの限界費用曲線を推計する

私たちの排出権価格データと先行研究は、排
出権の市場均衡価格が特定の基準に対してどの
ようになるかを予測できる 2 つの関連するポイ
ントを提供する[13]。前述のテスラの排出権データ
は、遵守費用に関する 1 つの観測結果を提供す
る。基準が約 35mpg の場合、2012 〜 21 年の
期間における平均で、排出権は車両 1 台当たり
の 1mpg 当たり 116ドルである[14]。2 番目のデータ・
ポイントは 2016 年型についてのもので、アン
ダーソンとサリー（Anderson and Sallee 2011）
は、CAFE 基準を 1mpg 厳格化する平均限界費用
は車両 1 台当たり 18ドルになると推計した。その
年の CAFE 基準は 24.8mpg であった[15]。

異なる基準での遵守費用に関する 2 つの観測
結果を用い、私たちは、mpg で計測された基準と、
自動車製造に関する限界（生産及び機会）費用に
基準が及ぼす限界効果との関係を予測できる（図
6 - 3）[16]。横軸は基準を表し、縦軸は各自動車
の限界費用への追加を表す。曲線より下の面積
は、車両 1 台当たりの基準の追加費用を計測する。
SAFE 車両規則は、年 1.5% の割合で 2021 〜 26
年型の基準を引き上げるであろう。SAFE 車両最
終規則ではなく 2012 年規則の車種全体のデー
タを用いると、基準は 2026 年に 45.6mpg に達
するが、2012 年規則では 2025 年型に 54.5mpg
という基準が規定されており、2026 年型にも適
用されると考えられる。

24.8mpg から 35.8mpg に移行し、18ドルから
116ドルに基準を厳格化する限界費用が上昇した場
合、基準をさらに上昇させる限界費用は 116ドル
より大きくなるはずである。線形の排出権供給を
仮定することから、CEA は、排出権価格は SAFE
車両規則で確立された基準（45.6mpg という基
準）の下では、2026 年型で 1mpg 当たり 203ドル
になると予測しており、それに対して、2012 年
規則によりもともと設定されたより厳しい基準
（約 54.5mpg という基準）の下では、2026 年型
で 1mpg 当たり 283ドルになる。2021 〜 29 年の
期間の各年について、私たちは 2 つの限界費用

図6−3　さまざまな基準についての GHG 排出権市場均衡

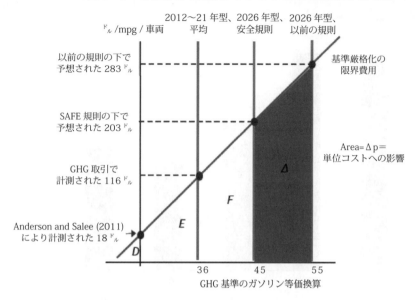

注：GHG＝温室効果ガス、MY＝年型。
出所：National Highway Traffic Safety Administration; Environmental Protection Agency; Leard and
McConnell (2017); CEA calculations.

の平均を用いる。それに２つの基準の mpg の差を掛けることで、SAFE 規則から生じる車両１台当たりの節約を計算する。その結果の値は、図6−3の緑色の面積に等しい。

CEA の推計によると、図6−2の面積A、B及びCは、新車の消費者及び生産者に対する年間 260 億㌦のコストに相当する。SAFE 車両規則と比較して、2012 年規則では、燃料費と車両機能の機会費用を含め、同等の総費用で毎年消費者に納入される自動車が約 30 万台少ない。

図6−2の長方形の面積Aは、最大の面積を占め、販売された自動車台数と基準の変化が車両１台当たりのコストに及ぼす影響の積である。図6−3に示されている遵守曲線の限界費用によって、SAFE 車両規則のコストと比較して、（2025年型について）車両１台当たりの 2012 年規則の費用を算出できる。そうすることにより、基準の段階的引き上げは最終的に品質を調整した平均価格を 2200 ㌦上昇させることが示されている[17]。2021 〜 29 年については、品質調整した平均年間価格上昇は約 1600 ㌦である。この金額は図6−2に対応している[18]。

米国で毎年販売される 1600 万台以上の新車に年間平均 1600 ㌦の節約を適用すると、2021〜 29 年型について消費者利益が年間平均 250億㌦増加する。これは、図6−2の面積Aに等しい[19]。

図6−2の面積B及びCも基準を引き上げるコストの一部である。それらを推計するには、基準引き上げが自動車販売に及ぼす影響を推計する必要がある。CEA は、新たな年間販売台数を特定するため、新車需要の価格弾力性を− 0.4 とし（Berry, Levinsohn, and Pakes 2004）、2018 年平均自動車販売価格と比較した（前述のように導出した）年型特有の車両コストの増分、年型特有の自動車販売予測を用いた[20]。売上への影響は年間約 30 万台であり、それにより面積Bは年間約 3億㌦になる。面積Cでは、基準がない場合と比較して、SAFE 車両規則が車両１台当たりのコストに及ぼす影響を推計する必要がある。このベースラインの車両１台当たりの私的コストは、図6−3で、面積D、E、Fとして示されている。そ

図 6−4　SAFE 車両規則から生じる対所得比での消費者の節約、所得五分位別

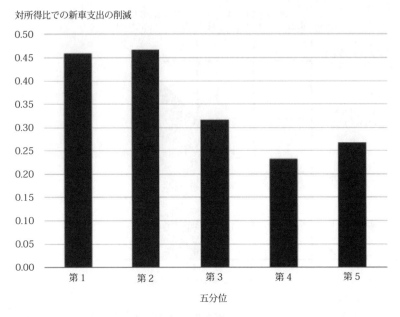

対所得比での新車支出の削減

出所：Bureau of Labor Statistics; CEA calculations.

れを自動車販売の変化に適用することで、図 6−2 の面積 C はおよそ年 4 億㌦との推計値が得られる。

　排出量と燃費の要件は最終消費者ではなくサプライ・チェーンに課せられるため、それは、規制のコストが消費者価格に反映されるという転嫁の仮定に基づく。それゆえ、自動車市場における年間 260 億㌦の私的コストは、同じ生産要素——資本と労働——を用い、市場価格で評価した場合、経済が生み出す民間価値が減るという意味で、生産性の損失と見なされる。

　生産性の損失は、市場参加者が経験し、彼らは長期的には資本の供給を減らし、短期的には労働の供給を減らす[21]。これは、実質所得がさらに少なくなり、要素市場が税により歪められている限り、私的コストが増えることを意味する。0.5 という公的資金の限界費用を用いると、供給される労働及び資本の減少は、130 億㌦の私的コスト（0.5 × 260 億㌦）をもたらす。供給される要素の完全な市場価格を考慮した場合、限界税率を 0.48（CEA 2019）と仮定すると、要素市場にお

ける国内総生産総損失は、約 270 億㌦（130 億㌦ /0.48）である。

　合計すると、基準引き上げは実質所得と国内総生産を年間 530 億㌦（市場規制で 260 億㌦、要素市場で 270 億㌦）減少させるのであり、それは国内総生産の約 0.3％ である[22]。このことにより、SAFE 車両規制は、トランプ政権がこれまでに最終決定した最も効果的な単一規制緩和措置の 1 つとなっている（CEA 2019）。SAFE 車両規則から生じた推計 260 億㌦の消費者の節約は、さまざまな所得グループの世帯にわたって分配できる。私たちは、消費者支出調査で報告されている通り、新車への総支出に占める各五分位のシェアに基づいて、所得五分位間に節約を割り当てた。図 6−4 は、各グループの税引後所得に占める割合として節約を示している。SAFE 車両規則から生じる節約は、低所得消費者に不釣り合いに大きな恩恵をもたらし、最低所得五分位の節約は最高所得五分位の節約を 66％ 上回っている。これは、低所得消費者の方が税引後所得のうち大きな割合を、新車購入に振り向けているからである。

規制の潜在的な逆進的性質

SAFE 車両規則は、規制コストの負担が低所得世帯に不釣り合いに重くのしかかることを例示している。財政の基本的問題は、政府支出を賄うのに必要な税金の負担を誰が負うのかということであるが、規制のコストの負担を誰が負うのかについてはほとんど知られていない。私たちが明らかにしたところによると、購入する財・サービスの価格を不釣り合いに上昇させる制限を緩和することにより、規制緩和は低所得世帯の消費者を助けることができる。高所得世帯は低所得世帯よりも経済的必需品に支出する割合が比例して少ないため、そのような財・サービスの規制緩和は累進的な便益がある[23]。

2019 年、CEA は、トランプ政権の 20 件の規制緩和措置を研究し、5 年から 10 年後、それらは合わせると実質所得を 1.3% 引き上げると推計した。本節では、その分配上の影響を評価するために、こうした規制のうち 10 件を再検討する。それらの多くは必需品——食料品、電気、処方薬、健康保険、テレコム、その他の財・サービス——の価格を下げ、高所得世帯よりも低所得世帯に多くの利益をもたらす可能性が高いことが分かった。具体的には、一連の規制緩和措置は——SAFE 車両規則とともに——最低所得五分位の世帯の平均所得の 3.7% に相当するのに対し、最高所得五分位の世帯ではわずか 0.8% であることが判明した（図 6 - 10）。このことは、これらの規制緩和が、所得に対する割合としては、最低所得五分位に最高所得五分位の 4 倍の恩恵をもたらしたことを示唆している。

累進的及び逆進的租税体系

税負担がどのように分担されているか評価するため、財政学者は、個人の支払い能力に応じて負担が増加するのかどうかを検証している（Duclos 2008）。所得に対する税負担が高所得者の方が大きい場合、その税は累進的であるといわれる。例えば米国では、議会は、所得が高くなるにつれて勤労所得者に段階的に上昇する限界税率を課す

ように連邦所得税を設計した。2017 課税年度に、下位半分の申告者は調整後総所得シェアの 11% を占めたのに対し、最高五分位は 63% を占めた。しかし、連邦所得税の累進的体系のために、申告者の下位半分は連邦所得税の 3% 未満に相当するに過ぎない一方、最高五分位の調整後総所得を持つ申告者は 82% 以上を占めた。逆に、所得に対して税負担が高所得者の方が小さい場合、その税は逆進的だと見なされる。

売上税や、付加価値税のような他の消費ベースの税は、逆進的な傾向がある。専門的な経済学的定義によれば、需要の所得弾力性が 1 未満の場合、その財またはサービスは必須である——例えば、所得が 10% 増加すると、消費の増加は 10% 未満である。低所得世帯は、所得のより大きな部分を、食料品、医療などの必需品に支出するので、これらの財の売上税は逆進的である。図 6 - 5 は、食料品に対する 15% の売上税の逆進性を示している。所得分布の最低所得五分位の世帯は、その所得の 3.5% を食料品売上税で支払う一方、最上位五分位は 0.6% しか支払っていない。食料品売上税は、最低所得五分位の消費者に影響を及ぼし、それは、彼らの所得と比較すると、最上位所得五分位への影響よりも 5 倍以上大きい。売上税の逆進性を減らすため、ほとんどの州は、食料品と一部の必需品を売上税から除外している。他の州は、売上税の逆進性の一部を相殺するのに役立てるため、低所得五分位へのクレジットまたはリベートを提供している。

逆進的規制制度がもたらす損害

必需品（食料品や医療など）である財・サービスの生産コストを増加させるので、多くの規制は逆進的かもしれない。規制に準拠することで生産費が上昇すると、企業は消費者に課す価格を上昇させる。低所得世帯は収入の割合として多くを必需品に支出するので、これらの規制によって引き起こされた必需品の価格上昇は、逆進的な売上税に類似している。しかし、規制が消費者価格に影

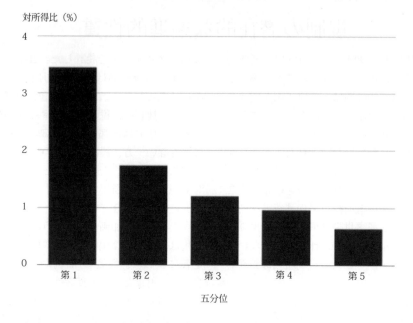

図6-5 15%食料品税の影響の例示、所得五分位別

対所得比（%）

出所：Bureau of Labor Statistics; CEA calculations.

響を及ぼす規模は、企業が生産コスト増加にどのように対応するかによって異なり、市場状態によっても異なる。規制後、市場は新たな均衡に達し、そこでは消費者はその財に対してより高い価格を支払うのである（図6-6）。

図6-6で示されているケースでは、企業はその規制コストを、消費者価格引き上げを通じて完全に消費者に転嫁できる。市場構造が異なる他のケース（図示せず）では、規制コストの完全な転嫁は必ずしも発生するわけではない。例えば、生産費の1㌦増加に反応し、企業は競争上の制約のために価格を50㌣しか引き上げないかもしれない。図6-6はまた、規制の別の考えられる影響を示すものとして再解釈できる。そこで規制は新たな競争を制限する参入障壁として機能し、一流企業に対して通常以上の利益または「経済的レント」を伴うより高い均衡価格をもたらす。一般的に、規制は消費者と企業に影響を持ち、従来は消費者余剰及び生産者余剰の変化により計測されていた。生産要素所得の分配まで生産者余剰の影響を追跡することは、複雑になりうる（BOX

6-1を参照のこと）。

低所得世帯は、貯蓄率が低く、これらの財・サービスの価格を引き上げる規制はより逆進的になるため、それらは財・サービス一般に所得のうちより多くの部分を支出する（Dynan, Skinner, and Zeldes 2004）。低所得五分位の世帯は、消費者支出調査（CEX; Consumer Expenditure Surveys）によって追跡されたほぼすべての財・サービスについて、その収入のより大きな部分を支出する。したがって、規制緩和は、必需品の価格を高騰させる逆進的な規制コストの負担を取り除くので、それはしばしば累進的である。図6-7は、財・サービスのいくつかの重要カテゴリーについて、支出パターンを示している。規制が必需品を意図的に対象としなかった時でも、それらは逆進的なコスト負担を課すという意図しない結果をもたらすことがある。チェンバースら（Chambers, Collins, and Krause 2019）によると、規制遵守費用は、エネルギー、食料、医療と健康保険、住宅、交通を含む必需品の価格を上昇させる。しかし、売上税とは異なり、政策立案者はたいてい必

Box 6—1　中小企業に対する規制の影響

　規制は、規模の経済のため、中小企業に逆進的な影響を及ぼすことがある。例えば、規制により企業が退職勘定を開設することを義務づけられている場合、固定費をより多くの従業員に分散できるため、大企業の平均費用は低くなるであろう。退職勘定のコストが中小企業よりも大企業の方がすでに低いことを前提とすると、他のすべての条件が等しければ、大企業は規制よりも前に開設された退職勘定をすでに持っている可能性が高い。それにより、その規制は大企業よりも中小企業に大きな影響を及ぼすことになる。

　政策立案者はしばしば、一定水準の収益または従業員数を持つ企業を免除することにより、中小企業の規制負担を相殺しようとする。しかし、域値による免除は市場を歪め、企業が域値の上限近くに集まる原因となることがある。フランスでは、企業が従業員50人に達すると多くの規制が適用されるが、ガリカーノら（Garicano, LeLarge, and Reene 2016）によると、企業は従業員数の域値の下に集中し、規制免除を享受している。集中は企業の規制負担を軽減するが、経済の総厚生と生産性を低下させることにもなる。米国では、医療費負担適正化法は、フルタイム従業員50人未満の企業に課される要件を緩和することにより、同様のアプローチが使われた。

　議会は、小規模事業体に課せられる規制負担を軽減しようとして、いくつかの法律を可決した。1980年規制柔軟化法では、競争力と公正にとくに注意を払いながら、中小企業に影響を及ぼす可能性のある規制について、規制機関に規制柔軟性分析を実施することを義務づけた。図6-ⅰを参照のこと。1996年、議会は中小企業規制実施公正法を可決し、小委員会を作成し、規制過程において小規模事業体と規制機関が規制作成者と対話できるようにした。2019年、トランプ政権は大統領令13891号と13892号を発した。それらは、連邦機関に対しその指針が容易に入手できるようにすることを求め、すべての執行措置が透明かつ公正であることを確実にすることを求めた。これらの大統領令は、事業に関連する規制を理解する能力を欠いていたかもしれない中小企業にとって、とくに重要である。

図6-ⅰ　中小企業に対する規制フレキシビリティー分析を備えた経済的に重大な最終規則

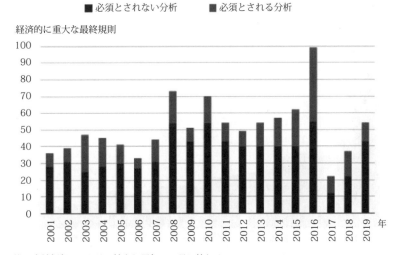

注：大統領年は、2月に始まり翌年の1月に終わる。
出所：George Washington University Regulatory Studies Center, Office of Information and Regulatory Affairs; CEA calculations.

図6−6　競争市場における規制の影響

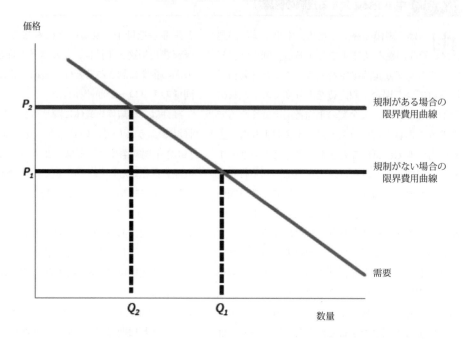

図6−7　支出カテゴリーに対して使われる所得の割合、所得五分位別

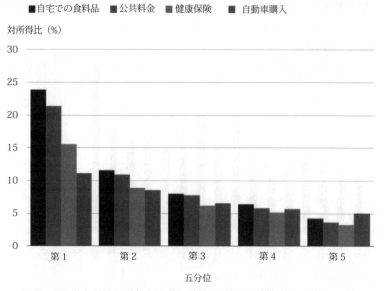

注：公共料金には、公共料金、燃料、公的サービスが含まれる。
出所：Bureau of Labor Statistics; CEA calculations.

需品の生産を規制から除外しない。

　他の規制は、所得によって異なる消費者の選択を意図的に対象としているため、逆進的になる可能性がある。製品規格はよくある事例である。なぜなら製品規格は、製品が特定の機能や属性を持つことを義務づけるもので、その望ましさは所得に依存するからである。義務づけられた機能が正常財（つまり、その機能に対する需要は所得が増加するにつれて増加する）である限り、高所得消費者は、製品規格がなかった場合でも義務づけられた機能をより多く購入するであろう。規制された機能に対する高所得者の需要が十分に強い場合、高所得者が購入した製品は、製品規格をすでに満たしている可能性が高い。製品規格は高所得者に対してはあまり拘束力がない場合やまったく拘束力のない場合もあるが、これらの規格は低所得世帯にコストを課すもので、それは低所得世帯が高く評価していない機能に高い価格を支払う必要が生じる。

　省エネ基準は、対象とする消費者の選択のために逆進的になりうる規制のもう1つの例である。例えば、夏のほとんどの日にエアコンを使用する消費者は、省エネにより、2、3年以内により効率的な家電のより高い価格の元が取れることに気づくかもしれない。エアコンをたまにしか使えない低所得消費者は元を取るのにより長い時間がかかり、低価格で低効率の機器を購入した方が良いかもしれない。それゆえ、省エネの家電及び自動車は、その機器や自動車を定期的に使用する消費者にとってより価値がある。前述のCAFE基準には同様の影響がある。レヴィンソン（Levinson 2019）は、高所得世帯はより燃費の良い自動車を購入することを明らかにした。レヴィンソンの推計によると、CAFE基準は低所得世帯に不当に重い負担をかけており、CAFE基準がなければ燃費を優先しそうにない。言い換えれば、CAFE基準は、より燃費の良い自動車をすでに選好しているため高所得世帯への影響は少ないかもしれない。

　一部の健康保険規制には、逆進的な可能性がある製品基準が含まれている。ケア適正化法（ACA; Affordable Care Act）に関連した規制は、注目に値する事例である。ACAの強制加入では、免除されない消費者はいくつか列挙された形態の健康保険補償のいずれか1つを持つ必要がある。

2018課税年度まで、内国歳入庁は、強制加入を罰金付きで実施した。2017年「減税及び雇用法」は義務違反罰金をゼロに設定し、2019課税年度に発効とした。ほとんどの高所得世帯はすでに、ACA準拠の保険プランによる補償を受けていたので、義務違反罰金は、貧困及び低所得世帯に不釣り合いに重くのしかかった（図6-8）。最低所得五分位の世帯は、第2五分位の世帯よりも所得に占める割合として負担が小さい。なぜなら、最低所得五分位の世帯は、メディケアの対象となるか、ACA準拠の保険を購入するための助成金を受け取っている可能性が高いからである。第2五分位から、強制加入義務違反罰金の負担は厳しく逆進的であった。他の規制——2016年の短期、期間限定の保険規則を含む——は、何が最善かに基づいて選択する低所得世帯の間で人気があるいくつかの保険オプションを禁止した。

　学術研究は、なぜ規制過程が製品規格と、特定の消費者の選択を意図的に対象とする他の規制形態につながるのかについて、いくつか説明を提供する。つねに一般の公益に資する代わりに、規制機関は特殊利益によって乗っ取られる傾向がある（Stigler 1971）。規制捕獲は、政策立案者に法律を制定させ、規制機関に特定グループに特権を与える規制を発布させ、一般市民や競合他社など、他のグループに損害を与える可能性がある。マリガンとフィリップソン（Mulligan and Philipson 2000）は、社会の豊かな部分が、彼らの選好を一般の人々に押しつけ、累進課税制度によってそれらのコストの一部を相殺する規制を提唱すると主張している。同様に、トーマス（Thomas 2012）によれば、規制機関は低所得世帯を犠牲にして裕福な世帯のリスクを軽減する規制を優先することに焦点を合わせることができる。

図6−8　対所得比での強制加入義務違反罰金、所得五分位別

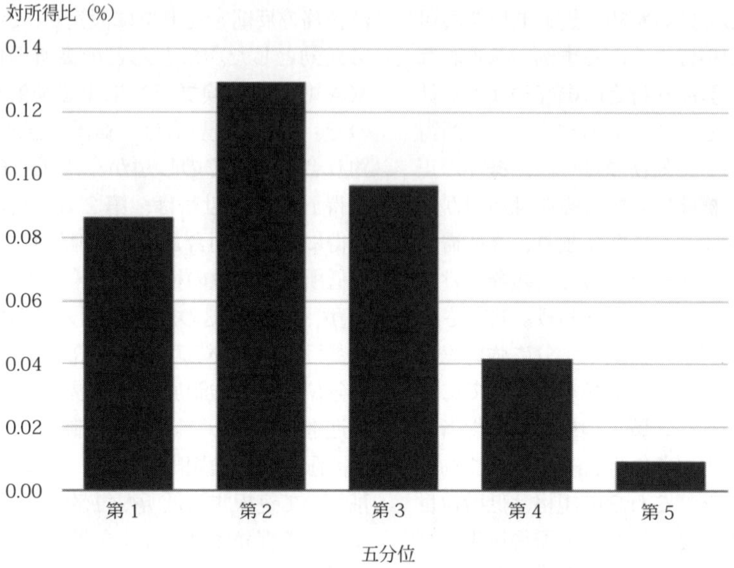

対所得比（%）

五分位

出所：Bureau of Labor Statistics; Internal Revenue Service; CEA calculations.

低所得世帯はしばしば規制改革から最も利益を受ける

　以前のレポートで、CEA は、トランプ政権下での 20 の規制緩和措置に関連した実質所得への影響は年間総額 2350 億㌦になると推計した（CEA 2019, 2020）。これについては、2020 年版『大統領経済報告』第 3 章でも説明した。私たちは、これら 20 の規制緩和措置は、消費財の価格を低下させ、競争、生産性、賃金を上昇させることにより、実質所得を上昇させると推定した。私たちの以前の分析で重要なのは、労働及び資本に関する生産要素市場に課す過剰負担を説明することであった。本節では、消費財価格低下がもたらす分配上の含意に焦点を合わせる。分析範囲を絞ることは、以前の CEA レポートで検討された規制緩和措置の一部が本研究には含まれていないことを意味する（表 6−1）。CEA は、2017 年以降に講じられた規制緩和措置のすべてを研究したわけではないが、本節における私たちの分析は以前の研究に基づいている。それは、サンプリング手順を用いて経済的影響という点で最大の規制緩和措置を特定している（CEA 2019, 2020）。

　規制緩和措置から生じるコスト節約の推計値を、消費者支出調査のデータと結合させる。業界のコスト削減を、所得五分位ごとの年間支出に占める消費者支出調査のシェアに記載されている支出カテゴリーに帰属させる。例えば、連邦通信委員会（FCC）によるオープン・インターネット保護及び促進（Protecting and Promoting the Open Internet）の撤廃と、インターネット自由秩序復活（Restoring Internet Freedom Order）の公布は、インターネット利用者に 161 億㌦のコスト削減がもたらされると推計した[24]。インターネット価格によって最も影響受ける消費者についての消費者支出調査の支出カテゴリーは、コンピュータ情報サービス（インターネット接続）カテゴリーである。私たちは、所得五分位ごとの支出シェアを用い、各五分位について（税引後）総所得に占め

図6−9　インターネット自由規則復活から生じたインターネット
接続における消費者の節約、所得五分位別

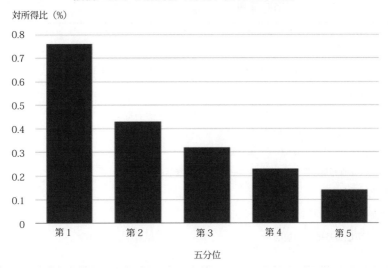

る割合として、インターネット接続支出の削減を算出した。図6−9に示されている結果によると、所得に対する割合として、インターネット接続に関するFCCの規制緩和は、最高所得五分位の5倍の影響を最低五分位の消費者に及ぼしている。

2017年以降に制定された、消費者価格を引き下げる一連の規制緩和措置についても同様の計算を行った（表6−1）。いくつかの規制緩和措置では、所得五分位を通じたコスト削減の分配は、関連する消費者支出調査のカテゴリーの消費者支出の分布に正確にしたがう。事例には、電気、処方薬、インターネット接続の価格を下げると思われる規制緩和措置が含まれる。他の規制緩和措置については、所得五分位を通じたコスト削減の分配は、低所得世帯でより一般的な消費者の選択を元々の規制が対象としていたという事実を反映している。事例には、健康保険規制緩和、短期ローン産業の規制緩和などがある。それらの市場における消費者行動に関する追加情報を用いて、所得五分位を通じたコスト削減の分配に関する推計を精緻化した。

分析した一連の規制についての結果を合計すると、規制緩和措置は非常に累進的であり、規制が低所得世帯にもたらした不釣り合いに重い負担を軽減していることが分かった。私たちが研究した規制緩和措置から生じた利益は、最も貧しい五分位の世帯の平均所得の3.7%に達し、それに対して最も豊かな五分位の世帯では平均所得の0.8%であった（図6−10）。規制緩和措置は、最低所得五分位の消費者に影響を及ぼし、所得に対する割合では、最高所得五分位の消費者への影響の4倍以上であった。前述のように、食料品に15%の税がかかると仮定すると、所得分布の最低五分位の世帯は、食料品売上税で彼らの所得の3.5%を支払うことになり、最高所得五分位に対する影響の5倍以上であることが分かった。私たちが研究した規制緩和措置は、食料品に対する逆進性と類似したコスト負担を取り除いたのである。

私たちの分析は、費用のかかる規制が消費者に課す負担を軽減した規制価格から生じる利益の分配に焦点を合わせている。規制措置及び規制緩和措置には、便益もコストもある。消費者厚生に対

6

表6—1　特定の規制緩和措置が1年間に実質所得に与える影響

名称／説明	実質所得に与える影響 （1年当たり10億ドル）
ブロードバンド及び他のテレコム・サービスの顧客のプライバシーの保護（オプト・イン）	$22
保護規則の合理化	$2
ERISA法セクション3（5）——アソシエーション健康プラン（AHP規則）に基づく「雇用主」の定義	$17
短期・限定期間保険＊（STLDI）	$13
ペイデイ、自動車権利書、特定高コスト割賦ローン	$7
食肉業者法セクション202（a）及び（b）の範囲	$0
廃棄物抑制、特許権使用料支払い生産、資源保全。撤廃または修正＊	$0
オープン・インターネットの保護及び促進撤廃とインターネット自由復活の発行	$54
FDA及びHHS近代化取組	$32
減税・雇用法——強制加入ペナルティーのゼロへの減額	$28
安全・費用適正化自動車燃費基準車両規則	$53
合計	$228

注：アスタリスク（＊）は、規制の短縮名の使用を示している。実質所得に対する1年間のすべての影響は、1億ドル
　　の位を四捨五入して10億ドルの位での概数としている。実質所得に対する影響は、その規制の影響全部に基づいて
　　推計されており、将来実現するかもしれない。
出所：CEA calculations.

図6—10　特定の規制緩和措置とSAFE車両規則から生じるコスト削減、所得五分位別

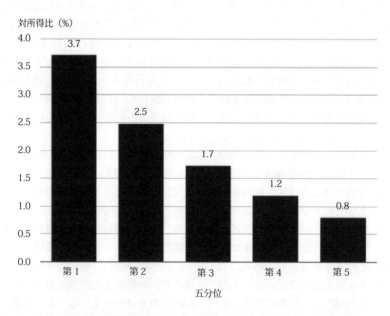

出所：Bureau of Labor Statistics; Bureau of Economic Analysis; CEA calculations.

するその措置の純効果は、便益とコストの差、つまり純便益に左右される。ある措置の純便益の分配は、便益及びコストの相対的規模と、便益及びコストがいかに分配されるかという相対的累進性に左右される（Bento, Freedman, and Lang 2015）。大統領令12866号及び大統領令13771号に基づき、連邦政府機関は、規制措置案が規制コストを減らすかどうか、コスト削減が規制撤廃から生じた放棄された便益より大きいかどうか、分析しなくてはならない。経済諮問委員会（CEA 2019, 2020）は、放棄された便益よりも大きなコスト削減をもたらす規制緩和措置を分析し、コスト削減が累進的に分配されることを明らかにした。これらの規則の放棄された便益がコストよりも累進的に分配されない限り、これらの規制緩和から生じる純便益の分配は累進的である。

連邦規制の逆進性が連邦税の累進性を相殺する

トランプ政権が講じた規制緩和措置にもかかわらず、膨大な連邦規制がまだ残されている。連邦規制の総コストを正確に推計することは困難である。2020年9月1日時点で、連邦政府機関が推計したところによると、その規制により、米国市民は毎年116億時間の事務処理を1500億㌦のコストをかけて完了させることを義務づけられている。2006年から2018年まで、連邦政府は年間平均3600の規制を発布した。これには、一部の観測筋が「規制上の暗黒物質」と説明する指針やその他の文書は含まない。それは、市民参加を必ずしも含まない別形態の規制である（Crews 2017）。連邦規制の総年間コストに関する最近の推計値は、約5000億㌦から数兆㌦に及ぶ（CEA 2019）[25]。クレインとクレイン（Crain and Crain 2014）は、規制の近似値を用い、連邦

⑥

図6-11　連邦税率と比較した規制緩和措置から生じるコスト削減、所得五分位別

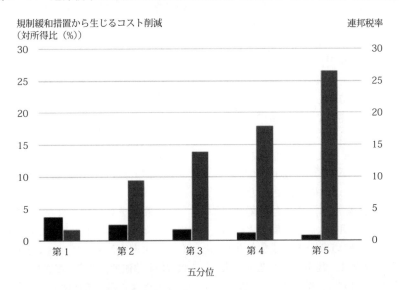

規制緩和措置から生じるコスト削減
（対所得比（%））

連邦税率

五分位

注：各所得五分位の平均連邦税率に関するCBOの推計には、2016年時点での個人
　　所得税、給与税、法人所得税、物品税が含まれている。
出所：Congressional Budget Office; CEA calculations.

規制は 2012 年に約 2 兆ﾄﾞﾙの負担を課したとの結論を下した。コフィーら（Coffey, McLaughlin, and Peretto 2020）は、1977 年から 2012 年までの 22 産業における規制の影響を推計し、規制が 1980 年水準で行われていたとすれば、経済は 2012 年に 4 兆ﾄﾞﾙ大きくなっていたはずであることを明らかにした。

規制負担の大きさは、潜在的な逆進性とあいまって、規制コストが連邦税の累進性を大部分相殺する可能性があることを意味する。2020 会計年度に 3 兆 6000 億ﾄﾞﾙの連邦税収と比較した時、数兆ﾄﾞﾙにも及ぶ規制コスト推計はかなりのものである。実際、私たちが検証した一連の規制緩和から生じる利益の分配は、連邦税の負担の分配とほぼ左右対称となっている（図 6 － 11）。したがって、継続的な規制改革は、連邦政府が企業及び消費者に課す総負担のより多くの部分を、支払い能力の低い低所得世帯からシフトさせる力を秘めている。

結 論

本章では、世帯や企業に対する規制負担を軽減するというトランプ政権の公約を浮き彫りにしてきた。CEA により、2020 会計年度最大の規制緩和措置（SAFE 車両規則）に関連する便益は、消費者に対する価格を、2026 年まで車両 1 台当たり約 2200 ﾄﾞﾙ引き下げることが分かった。さらに、わが政権の規制改革取組は、所得に占める割合からすると、最低所得五分位の人々に最も恩恵をもたらすことが分かった。具体的には、SAFE 車両規則と私たちが研究した他の規制緩和措置から生じるコスト削減は、最低所得五分位世帯の平均所得の 3.7% である一方、最高所得五分位世帯では平均所得の 0.8% であると、私たちは結論づけている。私たちの研究結果は、規制改革の便益についての根拠を提供し、規制緩和は低所得世帯の消費者を最も助けられることを再確認した──低所得世帯の消費者は、経済で厳しく規制されたセクターであることが多い必需品にその予算の比較的大きな部分を費やしているからである。

本章で私たちが点検した規制改革は、COVID-19 パンデミックが発生し、それが健康と米国経済に影響を及ぼす以前に制定されたものである。長期的な影響を予測することは困難であるが、COVID-19 の短期的な影響の範囲と性質に関する形跡が浮上し始めている。残念ながら、COVID-19 パンデミックは、健康上の問題や、失われた仕事や賃金を含めた経済的帰結において、低所得世帯にとくに大きな影響を与えた。私たちが論じた規制緩和から生じるコスト削減及び分配上の影響は、低所得世帯への打撃をいくらか和らげるかもしれない。さらに、規制改革は、米国を力強い経済回復に向けて位置づけるのに役立ち、COVID-19 パンデミックから経済が回復するにつれて、中間所得及び低所得のアメリカ人を引き上げるのに役立つ強力なツールになるかもしれない。

注

1　情報・規制問題局（Office of Information and Regulatory Affairs）は、経済に少なくとも 1 億ﾄﾞﾙの影響を及ぼす場合、物質面で経済に悪影響を及ぼす場合、新規の法的または政策問題を引き起こす場合、または 1993 年の大統領令 12866 号のセクション 3（f）に記載されている規準を満たす場合、規制を重大であると見なす。重大だと見なされる規制の中で、経済に少なくとも 1 億ﾄﾞﾙの影響を及ぼすと予想されるもの、または、物質面で経済に悪影響を与えると予想されるものは、経済的に重大であると見なされる。

2　大統領年は 2 月 1 日に始まり、翌年の 1 月 31 日に終わる。

3　行政管理予算局は、大統領令 13771 号規制措置を次のように定義している。（1）大統領令 12866 号セクション 3（f）により定義された重大な規制措置で、最終決定され、総コストがゼロより大きなもの。または、（2）大統領令 12866 号の手順に基づいて情報・規制問題局により点検された重大な指針文書（例えば重大な解釈指針な

ど）で、最終決定され、総コストがゼロより大き
なもの。

4　基準の調和化を前提とし、私たちはこれらの2
つの基準をGHG基準と簡潔に呼ぶ。

5　例えば、規制影響分析（EPA/DOT 2012, 2020）
を参照のこと。

6　EPA/DOT（2016, 2020）は、私たちと同様に、
遵守コストの消費者への転嫁を1対1と仮定して
いる。

7　プログラム最初の数年間取引が非常に限定され
ていたこと、これらのデータがすべての取引につ
いて幅広く利用できるわけではないこと、それが
より低コストの遵守方法であったとしても一部の
企業は取引をしない意向であると発表したことに
注意せよ。

8　数年間、テスラの証券取引委員会への年次報
告では、排出ゼロ車とGHG排出権の収益が別々
に報告されていなかったが、この内訳は、証券
取引委員会への同社の四半期報告から入手でき、
『フォーブス』（Forbes 2017）によって報じられた。
これにより、GHG収益に排出ゼロ車の収益を含め
ないようにすることができる。

9　Leard and McConnell（2017）は、排出権価格
を内挿するため、テスラの排出権収益を取引量と
照合した最初のものであることを記しておく。

10　GHG基準は2012～21年の各年に厳格化し
たため、自動車メーカーは前半にGHG排出権を
蓄積し、後半にそれらを使用すると予想してい
る。環境保護庁の記録はこれが事実であることを
示しており、ほとんどの自動車メーカーで2017
年型の排出権が不足している。EPA（2019, figure
5.17）を参照のこと。

11　2014年、起亜自動車と現代自動車は環境保護
省との和解で排出権を失い、それは1トン当たり
51ドル（2018年価格で、2016年までの利息を含む）
の価値があった。その価格は市場取引に基づいて
いないため、それを2012～16年の価格に関す
る私たちの推計値には含めなかった。

12　排出権価格を算出する際、テスラがカナダの
GHG市場で売却した少量のGHG排出権を考慮に
入れており、それらの収益は証券取引委員会に報
告された排出権収益におそらく含まれている。

13　自動車のタイプ間で一定の代替弾力性を有する
モデルに関するCEAの理論的分析が示すところ

によると、（mpgに関して）線形の排出権供給表
は実際の供給表の良い近似である。ただし基準が
とくに厳しい場合を除く。その場合線形の供給は
遵守費用の推計を過小評価している。これにより、
2012年規則を遵守する限界費用の推計値はおそ
らく控えめである。

14　一部のメーカーは2014年に排出権の有効期
限が切れるのを許し、これは、基準が当時拘束力
を持っていなかったことを示唆している。しかし、
2009年の排出権は、自動車メーカー間で取引で
きなかった。さらに、2009年に有効期限切れと
なった排出権は、5年間しか預けられないもので
あった。それは、2021年型まで預けられ使用で
きる、2010～16年型で獲得された排出権とは
異なっていた。

15　遵守の限界費用に関するこの推計はCAFE基準
に対するものであるが、GHG基準が当時なかった
ことを考えると、24.8mpgというGHG基準の遵
守費用は、依然として私たちの最善の推計である。

16　図6−3は、読者にとってmpgはGHG量よ
りも馴染みがあるため、排出基準ではなく燃費基
準と見出しをつけている。

17　消費者の車両評価に他の認知可能な影響を与え
ることなく、排出を削減したり燃費を向上させる
ように車種設計を追加または変更することによっ
て、より厳しい基準への準拠が完全に達成される
限り、平均価格上昇は、品質を調整した平均価格
上昇と同じである。

18　遵守費用を車両1台当たりの1mpg当たり一
律116ドルと仮定すると、SAFE規則により、消
費者は1台当たり1032ドル節約できる。これは、
EPA/DOT（2020）の規制影響分析の推計値と同
等である。

19　0年のコスト・プロファイルを年換算するため、
7%の実質割引率を用いる。すべての金額は2018
年価格である。

20　平均自動車価格は『ケリー・ブルー・ブック』
からのものである。2020～29年型の販売予測は、
EPA/DOT（2020, table VI-189）からのものである。

21　生産性が労働供給に対する所得効果と代替効果
を持ち、長期的には相殺されるという「均斉成長」
の仮定を採用している。人々がより多く稼ぐほ
ど、人々はより多くの余暇を需要する（所得効果）。
しかし、賃金上昇は余暇に比べて労働の価値を増

加させるという反対の効果を持ち、それにより労働を増やし余暇を減らすよう促される（代替効果）。

22　CEA が以前に分析した他の規制（CEA 2019）の多くと同様に、SAFE 車両規則は、実質所得へ影響を及ぼし、その金額は純（私的及び社会的）便益の金額を大幅に上回る。これは主に、純利益が機会費用——例えば、働いていない場合の余暇の価値——を考慮しているのに対し、実質所得は考慮していないからである。

23　このように定義される経済的必需品という概念は、経済学以外で一般的に使われている「必需品」という言葉の用法よりも幅広い。

24　CEA の分配分析は、私たちが予測した規制コスト削減が、規制緩和を受けた業界により生産された財・サービスに支払う価格が低下する消費者に渡されることに注目している。私たちの以前の研究では、CEA（CEA 2019, table 6-1）によって報告されているように、生産要素市場、つまり労働市場と資本市場で大幅な追加的コスト削減が見られる。生産要素市場を通じた世帯所得の分配への影響を追跡することは、本『白書』の範囲を超えた複雑で困難な作業である。焦点をこのように絞り込んだので、以前の CEA レポートで推計した総コスト削減の一部しか含まれていない。

25　すべての連邦規制の累積コストを推計しようとする連邦政府機関はない。しかし、規制の知る権利法は、行政管理予算局に、主要規則として指定された一連の連邦規則の総費用と便益を推計するように命じた。連邦規制機関は、すべての規則の1％未満の費用便益しか算出していない。

第7章
選択と競争による教育機会の拡大

過去30年間、米国では学校選択プログラムが劇的に拡大してきた。これらのプログラムは——連邦、州または地方自治体レベルで組織され——、教育の選択肢へのアクセスを拡大するという共通の目標を共有している。それは初等・中等教育における公立学校という選択肢と並び立ち、究極的にはそれらを改善する。学区公立学校（DPS; district public school）制度の下で、生徒は住んでいる場所に基づいて学校を割り当てられ、学校を選択する唯一の方法は、金銭的余裕のある家族であればより良い学校がある地域へ物理的に移動することである。学校選択プログラムは、学校制度における競争を激化させ、すべての生徒、とりわけ恵まれないグループの生徒の教育機会を改善することにより、この状況を根本的に変えてきた。

急速に増加している学校選択の選択肢の1つはチャーター・スクールである。チャーター・スクールは公立学校で、公的資金を使って何百万もの生徒を教育するが、地域の公立学校制度から自律して運営されている。さらに、奨学金プログラムは——政府からも民間からも資金が提供されており——私立学校の授業料で何十万もの生徒を支援し、また、コース、仕事ベースの学習機会、大学単位取得のための並行及び二重登録、ホームスクーリング、特別教育サービス及びセラピー、個人指導などへのアクセスを与えることができる。これらや他の選択プログラムは、それらを欠いている家族に機会を提供し、それによりすべての学校が質の高い教育を届けるインセンティブを確実に持つようにする。

本章では、わが国最初の主な学校選択プログラムが導入された1990年以降における学校選択プログラムの発展と拡大について説明する。学校選択プログラムの概要を説明し、全国から例を挙げて主なタイプのプログラムについて説明する。また、学校選択をさらに拡大するためのトランプ政権の最近の措置も含め、連邦政府政策の役割についても論じる。

次に、学校選択政策を拡大することの主な利点について説明する。それは、教育における競争の拡大であり、それにより家族は力を与えられ学校により高い価値を届けるよう圧力をかける。学校選択プログラムは、低所得家族がより良い学校を求めてより豊かな地域へ移動することがほとんどできない地域も含め、すべての地域で競争を拡大することができる。そのプログラムにより、人々は、場合によっては地元の教育独占の失敗について、責任を取らせることができる。これは、学校選択プログラムを使う子供にも、学区公立学校にとどまる子供にも利益をもたらすことができる。なぜなら、すべての学校が質の高い教育経験を提供することにより、生徒の在籍を競わなくてはならないからである。私たちは、慎重に作成された学校選択プログラムがすべての生徒の教育成果を改善するという実証的証拠が積み重なっていることについて説明する。いい換えると、競争はすべての船を持ち上げる上げ潮になりうるのである。

学校選択とは、居住地によって割り当てられた学区公立学校（DPS）教育の代替策を促進する政策、法律、組織のことをいう。本章では、米国における学校選択プログラムと、それらを促進する上で連邦政府政策が果たす役割の概要を示す。また、これらのプログラムの動機となる競争に関する経済理論についても説明する。最後に、本章で

図7-1　教育貯蓄口座（ESA）、バウチャー、税額控除奨学金の数、1996～2020年

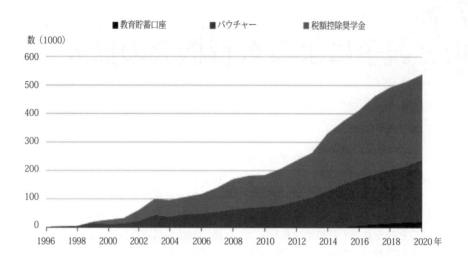

出所：Edchoice.

は、学校選択プログラムの影響に関する実証研究をレビューする。

　最初の主な学校選択プログラムは1990年代初頭に導入された。そのプログラムは、地元のDPSの成績が悪かった場所ではとくに、低所得家族の生徒には居住地で割り当てられたDPSに代わるものがないという懸念から始まった。1990年、ウィスコンシン州は、米国で最初の主要なバウチャー・プログラム、ミルウォーキー保護者学校選択プログラム（Milwaukee Parental Choice Program）を制定した。このプログラムは現在も引き続き運営されており、私立学校に通学することを選択したミルウォーキーの適格生徒に公的資金拠出を受けたバウチャーを提供している。1991年、ミネソタ州は、最初のチャーター・スクール法を制定し、1992年セントポールに最初の公立チャーター・スクールを開設した。やがて、居住地に割り当てられたDPSの代替策に対する需要が高まり、学校選択プログラムは全米の多くの学区で導入されてきた。

　今日、私立学校選択プログラムは、数十万の生徒が私立学校に通学するのを可能にする財政支援を提供している。以下で詳細に説明するように、これらのプログラムには、バウチャー、税額控除奨学金、州政府拠出教育貯蓄口座（ESAs; education savings accounts）が含まれ、合わせると現在約53万9000を数える（EdChoice 2020a）。

　公立選択プログラムはさらに、地理的な居住地に基づいて通学するDPS以外の学校に、数百万の生徒を通学できるようにしている。公立チャーター・スクールの設立に加えて、州及び地方自治体は、専門的な学習プログラムを備えた公立学校であるマグネット・スクールなど、他の公立学校選択プログラムを導入した。公立チャーター・スクールとマグネット・スクールの在籍数は、時間の経過とともに増加してきた（図7－2）。2017～18年、チャーター・スクールとマグネット・スクールには、それぞれ310万、270万の生徒が在籍した（NCES 2019a）。多くの公立学校制度にはまた、居住地で割り当てられるDPS以外の公立学校に生徒が通学するのを許可するオープン登録プログラムも導入されている。

図7-2 時間を通じての公立学校プログラムへの在籍者数

■チャーター・スクール ■マグネット・スクール

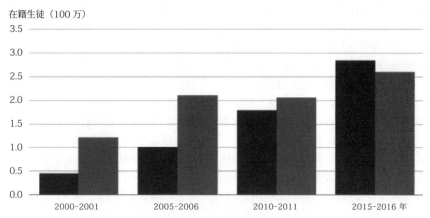

出所：National Center for Education Statistics.

図7-3 幼稚園から第12学年までに在籍している5〜17歳の生徒の割合

■1999年 ■2016年

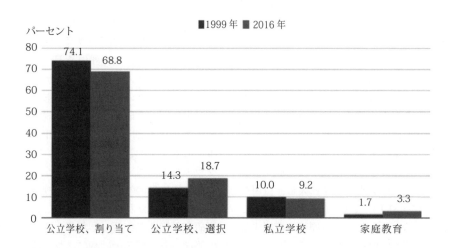

出所：National Center for Education Statistics.

連邦政府による資金は幼稚園から高校まで（K-12）の学校の資金源としての役割は比較的小さいが、連邦政府は、学校選択を拡大しようとしている州政府及び地方自治体を支援している。以下では、マグネット・スクール支援プログラムとチャーター・スクールプログラムを含め、学校選択を支援する主な連邦政府プログラムについて説明する。また、2017年「減税及び雇用法」（TCJA）の下、529の教育貯蓄口座の初等・中等教育への拡大を含め、この支援を拡充するためにトランプ政権下で実行された最近の政策について報告する。

学校選択プログラムは劇的に増加したが、幼稚園からの高校までの生徒の大多数は、引き続き居住地によって割り当てられたDPSに通学している。図7−3に示されているように、居住地で割り当てられたDPSに通学している生徒の比率は、1999年から2016年までに約5％ポイント低下した。同じ期間に、自ら選択した公立学校に通っている生徒の比率は、約4％ポイント上昇した。

概要を説明した後、学校選択を動機づける競争の経済理論について説明する。学校選択プログラムは、学校が競争の激化にさらされると、教育成果が改善するという考えに基づいている。その知的基盤は、ノーベル賞経済学者のミルトン・フリードマン（Milton Friedman 1955）の功績だとしばしばいわれており、彼は、公立学校が競争に直面すると、質が高く、費用対効果の高い教育を提供するインセンティブが強まると主張した。ホクスビー（Hoxby 2003）が説明している通り、競争の有益な効果は、選択の力を通じて発揮される。チャーター・スクールは、入学が保証されていないため、生徒を引きつけるために競合するDPSよりも良い教育を提供することに拍車をかけられている。私立学校は同様のインセンティブを有するが、しかし、授業料を請求するため、一部の家庭は金銭的に手が届かない。私立学校選択プログラムは、私立学校へのアクセスを拡大し、費用を助成することによりDPSとの競争力を高めることを目指している。しかし、一方通行で機能するだけでなく、競争はDPSによる対応を招くかもしれない。競合するチャーター・スクールまたは私立学校に生徒を奪われるという脅威に直面すると、DPSは、生徒と彼らがもたらす資金を引き止めるために、実績を向上させることに取り組む可能性がある。

本章で後に説明するように、学校選択プログラムの設計は、競争がすべての生徒に利益をもたらすのを保証するのに役立つ。理論的には、選択プログラムは、DPS制度から優秀または意欲的な生徒をきわめて多く連れ出し、苦闘している生徒を置き去りにし、優秀な仲間とかかわることの利点を失わせる可能性がある。学校選択の既定の方法——より良い学校を有するより豊かな地域に移動できること——と同様に、これは、家庭環境によるセグメンテーションを生み出し、DPS制度に残っている一部の生徒に害を及ぼす。しかし、私たちが論じるように、これら理論上の懸念は、実証研究により裏づけられていない。1つには、多くの学校選択プログラムに、適格性を対象とするか、恵まれない生徒に比較的気前よく資源を提供することにより、そのような結果を回避する設計仕様が含まれているからである。

本章の最終節では、学校選択プログラムの影響に関する実証的証拠を点検する。一部の研究ではマイノリティー及び低所得の生徒について大幅な肯定的な結果が見られるが、これらのプログラムに参加している生徒にとって、試験スコアによって計測された達成結果はまちまちである。学校選択の一部の肯定的結果は、より高い教育達成度を通じて子供の発達に後に現れることを説明し、これらの長期的結果に関する研究は概してもっと肯定的である。したがって、政策立案者は、学校選択を通じてより質の高い教育を促進するための取組を評価する時、広範囲に及ぶ結果を検討すべきである。また、人種・エスニシティーの統合、長期的な学習以外の結果、財政的影響に関連する学校選択に関する研究についても説明する。最後に、居住地により割り当てられたDPSにとどまった生徒に対する影響という点について、自身がプログラムに参加するかDPSにとどまるかにかかわりなく、地元の学区における学校選択の拡大からすべての生徒が利益を得られることを示唆する実証研究が増えている。したがって、選択はすべての船を持ち上げる上げ潮になりうるのである。ある種の学校が別の種類のものよりも本質的に優れているからではなく、質を高め価値を届けるように競争がすべての学校に圧力をかけるからである。

学校選択プログラムと連邦政府政策の概要

本節では、私立学校及び公立学校選択プログラムの主なタイプについて説明する。各タイプには固有の利点があり、それぞれの項で浮き彫りにされる。次に、米国の5つのリージョンにおける学校選択の事例を示す。最後に、トランプ政権により講じられた措置も含め、学校選択を支援する連邦政府の措置について論じる。

私立学校選択プログラム

私立学校選択プログラムには3つの基本的なプログラム、すなわち、バウチャー、税額控除奨学金、教育貯蓄口座がある。合わせると、これらのプログラムには、数十万の生徒が登録している（図7-1）（EdChoice 2020a）。8つの州では、一定の教育支出について個人所得税控除または税額控除も提供しており、たいてい自分の子供に支出されている。

バウチャー・プログラムは、私立学校に子供を入学させる親に助成金を提供する。バウチャー助成金は、たいてい、子供の教育を目的とした公的資金の特定割合に設定される。バウチャーは授業料全額を必ずしもカバーするわけではないが、それにより私立学校教育が親にとって手頃な価格になる。2018～19学年度に、28のバウチャー・プログラムが17州、コロンビア特別区、プエルトリコで運営された。合わせて、これらのプログラムは、18万8000の生徒にサービスを提供した（EdChoice 2019）。多くのプログラムは、低所得の生徒または障害を持つ生徒を対象としている。7つの州とコロンビア特別区は、低所得の生徒にバウチャーを提供し、11の州は障害を持つ生徒にバウチャーを提供した。

税額控除奨学金により、生徒は、非営利組織からの民間資金を受け取り、私立学校に通学することができ、また個人指導、オンライン学習、大学単位取得のための並行及び二重登録、ホームスクーリング費用など、他の教育費を支払うことができる。個人と企業は、これらの非営利組織に寄付し、その見返りとして州の所得税額控除を受けることができる。州は、その年に提供される税額控除の総額、または、各企業もしくは各個人が請求できる金額を制限している。税額控除奨学金はしばしば、低所得の生徒、障害を持つ生徒、あるいは実績の悪いDPSに割り当てられた生徒を対象としている。2018～19学年度に、23のプログラムが18州で実施され、約27万5000の生徒にサービスを提供した（EdChoice 2019; Kaplan and Owings 2018）。これらのプログラムの1つであるモンタナ州の税額控除奨学金プログラムは、2018年末に機能しなくなった。モンタナ州最高裁判所がそのプログラムは州憲法に違反しているとの判決を下したからである。しかし、その判決は2020年6月に合衆国最高裁判所により覆された（BOX7-1を参照のこと）。

教育貯蓄口座（ESAs; Education savings accounts）は多目的奨学金であり、それにより参加している親は、私立学校授業料、ホームスクール費用、公立学校または学区により提供される契約サービス、コース、大学単位取得のための並行及び二重登録、個人指導など、現在生じている教育費を支払うことができる。また、大学など将来の教育費を支払うこともできる。2018～19学年度に、5つのプログラムが5つの州で運営され、1万8700名以上の生徒を支えていた。ほとんどの州は、対象を障害のある生徒に限定していた。アリゾナ州のプログラムには、低所得の生徒、実績の悪いDPSに割り当てられた生徒、養子縁組もしくは里親養育中の生徒、部族用地に暮らす生徒、現役軍人もしくは任務中に殺害された軍人の子供など、その他のグループの生徒も含まれる。資金の金額は州により異なり、ミシシッピ州の6500㌦のように、一部の州は生徒1人当たりの一律額を設定しており、他の州では、州の生徒1人当たりの教育資金の一部を親に支給している。一部の州では、低所得の生徒または障害を持つ生徒にはより高い金額の奨学金が支給される。例えば、アリゾナ州では、連邦貧困線の250%まで

⑦

の所得しかない世帯の生徒は、州の生徒1人当たりの資金の100%を受け取れる一方、他の対象の生徒は90%を受け取る（EdChoice 2020a）。

公立学校選択プログラム

　公立学校選択プログラムには、チャーター・スクール、マグネット・スクール、自由入学方式が含まれる。チャーター・スクールは、授業料無料の公立学校であり、学区公立学校から独立して運営されているため、説明責任の強化と引き換えに、教育プログラム、雇用、運営、予算により大きな自律性を有している。プログラムは州により異なるが、多くのチャーター・スクールは、居住地によって割り当てられたDPSからチャーター・スクールに移る生徒数にしたがって、生徒1人ごとに資金を受け取る。チャーター・スクールに資金を提供することに加えて、州政府は、主体にチャーター承認者の役割を与える。チャーター承認者は、独立チャーター委員会、非営利組織、高等教育機関、州及び地方の教育機関など、さまざまな種類がある。そうしてチャーター承認者は、チャーター運営者が学校を経営することを承認できる。

　ほとんどのチャーター・スクール運営者は、独立の主体（例えば、教員や親のグループ、または地元の非営利組織やコミュニティー組織）であるが、チャーター・スクールの約35%は、より大きな学校ネットワークの一部として、非営利もしくは営利経営組織により運営されている。そのようなネットワークの例としては、ナレッジ・イズ・パワー・プログラム（KIPP; Knowledge Is Power Program）、チャーター・スクールUSA（Charter Schools USA）などがある。チャーター・スクール運営者は、そのチャーターを付与した組織に説明責任を持ち、学校は定期的評価の対象となる（Kaplan and Owings 2018; David 2018）。

　公立チャーター・スクールは、DPS制度を拘束する制約の外で運営されているため、DPSよりも革新的になりうる。グルーベとアンダーソン（Grube and Anderson 2018）は、モンテッソーリ学校や二言語イマージョン学校などのイノベー

ションについて説明している。「言い訳をしない」アプローチに基づくチャーター・スクールは、都市環境で人気があることが分かってきた。これらの学校には、制服、厳しい規律、延長授業時間、集中個人指導などの特徴がある（Angrist et al. 2016）。KIPP財団は、これらの学校で知られている。

入学に関しては、チャーター・スクールはたいてい、適格な志望者すべてを受け入れ、定員超過の場合には生徒を選抜するのにクジを使うことが義務づけられている。チャーター・スクールは急速に増加している。2000～1学年度から2017～18学年度の間に、チャーター・スクールの数は約260％増加し、在籍生徒は約600％増加した。2017年秋時点で、生徒の6％以上が、これらの機関に参画している公立初等・中等学校に在籍していた。チャーター・スクールへの入学者数は、マイノリティー及び低所得の生徒数が多い都市部で一般的に高くなっている（NCES 2019a）。

マグネット・スクールは、共通の関心やスキルセットを持つ生徒を集めることを目的とし、専門的プログラムを提供する公立プログラムである。これらの学校は、数学、化学、舞台芸術などの特定分野に特化している。一部のマグネット・スクールはまた、料理法や航空宇宙工学などニッチな科目も含んでいる。もともと、マグネット・スクールは、多様な集団から生徒を意図的に登録することにより、人種差別撤廃を促進するために設立された（OII 2004）。多くのマグネット・スクールは、引き続きこの使命を果たしている。

マグネット・スクールへの入学は、さまざまな志望方法を通じて処理されている。一部のマグネット・スクールには通学区域があり、生徒集団の一部は地理的な場所に基づいて登録され、他方残りの枠は学区の残りの部分からの志願者によって埋められる。その他のマグネット・スクールには通学区域がなく、代わりに申請プロセスを通じてすべての枠が許可される。入学はまた、クジによって処理されることもある。一部のマグネット・スクールは、ランダムなクジを使用するが、他のスクールでは一定の資格を持つ生徒を優先するようなウェイトづけられたクジを使用する（OII 2004; Ayscue et al. 2015）。2017～18学年度時点で、3421のマグネット・スクールがあり、

270万の生徒が在籍している（NCES 2019a）。

*自由入学方式学区*は、学区間または学区内の公立学校の選択を促進し、それにより生徒はDPS割り当てを受ける代わりに、通学したい学校を選択することができる。学区内方式により生徒はその指定学区内における学校間の選択ができ、他方、学区間方式により生徒は州内または広く定義された地域内の学校に通学する選択肢が与えられる。自由入学プログラムは、生徒に質の高い公立学校へのアクセスを与え、他方で公立学校間に競争をもたらすことにより、世帯を助ける。それでも、すべての州と学区が近隣地区以外の学校への通学費を賄っているわけではなく、これは一部の家族に障壁をもたらし、選択を行う力を制限する可能性がある。2018年時点で、ほとんどの州は、自由入学に関連した方針を実施していた。34州では、学区が参加するかどうかを選択するが、28州では場合によっては自由入学が義務づけられている（ECS 2018）。

*DPS*と競合するその他のタイプには、ホームスクーリングやバーチャル・スクールが含まれる。教育省は、ホームスクーリングを公立または私立学校に通学するのが週25時間未満の生徒を含むように定義している。2016年時点で、170万の生徒がホームスクーリングを受けており、全生徒の3.3％に相当し、1999年の1.7％から増えている（図7－3; NCES 2019b）。バーチャル・スクールは、対面指導とオンライン指導のハイブリッドが含まれる場合もあるが、私立学校または公立学校が運営する完全オンライン・カリキュラムの場合もある。2017年に、約28万の生徒がバーチャル・スクールに在籍した（NCES 2019a）。しかし、コロナウィルス・パンデミックの期間中に、より多くの生徒が何らかの形のバーチャル学習を経験している（EdSurge 2020）。

学校選択の例

学校選択は全米のコミュニティーで増えているが、特定の場所で学校選択がいかに発展したかを比較することは有益である。ここでは、学校選択がその教育環境でとくに著しい役割を果たすようになったいくつかの例について検討する。ミルウォーキー、フロリダ、ニューオーリンズ、マサ

チューセッツ、コロンビア特別区である。

ミルウォーキー　ミルウォーキー保護者学校選択プログラムは、低所得の生徒を対象としたバウチャー・プログラムとして 1990 年に設立された。当初、同プログラムは、連邦貧困線の 175% 未満の所得の家族に限定されていた。また、登録はミルウォーキー公立学校区（MPS）の生徒の 1% に制限されていて、ほとんどの生徒がランダムな選別過程を経ていた。同プログラムには当初、この地域の私立学校生徒在籍数の約 80% を占める宗教私立学校が含まれていなかった（Witte 1998）。ウィスコンシン州最高裁判所がバウチャー・プログラムに宗教学校を含めることはウィスコンシン州憲法に違反しないと判決を下した 1998 年以降、バウチャー・プログラムはより急速に成長した。今日、同プログラムは拡大し、貧困線の 300% までの所得の家族を対象とし、登録に上限はなく、特定の学校が定員超過の場合選抜にクジを用いている。2019 年時点で、120 の学校が参加し、2 万 8900 人以上が在籍している（EdChoice 2020c）。

ミルウォーキーは 1996 年にチャーター・スクールを導入した。現在、ミルウォーキーには 44 のチャーター・スクールがあり、1 万 8000 人以上の生徒が在籍している（Wisconsin Department of Public Instruction 2020）。一部の学校は MPS によって認可されているが、他のものはそれから独立しており、ウィスコンシン大学ミルウォーキー校とミルウォーキー市によって認可されている。独立したチャーター・スクールには、MPS によって運営されているものよりも大きな自治権があり、ミルウォーキーの全チャーター・スクールの約半分を占めている。ミルウォーキーの学校選択は、新たな教育方法に拍車をかけてきた。1999 年、MPS は、競争圧力に対応して新しいモンテッソーリ学校を開設するなど、変革を導入し始めた（Grube and Anderson 2018）。

フロリダ　2001 年、フロリダ州議会はフロリダ州税額控除奨学金プログラムを設立した。このプログラムは、非営利の奨学金を提供する組織に寄付する企業に州税の税額控除を提供する。その奨学金は、私立学校の授業料や費用、あるいは、生徒の居住する学区外の公立学校への交通費に使うことができる。同プログラムが最初に成立した

時には、連邦貧困線の 185% 未満の世帯所得を持つ生徒しか対象にならず、プログラム支出は年間 5000 万㌦に上限が決められていた。その後、このプログラムは拡大されたので、連邦貧困線の 200% から 260% の世帯所得を持つ生徒が部分奨学金の対象となり、他方、低所得家族の生徒は全額奨学金の対象となった。2018 〜 19 学年度に、およそ 6 億 4500 万㌦の奨学金が、1825 の参加私立学校に通学している生徒 10 万 4091 人に授与された（Florida Department of Education 2019c）。

フロリダ州はまた、州が資金提供する別の学校選択プログラムを設立した。マッケイ奨学金プログラムは、特別支援を必要とする生徒向けとしては全米初の学校バウチャー・プログラムとして 2000 年に設立された。このプログラムは、私立学校に通学するか、別の公立学校に転校する生徒に奨学金を提供している。2018 〜 19 年、同プログラムは、2 億 2000 万㌦の奨学金を 3 万 695 人の生徒に授与した。ガーディナー奨学金プログラムは、2014 年に設立されたもので、特別支援生徒が学習を支援する財・サービスを購入するための資金を提供する ESA プログラムである。2018 〜 19 年、このプログラムは、1 億 2500 万㌦の奨学金を約 1 万 2188 人の生徒に授与した。家族エンパワーメント奨学金プログラムは、昨年設立されたもので、恵まれない家族の最大 1 万 8000 人の生徒に私立学校に通学する奨学金を提供し、連邦貧困線の 185% 未満の所得の世帯の生徒を優先する。フロリダ州はまた、フロリダ・バーチャル・スクールと呼ばれる州全体にわたるバーチャル・スクールを運営しており、2018 〜 19 学年度に 21 万 5505 人が登録した。最後に、フロリダ州は、大規模な公立チャーター・スクール・セクターを有しており、2018 〜 19 学年度に 31 万 3000 人が在籍した。

ニューオーリンズ　ハリケーン・カトリーナ以前、ニューオーリンズの公立学校は、この国で最悪の実績を記録していた。2004 〜 5 学年度に、ニューオーリンズの生徒のわずか 35% しか、州の試験で習熟スコアを達成できず、高校卒業率は約 54% であった（Teach New Orleans 2020）。2003 年、公立学校を改革する方法として、ニューオーリンズ復興学区（RSD; New Orleans Recovery

School District) が創出された。2005 年、ハリケーン・カトリーナの残した荒廃に対応して、RSD は 114 の実績の悪い学校の管理を引き継いだ。教育省から 2090 万㌦の資金の助けを得て、ニューオーリンズは、新たなチャーター・スクールを開設し始めた。時間の経過とともに、RSD は、実績の悪い学校の一部を廃止し、他のものをチャーター・スクールに転換させた。2014 年までに、すべての RSD 学校はチャーター・スクールとなり、ほぼすべての教員が入れ替えられた。さらに、学区公立学校通学区域は撤廃され、ニューオーリンズは全米で唯一、すべて選択できる学校制度となった。その改革により、ニューオーリンズの生徒は劇的な改善を見た。2013 〜 14 学年度までに、州の試験で生徒の習熟度は 62% 上昇した。高校卒業率、大学進学率、大学卒業率すべてが大幅に上昇した（Harris and Larsen 2018）。

2008 年、ルイジアナ州もニューオーリンズの生徒のためにバウチャー・プログラムを開始し、今日ではルイジアナ州奨学金プログラムとして知られている。このプログラムは、家族所得が貧困線の 250% 以下で、問題のある学校にいる生徒を対象としていた。最初の 4 年間、増加はゆっくりであり、2011 〜 12 学年度に年間のバウチャーは約 1900 に達した。2012 年、そのプログラムはニューオーリンズ以外の地域にも拡大され、2014 年までに、6500 のバウチャーが授与された。

マサチューセッツ　1993 年、マサチューセッツ州議会は教育改革法を可決し、教育における州の役割を拡大した。同法は、チャーター・スクールの創設を許可し、マサチューセッツ州初等・中等教育局にそれらを認可する権利を留保した。2019 〜 20 学年度に、マサチューセッツ州で 81 のチャーター・スクールが運営され、4 万 8000 人弱を教育した。学校は人気があることが分かり、その枠は通常クジによって割り当てられる。2019 〜 20 学年度に、73 のチャーター・スクールには順番待ちリストがあり、1 つ以上のリストに約 2 万 8000 人近くの生徒がいた（Massachusetts Department of Elementary and Secondary Education 2016, 2019）。2010 年、マサチューセッツ州は法律を可決し、成功した実績を持つチャーター・スクールの拡大を許可

した。その結果、ボストンでは、チャーター・スクールの数は 2 倍になった。大幅な増加にもかかわらず、最近の研究によると、新しい学校は、もともとのチャーター・スクールと同等の成果の向上をもたらした（Cohodes, Setren, and Walters 2019）。

1 年生から 8 年生まで、ボストンの公立学校制度は、自宅ベース学校割当政策として知られる割当制度による学校制度を通じて、学校選択を促進している（Boston School Finder 2020）。その政策は、生徒を地区の学校に通学させることと、質の高い学校に通学するチャンスをより多くの生徒に与えることの間にバランスを見つけることを目指している。家族は、学校リストから選択し、意向を表明することが許されている。クジによる仕組みが生徒を学校に割り当てるのに用いられており、こうした意向が考慮される。時間の経過の中で、生徒の通学時間やずっと続く人種不平等に関する懸念に対応し、その仕組みは調整されてきた（Sbdulkadiroglu et al. 2006）。

コロンビア特別区　コロンビア特別区のバウチャー・プログラムは、連邦政府により運営されている唯一の私立学校選択プログラムである。2004 年にジョージ・W・ブッシュ大統領が署名し、DC 学校選択インセンティブ法は DC 機会奨学金プログラムを創設した。それは、とくに恵まれない生徒のために、コロンビア特別区の教育を改善することを目的としていた。議会はこのプログラムに継続的に資金を提供してきたが、オバマ政権はそれを段階的に廃止しようとし、2009 〜 10 学年度と 2010 〜 11 学年度に新規生徒が登録するのを妨げた。しかし、トランプ政権はこのプログラムを強力に支援し、2016 〜 17 学年度から 2017 〜 18 学年度にかけて、参加を 40% 以上、1600 人以上の生徒にまで増やすのを支援した（CRS 2019）。2020 〜 21 学年度に、バウチャーは K − 8 生徒については最高 9161㌦、高校生については 1 万 3742㌦であった。バウチャー・プログラムに加えて、ワシントンには、1996 年にまで遡る大規模なチャーター・スクール・セクターがある。2019 〜 20 学年度、これらの学校には、プリスクールから 12 年生までと成人学習プログラムに 4 万 3500 人以上の生徒が在籍している（DCPCSB 2020）。

⑦

学校選択における連邦政府政策の役割

　この項では、学校選択における連邦政府政策の役割について説明する。最初にK－12教育に関する組織、その資金、連邦政府の貢献の概要を説明する。次に、学校選択に関連する主な連邦政府政策について説明する。最後に、学校選択をさらに支援、拡大するためのトランプ政権の最近の措置を浮き彫りにする。

　州政府及び地方自治体は、米国におけるK－12教育について主な責任を負っている。公的及び民間の組織とともに、それらは新たな学校を設立し、卒業基準を決定し、カリキュラムを作成する（U.S. Department of Education 2017）。州政府及び地方自治体はまた、K－12教育のために主たる資金源を提供している。2016～17学年度の公立初等・中等教育に配分された7360億ﾄﾞﾙのうち、過半は州政府及び地方自治体により配分された──それぞれ47％と45％である。わずか600億ﾄﾞﾙ（8％）だけが連邦政府の資金源によるも

のであった（NCES 2020a）。

　教育省からの連邦資金の半分以上は、家族所得の低い生徒、または障害のある生徒を支援している。連邦資金の約26％は、タイトルI助成金に費やされている。それは、所得の低い生徒の割合の高い学区において、州政府及び地方自治体からの資金を補完している。連邦資金の別の20％は、障害のある生徒に焦点を合わせている（NCES 2020b）。各州によって人口動態が異なるため、生徒1人当たりの連邦資金は州によって異なる。図7－4は、州別の公立初等・中等学校に対する生徒1人当たり連邦資金を示している（NCES 2019c）。

　連邦政府はまた、学校選択プログラムを支援するために資源を提供している。教育省は、選択を促進するキーとなる連邦プログラムを監督している。これらには、マグネット・スクール支援プログラムとチャーター・スクール・プログラム、また前述のコロンビア特別区機会奨学金プログラムが含まれる（U.S. Department of Education 2019a, 2019b, 2020a）。

図7－4　公立初等・中等学校についての生徒1人当たりの連邦政府資金、州別、2016～17年

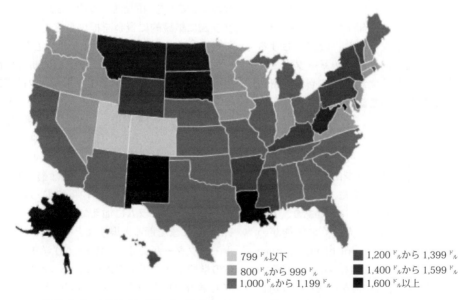

799ﾄﾞﾙ以下
800ﾄﾞﾙから999ﾄﾞﾙ
1,000ﾄﾞﾙから1,199ﾄﾞﾙ
1,200ﾄﾞﾙから1,399ﾄﾞﾙ
1,400ﾄﾞﾙから1,599ﾄﾞﾙ
1,600ﾄﾞﾙ以上

出所：National Center for Education Statistics.

図 7−5 開設したチャーター・スクールの数、2006〜7 年から 2016〜17 年

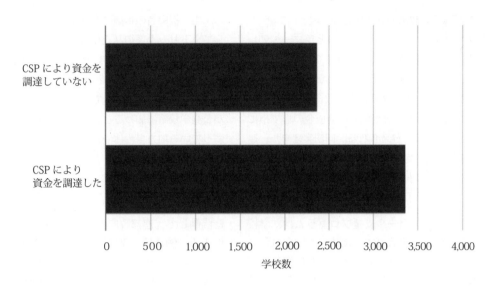

注：CSP＝チャーター・スクール・プログラム。
出所：U.S. Department of Education.

表 7−1 CSP 資金を受けた学校と学区公立学校の人口動態、2016 〜 17 年

人口動態	CSP 資金を受けた学校 (n=3,129)		居住地により割り当てられた 学区公立学校 (n = 88,320)	
	学校	%	学校	%
ヒスパニック	454,605	33.9	12,282,085	26.0
黒人	409,010	30.5	6,901,043	14.6
白人	371,462	27.7	23,268,443	49.2
アジア系	50,637	3.8	2,440,986	5.2
2 つ以上の人種	43,410	3.2	1,719,774	3.6
アメリカ・インディアン／ア ラスカ先住民	7,759	0.6	482,088	1.0
ハワイ先住民／太平洋諸島民	4,597	0.3	172,123	0.4
生徒総数	1,341,480	100	47,266,542	100

注：CSP ＝チャーター・スクール・プログラム。
出所：U.S. Department of Education.

Box 7—2　学校選択新法

CO VID 救済の立法努力の一環として、ティム・スコット上院議員とラマー・アレクサンダー上院議員は、2020 年 7 月 20 日、学校選択新法（School Choice Now Act）を提出した。可決されれば、この法案により教育省は、緊急の CARES 資金の 10% を緊急教育助成金の形で州に割り当てる権限を与えられる。同法案はまた、連邦税額控除を設定することにより、特定の奨学金授与組織への寄付を奨励するであろう。

法案の提唱者の指摘によれば、100 以上の主としてカトリック系の私立学校——合計 1 万 6000 人以上の生徒が在籍していた——が、コロナウィルスのために恒久的に閉鎖された。これらの 1 万 6000 人の生徒のすべて、またはかなりの部分が公立学校層に加わると、危機的な時期にすでに弱っている地方自治体予算に負担をかけることになる（McShane 2020）。

マグネット・スクール支援プログラムは、学校における人種差別を撤廃するために承認された計画の一部であるマグネット・スクールに資金を提供している。これらのマグネット・スクールは、マイノリティー生徒が多い学校でマイノリティー集団の孤立を減らすため、さまざまな背景事情を持つ生徒を集めるように設計されていた。前述のように、マグネット・スクールはたいてい、特定の学問分野——例えば、STEM と呼ばれる科学・技術・工学・数学、言語イマージョン——に焦点を絞っているか、国際バカロレア・プログラムまたはモンテッソーリ教育法など、代替的な教育哲学を実践している（U.S. Department of Education 2020a）。

チャーター・スクール・プログラム（CSP; Charter Schools Program）は、新たなチャーター・スクール設立を奨励するため、1994 年に設立された。当初 450 万㌦だった予算は、2019 年時点で 4 億 4000 万㌦まで増加した。2019 年には、CSP 資金の 85% が新しいチャーター・スクール創設に充てられた。もっともこのプログラムはまた、既存のチャーター・スクールの拡張も支援している。2006 ～ 7 学年度から 2016 ～ 17 学年度までに、新しいチャーター・スクールの大部分は、CSP からの資金を用いて開設された（図 7 － 5）。CSP により資金提供を受けたチャーター・スクールは、居住地で割り当てられた学区公立学校よりもヒスパニック系及び黒人の生徒の割合が高くなっている（表 7 － 1）（U.S. Department of Education 2015, 2019b）。

一部の連邦プログラムは、他の連邦プログラムと協働して、連邦政府の行動の全体的な影響を強化する。例えば、2020 年初めに、教育省は、オポチュニティー・ゾーンにあるチャーター・スクールを対象に、CSP を通じてさらに 6500 万㌦を提供した。これらの困窮地域は、貧困率が高く、所得が低い。現在、少なくとも 1 つのチャーター・スクールがあるのは、オポチュニティー・ゾーンの 30% 未満である。チャーター・スクールに対するさらなる資金提供は、こうした地域において切望されている経済的機会を促進するために、オポチュニティー・ゾーンでの税制優遇措置を補完するであろう（U.S. Department of Education 2020b）。最近の CEA レポートは、オポチュニティー・ゾーン・プログラムの初期評価を提供している（CEA 2020）。

トランプ政権は、州ベースの学校選択の拡大をさらに支援しようとしてきた。トランプ大統領は、「教育自由奨学金及び機会法」案を支持した。同法案は、生徒に奨学金を授与する組織に寄付する個人及び企業に対し、連邦税の税額控除を与えるものである。州は、対象となる支出を指定し、それには、初等、中等、キャリア、技術教育が含まれるであろう。認められる可能性がある支出には次のようなものがある。高度、リメディアル、選抜クラスの授業料、私立学校授業料、実習及び業界修了証、大学単位取得のための並行及び二重登録、個人教育及び家庭教育、特別教育サービス及びセラピー、家族の指定された学区の学校以外の教育提供機関への交通、とくに実績の悪い学校の生徒のための個人指導、サマー・スクール及び放課後教育プログラム（U.S. Department of

Education 2019c）。個人の納税者は、調整後総所得の最高 10% の控除額を引き換えることができ、企業は課税所得の最高 5% までの控除額を引き換えることができる。州は、奨学金授与組織を認定する責任を有し、奨学金の性質と対象規準を定める責任を有する。既存の税額控除奨学金プログラムを実施している州の場合、そのプログラムは民間の寄付をさらに奨励するであろう。州の参加は任意である（Office of Senator Ted Cruz 2019）。関連立法に関する説明については、BOX7－2を参照のこと。

　トランプ政権はまた、2017 年「減税及び雇用法」（TCJA）の一環として、学校選択を支援してきた。TCJA は、529 プログラムとして知られる対象授業料プログラムの範囲を拡大した。1990年代に遡るこれらのプログラムにより、長い間、

個人は投資口座に資金を拠出し、その拠出に対する収益は課税されることなく、高等教育（大学または専門学校）の生徒の費用を支払うことができた。TCJA により、529 プランは、初等・中等教育の支払いにも用いることができる。あらゆる公立、私立、教区学校において、受益者 1 当たり年間最高 1 万㌦の授業料を支払うために、資金を非課税で引き出すことができる（CRS 2018）。529 プログラムは、カバーデル教育貯蓄口座の代替手段を提供する。カバーデル教育貯蓄口座も同様に、生徒のために対象の教育費に使用すると非課税になる口座に個人が資金を拠出することができる。しかし、年間拠出額には制限があり（現在 2000㌦）、拠出者の年収によって段階的に縮小される（CRS 2018）。

学校選択と競争

　これまで見てきたように、学校選択プログラムは過去 30 年間に米国で著しく拡大してきた。本章では、学校選択がどのように生徒をめぐる学校間競争を促進し、最終的にすべての子供たちの教育経験を改善するのかについて説明する。まず、質の高い学区に転居できる豊かな家族向けの DPS制度に、移動性ベースの学校選択が長い間どのように存在してきたのか説明する。次に、学校選択プログラムがさまざまな形態の競争を導入し、選択プログラムに参加するか DPS にとどまるかにかかわらず、あまり豊かでない地区の生徒も含め、すべての生徒が受ける教育の質を向上させると論じる。

　学区間の競争

　学校選択運動の前でも、そうする手段を持った家族はより質の高い学区に転居できたので、保護者は自分たちの子供がどこの学校に通うのかについてかなりの裁量権を行使してきた。チボー（Tiebout 1956）は、潜在的居住者の需要を満たすために、公共財の供給水準を調整することにより、地方自治体がいかにして互いに競争するのか

について説明している。そのモデルは、そうするための経済的手段を持つ家族が、教育を含むさまざまな公共財に対する選好に基づいて、特定のコミュニティーに住むことを意味する。地方自治体は一般に、納税する住民を増やすために、一定水準のコストを制約条件として、質を高めるという圧力に直面するであろう。米国では、学校の質は、どこに住むかを決定する上で多くの親にとって重要な要因である。2018 年の調査によると、子供のいる最近の住宅購入者の半数以上（52%）が、住む地区に関する決定を行う際に学校の質を検討した（National Association of Realtors 2018）。親の選択に関する研究によると、学校の質に関する好みは多面的であり、親は学業成績、教員の質、クラス規模、安全性、規律などの要素に、異なるウェイトを置いている（Chakrabarti and Roy 2010）。

　この形態の競争により、より豊かな家族はより質の高い教育を求められるが、その利益は多くのあまり豊かではない家族にとっては経済的に手が届かない可能性がある。事実、上院委員会報告書によると、最高の質の学校がある地区の中位住宅価格は約 48 万 6000㌦であり、最低の質の学校

がある地区の中位住宅価格12万2000ﾄﾞﾙの4倍以上である（JEC 2019）。さらに、この形態の競争は、人種及び所得のラインに沿った人種隔離の増加につながる場合、低所得及びマイノリティーの生徒に悪影響をもたらす可能性がある(Urquiola 2005; Rothstein 2006)。

　従来の移動性ベースの競争に関する研究から、2つの重要な教訓が浮かび上がる。第一に、低所得生徒の家族が転居する際に直面する経済的障壁のために、居住者をめぐる学区間の競争は、そのような生徒の学校の質を大幅に改善するには転居だけでは不十分な可能性が高い。したがって、より良い成果を届ける責任を学校に負わせる競争促進効果を促すには、学区内におけるさらなる学校選択が必要とされるであろう。第二に、居住地によって割り当てられるDPSにとどまる生徒に対する悪影響を回避するため、学校はDPSからより有利な背景を持つ生徒を吸い上げる能力ではなく付加価値で競争するように、学校選択プログラムを設計すべきである。それにもかかわらず、一部の選別的な分類が起こったとしても、学校選択プログラムはなお、家族の豊かさを一つの基準として地区を分類することに依存する従来の移動性ベースの制度よりも優れている可能性がある。

学校選択制度の設計

　次に、慎重に設計された学校選択プログラムがなぜ地区内のすべての生徒の教育の質を向上させるのかについて説明する。学校選択に関する初期の研究で、ホクスビー（Hoxby 2003）は、DPSを競争にさらすことでより良い学校につながる理由を説明するモデルを作成した。モデルは、さまざまなタイプの学校について意思決定を特徴づけるが、それらはすべて、一定の自己負担費用に対して、親が最も評価する学校を選択するという基本的な仮定に基づいている。この選択の力は、競争の有益な効果が作用するメカニズムである。

　説明のために、追加費用を請求することはできないが、DPSから引き寄せる生徒ごとに政府支払いを受け取ることができるチャーター・スクールのケースを検討しよう。学校は価格で競争できないので、質で競争しなくてはならない。質を高めることにより、学校はDPSからより多くの生徒を引きつけることができるので、より多くの収入を得ることができる。質の向上には費用がかかるため、学校は、より多くの生徒を引きつけることと、コストを抑えることの間のトレードオフに直面する。学校がこのトレードオフのどこに位置するかは、需要（どのくらい多くの親と生徒が質を評価するのか）と供給（質を供給するのにどのくらい高価であるのか）の両方の構造に依存する。しかし、最低限として、チャーター・スクールは、少なくともDPSと同等の価値を親と生徒に提供しなくてはならない。

　プログラム参加者に対する学校選択のこの直接的影響は、間接的な競争効果とは区別される。間接的な競争効果は、DPSがチャーター・スクールや他の選択学校からの競争圧力に対応する時に生じる。ホクスビー（Hoxby 2003）により論じられたように、生徒が違う学校に在籍してDPSが資金を失う場合、DPSは生徒を保持しようとするインセンティブを持つはずである。その影響の強さは、どのくらいの資金が失われたかと、どのくらい多くの生徒が去ると脅かしているかによる。競争圧力が強くない場合、DPSは、それに反応しないかもしれない。例えば、低水準で在籍を制限する選択プログラムは、在籍が大幅に保証されているDPSにはあまり大きな圧力にならない可能性がある。これは、学校選択の直接的影響とはまったく異なる。あらゆるチャーター・スクールは、たとえどれだけ小さかったとしても、生徒を登録するため、DPSと競争しなくてはならない。

　DPSが付加価値を高めることにより選択プログラムからの競争圧力に対応する時、その生徒は利益を得るであろう。しかし、他の市場にしばしば当てはまるのと同じように、学校選択が競争を通じて教育の質を不可避的に改善するということは、自明のことではない。これは、教育の提供においてピア効果が果たす重要な役割のためである。ほとんどの市場では、ある人が受け取るサービスの品質は、そのサービスを消費する他の人の性質に直接影響を受けることはない。しかし、教育においては、生徒は教育の質の消費者でもあり生産者でもある——たんなる受動的な消費者ではない。クラスメートが受ける教育の質に仲間が直接的影響を及ぼすからである。その結果、学校間での生徒の振り分けにシフトを招く学校選択改革

は、仲間の構成に変化が生じるために、去る生徒と、居住地によって割り当てられた DPS にとどまる生徒の両方に、大きな影響を与える可能性がある。学校選択プログラムが高い意欲を持つ生徒や富裕な生徒を惹きつけるとしたら、それは意欲が低く、豊かではない仲間に囲まれた DPS にとどまる生徒に悪影響を与えるかもしれない。

しかし、実際に行われているように、学校選択プログラムには、そのような結果の発生を防ぐように設計された機能が組み込まれていることが多く、実証的証拠はこれら理論上の懸念をほとんど支持していない。例えば、バウチャー・プログラムでは、低所得家族の生徒に参加を制限したり、

相対的に恵まれない生徒により寛大に資源を提供することがよくあり、それにより、所得に関連した分類の可能性は直接的に制限される。定員超過の学校に対しスロットを配分するためにクジを使うことを求める設計も、選別的分類が起こる可能性を制限する。その結果、学校は、生徒を選別する能力ではなく付加価値に基づいて競争するであろう。米国では、多くの学校選択プログラムにこれらの設計仕様が含まれている（Epple, Romano, and Urquiola 2017）。恵まれない家族により寛大な支援を提供しつつ、学校選択をより多くの生徒に拡大することは、これらの利点をさらに発展させる可能性がある（Epple and Romano 2008）。

学校競争の影響に関するエビデンス

最後に、理論上の学校選択の競争促進的な利益が実証的に裏づけられているかどうかという重要な問題に目を向けよう。この証拠は、さまざまな状況での学校選択プログラムの設計が実際に生徒の肯定的な成果を促進したかどうか判断するのに役立ち、将来におけるより良い学校選択政策に判断材料を与えるのに役立つ。最初に、学校選択プログラムがそれに参加した生徒に与えた直接的影響を検証した研究について説明する。次に、学校選択プログラムが DPS の生徒に与えた間接的な競争効果について検証した研究について説明する。

直接的付加価値効果

チャーター・スクールが DPS と競争しなければならないことは非常に基本的なので、チャーター・スクールが競争しているという証拠によって驚くべきではないという感覚がある。簡単にいえば、チャーター・スクールまたはバウチャー・プログラムが、DPS に比べてそれ以上の価値を親と生徒に提供しない場合、繁栄する可能性はほとんどない（Hoxby 2003）。これと一致して、最近の調査によると、私立学校（77%）と選択された公立学校（60%）の子供のかなりの部分は、割り当てられた公立学校（54%）の子供と比較して、自分たちの学校に「非常に満足している」と報告

する親が多い（NCES 2019b）。とはいえ、政策立案者は、新しい方法を試験し、最も有望なプログラムの拡大を奨励するので、どのタイプの学校選択プログラムが最も効果的で誰のために機能したかを理解することは価値がある。したがって、学校選択プログラムがその生徒に及ぼした直接的影響を研究するために、大量の文献が生み出されてきた。私たちの議論では、その文献を、試験スコアで計測された学業成績の研究、卒業率または大学進学などの学業達成の研究、人種及びエスニシティー統合の研究、長期的な学業以外の成果の研究に分ける。また、選択プログラムの財政上の影響の研究について説明する。

学業成績に関する研究のほとんどは、全国または州全体の試験における生徒の成績に焦点を当てている。このような試験が生徒の教育経験において果たす役割が小さいことを考えると、驚くべきことかもしれない。しかし、これらの試験スコアは、コースの成績や合格率など学校間で大きく異なる計測値よりも、実証研究に適している。多くの生徒が受けた試験はまた、成績の良い層の生徒だけが受ける大学進学適性試験などの全国試験のスコアよりも適している（Hoxby 2003）。国の説明責任制度はまた、全国及び州全体の試験での成績を重視している。ただし、試験スコアは、教育経験の指標としては不十分であるとして批判さ

れてきた（Hitt, McShane, and Wolf 2018）。

　私立学校選択プログラムの場合、結果は個々の研究により異なるが、エップルら（Epple, Romano, and Urquiola 2017）は、米国におけるバウチャー・プログラムに関するほとんどの研究は、一般に生徒の試験スコアの大幅な改善、あるいは、統計的に有意な改善は明らかにしていないと結論づけている。しかし、複数の研究により、黒人生徒の試験スコアのかなりの改善が明らかになっている。メイヤーら（Mayer and others 2002）によると、ニューヨーク市における学校選択奨学金財団のバウチャー・プログラムは、全生徒については平均で試験スコアの向上は見られなかった。しかし、黒人については、試験スコアは6%ポイント向上した。黒人生徒についての肯定的な事実発見について、1つの顕著な例外は、ルイジアナ州奨学金プログラム（LSP; Louisiana Scholarship Program）である。アブドゥルカディログルら（Abdulkadiroglu, Pathak, and Walters 2018）は、LSPが参加者の数学試験スコアの大幅の低下につながっていることを明らかにした。彼らは、このことを、質が低く授業料の安い学校をプログラムを選出したことと結びつけ、私立学校選択の成功にはプログラム設計が重要であると指摘している。

　チャーター・スクール・プログラムについては、エップルら（Epple, Romano, and Zimmer 2016）は、研究者が学業成績に対する有効性についてコンセンサスには達していないと結論づけている。スタンフォード大学教育成果研究センター（CREDO 2009, 2013）による研究など、広範囲の研究は、平均では、チャーター・スクールの生徒について大幅改善または統計的に有意な改善は見られなかった（これらの研究は、チャーター・スクールの生徒の試験スコアと、DPSにおいて同様の観測可能な属性を持つ生徒――「仮想双子」――の試験スコアを比較している）。ただし、都市部でのプログラム関する多くの研究では、大幅な統計的に有意な上昇が見られた。とりわけ、定員超過のチャーター・スクールに関するほとんどの研究では、試験スコアに肯定的な影響が見られた。これらの研究は、その研究設計の強みで知られている（彼らは、クジで当たった生徒と、同様の観測可能な属性を有するがクジで外れた生徒を比較している。Epple, Romano, and Zimmer 2016）。成功した実績を持つチャーター・スクールの拡大を認可するマサチューセッツ州法に関する最近の研究は、新たな学校が元の学校と同等の利益を生み出すことを明らかにした（Cohodes, Setren, and Walters 2019）。テキサス州のチャーター・スクールに関する研究は、成功したチャーター・スクールは拡大し実績の悪いものは退出するので、チャーター・スクールの有効性は時間の経過とともに増していることを示唆している（Baude et al. 2020）。マサチューセッツ州でもテキサス州でも、成功したチャーター・スクールの多くは「言い訳をしない」アプローチを用いて拡大し、厳しい規律、延長授業、集中個人指導を特徴としている。注目すべきことに、ボストンの研究で、ウォルターズ（Walters 2018）は、チャーター拡大プログラムは、達成度の低い者も含め、応募しそうにない生徒を対象とする場合、とりわけ効果的であることを明らかにした。こうした生徒が最も上昇したからである。

　試験スコアの研究と比較して、全体としての教育達成度の研究は、より有望な結果を明らかにしている。これは、バウチャー・プログラムでもチャーター・プログラムでも当てはまる（Epple, Romano, and Urquiola 2017; Epple, Romano, and Zimmer 2016）。例えば、ワシントン機会奨学金プログラムの研究で、ウルフら（Wolf and others 2010, 2013）は、バウチャーは高校卒業率を約21%ポイント上昇させたと推計している。試験スコアについてと同様に、バウチャーは、黒人生徒の卒業率にいっそう有益な影響を与えたように見える。大学に目を向けると、キンゴスとピーターソン（Chingos and Peterson 2015）は、広範囲のグループの生徒については影響についての証拠をほとんど見つけていないが、ニューヨーク市でバウチャーを提供された黒人生徒については、進学率が6%ポイント上昇したことを確認した。サースら（Sass and others 2016）は、フロリダ州のチャーター・スクールの生徒がDPSの生徒よりも大学に長くとどまったことを明らかにし、ブッカーら（Booker, Sass, and Zimmer 2011）による関連した研究結果を補強している。ドビーとフライヤー（Dobbie and Fryer 2015）によると、ニューヨーク市ハーレム地区にある実績の良

選択と競争による教育機会の拡大

いチャーター・スクールに入学した生徒は、年限通りに高校を卒業し、卒業直後に大学に入学する可能性が高い。もっとも彼らは最終的にはDPSの生徒とだいたい同じ大学教育の達成度である。

　試験スコアの結果と教育達成度の結果の乖離により、一部の研究者は、試験スコアが学校の実績を評価するのに有益な基準なのかどうかを疑問視している。ヒットら（Hitt, McShane, and Wolf 2018）は、同じ研究の一部として、試験スコアと教育達成度を計測するさまざまな学校選択プログラムの研究をレビューしている。彼らによれば、試験スコアと教育達成度の結果との間に相関関係はほとんど見られなかった。エップルら（Epple, Romano, and Zimmer 2016）もこの乖離について解説し、ウルフら（Wolf and others 2010）を、試験スコアに顕著な影響はないが、高卒率に強い肯定的な影響があることを示した研究の一例としている。

　一部の研究は、人種及びエスニシティーの統合に対する学校選択の影響に取り組んでいる。どこの学校に通うのかに関する決定をどこに住むのかに関する決定から切り離すことにより、学校選択は、教育機会を提供する上で所得及び人種の格差を縮小させる可能性がある。多くの学校選択プログラムは、マイノリティーや低所得の生徒が集中している地域で、DPSの実績がしばしば悪くサービスの行き届いていないコミュニティーのニーズに応えるために始まった。その結果、チャーター・スクールは、全国平均と比較して不均衡な数のそうした生徒を教育している。2017～18学年度に、黒人とヒスパニックの生徒は、チャーター・スクール在籍数のそれぞれ26％と33％を占めたが、全公立学校在籍数ではそれぞれ15％と27％に過ぎなかった（NCES 2019d）。

　人種及びエスニシティーの層別化に学校選択が及ぼす影響に関し、エップルら（Epple, Romano, and Zimmer 2016）は、多くの研究について議論し、チャーター・スクールと公立学校は同程度の人種及びエスニシティーの人種隔離を示しており、チャーター・スクールは不釣り合いに多い非白人生徒人口を持つ可能性が高く、DPSは不釣り合いに多い白人生徒人口を持つ可能性が高いという結論に至った。さらにジンマーら（Zimmer and others 2009）は、チャーター・スクールは

学校の人種構成にわずかな影響しか持たなかったとの結論を下した。バトラーら（Butler and others 2013）は、チャーター・スクールに通学するという意思決定を分析し、社会経済的特徴の役割を明らかにしたが、人種は推進要因ではなかった。バウチャー・プログラムに関しては、ルイジアナ州奨学金プログラムを評価したエガリテら（Egalite, Mills, and Wolf 2017）による最近の研究が、バウチャーを使用するほとんどの生徒は、退学する公立学校における人種の層別化を減らし、転校する学校における人種の層別化にわずかな影響しか持たないことを明らかにした。さらに、連邦の人種差別撤廃命令に基づく学区では、バウチャーによる転校は、DPSの人種の層別化水準を大幅に低下させるが、私立学校にはまったく影響がない。

　別の研究は、市民参加や犯罪行為などの結果に対する学校選択プログラムの長期的利益に焦点を合わせている。これらの研究は、長年にわたる期間のデータが必要なため、比較的まれである。ミルウォーキー保護者選択バウチャー・プログラムについての2つの研究は、注目に値する。デアンジェリスとウルフ（DeAngelis and Wolf 2019）は、ミルウォーキーのプログラムのデータを使用して、プログラム参加者とDPSの同様の生徒の間で、若年成人の投票行動を比較した。彼らによると、統計的に異なる投票パターンの証拠はなく、私立学校選択プログラムは市民権スキルの教育を減らすかもしれないという潜在的懸念を和らげるのに役立つ。デアンジェリスとウルフ（DeAngelis and Wolf 2020）は、ミルウォーキーのプログラムのデータを使用して、犯罪行為の蔓延を分析した。彼らは、バウチャー・プログラム参加者は、器物損壊の有罪判決の大幅かつ統計的に有意な減少を含め、DPSの生徒と比較して犯罪行為にかかわる可能性が低い、といういくらかの証拠を明らかにした。ドビーとフライヤー（Dobbie and Fryer 2015）によると、ニューヨーク市ハーレムの実績の良いチャーター・スクールにクジで入学した生徒は、入学を認められなかった同様の生徒と比較して、女子生徒はティーンエイジャーで妊娠する可能性が低く、男子生徒は投獄される可能性が低い。

　これまでの議論は、学校選択プログラムにおけ

⑦

る生徒の成果に焦点を合わせてきた。しかし、別の関連する問題は、これらの成果を達成するためにどれだけの資金が費やされているのかということである。いくつかの研究によると、チャーター・スクールとバウチャー・プログラムは、DPSよりも低い生徒1人当たりのコストで、プログラム参加者を教育している。デアンジェリスら（DeAngelis and others 2018）は、14の大都市地域で、2016会計年度に公立チャーター・スクールはDPSよりも生徒1人当たりの収入が平均5828ドル少なかったことを明らかにした。ローケン（Leuken 2018）は、16のバウチャー・プログラムの研究で、バウチャー・プログラムにより、2015会計年度に州及び地方の予算で、バウチャー受領者1人当たり平均約3100ドルの節約が生じたことを発見した。

間接的競争促進効果

最後に、DPSに対する学校選択プログラムの間接的競争効果に関する研究に目を向ける。第一に、米国の多くの地域における選択プログラムの浸透は、強固な競争促進効果が出現する合理的チャンスを得るにはたんに小さ過ぎる。一握りの生徒を選択プログラムで失うリスクしかない場合、DPSはほとんど影響を受けない。その場合、DPSには改善を求める市場圧力があまりない。学校選択プログラムが研究を可能にするほど十分に浸透した場合、研究者は、質を向上させようとするDPSによる競争的な取組を、DPSの生徒構成の変化に関連する影響及びDPS資金の変化に関連する影響から区別しなくてはならない。しかし、最近の学校選択プログラムの増加により、適切に設計された経験的評価が増えている。

フィリオとハート（Figlio and Hart 2014）、フィリオら（Figlio, Hart, and Karbownik 2020）は、フロリダ州における税額控除奨学金プログラムがDPSの生徒に及ぼす影響について研究した。後者の研究は、近年におけるプログラムの規模拡大に焦点を合わせている。彼らは、政策が実施される前は近隣の私立学校の利用可能性が異なっていたため、一部の生徒はこの拡大により競争にさらされているという事実を活かしている。競争にさらされることが多い公立学校の生徒は、試験スコ

アが向上し、また停学や欠席が減少する。私立学校との競争激化の肯定的影響は、親の教育達成度が低い低所得家族の生徒に対して最大である。さらに、公立学校に対する競争促進効果は、プログラムが拡大するにつれて、時間の経過とともに拡大する。同様に、チャクラバティ（Chakrabarti 2008）によると、ミルウォーキーの宗教学校への私立学校バウチャー・プログラムの拡大は、公立学校の試験スコアの大幅な上昇につながった。エップルら（Epple, Romano, and Urquiola 2017）は、研究をレビューし、研究により、一般的に私立学校バウチャーがDPSの生徒の成績を向上させることが明らかにされていると結論づけた。彼らはまた、学校選択は悪い選別を引き起こすという証拠はほとんどないことを明らかにした。バウチャー・プログラムのためにDPSを去った生徒は、残してきた仲間と比較して高い、低い、または同等の能力を持っている例がある。さらに、バウチャー・プログラムは低所得家族を対象としていることが多いため、バウチャーの生徒は、残してきたDPSの仲間より所得が低いか同等の家族の出身である傾向を持つ。バウチャー・プログラムの規模拡大から生じるプラスのリターンと、悪い選別効果がないことは、ますます多くの生徒がバウチャー・プログラムの拡大から利益を得られることを示唆している。

チャーター・スクールに対してもプラスの競争効果が生じる。ギルレインら（Gilraine, Petronijevic, and Singleton 2019）は、ノースカロライナ州が新しいチャーター・スクールの上限を引き上げた時、新しいチャーター・スクールの近くに住んでいた生徒が試験スコアの大幅な向上を経験したことを明らかにした。リドレーとテリア（Ridley and Terrier 2018）は、チャーター・スクールの上限を引き上げるマサチューセッツ州の改革により、DPSの生徒1人当たり支出が増加し、DPS支出が支援サービスから授業にシフトしたことを明らかにし、また同様に、DPSの生徒試験スコアに対してチャーター・スクールが小さいプラスの効果があることを明らかにした。エップルら（Epple, Romano, and Zimmer 2016）は、選別とピア効果に関連した懸念を払拭し、チャーター・スクールに転校する生徒が、生徒らが抜けたDPSと比較して、同等かわずかに低い能力し

か持っていないことを示すいくつかの研究から研究結果を総合した。チャーター・スクールのこのトピックに関するさらなる研究を調査し、アンダーソン（Anderson 2017）は、チャーター・スクールがしばしばDPSよりも低いか同等の成績の生徒にサービスを提供することが多いことを発見した。

したがって、バウチャーとチャーター・スクールの研究からの証拠は同様に、置き去りにされたDPSの生徒の恐れを正当化する証拠がないことを示している。その代わりに、そのような生徒が、選択が引き起こした教育上の競争から生じる自分自身の学校の改善から利益を受ける傾向がある。

最後に、DPSに学校選択プログラムの財政的影響がもたらす問題に戻る。前述のように、いくつかの研究は、公立チャーター・スクールとバウチャー・プログラムがDPSよりも少ない生徒1人当たり公的資金で生徒を教育していることを明らかにした。これは、生徒がDPSから選択プログラムに切り替えると、学区はDPS教育を改善するのに使える節約を実現することを意味するが、学区がそうした節約を実現できるようになるまでには調節期間が必要な場合もある（Epple, Romano, and Zimmer 2016）。これまでのところ、このトピックに関する研究はある程度限られている。しかし、ニューヨーク州とノースカロライナ州のケース・スタディについては、ビフルコとリバック（Bifulco and Reback 2014）、ラッドとシングルトン（Ladd and Singleton 2020）を参照のこと。バージャーとビフルコ（Buerger and Bifulco 2019）によると、チャーター・スクールの在籍数の多いニューヨーク州の学区では、短期的にも長期的にも、DPS教育提供のコストが低下したが、チャーター・スクール在籍者が少ない学区は短期的にコスト増が生じることがあり、後に効率改善により相殺される。リドレーとテリア（Ridley and Terrier 2018）によって記録されているように、マサチューセッツ州など一部の州では、チャーター・スクール拡大に適応できるようにDPSへの資金を一時的に増額している。

結 論

学校選択プログラムは、それらが提供する利点について証拠が蓄積されるにつれて、過去30年間に劇的に増加してきた。親は子供のためにより質の高い教育経験を求めているため、割り当てられたDPSに代わるものをますます選択するようになっている。連邦政府政策は、トランプ政権でも、以前の共和党、民主党どちらの政権でも、学校選択を長い間支持してきた。

学校選択は、競争を最大化し恵まれない生徒の参加を促進する時にはとくに、競争条件を平等にし、すべての家族に教育機会の改善をもたらす。豊かで移動できる人向けの伝統的な学校選択制度に代わるものとして、誰にでも学校選択というこの現代的な形態があり、それによって経済的手段を持つ人々はより良い学校を持つ学区に転居できる。伝統的な制度の下では、低所得のマイノリティーの生徒は、不釣り合いに多くが実績の悪い学校に取り残される一方、他の家族はより良い学校へのアクセスを得るためだけにその地区から出ていく。公立学校、チャーター・スクール、マグネット・スクール、私立学校、あるいは、ホーム・スクールを生徒に提供する学校選択により、競争圧力のために適応を強制されているDPSにとどまる生徒も含め、すべての生徒にとっての質を向上させることができる。新たな実証的証拠は、米国においてこれらのプラスの効果が発揮されていることを確認している。

学校選択が拡大するにつれて、既存のプログラムから得られる教訓は、あらゆる背景事情を持つ子供に対しても利点を最大化する方法をもたらすことができる。研究が示すところによると、低所得生徒やマイノリティー生徒が最大の利益を享受する傾向があり、競争促進効果に関する証拠は、学校選択の規模拡大からかなりの利益を得られることを示している。その結果、学校選択プログラムを成長させ続けることは、すべての子供に対し機会の格差を埋め、平等な競争条件を創出する有望な方法である。また研究が示唆するところによ

ると、そのような学校選択が後の人生での結果を
改善できるという証拠に照らし、標準化された試
験スコアを超えて学校選択プログラムを評価する
ために、幅広い一連の指標を使用する必要がある。
親自身はまた、公式に計測される規準以外の側面
の質を意思決定に組み込むことができる知恵の源
泉でもある。最終的には、すべての生徒に対して
機会を拡大することに焦点を合わせることは、証
拠に基づいたイノベーションへの取組とあいまっ
て、すべての子供たちの教育の質を向上させるの
に役立つのである。

第8章
宇宙政策と財産権の新たなフロンティアを探る

米国は、宇宙開発の黎明期から最先端を走り続け、宇宙での商業活動において世界をリードする存在となった。20世紀に米国は、人間を月に送った最初で唯一の国となった。アポロ計画の終了後、米国は世界で初めて再使用型宇宙船、スペースシャトルを開発した。現在アメリカ人技術者たちは、軌道上での貨物輸送、再使用可能な第一段ロケット、そして有人宇宙飛行のための商用宇宙船の能力を初めて実証し、運用を開始した。

　21世紀に入り米国は、宇宙技術における官民パートナーシップと民間企業の宇宙技術への投資の成功を基盤に、宇宙開発の新しい時代を迎えた。トランプ政権は、この新時代がもたらした機会と利益とをよく認識しており、民間企業のイノベーション、民間企業との連携、宇宙への投資をいっそう促進する規制環境を推進する政策を進めてきた。これにより同政権は、今日の宇宙産業の発展を加速させるだけでなく、向こう数十年にわたって継続的な発展と拡大が見込める、実行可能な宇宙経済の基盤を整備している。

　国際的なCOVID-19のパンデミックの只中にあっても、昨年の宇宙飛行や宇宙政策は、歴史的な発展を遂げた。2019年8月19日に宇宙領域における戦闘司令部として、米国宇宙軍（USSPACECOM; United States Space Command）を再建した後、トランプ大統領は2019年12月20日に米軍第6部門である米国宇宙軍（USSF; U.S. Space Force）を設立した。USSFの任務とは、宇宙軍を「米国及び同盟国の宇宙における利益を守り、統合軍に宇宙能力を提供するため」の宇宙

戦力を編成し、訓練し、装備を整えることである（USSF n.d.）。さらに2020年5月30日と11月15日には、米国航空宇宙局（NASA; National Aeronautics and Space Administration）と民間企業とのパートナーシップの大きな節目として、スペースXがケープ・カナベラルから国際宇宙ステーション（ISS; International Space Station）に合計6人の宇宙飛行士を打ち上げた。これらの任務は、史上初めての民間有人宇宙飛行であり、宇宙経済における民間部門にとって重要な一歩となった。

　この成果を支えるためにトランプ政権は、民間宇宙部門が発展できるように、宇宙経済に対する投資家の信頼を高めるための政策を推進してきた。これら新しい政策によって、イノベーションへの投資を刺激し、宇宙資源の責任ある持続可能な利用を促進する環境を整えている。この精神に基づき、政権は宇宙における安全で平和で繁栄した開かれた未来を創り出すための一連の実践的な原則を定めた、アルテミス協定を発表した。2020年10月13日に発表されたこの協定の第一陣の署名者には、いくつかの主要な宇宙開発国や国際的連携国も含まれており、今後さらに増えていく予定である。

　財産権の経済理論や財産権についての多様な実証研究に関して、大統領経済諮問委員会（CEA）は、宇宙のような新しい経済部門における投資家の期待が高まると、当該部門への投資は拡大し、いっそうノベーションや巨額の利益が生まれるという実質的な証拠を見つけている。CEAは、トランプ大統領の大統領令をはじめとする宇宙における

財産権の強化によって、今後8年間で民間宇宙投資は倍増する可能性があると試算している。

　過去500年以上の経済成長の大半は、経済主体が将来への投資のために現在の消費を差し控えることによって生み出されてきた。これを裏づけるように、コモンローの伝統の確たる教義とは、投資から得られる将来の利益は、投資を行い、その後のリスクを引き受けた事業体や個人に帰属するようになっている。この過程における政府の基本的な役割とは、投資家の将来に対する期待を生み出す規則を定めることである。財産権は、投資を支える法的・経済的基盤を形成し、資源配分や資源管理のための骨組みを提供している。宇宙開発の発展に伴って新しい規範や制度が生み出されるであろうが、宇宙経済を発展させる長期的な投資を促すには、財産権の制度が決定的に重要である。

　本章は宇宙における財産権を強化し、宇宙におけるイノベーションと経済発展の最先端にある米国の地位を維持するためのトランプ政権の活動に焦点を当てる。同政権の政策の要となるのは、連邦政府と連携した民間投資の促進である。ベンチャーキャピタルのスペース・キャピタル社（Space Capital）は、2019年に企業が宇宙活動に投資した金額を180億ドルと推計している。CEAは、宇宙における財産権の執行を明確にし、執行の改善のために行われた政策の結果、宇宙分野への民間投資は2028年までに年間460億ドルに達すると予測している。

　財産権は「棒の束」と考えることができ、それぞれの棒は所有者が受け取ることのできる基本的な権利の特徴を規定している（Barzel 1997）。この場合の棒とは、資産の財産権を移転する能力、資産から収入を得る権利、あるいは資産の近くで他人が特定の行為を制限する権利などを指す。束の棒が増えるほど、財産権は明確になり、所有者が投資の価値をより正確に予測することができる。宇宙資源を利用した活動が発展するにつれて、宇宙における財産権の新たな問題が生じている。既存の国際協定の制度が、大きな変更を求めているわけではないが、明確にするための「慎重に起草された追加と修正」は必要である（Hertzfeld and von der Dunk 2005, 82）。トランプ政権の最近の活動は、これらを明確にしようとするものである。

　本章では、最近の米国の宇宙政策が、地球外の機会への民間投資の確実性と予測可能性を確保することに力を入れていることを説明する。第1節では、現在の宇宙政策の問題点を検討し、第2節では最近の政策を取り上げ、それらがどのように財産権の確保と執行を高めているのかを説明する。続く節では、経済学における財産権理論から、財産権の改善が投資に与える影響について説明する。本章ではさらに、連邦政府の政策が投資行動に与える影響を考慮して、将来の宇宙活動への投資を予測する。この章では、宇宙活動の選択の旗国として、米国を選ぶメリット、すなわち米国を企業活動に最も望ましい枠組みを持つ国として選ぶこと、そして規制改革が市場をより競争的に、革新的なものにすることについて説明し、結論とする。

宇宙政策と宇宙経済の現状と課題

　現在、宇宙における経済活動の大部分は、遠隔通信や遠隔感知のデータを地球上の機器に送信する人工衛星と、そうした人工衛星を軌道に乗せるロケットから構成されている。この軌道上の衛星ネットワークは、天気予報や気候モデル、都市計画、非常時対応、精密農業、衛星放送、衛星ラジオ、グローバル・ブロードバンド・インターネット、そしてアプリを使ったライドシェア・サービスを含む、地球上のさまざまな市民活動や経済活動を促進している。

　現段階で、将来の宇宙産業をある程度予測することはできるが、歴史的にみれば、宇宙経済のすべての新興産業を予測するのは不可能である。それでも、衛星やロケットの打ち上げ産業など、現在の技術開発を用いて、将来の宇宙経済の姿について仮説を立てることはできる。例えば、月や他

図8−1 NASAの支出と米国の民間投資、2010〜19年

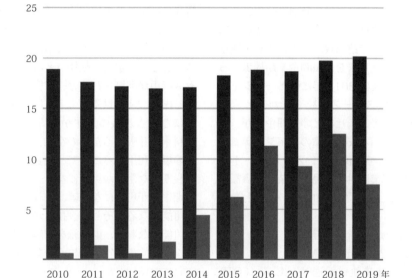

注：NASA=米国航空宇宙局。
出所：Office of Management and Budget; Space Capital; CEA calculations.

の天体での鉱物採取のプロセスは、宇宙での製造、居住、推進力の技術革新によって、宇宙での資源利用可能性に需要を生み出すため、採取コストが下がり、採算が取れるようになるかもしれない。また軌道上に設置されたソーラーパネルは、地球の大気中に散逸する前の太陽光が利用できるため、地上に設置されたソーラーパネルよりも多くの電力を発電することができる。そのため、宇宙を利用した太陽光発電の可能性もある。最後に、民間企業は連邦政府との協力やイノベーションによるコスト削減を通じて、宇宙旅行市場を創出し、文字通り地球上では類を見ない体験を提供することに期待を寄せている。

宇宙経済の始まりは20世紀半ば、ソ連が1957年スプートニク1号を軌道にのせて、各国政府が宇宙開発競争への投資に拍車をかけたことで始まった。NASAは1958年に活動を開始し、1961年までにアメリカ人を初めて宇宙に送り、1969年には人類初の月面着陸を実現させた。これらの成果と並行して、数多くの国連の新しい条約が制定され、世界各国が宇宙におけるさまざ

まな活動を検討するようになった。当時、民間企業には採算のとれる機会はほとんどなかったため、米国政府が宇宙経済の基盤を築き、納税者が事業資金を提供するプロジェクトを基に宇宙産業は発展していった（Weinzierl 2018）。

1970年代から1980年代の宇宙活動のほとんどは、商業通信、偵察、監視を目的とした人工衛星の打ち上げとその運用であった。1974年には、来るべき全地球測位システム（GPS; Global Positioning System）の最初の衛星が軌道上に打ち上げられた（Pace et al. 1995）。国防総省は当初、GPSコンステレーションを純粋に軍事目的で利用していた。しかし1983年に米国は、GPSの標準測位サービスを無料で一般の人々にも提供すると発表した。この出来事によって、GPSの個人や民間の利用が始まり、それ以降、無数の新しい企業、技術、アプリケーションの創出につながっている。オコナーら（O'Connor and others 2019）は、GPSが民間及び商業用に利用できるようになって以来、約1兆4000億㌦の経済的利益を生み出したと推定している。

⑧

当初はすべての宇宙活動の資金を連邦政府が提供していたものの、20世紀後半には通信、放送、データ伝送などの衛星サービスの市場機会を察知した企業が、民間の衛星産業を発展させていった。最近では、宇宙への打ち上げや乗組員の輸送、遠隔感知など、これまで連邦政府が主に所有・運営してきた製品やサービスを、民間企業が提供するようになった。例えば2011年にスペースシャトルが退役して以来、スペースX社やユナイテッド・ローンチ・アライアンス社などの民間企業が、民間、商業、そして国家安全保障の宇宙システムの打ち上げサービスを提供している。図8－1は、米国の宇宙関連企業に対する民間企業の出資額が、NASAの支出額と比較して増加していることを示している。

この連邦政府から商業宇宙打ち上げサービスへの移行は、2005年にNASAが5億㌦を投じて開始した、商業軌道輸送サービス（COTS; Commercial Orbital Transportation Services）プログラムによって加速した。COTSプログラムは、実費精算方式による調達ではなく、固定価格での支払いによって運営されているが、それはイノベーションを奨励し国際宇宙ステーションへの補給サービスにおけるNASAの役割を、所有者・運用者から顧客にすることを目的としている。このような調達方法や他の契約メカニズムを使用することによってコストを削減し、民間のイノベーションから恩恵を受けられるため、宇宙産業の他の分野にも波及している（Box 8－1を参照）。それ以来市場競争は、これまでの政府が打上げを独占するよりも、強くイノベーションを誘発してきた。NASAの推計によると、ISSへの補給サービスに商業サービスを利用しただけで、2011年以降、200億㌦から300億㌦の節税効果があったという。

公的活動と民間活動の両方を取り入れた宇宙経済の規模は、年間3600億㌦から4150億㌦と推定される。商業活動の現状は、依然として主に人工衛星と衛星サービスから構成され、2019年の時点で業界の収益は約2700億㌦で、宇宙経済の74％を占めている（表8－1）。しかしNASAの活動や調達は、依然として国中の大部分の経済活動を推進しており、IMPLANの分析によると、2019会計年度のNASA全体の経済効果は640億

㌦以上と推定されている。最近の技術開発によって、新しい産業の成熟が可能となる。例えば、宇宙への打ち上げコストが劇的に削減されたことで、観光や採掘などの民間宇宙活動の経済的な実現可能性が高まっている。月、火星、そして小惑星での表面操作を可能にする技術は、次世代の宇宙探査にとって決定的な転換点となる。宇宙へのアクセス費用が削減されると、宇宙での好機を利用できる国が増え、世界中の人々に利益をもたらすことになる。さらに天体から得られる宇宙資源を、飲料水や呼吸するための空気、宇宙船の推進剤にその場で利用することで、地表から離れた場所での長期的な生存が可能になる。月と地球の間での長期生存が可能になれば、より深く宇宙への探査が可能になる。そして、技術が進歩して長期生存が可能になれば、財産権を明確にする政府の政策が、繁栄する宇宙経済に必要な枠組みを提供することになる。

図8－2は、2010年から2019年までの非政府機関による宇宙企業への株式投資を示している。宇宙企業への民間投資のほとんどは、米国と中国で行われており、ヨーロッパやアジアの経済圏での水準は小規模である。商業宇宙企業への投資は、宇宙経済全体に占める割合からするとごく僅かであるものの、宇宙企業に対する高揚感、将来の投資収益に対する楽観的な見方が反映されている。

全体として宇宙分野の経済活動は大きく成長しているが、宇宙産業の収益の大部分は依然として衛星サービスが占めている。表8－1で説明したように、世界の宇宙関連支出の75％以上は衛星産業で、残りの大部分は政府支出である。その他のカテゴリーで唯一、内訳がわかるほど大きいのは商業有人宇宙飛行産業だけである。

表8−1　グローバル宇宙経済の構成要素、2019年

産業	財やサービス	支出（10ドル）	宇宙経済の割合
衛星	合計	270.7	74.0
	衛星地上設備	130.3	35.6
	テレビ	92.0	25.1
	固定衛星サービス	17.7	4.8
	人工衛星製造	12.5	3.4
	衛星ラジオ	6.2	1.7
	打ち上げ業務	4.9	1.3
	ブロードバンド	2.8	0.8
	商用遠隔感知	2.3	0.6
	モバイル衛星サービス	2.0	0.5
非衛星	合計	95.3	26.0
	米国政府の宇宙予算	57.9	16.0
	ヨーロッパの宇宙予算	12.0	3.3
	中国の宇宙予算	11.0	3.0
	ロシアの宇宙予算	4.1	1.1
	その他の国の宇宙予算	4.0	1.1
	日本の宇宙予算	3.1	0.8
	商用宇宙飛行	1.7	0.5
	インドの宇宙予算	1.5	0.4

出所：Bryce Space and Technology; CEA calculations.

図8−2　宇宙開発企業の民間株式投資、2010〜19年

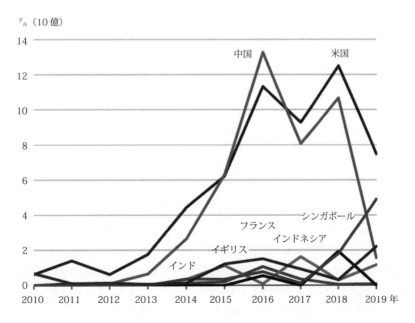

出所：Space Capital ; CEA calculations.

Box 8—1　有人宇宙飛行のための官民パートナーシップ

20年は、NASAにとって歴史的な年となった。スペースX社のクルー・ドラゴン・デモ2ミッションが、NASAの商業乗員プログラムの一環として、国際宇宙ステーションへの商業開発された有人飛行ミッションを初めて実現したからである。NASAは、発展途上の商業宇宙セクターとの協力を通じて宇宙開発を進めるため、官民パートナーシップの実施を重視してきた。2011年にNASAのスペースシャトル計画が終了して以来、米国は宇宙飛行士を宇宙に送り出すために、ロシアが設計し、運用するソユーズ宇宙船に頼ってきた。しかし、国産の商業的な代替手段が開発されたことによって、米国政府は商業企業を支援しながら、国内の有人打ち上げ能力を取り戻すことができた。

スペースX社に開発資金を提供してクルー・ドラゴン・ミッションを支援する商業乗員プログラムにおいても、固定価格契約が採用され、NASAは監督者ではなくパートナーとして活動している。過去にはNASAにおいて、技術的に複雑で斬新なプロジェクトでは、事前にリスクやコストを正確に見積もることができなかったため、一般に実費精算契約が用いられてきた。しかしこの種の契約では、イノベーションを起こすためのインセンティブが弱い。なぜなら、企業によるコスト削減のためのイノベーションが収益の低下につながるだけでなく、しばしば企業がコストや契約期間を延ばすインセンティブを与えるからである。逆に固定価格契約では、イノベーションに対する、また製品やサービスを期限内・予算内に提供することに対する強力なインセンティブを与える。NASAの2021会計年度予算要求では、契約者に大きな責任を負わせることで生まれるインセンティブにより、いまや固定価格契約が「可能な限り最初の選択肢」とみなされている。

官民パートナーシップは、納税者にとっては宇宙の生産物やサービスのコストを引き下げ、宇宙経済の成長を加速させることがわかっている。商業乗員プログラムにおける民間企業への投資によって、技術革新、効率化、効果的な製造・ビジネス手法が推進され、NASAは独自の有人宇宙船開発コストと比べて、200億ドルから300億ドル節約できると予測している。スペースシャトル計画の終了後、ロシアのソユーズ・ロケットでアメリカ人宇宙飛行士を飛ばすコストは、ロシアが乗員打ち上げロケットを独占していたこともあり、2011年の4000万ドルから2020年には約9000万ドルにまで引き上げられた。それに比べてスペースX社の打ち上げは、宇宙飛行士1人当たり6500万ドルで済む。スペースX社は、宇宙船やロケットを回収し再利用する新しい取り組みによって、コストを削減することができる。

2011年に米国は商業ロケットの打ち上げることができなかった。なぜならこの市場は各国政府から補助金を受けた国際的な競争相手によって支配されていたからである。現在では、米国政府が米国の商業宇宙分野に直接的に投資した結果、商業宇宙ロケットの打ち上げのほとんどが、全米で6000人以上を雇用しているスペースX社などの企業によって、米国内で行われるようになった。

官民パートナーシップの将来に目を向けると、ISS国立研究所の支援を受けて、NASAはますますISSを商業用の研究や製造活動に利用できるようになった。加えてNASAは、スペースX社のドラゴン2やボーイング社のスターライナーに搭乗した商業宇宙飛行士のISS訪問を認めている。企業には、2022年初頭に地球低軌道及びISSへのミッションのために、民間企業のロケットの座席を購入することが期待されている。これらのミッションには、宇宙旅行や営利目的事業の機会が含まれており、宇宙経済の次の一歩を象徴している。

さらにNASAは、2024年までに人類を月面に着陸・帰還させるというアルテミス計画において、米国の太陽系外の宇宙空間の探査を達成するために、ますます民間企業に依存することになる。その中には、宇宙飛行士が2週間程度の滞在で月面を行き来するための「有人着陸システム」の契約も含まれている。

宇宙政策の発展

宇宙経済への投資と技術革新が成長し、宇宙開発の新たな重要な階段を超えていく中で、米国は、宇宙資源の財産権に関する国内外の枠組みが、産業界に確実性と予測可能性を提供する形で発展するよう、引き続き尽力していく。そうすることで、米国の宇宙分野は発展・強化される。CEAの試算によれば、宇宙への投資は倍増し、新たな宇宙技術が加速する可能性がある。ここでは初めに、1950年代以降に発展し、宇宙経済を支える法的枠組みを提供してきた主要な国際条約と国内法について説明する。そして、これらの条約を推進、実行するためのトランプ政権の取り組みについて説明する。

米国は、国連の宇宙に関する4つの条約に加盟している。1967年に締結された国連宇宙条約（United Nations Outer Space Treaty of 1967）は、国際宇宙法の基礎となるもので、宇宙空間を平和的領域と定め、宇宙飛行士を人類の使者とし、宇宙での活動が「政府機関や非政府組織によって行われるとしても」各国が責任を負うことを宣言している。通常、民間企業は自らが与えた損害に対して責任を負うが、宇宙条約では、物体の打ち上げ国や調達国が、地球上や宇宙空間での損害に対して責任を負うと明記されている。

また米国は1968年の救助協定（1968 Rescue Agreement）を承認した。この協定は、宇宙条約における救助条項の概要を示したもので、国境内や宇宙などの法的管轄外の場所に着陸した人員を各国が支援することを義務づけている。1972年に発効した責任条約（Liability Convention）では、「打ち上げ国」の意味を「宇宙物体の打ち上げ国または打ち上げの調達国」もしくは「宇宙物体がその領土または施設から打ち上げられた国」と明確にした。また「損害」とは何かを定義し、賠償請求を解決するための外交的プロセスを示した。

最後に、米国は軌道上や宇宙空間に打ち上げられた宇宙物体の登録を各国に指示する1976年の登録条約（1976 Registration Convention）の締約国となることに同意した。米国は、国際宇宙法を確立したこれら4つの初期の国連条約と決議に加盟していたが、地球外財産の私的所有を事実上禁止した1979年国連の月協定（United Nations Moon Agreement）には批准しなかった。ロシアや中華人民共和国など、他の多くの主要な宇宙開発国もまた、月協定の締約国ではない。

米国国内では、立法及び行政活動を通じて、徐々に宇宙における私有財産権の枠組みを発展させてきた。米国の宇宙法は、1958年の国家航空宇宙法で初めて成文化され、NASAが設立されたが、軍事的な宇宙活動はすでに国防総省内で実施していた。1984年の商業宇宙打上げ法では、米国の商業宇宙打上げを許可するプロセスが定められ、続く1988年の改正商業宇宙打上げ法では、5億ドルから20億ドルを超える損害を連邦政府が補償すると定めることで、商業宇宙打上げを後押しした。

21世紀に入ると、3つの具体的な政策の成果によって、宇宙における財産権がさらに成文化された。第1に、2015年の米国商業宇宙打上げ競争法は、連邦政府が国内の民間団体に宇宙での資源採取と利用を許可する法的枠組みを確立した。

小惑星資源または宇宙資源の商業的回収に従事するアメリカ市民は…入手した小惑星資源または宇宙資源に対して、米国の国際的義務を含む適用法に従って、入手した小惑星資源または宇宙資源を所有、輸送、使用、及び販売することを含む権利を持つ。

米国商業宇宙打上げ競争法は、宇宙条約で各国政府に与えられる権限に沿って、米国が宇宙資源を利用する際の認可について定めたものである。宇宙条約第6条では、「非政府組織の宇宙空間での活動は…当該条約締約国による承認と継続的な監視を必要とする」と述べられている。

2020年トランプ政権は、財産権に関する米国の立場を挙げ、国際的な二国間協定の原則を示すことによって、宇宙における商業活動に対する期待と責任をさらに明確なものにした。2020年

185

4月、トランプ政権は「宇宙資源の回収と利用のための国際的支援の奨励」に関する大統領命令13914を発表した。この大統領命令は、商業探査や宇宙資源の利用が、適用法と一致することを確実にするために、国際的な連携国と協力するという米国の意向を表明したものである。また米国が署名していない月協定についても、それが宇宙資源への私有財産権の適用を妨げているとの理由から、明確に否定した。

2020年10月13日、米国と宇宙に進出している7つの提携国は、安全性の確保と紛争回避を保証するため、宇宙条約に基づく一連の原則であるアルテミス協定に署名した。アルテミス協定が定める原則とは、平和的探査、透明性、相互運用性、緊急支援、宇宙物体の登録、科学データの公開、遺産の保存、宇宙資源、活動の衝突回避、宇宙ゴミである。アルテミス協定は、資源の採掘と利用には宇宙条約の遵守を支持すると同時に、「宇宙資源の採掘は、宇宙条約第2条の下では、本質的に国家の占有物ではない」ことを確認している。この協定は、投資家が資源採掘に関する他国の立場を検討する際に、より確実なものとなる。アルテミス協定には、8つの創設加盟国、オーストラリア、カナダ、イタリア、日本、ルクセンブルグ、アラブ首長国連邦、イギリス、そして米国が署名した。NASAは、今後数カ月から数年の間に、さらに多くの国がアルテミス協定に加わると見込んでいる。

これら3つの政策の進展は、過去の条約や法律に基づき、宇宙の財産権をさらに明確にするものである。財産権の安全性が高まることで、個人は投資に対する将来のリターンへの期待を形成し、計画が立てやすくなるため、投資及び経済活動の拡大につながるはずである。後述するように、長期的な計画が立てられることは、多くの直接・間接的な正の効果をもたらすことになる。

財産権の経済学

数多くの経済学の研究は、すでに述べてきた宇宙政策と同様の政策を始めることが投資に正の効果をもたらすことを示している。こうした事例は、地理、天然資源、時代を問わず多岐にわたっている。この節では、財産権に関する経済理論の概要と、宇宙経済への適用を含むいくつかの理論の実践例を紹介する。

ノース（North 1991）は、政治、経済、社会的な相互作用を形成し制約するための制度の重要性を検討している。制度は、適用されるインセンティブ構造に応じて、経済を成長、衰退、または停滞のいずれかへと導く。政府機関は、市場の競争力や効率性を形成し、経済を支配するルールとして財産権を決定し、執行する。財産権のルールがさらに規定されると、市場参加者は、潜在的な活動の利益とコストについてより確実な情報を得ることができる。

後世に影響を与えたデムゼッツ（Demsetz 1967）の研究は、財産権の進化の背後にある経済学について概説している。財産権は人々が潜在的な意思決定を比較・検討する際に、明確さをもたらす。したがって財産権を設定し、より明確にすることのメリットとは、ある個人が、自分の行動に対する社会との関わりや反応について、より正確な予測が立てられることである。財産権によって、個人に生じる利益を理解したうえで投資を促進することができる。

財産権の設定や執行には、その監視と遵守とを確保するために資源が投入されるため、社会にコストを課すことになる。個人の期待とは、社会が定めた権利を遵守するという合意に基づいているが、もし個人の財産権を償還請求なしに侵害することが相手側に認められたならば、期待の設定は難しくなる。

図8−3が示すように、利益とコストの変化に応じて、財産権の最適仕様は変わることになる。図は2つの異なる時点における財産権の最適仕様を示している。宇宙条約が締結された1967年に宇宙で活動していたのは、米国とソ連の2国だけであった。宇宙へのアクセスやその他の宇宙技術が発展するにつれて、企業が宇宙で経済活動を行うことで期待される利益が大きくなってきた。

宇宙政策と財産権の新たなフロンティアを探る

図8-3 財産権仕様の限界費用と限界便益

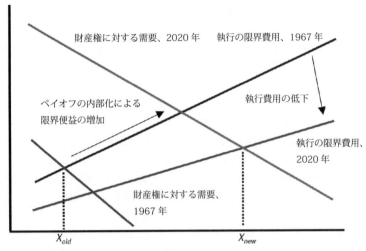

社会全体でどのように利益が発生するかについて、投資家が明確な期待を持てるようになると、より高い投資利潤が得られるため、財産権の最適仕様の利益が大きくなるのである。

　監視と執行とを改善する技術力が向上することによって、財産権のさらなる規定や、束に「棒」を追加するためのコストが引き下げられる。この執行コストの減少と投資の期待値を設定することによる利益の増大は、財産権の最適仕様を引き上げるはずである（図8-3で示すように）。例えばアルテミス協定は、民間が行う宇宙活動や政府の意思決定の指針となる原則について、投資家に対する明確な指針を示している。アルテミス協定は直接、民間部門に適用できるわけではないが、米国は1967年の宇宙条約第6条によって、その管轄権または管理下にあるすべての個人に対する責任を負っている。この観点から、アルテミス協定の原則は、宇宙における企業に対する政府の役割を明確にしており、官民の相互交流についての不確実性を排除している。

財産権強化の歴史的な事例

　財産権の発展に関する歴史的な事例によれば、財産権の束の中に余分な棒がなければ、宇宙経済への投資コストは高くなり、利益は低くなると予想され、将来の宇宙開発を妨げる可能性があることを明らかにしている。

　石油掘削の初期の歴史は、財産権がタイミングよく確立されないと、資源が無駄になる可能性が高いという例を示している。20世紀初頭まで、石油は採掘されるまで財産とみなされなかった。そのため、リベキャップとスミス（Libecap and Smith 2002）がいうところの「採掘型アナーキー」をもたらした。企業は、油井から産出される石油量を最大化することを意識せずに掘削し、代わりに最初に石油を抽出して財産権を主張しようとした。石油は貯留層内の圧力によって油井から流れ出るが、もし1つの貯留層に油井を掘り過ぎると、圧力が急激に逃げて、貯留層内の油を油井に押し上げられなくなり、結果的に石油の採

⑧

掘量は減ってしまう。連邦鉱山局局長は、石油採掘競争のために、1914年までにすべての石油生産の4分の1が無駄になったと推定している。また、石油と天然ガスが一緒に貯留層で発見されたため、石油を確実に採掘して財産権を確保するために、価値の低い天然ガスはしばしば大気中に放出された。時が経つにつれて、石油・天然ガスの財産権の構造は変化し、資源採掘への投資からより高い価値を生み出すことができるようになった。

　地下資源に対する明確な原位置財産権がなければ、宇宙では天然資源に対するこうした行為が繰り返される可能性がある。宇宙で一般的に使われる多くの元素は、頻繁に重要技術に使われる。鉄、アルミニウム、そしてチタンは、電気部品の製造に不可欠な元素である。シリコンは、ソーラーパネルやコンピュータの原材料となる。また、抽出された水は水素と酸素とに分解され、さまざまなニーズに応えることができる。酸素は呼吸を可能にし、水素と酸素を再結合することで電力を作り、液体水素と液体酸素は推進剤としての機能を果たすことができる（Butow et al. 2020）。未来のことに聞こえるかもしれないが、採掘隊が向こう見ずにさまざまな天体から資源を採取して、資源の埋蔵量を著しく枯渇させ、将来の採掘投資の見返りが減少する状況が想像される。したがって、宇宙での資源の責任ある利用を確実にするために、今から財産権を定義することは、将来的に探査への需要と投資が高まり、より持続可能な宇宙経済を実現することにつながる。

　19世紀のネバダ州の鉱業権においても、同様の話が出てくる（Libecap 1978）。新たな鉱床が発見され、特に地下にある鉱床は採掘のための投資を増やす必要があったため、財産権の仕様と執行が増加した。ネバダ州で最大の鉱床の1つコムストック・ロードは、ネバダ州がまだ連邦直轄領であった頃に発見された。当時、連邦政府の所有地で発見されたものには財産権はなかったため、市民はこれらの財産権を確保するために、一連の地方法を制定し、最終的にネバダ州が成立した。リベキャップ（Libecap 1978）によると、鉱床の価値が上がるにつれ、地元の財産権仕様も増加していった。宇宙には居住地がないことから、ネバダ州のようにどのように地域の財産権が形成されるのかを想像するのは難しいかもしれない。しかしこの歴史は、宇宙経済への将来の投資を最大化するために、経済アクターが宇宙で長期間を過ごすにあたって、これらのルールを設定することが重要であることを示唆している。

財産権強化に対する投資の反応

　上述した宇宙政策の発展によって、宇宙への投資から得られる利益に対する投資家の期待感は高まっている。このような歴史的な事例は、財産権をより明確にすることが、宇宙経済への投資を促進する根拠となっている。宇宙経済への投資が増えれば、宇宙技術の発展につながる。この節では、財産権の設定と強化が、投資と経済成長の両方に与える影響について、経済学研究から説明する。これらの研究の目的とは、財産権を明確にし、期待値の設定を改善することによって、もたらされる経済活動の利益は、時間や場所の特定の状況によるものではなく、普遍的であることを示すことである。

　短期的な意思決定による損失　将来の宇宙開発活動において懸念が高まっているのは、財産権の安全性が確保されていないことが短期的な意思決定につながり、それが長期的な人間の活動を阻害する可能性があることである。多くの実証研究は、不安定な財産権が価値の低い投資決定につながることを示している。これらの研究の多くは、米国西部における水利権の分析に基づいている。それは優先使用割当原則（Prior Appropriation Doctrine）と呼ばれるもので、水利権は「時間に先んずる者は権利に先んずる」という原則に基づいて分配される。降水パターンによって、利用可能な水の量が毎年変化することを考えると、早い時期に水利権を得ていた上級権利者は、遅く得た下級権利者よりも、毎年多くの水を割り当てられる可能性が高い。

　レナードとリベキャップ（Leonard and Libecap 2019）は、上級権利者に対する権利を明確にした優先使用割当原則が、灌漑技術への投資を可能にしたと主張している。米国西部の気候を考えると、広大な土地の生産性を最大化させるためには、灌漑への大規模な投資が必要である。

レナードとリベキャップは、1930年の米国西部の収入の16％は、確実な財産権がなければ発生し得なかった灌漑への投資によるものと推定している。

不安定な財産権のもう1つの懸念とは、天然資源の所有者が、投資の利益を確実に得るために、資源採掘を焦ることである。急いで資源を採掘すると、資源から得られる価値に有害な影響を及ぼし、社会にとっても負の波及効果を持つ。その一例として、土地に対する財産権が不安定な場合に起こる、森林伐採の割合の増加が挙げられる（Bohn and Deacon 2000）。フェレイラ（Ferreira 2004）は、財産権が明確に定義されている国では、保護が弱い国に比べて、森林破壊が少ないことを示している。ケマルとランゲ（Kemal and Lange 2018）は、インドネシアで油井が収用される可能性が減ることで、採掘率が最大40％低下したことを明らかにしている。

初期の宇宙進出において短期的な意思決定が主流になった場合、宇宙経済の将来は深刻な打撃を受ける可能性がある。宇宙で生命を維持するために必要な資源を枯渇させてしまうと、地球から法外なコストと手間をかけて、これら資源を輸送しなければならない。したがって、宇宙で利用可能な資源を保護し、責任ある利用をすることは長期的に見ても効率的である。宇宙で財産権を確立することは、それが慎重に行われた場合、短期的な意思決定のリスクを軽減し、宇宙から利益を得る人間の能力を強化することができる。

投資と資産価値の向上　米国の商業宇宙打上げ競争法やアルテミス協定などの枠組みによって、投資から得られる利益が明確な期待となり、宇宙での経済活動を促進するために提携国が従うべき原則の一覧を示すことで、財産権を強化することができる。経済学のある分野では、財産権を強化または縮小する法的・立法上の決定を用いて、投資や資産価値が財産権仕様の変更にどのように反応するのかを調べている。ここでは、この研究について説明する。本章の後半では、これらの研究の結論を応用して、宇宙において財産権を強化することの価値を推定する。

オルストンとスミス（Alston and Smith 2020）は、ノーザン・パシフィック鉄道（Northern Pacific Railroad）の公有地供与の構造がもたらした不確実な財産権の影響を測定している。連邦政府は、鉄道インフラの迅速な構築を目的として、鉄道会社に寛大な公有地を供与した。ノーザン・パシフィック鉄道は、モンタナ州のほぼ16％の土地を与えられた。モンタナ州では、生産用途のために広い土地を灌漑するには、農民と牧場主との間の調整が求められた。鉄道路線の完成が1870年代に遅れたため、ノーザン・パシフィック鉄道がその土地を所有しているのか（売却できるのか）、それとも連邦政府の所有物なのかは不明瞭になっていた。

このような不確実性の結果として、完成した灌漑計画は平均で4年遅れ、その計画への投資は28％減少した。灌漑計画は資本コストが高く、多くの区画間の調整が必要となることから、不安定な財産権は、権利を確保した土地所有者に影響を与えた。灌漑投資の実施が遅れたことで、これらの土地所有者はより下位の水利権者となり、結果的に水利権の安全性が低下した。これらの不安定な財産権の結果、1930年のモンタナ州の経済活動は6％低下した。

グレインジャーとコステロ（Grainger and Costello 2014）は、米国、カナダ、ニュージーランドの漁業において、財産権をより確実にすることの価値を比較している。特定の漁業で操業するための割当に関するニュージーランドの規制では、これらの割当は財産権であることが明確にされているが、米国やカナダにおける同様の割当制度では、割当が財産権ではないことが明示されている。米国とカナダの漁獲割当がニュージーランドほど安全でないことは、現在の年間価値に比べて割当の恒久的な価値を低くすることにつながる。米国とカナダの企業は、漁獲枠を請求権なしに奪われる可能性があるため、その資産価値はニュージーランドの企業に比べて低い。また、グレインジャーとコステロによる追加分析によると、ニュージーランドの先住民であるマオリ族とヨーロッパ系ニュージーランド人との間の財産権争いが解決し、財産権の安全性が高まったことで、漁獲割当枠の恒久的な価値が50％も向上した。財産権が認められ保証されることは、市場参加者が自らの資産の価値を理解するうえで極めて重要である。

⑧

リアーニとシャルゴドスキー（Galiani and Schargodsky 2010）は、アルゼンチンの裁判例を用いて、家の財産権の確保が家計の意思決定に与える効果を推定している。彼らの結果によると、安全な財産権を得た家計は、住宅の建物への投資を増やした。家の財産権が認められた結果、壁と屋根への投資はそれぞれ40％、47％も増加したのである。宇宙資産とは直接関係ないが、財産権がより確実なものになると、財産権が付与された資産とは別の波及効果があることを、入手可能な証拠が示している。ガリアーニとシャルゴドスキーは、財産権の安全性が高まると、家計は子供の教育投資を増やすことを見出した。土地の財産権を確保した世帯の子供は、平均で0.7年余分に学校教育を受けている。これは、教育年数の延長が個人的にも社会的にも大きな利益をもたらすことを考えると、重要な波及効果である（本報告〔『白書』〕の第7章を参照）。

地球を周回する通信衛星は、宇宙における所有権の確保がもたらすポジティブな波及効果の一例を示している。国際電気通信連合（ITU; International Telecommunication Union）は、幅広い通信規則を標準化する組織である。米国はITUを通じて、特定の周波数を使って情報を地上に送信する衛星を運用でき、その信号を商業利用するために企業が投資できるようになった。同期軌道上の通信衛星は、ITUによって特定の軌道位置と周波数を確保することができている。

収用に対する保護 多くの非政府組織が、所有権の保護や一般的な制度の質を測る指標を作成している。これらの指標は、法の支配や収用リスクからの保護などの財産権の特性が、国や時間を超えて一貫しているかどうか相対的な水準を定量化しようとするものである。多くの経済学の研究では、これらの国レベルの制度的品質の指標を用いて、財産権執行の改善が経済的成果にどの程度影響するかを判断している。トランプ政権下で開始された政策は、宇宙の財産権に関する指標があれば、これらを測定可能な形で変化させる可能性が高い。

後世に影響を与えたアセモグルらの研究（Acemoglu, Johnson, and Robinson 2001）は、財産権の執行を改善すること、この場合は収用リスクから保護する財産権の執行を改善することが、国内総生産（GDP）に大きな影響を与えることを示している。彼らの分析では、収用リスクに対する保護を1ユニット改善すると、10年後の一人当たりのGDPが2倍以上になることを示している。

同様の結果は、特定の産業を調査した研究からも見出せる。例えばカストとハーディング（Cust and Harding 2020）は、財産権の執行が強化された国では、弱い隣人と比較して、企業が石油を採掘する頻度が2倍になることを示している。また権利行使の効果は、国営の石油企業に比べて民間の国際石油企業においてより重要であり、民間投資を活用するためには権利の強化が重要な役割を果たすことを強調している。ボーンとディーコン（Bohn and Deacon 2000）は、財産権の安全性が向上した場合の石油掘削への影響について、同様のパターンを見出しており、安全性が30％向上すると、年間の掘削量は60％増加する。

財産権執行の変化には、技術の進歩によるものもある。ホーンベック（Hornbeck 2010）は、農業において財産権行使のコストを削減した技術の進歩として、有刺鉄線の発明とその広範な利用を取り上げている。重要なことは、ホーンベックが柵用の木材を入手できた地域とそうでない地域とを比較した結果、有刺鉄線が使用されるようになったことで、フェンスのコストが相対的に低下し、作物の生産性が23％向上したことがわかった。利益のほとんどは、家畜が作物を攻撃しないと確信した農家が、作物の種類を変えたことによるものである。このように財産権を効果的に行使できるようになったことで、投資によって改良された農地の総面積が19％ポイント増加し、地価も上昇した。この縄張りを区切る事例は、アルテミス協定の「活動の衝突回避」の原則に似ている。この原則は、有害な干渉を制限し、偶発的な損失の可能性を最小限に抑えるために、「安全地帯」の設定を規定するものである。

表 8 - 2　財産権改良効果の要約

研究	産業	原因	効果	影響を受ける時期
アセモグル、ジョンソン、ロビンソン（2001 年）	全	収奪リスク	1 人当たり GDP 100％増加	10 年間
アルストンとスミス（2020 年）	土地	保有条件の不確実性	投資遅延	5 ～ 10 年
ボーンとディーコン（2000 年）	石油	収奪リスク	投資 100％増加	即時
カストとハーディング（2020 年）	石油	収奪リスク	投資 200％増加	即時
ガリアーニとシャールゴドスキー（2010 年）	住宅	保有条件の不確実性	投資 40％増加	15 年間
グレインジャーとコステロ（2014 年）	漁業	保有条件の不確実性	資産価値 50％増加	即時
ホーンベック（2010 年）	農業	法律の施行	生産性 23％増加	5 ～ 10 年
レオナードとリブキャップ（2019 年）	水事業	保有条件の不確実性	収入 16％増加	40 年間

注：この表は、本文の前節で取り上げた論文の主な知見を要約したものである。
　　それぞれの研究によっては財産権とその経済効果において異なる見解を示している。

図 8-4　米国における宇宙開発企業への民間株式投資、2010～28 年

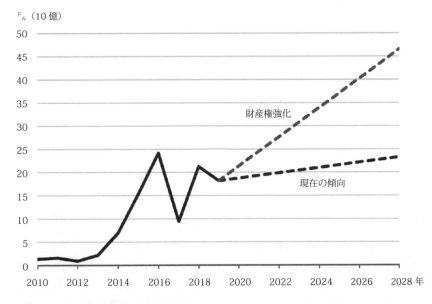

注：2020 年以前の統計は実際の投資額を示し、それ以降の年は予測値である。
出所：Space Capital ; CEA calculations.

宇宙産業への投資に対する政策の効果

前節において、財産権の安全性が高まれば、投資と経済活動が活発になることを示す、幅広い研究を詳細に説明してきた。議論された事例は時空を超えており、それらの結果が偶然ではないことは疑う余地はほとんどなく、全体として研究は、特定の事例以外においても調査結果が有効であることを示している。これらの事例は多岐にわたるため、より安全な財産権が投資に与える平均的な効果を判断するのは難しい。それぞれの研究は、定量化の難しい財産権の安全性の向上に関するものである。それでも本章の目的は、入手可能な証拠をもとに、昨年の宇宙政策の進展が将来の投資に与える影響を推定することにある。

表8－2は、前節で取り上げた大部分の研究結果を要約したものである。これらの効果は、いずれも規模が大きい。もう1つのデータ点は、他国の投資と比較して、2015年に米国の商業宇宙打上げ競争法が可決されたことによる米国の宇宙経済への投資の増加である。第2節で論じたスペース・キャピタル社のデータと、上記の歴史事例を用いて、CEAは2015年に財産権仕様が改善したことによる米国における投資の増加を推定している。国や時期による影響を調整した結果、米国商業宇宙打上げ競争法の成立以降、財産権仕様を改善しなかった国々と比較して、米国では92％（約2倍）の投資が統計的に有意に増加したことが示された。全体として、財産権の安全性に関する小さな改善は、投資の大幅な増加につながる可能性がある。CEAは概算として、こうした財産権の安全性の改善によって、宇宙への投資総額は2倍になると推定している。この数字は、ここまで述べてきた証拠とも一致している。

トランプ政権の政策が実現した財産権の保障を強化した効果を予測するために、CEAはスペース・キャピタル社の宇宙活動への民間投資総額のデータから調査を始めた。図8－4は、宇宙活動への民間投資の増加率を示している。

上記の文献の説明によると、さらなる財産権仕様は、投資を増加させ、経済活動は活性化する。図8－4では、2020年から2028年までの分岐線が、2020年の政策策定によって予想される民間投資の経路を示している。

スペース・キャピタル社のデータによると、宇宙に対する民間投資を直線的に予測すると、2028年には230億㌦に達するとし、それは図8－4の青い破線で示されている。しかし、これには2020年に起きた、あるいはこれから発生するであろう財産権の強化は考慮されていない。したがって、CEAは宇宙への民間投資は2028年に460億㌦に達すると予測している。この予測は、8年間で投資額が2倍になることを前提としており、それはすでに説明した学術研究の経験的評価と一致している。

経済発展や投資を促す目的で、遠く離れた資源に権利を設定したところで、必ずしも望ましい結果が生まれるとは限らない。上記の事例は、財産権の仕様と安全性の確保がいかに投資の増加につながるのかを示している。確かにインセンティブの調整は必要であるが、短期的にみれば十分条件ではない。例えば、2004年の改正商業宇宙打上げ法における宇宙資源に関する文言を支持していた有力小惑星採掘企業は、積極的な連邦法の恩恵を受けたにもかかわらず、いずれも失敗に終わっている。加えて、1980年に成立した深海海底硬鉱物資源法によって、深海底から資源を採取するための法制度が整備され、2000年までに実現することを目指した。この法律が成立してから40年が経ってもなお、深海底の鉱物採掘産業における経済的な採掘技術は十分でなく、財産権の強化が一般的に商業価値を高めるという議論を補強するものではない。宇宙産業には、技術革新の必要性、資源までの遠い距離、採取する資源の種類の不確実性などの類似点が存在する。

さらに、宇宙資源採掘産業は現在のところ、各国政府以外に顧客基盤を持っていない。政府の需要でさえ、月面やその他の場所において人間やロボットによる頑強なオペレーションが確立されるまでは、実質的な需要にはならないであろう。し

かし、いくつかの重要な違いが宇宙資源採掘産業を支えている。初めに民間宇宙開発への公共投資によって商業宇宙産業が恩恵を受けることで、結果的に基礎技術の開発に必要な投資額が減少する可能性がある。加えて、宇宙開発や研究は多くの国々で依然として国家的な優先課題となっており、それが産業基盤のさらなる発展を促進する可能性がある。さらに、宇宙資源採掘は深海採掘よりも価値の高い資源を提供できる可能性がある（Barton and Recht 2018）。

今後の展開について

財産権の強化によって生じる投資の増加は、宇宙における経済活動の可能性を広げ、国民経済、企業、そして個人にとって、抽象的な問題を現実的な検討課題に変えることになる。

選択される旗国

宇宙船の起源と地球外での国際紛争の解決は、宇宙政策にとって依然として重要な課題である。商業宇宙活動において旗国が選択されるかは、リスクを軽減しつつ投資を促進するために必要な国内インフラと国際的な支援を提供できるかにかかっている。強力な産業基盤、良識ある規制環境、そして財産権の行使に基づいて構築された健全な宇宙経済の発展は、国際紛争における国家的支援とともに、米国が民間宇宙ベンチャーの選択の旗国となり、今後もその地位を維持することを確かなものにする。

宇宙船は艦艇と同様に、特定の国の法律、すなわち「旗国」の下で活動することが求められる。企業がある国で法人化したり、その国から打ち上げたりする際に、旗は現れる。旗が立てられると、船舶は納税義務や労働規制、環境規制などを含む、旗国の法律に従わなければならない（Taghdiri 2013）。旗国を選択するプロセスでは、企業は自社の事業活動にとって最も有利な法律、政策、規制環境を持つ旗国を求めることになる。

「便宜のために旗国」を探すという行為は、水上船舶に見られるように、企業が監視の少ない国の旗を選ぶ可能性があるため、宇宙旅行の機能的なシステムを維持する上での1つの脅威となっている（Llinas 2016）。例えばパナマは、登録手続きが簡単で、労働者のコストが安いため、他の国の2倍以上の船舶を保有しており、船舶の旗として選ばれている。損害賠償の責任を民間業者に負わせる海事法とは対照的に、1967年の国連宇宙条約では、自国領土から打ち上げられる宇宙船の全責任とリスクを各国が負うことが定められた。そのため、各国は宇宙船の打ち上げを許可する前に、旗を立てることのコストと利益を検討しなければならない。2009年に起きたイリジウム33号とコスモス2251号の衛星衝突事故のように、宇宙での事故は避けることができない。これは、ロシアの使用済み衛星コスモス2251号が、米国の商業用通信衛星イリジウム33号に衝突した事件であり、衝突を回避しなかったとして両国が責任転嫁し合ったものである。米国とロシアは、宇宙損害責任条約によらずに潜在的な紛争を解決することができたが、この出来事は、宇宙ベンチャーへの長期的な投資を確実に提供できるように、宇宙で紛争を解決するための予測可能なシステムが必要であることを浮き彫りにした。米国の旗の下で飛行することは、企業にとって、大きな外交資本を持つ主権国家の支援を受けることになり、米国の宇宙経済の成長を支えることになる（Box 8-2）。

民間企業へのインセンティブ

国防総省は、大企業と中小企業の両方の宇宙技術企業に契約を発注する設計コンペや、これらの契約に対抗できるような小企業を指導するコンサルティング計画を通じて、民間企業との連携を発展させていく。これらの出来事や計画には、宇宙企業コンソーシアム、新技術を促進するための助成金を交付するスペース・ピッチ・デー、そして新しいエンジンやロケットの開発を支援する国家安全保障輸送プログラム（National Security

Box 8—2　国家安全保障と宇宙

宇宙を利用した能力は、米国の安全保障にとって決定的に重要である。宇宙は、ミサイル警告、ジオロケーションとナビゲーション、ターゲットの特定、敵の追跡活動など、米国の軍事作戦の主要部分を構成している。遠隔探査衛星は、軍事力や情報収集能力を大幅に向上させ、従って他国が秘密の軍事演習や軍事作戦を行う能力を低下させている。

　技術の向上や参入障壁の低下など、宇宙分野が進歩するにつれて、外国政府は米国の宇宙での活動の自由を脅かす可能性のある能力を開発している。国防情報局は、2020年の報告書で、特に中国とロシアが宇宙における米国の優位性を弱めようとしていると指摘している（DIA 2019）。例えば、中国とロシアの軍事ドクトリンは、宇宙での反撃能力が米国と同盟国の軍事力の有効性を低下させるツールとして機能するとみている。両国は、米国や同盟国の軍隊の監視、追跡、標的とすることができる大規模な宇宙監視ネットワークを開発している。さらに、中国とロシアは、サイバー空間や電波妨害能力にも取り掛かっている。

　トランプ政権は、宇宙での影響力を確立・維持し、米国の利益とアメリカ人のために宇宙の安全保障を提供することの重要性を認識している。2018年3月、ホワイトハウスは新しい国家宇宙戦略を公開し、「強さを通じた宇宙領域における平和」に重点を置いている。敵対国は宇宙を武器に利用しようとするが、米国の姿勢とは宇宙領域を紛争から守り、宇宙における重大な利益、すなわち安全保障、経済的繁栄、そして科学的知識を向上させるために宇宙での活動の自由を確保することである。

　宇宙空間における平和は最優先事項であるが、国家宇宙戦略では、米国やその同盟国の重要な利益に悪影響を及ぼす宇宙空間での有害な干渉を警戒し、「そのような脅威を抑止し、対抗し、打ち負かす」必要があることを確認している。

　宇宙システムは、米国経済と国家安全保障にとって不可欠なものであり、このような宇宙空間では、グローバル通信、測位、ナビゲーション、計時、科学観測、探査、気象観測、そして国防などの重要な機能が実現されている。2020年9月、トランプ大統領は宇宙政策命令（SPD）-5号「宇宙システムのためのサイバー・セキュリティー原則」を発表し、進化するサイバー脅威から宇宙資産とそれを支えるインフラを保護するための指針を示した。

　さらに国家宇宙戦略では、米国企業が宇宙技術において指導的役割を果たすことを確実なものにするために、商業部門をより活用し支援することの重要性を強調している。このことについては、本章で詳しく検討する。宇宙空間で米国の軍事的地位を強化するために、トランプ大統領は2020年度の国防権限法に署名し、米軍第6部門として米国宇宙軍（USSF）を設立した。ペンス副大統領は宇宙軍の任務について、「抑止力を高めるために軍隊が必要とする独自の戦略、ドクトリン、戦術、技術、手順を開発し、実施することである」と述べている（Pence 2019）。その責務は、「軍事における宇宙の専門家を育成し、軍事宇宙システムを獲得し、スペース・パワーのための軍事ドクトリンを成熟させ、宇宙軍を組織してわれわれの統合軍に提示する」ことである（USSF 2020）。

Space Launch）などがある。このようなパートナーシップは、宇宙産業における中小企業の参入障壁を低くし、競争とイノベーションを促進するとともに、宇宙経済における事業コストを削減できる。米国が宇宙技術革新におけるリーダーシップを維持し、宇宙商業の旗手であり続けるためには、許可を合理化し、技術革新とリスクをとることを奨励し、労働者、一般市民、財産を保護する事業主に親切な規制環境を維持しなければならない。

　過去4年間トランプ政権は、規制改革を優先してきたが、宇宙分野における官僚主義を改めることにも引き続き力を入れていく。連邦航空局、連邦通信委員会、米国海洋大気庁に割り振られた

規制権限を、宇宙政策大統領指令第2号で指示されているように、トランプ政権では、新しい宇宙探査ミッションの承認プロセスの最新化に取り組んでいる。また連邦政府の調達規制は、民間企業にとって複雑で負担になることが多い。実際に、政府調達による宇宙システムは、歴史的に見ても、これらの規制のためにコストが高く、計画のスケジュールが長く、頻繁に遅延するという特徴があった（Butow et al.2020）。これにより、効率性や革新性、新規参入が妨げられてきた。競争と革新を促進する一方で、コストと官僚主義を削減するために、政府は引き続き、不当な規制の障壁を取り除き、既存プロセスの効率化を図っていく。それにより、自由で豊かな宇宙経済が育まれ、商業宇宙企業はより効率的に活動できるようになり、民間宇宙産業に新しい企業が参入できるようになる。

さらに政権は、宇宙経済への投資を促進する環境整備のため、連邦政府が果たすべき重要な役割を認識している。これは、明確で協調的な政策目標の概略を示し、それを達成するために官民の活動を刺激させることから始まる。宇宙領域における政府の役割を、技術の所有者や運営者から民間の製品やサービスの顧客へと徐々に転換していく

ことにより、米国は商業活動の需要を高め、実行可能な宇宙経済の成長を支援することができる。

例えばNASAは、輸送、通信、電力システムの管理を含む、アルテミス計画内の商業サービス契約を利用して、月面への有人ミッションの帰還を促進し、そこでの恒久的な運用を促進することができる。また国防総省は、この政権が宇宙における国家安全保障の保護を優先しているため、民間企業の需要を創出するうえで決定的な役割を果たしている。同じコンセプトを宇宙資源にも適用することで、連邦政府は、宇宙採掘や製造などの新技術に対する民間企業のリスクを減らすことができる。連邦政府は、宇宙資源市場への早期参入者にとって、最初の実質的な信頼できる顧客の役割を果たすことで、先渡契約による製品の購入を提供し、民間投資を促進することができる。このような契約からくる確実な収入があれば、民間企業はスケールメリットを活かして新技術のコストをさらに下げ、新たな顧客を獲得することができる。

規制改革と宇宙分野への投資を優先することで、繁栄する宇宙経済の強固な基盤を作ることができる。トランプ政権は、この未来を現実のものとするために行動しており、引き続き民間宇宙部門への投資を促進する環境を発展させていく。

結 論

安定したな財産権は、米国経済の基本的な信条である。財産権は、個人や企業にとって、彼らの投資の結果がどのように分配されるかについての期待値を設定することに役立つ。しかし、財産権の設定やさらに規定するためにはコストがかかる。財産権の経済学に関する文献では、個人の投資決定に対する期待値設定の改善による利益と、執行コストとのバランスをどのようにとるのかが議論されている。宇宙採掘や宇宙太陽光発電衛星のような分野が収益性の高い事業になるのは何十年も先のことかもしれない。しかし、将来の宇宙産業を出現させるために、今のうちから基礎を築いておく価値はある。

宇宙における経済活動は、財産権を強化し特定することで恩恵を受けることはできるが、それは

正味の執行コストを利益が上回った場合に限られる。この目的を達成するためにトランプ政権は、財産権を強化し、宇宙への投資をいっそう促す政策を開始した。「宇宙資源の回収と利用のための国際的支援の奨励」に関する大統領命令とアルテミス協定は、共同財産を示す無効な条約を拒否し、宇宙における安全で持続可能な、最善の方法を開発するにあたって、他の経済国が米国のリードに従うよう突き動かすことによって、財産権仕様を促進するのに役立つ。

投資に関する企業の確実性を高める最近の政策は、宇宙経済をさらに発展させる基盤となる。学術研究は、財産権の保障の強化が投資や経済活動に大きな効果をもたらした例を、時間、地理的範囲、資源の用途を問わず、数多く提供してい

⑧

る。こうした過去の財産権保障を改善した経験に基づき、CEA は、最近のトランプ政権の政策は、2028 年までに宇宙分野への民間投資を 230 億ﾄﾞﾙ増加すると推定している。官民のパートナーシップによる財産権の強化によって、商業宇宙経済の長期的な健全性を固めることができる。

第9章
自由で公正な、バランスの取れた貿易を目指して

2018年の大統領経済報告〔『米国経済白書』〕に記載されているように、トランプ政権は、米国の製造業や労働市場の一部に莫大なコストを課してきた非対称的な貿易協定の遺産を引き継いだ。事実、最近の学術研究の成果の中には、中華人民共和国との恒久的最恵国待遇関係（PNTR; Permanent Normal Trade Relations）確立後の輸入による解雇が1999年以降の米国人口に占める雇用者の比率が低下した、ただ1つの最大の要因であったことを示すものもある（Abraham and Kearney 2020）。またこのショックは、それまで比較的安定していた米国の製造業の雇用が急激に減少したことによるものではなく、悪影響を受けた地域での、薬物の過剰摂取による死亡率の上昇とも関連していた（Autor, Dorn, and Hanson 2019; Case and Deaton 2017; Pierce and Schott 2020）。

過去4年間にわたってトランプ政権は、特に米国の製造業やその雇用に悪影響を与えてきた不公正な貿易協定の再交渉に取り組んできた。これらの取り組みの多くは2020年に実を結び、今年はいくつかの歴史的な貿易協定が発効した。本章では、2020年に達成された貿易の成果について詳細に説明する。米国の労働者を保護するために貿易協定の再交渉をいっそう進めることが、米国経済が大拡張期の経済的繁栄を取り戻すうえで重要な役割を果たすことを示す。さらに、COVID-19パンデミックによって中断されたグローバルな経済環境の変化によって、企業や政府は既存のグローバル・サプライチェーン構造を見直し、場合によっては生産拠点を自国に近づけることを余儀なくされていることを説明する。

2020年1月15日、トランプ大統領は中国の劉鶴副首相とともに、米中経済・貿易協定の第一段階合意に署名した。それは、知的財産、技術移転、農業、金融サービス、通貨及び外国為替などの分野で中国の経済・貿易システムの構造的な変革を求める歴史的な協定である。この協定の目玉とは、中国がこうした分野で行った多くの具体的な約束にとどまらず、中国が2017年の輸入水準に加えて米国の財・サービスを2,000億㌦追加輸入して貿易を拡大することに合意したことである。米国は、中国が不公正な貿易慣行をすべて解消していないため、中国からの輸入品に対して3,700億㌦相当の大規模な関税をかけ続けており、将来の第二段階合意に向けた準備をしている。

この歴史的な貿易協定を中国と結んだことに加えて、トランプ政権は、2020年1月29日に北米自由貿易協定を見直す米国・メキシコ・カナダ協定（USMCA; United States-Mexico-Canada Agreement）に署名することで、米国の製造業、農業、ビジネスを回復させるという公約を果たした。2020年7月1日に発効する協定のルールによって、USMCA は南北の隣国との貿易バランスを改善することが約束されている。USMCA は3国間で、デジタル貿易、環境基準、そして労働者の権利に関する基準要件を定めている。さらに米国の農産物の輸出は、新しい協定を通じてカナダ市場へのアクセスが改善されるため、USMCA によって22億㌦増加する見込みである。全体としては、超党派の米国国際貿易委員会によるCOVID 前の試算では、控えめにいってもUSMCA は米国の国内総生産を682億㌦（0.35％）増加させ、17万6000人のアメリカ人の雇用を創出す

ると推定している。

パンデミック以前の分析によれば、第一段階合意とUSMCAはともに米国経済を成長させるとしていた。しかし、COVID-19のパンデミックが中国から世界へと広がり、世界規模のロックダウンによって、これら貿易取引の交渉から得られると予測された利益が一時的に失われ、中国にサプライチェーンを集中させることの相当なリスクが浮き彫りとなった。中国が製造業の主要拠点で、コロナウィルスの発生地である武漢市の工場を閉鎖すると、世界経済に供給ショックが波及し、それは米国内でウィルスが流行するよりもずっと早く、米国に到達した。本章では、COVID-19がグローバル・サプライチェーンに与える影響を検証し、企業がすでに中国の製造業への依存度を下げていると論じる。

米国経済の回復過程が続く中で、公正かつ互恵的な貿易協定は、大拡張期の経済的繁栄を取り戻すための重要な要素であり続けるであろう。第一段階合意、USMCA、日本との追加的な貿易協定、そして韓国との貿易協定の再交渉などは、経済と労働市場の成長を促進し、貿易協定を確保しようとするトランプ政権の公約を明確に示している。これらの協定は米国の雇用に悪影響を及ぼす不公正な貿易慣行に対処すると同時に、国内の雇用や資本形成を促進するという、アメリカ人労働者に対する政権の公約の集大成である。

国際貿易は経済成長を促進するうえで決定的な役割を果たしており、世界の国々が21世紀にかつてないほどの繁栄を遂げるために貢献している。世界貿易機関（WTO）やその前身の関税及び貿易に関する一般協定など、米国が重要なリーダーシップを発揮している制度は、世界規模の貿易システムの制度的枠組みを確立し、グローバルな貿易の成長を促進してきた。しかしグローバル貿易システムの恩恵は、時に米国自身の国益をも犠牲にしてきた。トランプ政権は、米国の国際的なパートナーとの貿易をより公正で持続可能なものにするための行動を積極的に推進している。政権は国家安全保障及びその他の米国の経済的利益を守るために、関税を課してきた。さらに中国、北米の近隣諸国、日本との新たな貿易協定に加えて、韓国との再交渉や他のいくつかの国と狭義の協定を結ぶことによって、政権は米国の経済成長と広範な経済的繁栄を約束する、新しい国際貿易環境を先導してきた。本章の最初の3つの節では、これらの協定を考察する。

国際貿易は、中間財貿易やサプライチェーンのグローバル化という形をとってますます成長してきたが、近年の出来事はこうした傾向を鈍化させる可能性がある。2008年の世界同時不況や貿易、地政学的な緊張（とくに米中間）、最近では2020年のCOVID-19パンデミックが、貿易にまつわるリスクを明らかにし、世界中の企業や政府は、既存のグローバル・サプライチェーン構造の利益とコストの見直しを余儀なくされた。最近のトランプ政権の、そして進行中の活動は、米国産業の利益を促進し、国家安全保障を守りながら、貿易の利益を上げることに焦点が当てられている。本章の最終節では、グローバル・サプライチェーンとかかわるこれらの問題を検討する。

中国との第一段階合意

米中の第一段階合意は、米中貿易紛争の解決にむけた最初の一歩である。2017年8月、米通商代表部（USTR; Office of the United States Trade Representative）による、1974年通商法301条に基づく中国の「技術移転及び知的財産（IP）保護政策」に関する調査が連邦官報で発表されると、これらの緊張関係が表面化してきた。この調査によって、USTRは中国が明らかに不合理で差別的な貿易慣行に関与していると判断した。USTRは、2018年7月から2019年9月にかけて、中国からの輸入品に関税を課すことで適切な行動をとったか、中国の関税引き上げを誘発し、それに対応

自由で公正な、バランスのとれた貿易を目指して

して米国は関税引き上げを行った。

2019 年 12 月 13 日、両国は「第一段階合意」に同意し、2020 年 1 月 15 日にトランプ大統領が署名した。この協定は、知的財産、技術移転、農業の非関税障壁、金融サービス、通貨、中国による米国輸出品の購入、そして強力な紛争解決システムの確立といった分野において構造的改革に取り組む、7 つの主要な章から構成される。第 8 章では、協定の修正、発効日と失効日、追加交渉、実施措置に関する「告知コメント」が詳細に記載されている（USTR 2020b）。中国による米国輸出品の購入は、米国の生産者たちに直ちに好影響を与えるとの期待を考慮に入れると、この合意における重要な構成要素である。COVID-19 のパンデミックに伴って、今年の中国による米国輸出品の購入は緩やかに始まったものの、ここ数カ月は大幅に増加している。この構造的な対策は、中国経済において必要とされる改革の多くを創り出す重要な一歩となった。

背景

2017 年 8 月、USTR は 1974 年通商法 301 条に基づき、技術と知的財産に関する中国の政策と慣行に関する調査を開始した。2018 年 3 月に USTR は、中国の数々の不公正な政策と慣行について報告書を発表した。すなわち、（1）中国市場への参入のため行われる、米国の発明者や企

表 9 − 1　米国による中国に対する関税措置、2018 〜 2019 年

トランシェ（施行年月）	輸入額（10 億ﾄﾞﾙ）	関税率（％）	米国の輸出に対する中国の報復関税
1　2018 年 7 月	34	25	340 億ﾄﾞﾙの製品に 25%
2　2018 年 8 月	16	25	160 億ﾄﾞﾙの製品に 25%
3　2018 年 9 月	200	10（2019 年 6 月に 25 に上昇）	530 億ﾄﾞﾙの製品に最大 25%
4A　2019 年 9 月	120	15	250 億ﾄﾞﾙの製品に 5 − 10%

注：この表は発効時の関税率を反映したものであり、必ずしも現在の状況のものではない。2019 年 12 月 15 日に発効予定だったトランシェ 4B は、米中フェーズ 1 合意のため、本文で述べられているように関税は課せられていない。ドル値は名目ベースを示す。
出所：Office of the U.S. Trade Representative.

表 9—2　米国の中国との財・サービスにおける二国間貿易赤字

赤字の種類	2018 年第 2 四半期		2019 年第 4 四半期		2020 年第 3 四半期	
	ﾄﾞﾙ（10 億）	GDP に占める割合	ﾄﾞﾙ（10 億）	GDP に占める割合	ﾄﾞﾙ（10 億）	GDP に占める割合
財の二国間貿易赤字	-98.4	1.9	-77.4	1.4	-79.0	1.5
財・サービスの二国間貿易赤字	-88.7	1.7	-68.1	1.3	-74.6	1.4

注：貿易赤字は年率換算して GDP に占める割合を計算している。ドル値は名目ベースを示す。
出所：Census Bureau; CEA calculations.

業から中国企業への強制的な技術移転、（2）市場原理に基づかない技術ライセンスの条件、（3）中国政府が主導、促進する米国の戦略的資産の獲得、そして（4）商業的利益のため、サイバーを利用した米国の商業ネットワークへの侵入と、企業秘密の窃取である（CEA 2019）。表9－1は、中国を交渉のテーブルにつかせ、この費用のかさむ政策を改革するために米国が課した4つの関税措置を示したものである。中国はそれぞれの段階で米国に対して独自の関税措置で報復した。第一段階合意交渉の結論の一部として、米国はトランシェ1から3までの関税率を25％から30％に引き上げることを取り止め、トランシェ4Aでは関税率を15％から7.5％に引き下げた。中国も4Aトランシェの関税率を半減させた。

2018年7月に通商法301条が発効してから、米中二国間の貿易赤字の減少が確認されており、2019年末には887億ドル（年率換算で354.8ドル、GDPの1.7％）から681億ドル（年率換算で2724億ドル、GDPの1.3％）になった（表9－2）。二国間の貿易赤字は、COVID-19パンデミックの間に僅かばかり増えたものの、それは財の国際貿易がサービスのそれよりも早く回復したためであり、依然として通商法301条以前の水準にとどまっている。

主要規定

2019年12月13日、米国と中国は、第一段階合意に達したことを発表した。この合意がなされたのは、米国が中国からの輸入品1,600億ドル相当に15％の追加関税を課すトランシェ4Bを発動する2日前のことであった。この協定の一環として、米国は12月15日に設定された関税を停止し、1,200億ドルの中国製品に対するトランシェ4Aの関税を7.5％に半減させることに合意した（USTR 2019b）。2020年1月15日、トランプ大統領は中華人民共和国との第一段階合意に署名し、両国の間で公正かつ互恵的な貿易関係の基盤を確立した。この協定は、これら7つの分野における中国の経済・貿易政策に、構造改革などの変更を求めるものであり、それぞれが協定の各章に対応している。
1. 知的財産権に関する懸念への対応

2. 中国による外国に対する技術移転の強制終結
3. 農産物貿易の構造的障壁の引き下げ
4. 中国における米国の金融サービス企業への市場アクセスの拡大
5. 不公正な通貨慣行への対処
6. 中国の購入約束による貿易の拡大
7. 協定の下で生じる問題を効果的に実施・解決するための紛争解決メカニズムの導入

第一段階合意の第1章と第2章は、知的財産権の窃取と外国に対する技術移転の強制に関する米国の懸念に対応しており、公正な市場の創出と中国で事業を行う米国企業の保護に役立つであろう。第4章と第5章では、中国が金融サービスの障壁を引き下げ、不公正な通貨慣行を撤廃することを求めている。第6章では、米国に利益をもたらす、より調和のとれた公正な貿易関係を構築するために、中国が履行しなければならない農産物を含む購入約束を定めている。第3章の農産物の構造的貿易障壁の撤廃は、購入約束の達成に役立つであろう。最後に、紛争解決を扱う第7章では、第一段階合意の実施とそのもとで生じる問題を解決するためのプロセスを設けている。

知的財産権

第一段階合意の第1章には、中国における知的財産の保護と執行を強化し、企業秘密、医薬品関連の知的財産、偽造品や海賊版に対する取り締まりを含む、知的財産の窃取を減らすための具体的な約束が含まれている。通商法301条の報告書は、知的財産の窃取による米国の年間コストを500億ドルとしている（USTR 2018a）。第一段階合意には、いくつかの新しい規定があり、中国の慣行に重要な変化を求めている。その大部分は、中国における適切で効果的な知的財産の保護と施行に関する具体的な懸念に対処するものである。第一段階合意を実施する一環として、中国はパブリックコメントのために数多くの措置案を発表し、企業秘密の窃取に対する刑事訴追基準、企業秘密の民事執行、偽造品及び海賊版商品の廃棄、電子商取引プラットフォームにおけるオンライン侵害を含む分野で最終措置を発表した。

経済協力開発機構（OECD; Economic Cooperation and Development 2019）の報告書によると、中国

自由で公正な、バランスのとれた貿易を目指して

は偽造品や海賊版商品の最大の供給国であり、健康や安全への潜在的な脅威となる商品によって公衆を危険にさらしている。第一段階合意には、偽造品の迅速な取り下げと廃棄に関する規定が含まれている。またこの合意には、違反に必要な措置を講じていない電子商取引プラットフォームに対して、中国が効果的な措置を講じる義務や、政府機関や国有企業がライセンス供与を受けたソフトウェアのみの使用を保証することが含まれている。

技術移転

第一段階合意の第2章では、中国は、合弁事業、買収、事業ライセンスの取得などに関連して、米国企業に中国企業に対する技術移転を強制したり圧力をかけたりする行為を止めることに合意した。これらの約束は、301条調査で確認された主な懸念である、外国企業から中国企業への技術移転の強制や圧力をかけたりするために中国がとる非公式な不文律の措置にも及ぶ。また中国は、行政手続きにおける透明性、公平性、適正手続の提供と、市場条件に基づく技術移転やライセンス供与の保証を約束した。さらに中国は、市場をゆがめる産業計画の対象となる分野や産業に関して、外国技術を取得することを目的とした対外的な直接投資活動を支援または指示しないことに同意した。第一段階交渉が進行中にもかかわらず、中国は新しい外国投資法を制定し、既存の行政許可法を改正して、技術移転を強制するための「行政的手段」の使用や、行政許可申請者が提出した企業秘密や企業の機密情報の開示を規定した。

農業

第一段階合意の第3章は、農産物貿易の構造的障壁を低くするものである。農産物の非関税障壁について中国は、2015年から実施されてきた米国産鶏肉製品の実質的な輸入禁止措置の解除を含む、多くの制限的かつ負担の大きい輸入要件を撤廃した。表9-3に記載されたすべての構造的な変革と公約とが完了したわけではないものの、いくつかの重要な変更が行われた結果、多くの米国産農産物の市場アクセスが改善された。各製品の市場概要を見ると、これら製品への中国の需要

は継続して伸びているが、第一段階合意以前には米国の輸出は制限されていた。中国が行った変更には、中国への輸出が可能な米国の食品製造及び飼料添加物施設の追加リスト、食品安全性に対する乳製品の食品医薬品局の監督の承認、その他衛生及び植物検疫上の障壁の除去が含まれている。表9-3に記載されている農産物貿易の障壁を下げることは、中国が約束した農産物を購入するために必要である。

金融サービス

第一段階合意の第4章では、銀行、保険、証券、信用格付け、電子決済サービスなど、さまざまな米国の金融サービス企業が長年にわたって直面してきた障壁に取り組んでいる。これらの障壁には、合弁事業の必要要件、外国資本の制限、さまざまな差別的な規制要件などが含まれる。重要な一例を挙げると、中国は、米国の証券、資産運用、先物取引、保険会社が完全外資系企業を中国に設立することを認め、これにより米国企業がそのビジネスを管理し、利益を生み出し得る可能性を提供した。これらの障壁が取り除かれることで、米国の金融サービス企業は中国でより公平な競争ができるようになる。

通貨

第一段階合意の第5章には、通貨問題に関する政策と透明性に関する公約が含まれている。この章では、不公正な通貨措置に対処するため、競争的な切り下げや為替レートの目標設定を行わないという強力な約束を求めるとともに、透明性を促進し、説明責任と執行のためのメカニズムを提供している。執行のメカニズムにおいて、米財務省または中国人民銀行は、為替政策や透明性に関する問題を、以下で説明する協定の第7章で設立された「二国間評価・紛争解決事務局」に委ねることができる。

中国には、国際貿易において競争力を高めるためにさまざまな経済・規制政策を追求してきた長い歴史がある。これには人民元の過小評価を助長することにより、米国の輸出競争力を損なう、資本規制の維持と連動した外国為替市場への介入が

表9－3　農業フェーズ1合意条項

生産物・製品	市場概況	実施するための変更点
農業バイオテクノロジー	中国の富の拡大に伴い、食品や飼料に使われるバイオテクノロジー需要が中国で激増している。しかし、現行規定が米国の輸出を妨げている。	強力な行政的改善を含む、透明性、予測可能性、効率性、科学とリスクに基づく農業バイオテクノロジー製品の規制に関する承認手続を実行する。承認の待ち時間を平均24ヶ月に制限する。
動物飼料	家畜供給の成長に伴い、中国の飼料需要は伸びているが、米国の飼料輸出は施設及び製品の登録と認可の制限に苦戦している。	23品目の輸入を認める飼料添加物製品のリストに加える。 米国の飼料輸出の登録及び認可プロセスを合理化する。
海産食品	中国の海産物需要が高まるにつれ、規制が米国の海産物輸出を抑制している。	新たに26品目の海産物製品の輸入を合法化する。 米国食品医薬品局と米国海洋大気庁が承認した商品を中国が輸入できるように、水産物規制を変更する。
乳製品及び乳児用調製粉乳	輸入乳製品及び乳児用調製粉乳への需要は、中国の富の増大と良好な関係にあるが、厳しい規制によって米国の輸出が制限されている。	米国の施設及び製品の承認プロセスを合理化すれば、中国の規制は簡素化または撤廃される。
園芸作物	2013から2018年までに中国の園芸作物輸入が80%上昇したにもかかわらず、米国輸入品の市場占有率はたった10%である。	ジャガイモ、ネクタリン、そしてアボカドの米国輸出を認める。
食肉、鶏肉及び飼養牛	13年間の禁止措置を経て、2017年に中国は米国に対する牛肉市場の開放を部分的に再開したものの、規制は残っている。2015年に中国は米国産鶏肉を禁止したが、2019年11月に一部解除された。	米国の牛肉と鶏肉の市場参入を拡大させる。承認プロセスと健康証明書の迅速化と改善。米国の生きた種牛の輸入を認める協定を結ぶための技術協議を行う。
ペットフード	中国の家禽やウシの規制と施設の登録問題により、中国の需要が高まっているにもかかわらず、米国のペットフードの中国への輸出が制限されている。	米国産ペットフードの輸出制限を解除する。米国施設の登録を合理化する。
米	中国は世界最大の米輸入国である。その関税割当制度と植物検疫協定は米国の輸出に打撃を与えている。	米国農務省の承認を得て20日以内に米国産の米製品の輸入を認める。 毎年適用されるように関税割当制度の適用方法を変更し、米国企業に差別的でない透明性のある割当プロセスとする。

出所：U.S. Department of Agriculture (2020).

自由で公正な、バランスのとれた貿易を目指して

含まれる。2019年8月、米国財務省は1988年包括通商・競争力法に基づき、中国が為替操作を行っていると判断した。

この決定後、米国財務省と中国人民銀行は、競争上の優位性を獲得する中国の不公正な慣行を排除するため、通貨問題に関する交渉を行った。より広義には、中国は第一段階合意において、平価を切下げないこと、競争力強化を目的とした為替レートの目標設定をしないことを約束し、為替レートと対外収支に関連する情報公開に同意した。こうした文脈の中で、2020年1月に米国財務省は「米国の主要貿易相手国のマクロ経済及び外国為替政策に関する議会への報告書」において、その時点では中国を為替操作国に指定しないと決定した。

中国の購入約束

第一段階合意の第6章では、中国が米国の特定の商品やサービスを購入する際の約束を定めている。協定の初年度、中国は2017年の基準値を上回る767億㌦の米国の財・サービスの追加購入を約束し、続く2年目には1233億㌦の追加購入を約束した（表9－4）。購入品は4つの分野、製造品（38.9％）、エネルギー（26.2％）、サービス（19.0％）、農業（16.0％）に分けられる。2022年から2025年まで協定は、「中国が米国から購入し、輸入する製造品、農産物、エネルギー産品、サービスが増加する軌跡は、2022年から2025年まで続くと予測する」としている。

貿易取引の一環として、中国が構造的な貿易障壁を削減すると、前述の米国の農業輸出のように、これらの購入約束を支援する米国の財・サービスへの市場ベースのアクセスは拡大するであろう。中国市場に対する障壁が主に非関税障壁の形をとることから、特定の購入約束は、中国が協定の構造改革を遵守することを促進する。

第一段階合意の結果、中国はすでに報復関税を減らす措置を講じ始めており、市場アクセスの拡大と購入量の増加を可能にしている。中国は2回に分けて、750億㌦相当の米国製品に対する関税の引き下げ、もしくは関税をかけないと発表し、696の関税コードに分類される商品に対する関税免除が可能となった（MOF 2020）。

COVID-19の発生によって国際貿易は激減し、世界中の経済が縮小した。その結果、年初の中国の購入額は、想定よりも少ないものとなった。しかしながら、ここ数カ月で購入量は大幅に増加している。USTR（2020c）の推計によれば、10月中旬の時点で、中国は230億㌦以上の米国農産物を購入しており、これは第一段階合意の目標の約71％に相当する。2020年には、トウモロコシ、豚肉、牛肉、ペットフード、アルファルファ干草、ペカン、ピーナッツ、調理済み食品など、米国の対中輸出は過去最高またはそれに近い水準になると予想されている。

表9－4　2017年基準値を上回る中国への米国の追加の輸出

製品分類	2020年 （㌦、10億）	2021年 （㌦、10億）	2020-21年合計 （㌦、10億）	2020-21年全体に 占める割合 （㌦、10億）
製造品	32.9	44.8	77.7	38.9
エネルギー	18.5	33.9	52.4	26.2
サービス	12.8	25.1	37.9	19.0
農業	12.5	19.5	32.0	16.0
合計	76.7	123.3	200.0	100.0

注：四捨五入の関係で2年分の合計が100になるわけではない。
出所：Trade Agreement between the United States of America and the People's Republic of China (draft), Annex 6.1.

紛争解決

　第7章は、米通商代表が主導し、任命された中国の副首相とともに「貿易枠組みグループ」を創設する。このグループの目的は、第一段階合意の実施を確実にし、公正かつ迅速な方法で紛争を解決することにある。米国と中国とは、日常的な問題に対処するため、二国間評価・紛争解決事務所を設立した。それぞれの当事者は、協定に基づく行動をとらない相手に実務レベルで苦情を申し出ることができ、それでも解決しない場合は、次席代表、主席代表レベルに段階的に引き上げることができる。緊急性の高い問題については、それぞれの当事者が、直接主席代表レベルで話し合いを持つことができる。契約順守を確保するために、定期的に協議の場も設けられている。

　他の貿易協定とは異なり、第一段階合意では独立した第三者機関による紛争解決を定めていない。両当事者によって紛争が解決できない場合には、苦情を受けた当事者は、協定に基づき、違反した当事者に対して適切と思われる相応の対応措置を取ることが認められている。それは相手国からの輸入品に対する関税や、相手国に有利な協定の条項の一時停止などの形をとる。こうした対抗措置は、紛争が解決するまで有効である。被申立当事者が、相手国の行動を不当と判断した場合、唯一の手段は60日前の通知による協定からの離脱である。

　第一段階合意の第7章では、協定の成功を確実にするために、月1回の指定職員会議、四半期ごとの次席代表会議、そして年2回の主席代表協議など、一連の会議や電話会談を行うことが定められている。さらに米国と中国から来た技術者集団も定期的に協議している。2020年8月の主席代表レベルの電話会談において、当事者たちは協定の成功に向けた持続的な約束と、協定の目標到達に向けた顕著な進展に言及した。彼らは「よりいっそうの知的財産権の保護強化、金融サービス、農業分野で米国企業に対する障害を取り除き、強制的な技術移転を排除する」ための中国の措置について議論した（USTR2020d）。この電話会談は、中国による米国製品の購入の大幅な増加と、第一段階合意の実施に必要な追加措置についての議論の役割も果たした。両当事者は協定の成功にむけて力を注ぎ続け、すでにみられた進展とこれから必要となるステップへの約束を共有している。

第一段階合意にないものとは？

　中国との第一段階合意は、第二段階交渉の基盤を築くためのものである。第一段階合意は、いくつかの根本的な構造的な問題に対処しておらず第二段階合意への将来的な関心が高まっている（White House 2020a）。中国は国家を経済の主要アクターとして主張し、依然として極めて異なる経済システムが、両国間の摩擦を生み出している。いくつかの関税の譲歩にもかかわらず、中国が301条調査で指摘されたすべての問題に対処していないため、米国は301条関税の大部分が依然として有効であるとしている。

　残された主要課題には、中国の国有企業（SOEs）に対する巨額の政府補助金や優遇措置などがある。中国の国有企業の多くは、より効率的な民間企業に対峙するため、政府の補助金や国有銀行の融資に依存している。中国経済の重要分野は、国家が主導しており、巨大で人為的な利益を国内企業に与える一方で、外国企業に対する差別的、または不利益を与える政策や慣行につながっている。2015年に発表された「中国製造2025」は、中国を世界のハイテク製造強国にすることを目的とした計画である（McBride and Chatzky 2019）。政府補助金、中国企業の市場占有率の目標設定、中国市場、そして最終的には外国市場で他国製品を中国製品に置き据えることを目的とした政策の利用に対して、多くの論者はハイテク産業における米国の指導力への脅威と見た。中国は外国企業による投資が著しく制限され、また許可されていない33分野のリストを発表した。これらの分野にはインフラやメディア、農業、そしていくつかの科学研究が含まれた。

　もう1つの懸念はサイバーを利用した窃取への中国の関与と米国のコンピュータ・ネットワークへの商業目的の侵入である。米国司法省によると、中国は経済スパイ事件の90％以上、2011年以降に同省が監督した企業秘密窃取事件の67％以上に関与している（DOJ 2018）。テクノロジーとサイバー空間に関する国家安全保障上

の懸念も重要な問題であり、そこには中国企業のファーウェイとZTEに関する懸念も含まれる。米国は、米国企業と市民に対して、ファーウェイとZTEの5G機器の利用を禁止し、同盟国に対しても、中国が顧客をスパイする可能性があると

して、ファーウェイの5G技術サービスに投資しないことで同様の措置を講じるよう求めている（Vaswani 2020）。オーストラリア、ニュージーランド、そしてイギリスは、ファーウェイの5Gネットワークへの参入を禁じた主要国である。

米国 – メキシコ – カナダ協定

2020年7月1日、北米自由貿易協定（NAFTA; North American Free Trade Agreement）に代わる新たな協定として、米国・メキシコ・カナダ協定（USMCA; United States–Mexico–Canada Agreement）が発効した。自由貿易協定とは、2つ以上の国の間に、「構成される領域間で、当該領域を原産とする製品の実質的にすべての貿易について、関税その他の商業上の制限的な規制が撤廃される領域」を設定するものである（WTO 2020）。NAFTAは米国、カナダ、そしてメキシコの間における財とサービスに関する自由貿易を定めたものである。NAFTA域内で財やサービスの自由貿易を維持できる能力は、関税管理から対象となるサービスの範囲の特定、紛争解決に至るまであらゆる面でルールに依存している。NAFTAのもともとのルールは25年以上前のものである。

USMCAはNAFTAや他の貿易協定のもとで得られた教訓や経済・技術的な発展を反映するため、これらのルールを最新のものにしている。このうち、USMCAは国境を超えたデータの自由な移動の保証、貿易円滑化の改善、米国企業の知的財産権の強化、投資紛争における国際仲裁へのアクセス制限（したがって、紛争は投資先の国の裁判所に委ねられる）、そして自動車の免税措置適用要件の修正等を確実にする。とくにこの協定では、自動車の免税措置の資格を得るために、自動車部品をUSMCA地域で調達して生産する割合を高めることを求めている。独立した党派に属さない米国国際貿易委員会（USITC; U.S. International Trade Commission）のCOVID前の試算によると、USMCAは今後5年間で米国の国内総生産（GDP）を682億㌦（0.35％）増加させ、17万6000人のアメリカ人の雇用を創出すると予測している。

自動車生産の原産地規則

特定の商品について、USMCAは原産地規則を改正し、ある商品がUSMCAの原産品であるとみなされるためには、1つ以上のUSMCA締約国の領域内で付加されなければならない価値や、発生しなければならないプロセスを定めている。USMCA原産の商品とみなされたならば、USMCA締約国の領域に輸入される際に、特恵免税扱いを受ける権利を得る（USTR 2020a）。特にUSMCAは、この協定に基づいて取引される自動車の現地調達率を増加させている。NAFTAでは自動車部品の62.5％（金額ベース）を北米で調達することが求められたが、USMCAでは車種によってはそれを75％まで引き上げた（USITC 2019）。これに加えて、USMCAのもとで貿易を行う北米の自動車企業は、鉄鋼及びアルミニウムの少なくとも70％以上を米国及びその領土、カナダ、メキシコから購入しなければならない。最後に、輸入車の製造コストの年間40％～45％は、時給16㌦以上の従業員によって生産されなければならない。

USITCはこうした規定が米国の自動車産業においてネットで2万8000の雇用を生むと推定しているが、他の経済分野の成長を阻害する可能性がある。これら負の効果は他のUSMCA規定によって相殺されるものの、米国における自動車生産の総コストを上昇させるため、結果的に自動車の消費者価格を引き上げ、実質所得を減少させることになる（USITC 2019）。

デジタル貿易

USMCA は、米国の貿易協定の中で最も包括的なデジタル貿易に関する規定を含んでいる。この協定では、USMCA 加盟国間のデジタル製品及びサービス貿易における差別制限の撤廃、国境を越えたデータの自由な移動を保証している。さらに米国企業は、事業を行う条件に USMCA 締結国に対して財産権のソース・コードやアルゴリズムの開示が求められることも、締結国の領域内にコンピュータ関連施設を設置する必要もない（USITC 2019）。要するにこれらの規定は、金融サービス分野を含む、米国の対メキシコ及びカナダ投資の障壁を低くすることを目的としたものである。データ移転規定は、農業から製造業、ビジネスサービスに至る幅広い分野で、米国の貿易コストを 0.6％〜 4.5％ポイント削減すると推定されている（USITC 2019）。

USMCA の経済的利益の多くは、これらのデジタル貿易規定によって生み出されている。特にこれらの規定によって「貿易政策の不確実性」が減ると USITC は予測している（USITC 2019）。この協定では、USMCA の締結国がデジタルサービス貿易に制限を設けることはできないが、協定の締結前は、米国、カナダ、メキシコの間でデータが自由に往来していた。それにもかかわらず、このような規制が最終的に課されるかどうかに疑念があることが、国家間の貿易や投資を減少させる可能性となり、この不確実性が減少すれば経済的利益を得ることができると、研究は示唆している（USITC 2019）。

知的財産権の保護

USMCA は、米国企業の知的財産権の保護と執行を強化するために多くの規定を設けている。第一に USMCA は、特許付与庁の不合理な遅延に対応して特許延長を認めることを各国に求めている（USITC 2019）。USMCA はまた、米国の生産者がモッツァレラなどの一般名称を使用することを妨げる、地理的表示の発行に対する保護の強力な基準を含む、新しい地理的表示の承認のための手続上の保護手段を提供している。また、国際協定に基づく将来の地理的表示について、締約国間で協議するメカニズムを確立している（CRS 2020a; USTR 2020a）。加えてこの協定では、著作権期間の下限を作者の没後 70 年とし、人の寿命によらない著作権期間を持つ作品は、初版から少なくとも 75 年後と定めている（USTR 2020a）。

USMCA は、これまでの米国の貿易協定の中で最も包括的な企業秘密の保護を定めている。国有企業による企業秘密の窃取に関しても、民事上の手続きや救済措置、刑事上の手続きや罰則、企業秘密のライセンス供与を妨げる禁止事項、訴訟過程での企業秘密の開示を防ぐための司法上の手続き、企業秘密の不正開示に対する政府関係者の罰則などを各国に求めている。USMCA は、知的財産の執行がデジタル環境にも適用されることを確認し、デジタル貿易に依存する企業が適切な保護を受けることを保証している（USITC 2019）。

労働者

USMCA は基幹部門の労働者の権利を正式に記載しているが、これはメキシコで最も顕著な効果を持つ。メキシコの労働市場は、大部分がインフォーマル経済に阻まれ、労働者の保護も欠如している。（ILO 2014）。労働者の多くは「幽霊組合」として知られる非民主的な労働組合に所属しており、彼らを代表しているとされる労働者の大多数に支持されていない。これらの組合は、労働者が契約を見たり批准したりすることなく、雇用主が支配する組合と、保護契約として知られる違法な団体交渉協定を結んでいる。このような保護契約がメキシコの団体交渉協定のかなりの割合を占めていると推測されている。労働者たちが自分たちの組合を結成しようとしても、雇用主は彼らに、すでに組合の一員であり、彼らが見る機会のなかった協定が規定する制限範囲に従うと告げるのである（Mojtehedzadeh 2016）。USMCA は、メキシコが労働争議を解決するための独立機関の設立を支援し、民主的な従業員代表制と団体交渉権を保証し、メキシコが USMCA の労働義務を確実に果たすための執行手段を提供することで、これらの問題に対処している（USTR 2020a）。

これらの規定は主に労働者の賃金を引き上げ、労働市場の環境改善を促進することによってメキシコに影響を及ぼすが、米国経済も恩恵を受ける可能性がある。これらの規定によって、メキシコと米国の賃金格差が縮小されるならば、米国

表9-5　デミニマス開拓を上昇させるカナダとメキシコのインパクト

モデル結果	カナダ（ﾄﾞﾙ、10 億）	メキシコ（ﾄﾞﾙ、10 億）
現在の全電子商取引の出荷額	22,000	8,715
現在の米国電子商取引の出荷額	7,260	2,527
予想される米国電子商取引出荷額の変化	332	91

出所：U.S. International Trade Commission.

企業はメキシコに生産拠点を移す可能性が低くなり、アメリカ人労働者の交渉力を高めることになる。加えて、メキシコ人消費者の購買力の上昇によって米国の輸出市場が恩恵を受ける可能性もある（USITC 2019）。

投資家対国家の紛争解決メカニズム改革

NAFTA では、一方の NAFTA 締約国の投資家に対して、他方の締約国（ホスト国）が NAFTA における投資関連の義務に違反したために、投資家またはホスト国の領域内でその投資に損害を与えたという訴えを国際仲裁に申し立てることを認める規定を設けている。この仲裁メカニズムは、投資家対国家の紛争解決（ISDS; Investor-State Dispute Settlement）として知られており、それはホスト国の規制当局が公益のために規制を行う特権を行使する資格に影響を与えるとして懸念を生じさせた。USMCA のもとでは、2023 年 6 月 30 日以降、米国とカナダの間で ISDS が適用されなくなる。その代わりに米国の投資家のカナダに対する投資関連の請求、そして、カナダの投資家の米国に対して行う投資関連の請求は、現地の裁判所に提出する必要があることになった（USITC 2019）。

米国とメキシコの投資家間の紛争については、USMCA は投資家が特定の経済分野で政府契約を結んでいる場合を除いて、ISDS に提出できる請求の範囲を制限している。このような条件が満たされ、投資関連の義務違反とその結果としての損害のリスクがあれば ISDS の利用可能性を維持する価値はあると、米国とメキシコは考えている。これらの条件が満たされない場合、被害を受けた

米国及びメキシコの投資家は、まずは国内の裁判所で紛争の解決を試みければならない。こうした努力が 30 カ月を経過しても不調に終わった場合にのみ、ISDS に頼ることができる。USITC によれば、メキシコに対する ISDS のこれらの変更によって、メキシコにおける国内外の設備投資が 29 億ﾄﾞﾙ（0.44％）減少する一方、米国での投資はわずかに増加すると試算している（USITC 2019）。

農業に関する規定

NAFTA の下ですでに免税だった加盟国間の農業貿易は、USMCA でも引続き免税となる。さらに USMCA は、米国のカナダへの乳製品、鶏肉、卵の輸出のための市場アクセス機会を拡大する。カナダは他の国々からの乳製品の輸入を制限できるよう、乳製品に関税率割当（TRQs; tariff rate quotas）を課している。カナダには TRQs の維持が認められるが、USMCA は米国の乳製品のカナダへの輸出を増大するとみられる。同様にこの協定は、米国の砂糖の TRQs を維持する一方で、カナダから米国への砂糖輸出をわずかに増加させる（USITC 2019）。USMCA は米国産小麦の品質等級付けに関するバイオテクノロジー協力と公平な取り扱い、アルコール飲料の販売と流通に関する無差別・透明性の取り組みのためのメカニズムを提供する。USMCA は、米国の農産物輸出を合計で年間 22 億ﾄﾞﾙ（1.1％）増加させると予想されている（USITC 2019）。

貿易円滑化

USMCA のいくつかの規定により、「貿易円滑

表9−6　米国・メキシコ・カナダ協定の雇用セクターへの影響

部門	価格（1000㌦）	5年間の増加率
雇用、全体	175.7	0.12
農業	1.7	0.12
製造業と鉱業	49.7	0.37
サービス業	124.3	0.09

出所：U.S. International Trade Commission.

表9−7　米国・メキシコ・カナダ協定の米国貿易への影響（2017年を基準値として%変化）

貿易面	輸出（%）	輸出 （㌦、10億）	輸入 （%）	輸入 （㌦、10億）
米国のカナダとの貿易	5.9	19.1	4.8	19.1
米国のメキシコとの貿易	6.7	14.2	3.8	12.4

出所：U.S. International Trade Commission.

化」、すなわち、貿易商品が国境において迅速かつ効率的に処理されるための行政手続きが改善される。USMCA は、カナダとメキシコに入る商品について、正式な税関手続きが免除される閾値(デミニマス閾値)を変更するが、米国はこれらの国々からの輸入品に対するこれまでの閾値を維持する（USITC 2019）。これにより、例えば 2500㌦以下の低額及び中程度の金額の荷物の税関手続きは迅速となり、米国の E コマース企業の手続きコストをおさえることができる。その他の条項も E コマース企業の貿易円滑化を進めることになり、例えば、取引の電子認証、電子署名、そしてペーパーレス取引を認めることになる。これらの条項をまとめると、米国の電子商取引の輸出は 4 億

2400 万㌦増加することになる（USITC 2019）。

総合的な経済効果

USMCA は、米国経済の多くの産業に正の効果をもたらし、農業、製造業、そしてサービス業部門でアメリカ人労働者の雇用を創出し、賃金を上昇させる。USITC の COVID 前の推計によれば、今後 5 年間で、USMCA は米国の GDP を 682 億㌦（0.35%）増加させ、幅広い分野で 17 万 6000 の雇用を創り出す（表9−6）。また USMCA 加盟国への輸出入を 648 億㌦増加するとみられている（表9−7）。

その他の貿易協定

USMCA や第一段階合意だけでなく、トランプ政権は米国の諸外国との貿易条件の改善にも努めている。2018 年には、米国の自動車産業の公正

な貿易を確保するため、韓国との貿易協定の一部を再交渉した。2019 年には米国産の食品や農産物の輸出に関する関税の撤廃・削減のために、日

Box 9—1　バーレーン及びアラブ首長国連邦によるイスラエルとの協定

2020年9月15日、米国は、バーレーンとアラブ首長国連邦の代表を迎え入れ、イスラエルとの関係を正常化するための協定に署名した。続いて、アラブ首長国連邦の大統領は、イスラエルへのボイコットを義務付けるアラブ首長国連邦の法律の撤回を記載した法令を発表した。1948年にイスラエルが建国されて以来、アラブ連盟はイスラエルへのボイコットを続けてきた。（アラブ連盟は、中東・アフリカの22の国・地域から構成され、アルジェリア、バーレーン、コモロ、ジブチ、エジプト、イラク、ヨルダン、クウェート、レバノン、リビア、モーリタニア、モロッコ、オマーン、パレスチナ自治区、カタール、サウジアラビア、ソマリア、スーダン、シリア（2011年から停止）、チュニジア、アラブ首長国連邦、そしてイエメンである）

　ボイコットが原因で、イスラエルとボイコットされた国の両方が、貿易関係を拡大する機会を失ってきた。2020年以前、アラブ諸国でイスラエルと正常な関係を結んでいたのは、エジプト（1979年）とヨルダン（1994年）の2カ国だけであった。（また、イスラエルとビジネスをした企業に対する第二次ボイコットも行われていた。これは1993年のオスロ合意で終了した）パ

レスチナ自治政府もイスラエルとの関係を維持している。アラブ・ボイコットに関する文献調査によれば、大雑把にいってイスラエルに年間約10億㌦の貿易コストが課されていることが判明した（Anthony et al. 2015）。

　かりにイスラエルとバーレーン、そしてアラブ首長国連邦との間の貿易量が、イスラエルと関係正常化している他の国々と同じように伸びた場合、年間5億3700万㌦の増加が見込まれている。バーレーンとアラブ首長国連邦がイスラエルとの関係を正常化した場合の貿易効果を推定するため、エジプトとヨルダンの例を用いることにする。2019年、イスラエルはエジプトとヨルダンから1億9500万㌦相当の商品を輸入し、彼らに2億900万㌦の商品を輸出した。これはエジプトとヨルダンのGDPの合計のおよそ0.12％にあたる。CEAの推定によると、バーレーンとアラブ首長国連邦のGDPに占めるイスラエルの輸出入がこれと同じになった場合、イスラエルの年間輸出入額は、それぞれ2億5800万㌦、2億7800万㌦に増加するという。この増加の大部分は、経済規模がバーレーンよりはるかに大きいアラブ首長国連邦との間で生じることになる。

本との「第一段階」の貿易協定を締結し、その後2020年にはイギリスとの自由貿易協定の締結にむけた協議を開始した。加えて米国は、バーレーンとアラブ首長国連邦がイスラエルとの関係正常化のための協定に署名する際に、両国の代表を受け入れた（Box9－1参照）。

米日貿易協定

　2019年10月7日、米日両国は、米日貿易協定（USJTA; U.S.-Japan Trade Agreement）と米日デジタル貿易協定の2つの個別協定からなる二国間交渉の「第一段階」の成果に署名した（USTR 2019c, 2019d）。米日貿易協定は、日本が米国の

工業製品や農産物商品の輸入関税を限定的に撤廃・削減する代わりに、牛肉やナッツなど数十の米国製品に対する農業関税や割当制限を撤廃・削減することを定めている（CRS 2019; Schott 2019）。双方はそれぞれ、両国間の全貿易の約5％にあたる約72億㌦（合計144億㌦）の輸入品に対する規制を撤廃・削減することに合意した（CRS 2019）。

　デジタル貿易協定は400億㌦規模のデジタル貿易を対象としており、交渉担当者は協定の多くをUSMCAの規定に倣った（USTR 2020e）。この協定は、バリアフリーのデータフローを保証し、国内にコンピュータ関連施設の設置を義務づけるデータ・ローカライゼーション法を禁止し、輸入

されたソース・コード及びアルゴリズムの恣意的な開示要求を禁止している。その他の規定として、電子送信に対する関税を禁止することが盛り込まれている（CRS2019）。

いくつかのトピックは交渉に含まれなかったが、それらはより広範な将来の取引事案として残された（CRS 2019）。日本の主要な貿易目標は、日本最大の対米輸出品である自動車を中心に展開されている。日本は、当初環太平洋経済連携協定（TPP）で交渉されたように、自国の自動車輸出に対する米国の現行関税を引き下げ、新たな関税が課されないことを望んでいる（Goodman et al. 2019）。日本は米国の自動車輸出に関税をかけていないものの、米国は自動車の特定の試験プロトコルなどの非関税障壁が米国の輸出を制限しており、その結果、日本の対米自動車輸出は米国の対日輸出の 23 倍にもなっていると主張している（USTR 2019a; CRS 2019）。最近の慣行と同様に、米国は為替レートの問題に関する規定も求める予定である（USTR 2018b）。

米韓貿易協定

2018 年 9 月 24 日、米国と韓国は米韓自由貿易協定（KORUS; U.S.–South Korea Free Trade Agreement）を改正する合意書に署名した。この協定は、米国の韓国に対する 90 億ドルの貿易赤字の最大割当が自動車分野に集中していることを考慮して、主に自動車貿易に焦点を当てている（Tankersley 2018; Overby et al. 2020）。例えば、主要規定として、米国の安全基準を満たした自動車の対韓輸出がある。協定の再交渉のもとで、米国の安全基準を満たした自動車の対韓輸出割当量は、1 メーカー当たり、年間 2 万 5000 台から 5万台へと倍増した結果、米国輸出業者は、販売額や将来の輸出にむけたマーケティングを強化することが可能となり、2 万 5000 台の制限を心配する必要がなくなった。米国は韓国製トラックに対する 25％の関税を 2041 年まで維持することができる（USTR 2018e）。

KORUS と付随した補足文書には、自動車のみならず、いくつかのその他の問題も取り上げられている。これらには特定の貿易救済措置の更新や、米国の輸出業者が不必要な遅延なしに協定のもと

で関税優遇措置を請求するために必要な、米国の原産地の確認に関する韓国における税関手続きの改善も含まれている（CRS 2018; USTR 2018d）。

ブラジルとエクアドルとの限定的な貿易協定

2020 年 10 月 19 日、米国とブラジルは、両国間の非関税障壁の撤廃に貢献する貿易ルールと透明性に焦点を当てた合意に達した。この協定によって、国境での商品調達が容易となり、規制当局の透明性強化、良き規制慣行の促進、汚職に対処する規制が強化される。知的財産権や農業など、その他の取引の問題はより包括的な協定の下で対処されることが期待されている（CRS 2020b）。

2020 年 12 月 8 日、米国とエクアドルは、1990 年から実施されている米国 - エクアドル貿易投資評議会協定に基づく合意書に署名した。ブラジルとの協定と同様に、エクアドルとの新しい協定は、両国間の貿易円滑化を更新し規制の透明性を高め、腐敗防止の取り組みを強化することで、二国間貿易を促進する。またこの新協定は、両国の中小企業の貿易・投資機会の促進も目的としている。

米英交渉

2020 年 1 月 31 日、イギリスは正式にヨーロッパ連合から離脱したが、2020 年 12 月 31日までは「現状維持」の移行期間である（Henley, Rankin, and O'Carroll 2020）。その結果として、イギリスは 2020 年に独自の貿易協定交渉を開始し、2021 年 1 月 1 日に発効する可能性が出てきた。2020 年 5 月には、米国とイギリスは包括的な自由貿易協定の交渉を始め、2020 年を通して集中交渉を行った。米国の協定の目的とは、二国間貿易を妨げる規制当局の違いを含めて、イギリスに対する米国の工業製品、農業製品、サービス、デジタル製品の市場アクセス障害を撤廃・削減することであり、雇用や経済成長を支えるためにすでに広範囲に及ぶ米英間の経済関係をさらに深めることにある（USTR 2020f）。米国とイギリスは、野心的な協定を結ぶという目標を共有しているものの、農業市場アクセスや製品規格や食品安全管理の規制などの分野で政治的にセンシティブな問

題を抱えている（Packard 2020）。

これとは別に、イギリスとヨーロッパ連合との間の移行期間が 2021 年 1 月 1 日に終了すると、イギリスは米国を含む他の諸国との現行の EU 協定の対象外となる。それゆえ、米国とイギリスは、ワインや蒸留酒、船舶や電気通信機器など、既存の米英貿易協定でカバーされている特定の製品の貿易に混乱が生じないように、新たな二国間協定メカニズムを完成させた（USTR 2020f）。最後に、

イギリスによる米国の多国籍企業を対象とするデジタルサービス税の実施、両国に報復関税をもたらした大型民間航空機に関する未解決の世界貿易機関（WTO）の紛争、鉄鋼・アルミニウム輸入に対する米国の関税とそれに伴う EU（及びイギリス）の報復関税など、米英間にはその他の二国間貿易との違いがある（CEA 2019; Elliott and Mason 2020; Isaac 2020）。

グローバル・サプライチェーンの台頭

2020 年の初め、COVID-19 の原因となるコロナウィルスがまず中国で、その後世界の大部分の地域に蔓延したことによって、グローバル経済の見通しが劇的に変わった。COVID-19 パンデミックによって、人々は健康リスクを避けるために移動を制限し、政府は国民の健康への被害を和らげるため、学校や不要不急の事業を休業したため、蔓延したあらゆる場所で経済活動が妨げられた。さらに経済のグローバル化が進む中で、局地的なウィルスの発生は、地域の境界を超えて世界中に波及していった。過去数十年にわたるグローバル・サプライチェーンの出現は、例えば北米の自動車組立工場が中国の武漢で生産された部品を北米の工場で組み立てていたため、パンデミックが米国に広がる前から、COVID-19 によって生産が中断していたことを意味した。疾病、自然災害、そして貿易戦争がもたらすリスクは企業や政府にグローバル・サプライチェーンを見直させ、場合によっては生産拠点を自国の近くに移す必要性も出てきた（Schlesinger 2020）。

中国とグローバル・サプライチェーンの出現

過去 30 年間、国際貿易は急速に拡大した。特にそれは、グローバル・サプライチェーンを利用した米国や他の国の企業が、安い人件費やその他の投入物を利用して、生産拠点をオフショアしたからである。グローバル・サプライチェーンは、専門化と貿易からの純益を生み出し、結果として生産性を高め、消費者のコスト削減をもたらした

（Grossman and Rossi-Hansberg 2008）。企業はより低い製造コストを求めたが、巨大な労働力供給があり、結果的に労働コストの低い中国にそれを求めることが多い（Cui, Meng, and Lu 2018）。

米国の消費者や輸入業者だけでなく、競争力ある輸出業者もまた、グローバル・サプライチェーンの恩恵を受けてきたものの、最近の学術研究によれば、2001 年末に中国と制定した恒久的最恵国待遇関係（PNTR）によって、米国製造業の雇用やイノベーションに高額なコストがかかっていることが指摘されている（Pierce and Schott 2016; Autor, Dorn, and Hanson 2019）。PNTR の立場とは、米国が中国の製品に対しても、恒久的な無差別待遇を与えることを意味した（GPO 2000）。中国をはじめとする労働コストの低い国々との輸入競争は、米国の製造業雇用の深刻な減少をもたらし、1990 年から 2007 年にかけて米国製造業雇用者を 4 分の 1 減らす原因となり、影響を受けた地域における労働参加率の減少、失業率の上昇、賃金の低下をもたらした（Autor, Dorn, and Hanson 2013）。アブラハムとカーニー（Abraham and Kearney 2020）は、1999 年以降の米国全人口に対する雇用率の低下は、自動化の影響もあるものの、中国との PNTR が成立した後の輸入による解雇が唯一最大の要因であるとしている。

職を追われたアメリカ人労働者は、新しい仕事に移るのに苦労しており、失業手当、障碍者手当、そして医療費給付など政府のセーフティーネットの利用率を高めている（Autor, Dorn, and Hanson

⑨

2013)。貴重な仕事が少ないため、若者の結婚の見通しも悪くなり、これらは中国貿易ショックに影響を受けた地域において単身世帯の割合が高くなる要因となった（Autor, Dorn, and Hanson 2019）。さらに労働市場環境の悪化は、社会経済的に極度の不安を与え、麻薬乱用や薬物の過剰摂取、自殺、そして肝臓疾患による死亡率の上昇をもたらした（Autor, Dorn, and Hanson 2019; Case and Deaton 2017; Pierce and Schott 2020）。

米国企業によるグローバル・サプライチェーンのリスク回避の開始

しかしながら、米国のサプライチェーンのグローバル化は、部分的に反転し始めているという兆候もある。第一に 2008 年の金融危機はグローバル経済に未曾有の衝撃を与え、グローバル・サプライチェーンの利用拡大は、決して回復していない。グローバル・サプライチェーンの拡大は、貿易に占める割合を測る限りでは、経済成長の減速と貿易改革によって金融危機の後には鈍くなり、入手可能な最新のデータの 2015 年には、逆転させた（World Bank 2020）。より最近では、米中間の緊張や世界的な COVID-19 パンデミックによってグローバル・サプライチェーンのリスクが注目されるようになり、企業や政府はこうした危機にさらされないような方法を模索している（Lund et al. 2020）。

COVID-19 への対応による貿易の減速

COVID-19 のパンデミックが世界中に広がると、その感染を抑えようとする民間や公的機関の対応が、経済活動を混乱させた。2020 年の上半期、OECD 加盟国全体の実質 GDP は 12.2％減少し、米国の実質 GDP は 10.2％減少した（年率換算ではない）。貿易の減少は GDP の減少を悪化させた。世界貿易機関の報告によると、世界の商品輸出は、2020 年上半期に前年同期比で 14.0％減少し、米国の商品貿易（輸出＋輸入）は同時期に 13.6％減少した。

10 月までの米国の財とサービス（輸出＋輸入）の貿易額の合計は、2019 年の水準を 6450 億ドル（13.7％）下回り、第 2 四半期は 3550 億ドル（25.1％）下落した。貿易が最も落ち込んだの

は 5 月で、輸入は前年同月比で 24.4％、輸出は 32.3％減少した（図 9 − 1 と 9 − 2）。米国貿易を財とサービスに分けると、パンデミックはとくにサービス部門に大きな影響を与えたことが明らかになった。さらに、月々の財の貿易は回復の兆しを見せているものの、サービスの貿易は前年比 20％以上も下回っている。

米国経済の主要な部門であるサービス貿易は、COVID-19 の蔓延を防止または遅らせるために、米国をはじめとする世界各国が実施した国際的な渡航制限によって、特に大きな打撃を受けた。しかしその衝撃は、旅行や輸送部門に特に集中することになり、その他のサービス部門では貿易の減少が比較的少ないとみられている。2020 年 1 月 31 日、トランプ大統領は、中国から来るほとんどの非米国市民に対する渡航禁止令を出した（White House 2020b）。その後、3 月 11 日にトランプ大統領は、共通のビザ政策を持つ欧州 26 か国から構成されるシェンゲン地域から来る非米国市民のほとんどの人に対する渡航禁止を発表した（White House 2020c）。また、3 月 14 日より、米国疾病予防管理センター（CDC）は、すべてのクルーズ船に渡航禁止命令を発した（CDC2020）。COVID-19 によって最も大きな打撃を受けたのは、国際観光と旅客旅行サービスであった。

渡航制限の影響と COVID-19 に対する民間企業の対応は、種類別に分類されたサービス貿易の水準を見ると明らかである。すでに検討してきたように、最も減少したのは、旅行と輸送サービスである（表 9 − 8）。旅行の輸入額は 69.8％、輸出額は 58.4％それぞれ減少しており、サービス貿易の減少分の 3 分の 2 以上を占めている。シェンゲン協定の禁止措置の対象地域の多くを占めるヨーロッパ連合は、対米サービス貿易を最も減らしており、2020 年 9 月までに EU からの輸入額が 47.4％、EU への輸出額が 37.8％減少している。

2020 年 10 月までに米国への商品輸入額は、前年同期比で 9.2％減少した。落ち込みのほとんどは、米国の名目輸入品が 20％減少した第 2 四半期である。しかし、米国への輸入は国によって異なる時期に減少している（図 9 − 3）。

2020 年の第 1 四半期、中国からの輸入が急落すると、3 月には 2019 年 3 月の値を 36.5％下回る最低値を記録した。この四半期は、

自由で公正な、バランスのとれた貿易を目指して

図9-1 米国の輸入品、2020年

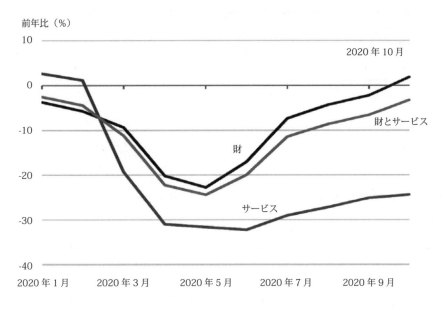

出所：Census Bureau; CEA calculations.

図9-2 米国の輸出品、2020年

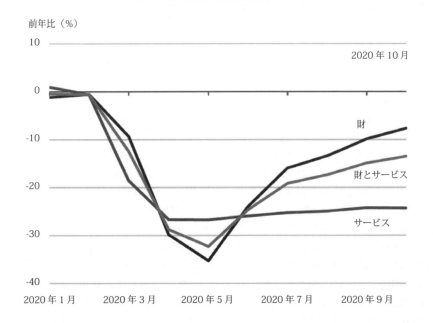

出所：Census Bureau; CEA calculations.

表 9 − 8　セクター別サービス輸入・輸出（2020 年 9 月まで）

部門	輸入		輸出	
	2020 年水準（ドル、10 億）	2019 年から 2020 年の変化（%）	2020 年水準（ドル、10 億）	2019 年から 2020 年の変化（%）
旅行	33.8	-69.8	67.1	-58.4
輸送	58.7	-34.6	47.4	-37.2
維持・修理サービス	4.7	-27.1	12.7	-44.7
建設	0.8	-26.6	2.0	-28.1
通信・コンピュータ・情報サービス	30.5	-16.0	45.1	-2.1
金融サービス	32.8	-2.4	113.0	0.2
知的財産権使用料	35.9	0.7	95.3	-2.1
公的サービス	20.5	2.4	19.2	3.3
その他業務サービス	95.6	1.0	155.1	-1.7
個人・文化・娯楽サービス	19.8	13.3	15.1	-22.1
保険サービス	49.7	17.8	12.4	-10.4
合計	383.0	-21.8	584.5	-19.7

出所：Census Bureau; CEA calculations.

COVID-19 が中国で広く蔓延したために、中国が健康危機に取り組むために経済を停止した時期でもある。比較すると、3 月の米国のその他の国からの財貨の輸入は 2019 年 3 月の値をわずかに 1.3％下回る程度であり、これは、COVID-19 の経済効果が、主に中国に集中していたが、他の国にも広がり始めたことを示している。

　2020 年の第 2 四半期に、米国の財貨輸入は、合計で最も急激に減少した。4・5 月の輸入は、前年同期比で 23.4％減少した。これは、主にカナダとメキシコからの輸入が 48％減少したことによるものである。シェンゲン地域とその他の地域からの輸入も減少し、2019 年の水準を下回っているものの中国からの輸入は回復した。この輸入パターンは、中国が第 2 四半期には経済を再開したものの、米国を含む他の国々が 3 月に経済を停止し始めたことから説明できる。各国政府が外出禁止令を出し、多くの企業が操業を停止したため、輸入は減少した。6 月から 7 月にかけて、各国政府が外出禁止令を解除したことにより、輸入は回復に向かい始めた。

中間財の輸入の減少

　すでに説明したように、グローバル・サプライチェーンの出現は、近年の国際貿易に劇的な増加をもたらした。グローバル・サプライチェーンは完成品の生産に使われる商品である中間財の貿易を促進した。COVID-19 のパンデミックは、中間財貿易への影響を通じて、サプライチェーンに特に破壊的な影響をもたらした。

　グローバル・サプライチェーンは、遠く離れた場所を複雑に結びつけているため、COVID-19 による局地的な操業停止は、「サプライチェーンの寸断」を通じて世界中の経済活動に混乱と破壊をもたらした（Baldwin and Tomiura 2020）。2020 年 1 月 23 日、中国は湖北省の主要な製造拠点の武漢市を封鎖し、その後すぐに別の都市を

自由で公正な、バランスのとれた貿易を目指して

図9-3　米国の特定国からの輸入の変化率、2020年

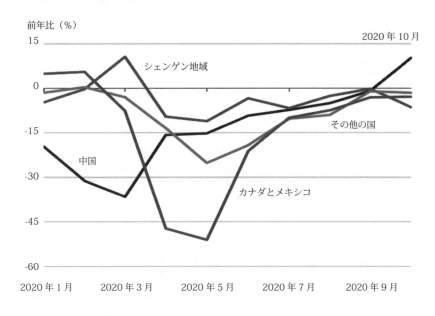

出所：Census Bureau; CEA calculations.

封鎖した。米国向けの中国企業が中間財の生産を止めたために、米国におけるサプライチェーンの崩壊をもたらした(Xie 2020)。ルオとツァン(Luo and Tsang 2020)は、ネットワークモデルを用いて、湖北省の封鎖が世界の生産量に与えた影響の約40％が、中国内外のサプライチェーンへの影響によって生じたと推定している。

パンデミックがサプライチェーンに及ぼす影響は、国際貿易の流れに関するデータを分析することで確認できる。これらのデータは国連商品統計データベース（2016）で定義された幅広い経済カテゴリーを用いて、消費財、資本財、中間財という財のカテゴリーに分けられる。消費財とは耐久財（長持ち）もしくは非耐久財（使い捨て）の完成品であり、消費者は直接もしくは小売店や卸売業者を通じて直ちに購入できるものである。資本財とは、他の財の生産に使用される耐久財のことである。すでに説明したように、中間財とは、完成品を生産する際の投入物として使用される財のことであり、したがってサプライチェーンにとって重要なものである。

すでに述べたように、2020年初頭、米国への商品の輸入は減少したが、それは主に中国のロックダウンの結果であった。4・5月のパンデミックによって、世界各国が外出禁止命令を出したために、商品輸入はいっそう劇的に減速した。各国政府が外出禁止令を解除したことにより、6・7月に輸入は回復し始めた。6月に消費財の輸入は急激に回復したものの、中間財の輸入は2019年の水準を約15％下回ったままであった。10月までに、消費財の輸入は2019年の水準を3％上回ったものの、中間財の輸入は2019年の水準を3％下回っており、引き続き遅れをとっている。

2020年10月までに、世界からの米国の中間財の輸入は、主にカナダ、メキシコ、中国からの輸入の減少によって、前年比で11.1％減少した（表9－9）。消費財の輸入は2019年の水準から317億ﾄﾞﾙの減少にとどまったが、中間財は940億ﾄﾞﾙ減少している。

消費財の輸入は、中間財よりも早く回復したかもしれないが、それは各国政府が外出禁止令を解除したことによって、企業が生産量を増強するよ

⑨

表 9 − 9　米国の輸入品──特定国及び特定地域からの財のタイプ別輸入品の変化
（2019 年から 2020 年 10 月まで）

国もしくは地域	資本財		消費財		中間財	
	㌦（10 億）	％	㌦（10 億）	％	㌦（10 億）	％
カナダ	-3.2	-16.7	-0.8	-3.1	-27.0	-18.3
中国	-11.1	-7.9	-18.9	-16.8	-14.9	-14.2
メキシコ政府	-10.6	-11.5	0.3	0.7	-17.2	-14.8
シェンゲン地域	6.3	10.0	-7.7	-8.8	4.7	3.2
その他の国	9.5	8.0	-4.6	-2.6	-39.6	-11.8
世界	-9.0	-2.1	-31.7	-7.1	-94.0	-11.1

出所：Census Bureau; CEA calculations.

りも早く、消費者が支出を増やすことができたからである。生産が回復していく中で、米国の中間財の輸入がパンデミック前の水準に戻るのか、あるいは一部のサプライチェーンが米国に戻ってくるのかはまだ明らかではない。

企業が中国への接触を減らしている事実

COVID-19 のパンデミックと貿易政策の不確実性が、グローバル・サプライチェーンのリスクを浮き彫りにする中で、米国企業は生産を中国から、他のアジア諸国や米国の近くに移す（ニア・ショアリング）、あるいは米国に戻す（リショアリング）ことを検討している。グローバル・サプライチェーンを測るために一般的に使用されるデータにはタイムラグがあるため、CEA がサプライチェーンの最近の変化を直接観察することはできないが、企業が施設の本拠地をどこに置くべきか、先行指標を提供できる研究はある。昨年、米国やその他地域の企業が、生産拠点の移転や原材料の調達先の多様化など、サプライチェーンの変更をどの程度計画しているかを評価しようとする研究がいくつか発表された。

まだ COVID-19 の全容が明らかになる前の 2020 年 1 月、バンク・オブ・アメリカは北米、欧州、中国を除くアジア太平洋地域、そして中国の株式時価総額 67 兆㌦に相当する 3,000 社を対象としたアナリストの調査を行い、グローバル・サプライチェーンに動きがあることを示す「明確な事実」をみつけた。12 分野において、グローバル・サプライチェーンを持つ企業（株式時価総額 22 兆㌦）の 80％が、「サプライチェーンの少なくとも一部」を現在の場所から移動すると予測している。報告書は、「グローバル・サプライチェーンは根こそぎにされて自国に持ち帰られるか、戦略的提携国に移されるという傾向は明らかである」と結論づけている。バンク・オブ・アメリカは 7 月の更新で、その 80％のうちの 4 分の 3 がリショアリング計画を拡大していることを明らかにした（Bank of America 2020a, 2020b）。

米国、北アジア、そして中国の最高財務責任者（CFOs）を対象とした 3 月の調査によれば、これらの幹部が代表する生産能力の 20％から 30％は中国から移転することを示している（UBS2020）。これが実現すると、現在の中国の輸出額のうち 5,000 億から 7,500 億㌦が中国から流出することになる。2020 年 6 月の UBS の調査によれば、中国に製造拠点を持つ米国企業の 76％ が製造能力の一部を中国から移動したか、移動を計画中であるとしている。その有力な移動先の候補は、米国、カナダ、日本、そしてメキシコである。

UBS の調査に回答した北アジア（中国を除く）の企業では、CFO の 85％が中国から日本、台湾、韓国の自国市場に生産拠点を移動したか、移動を計画している（UBS 2020）。これは調査対象となる企業の中国における生産量の 30％ 以上に相当する。CFO はベトナム、タイ、そしてインドを移転先の候補地として挙げている。中国企業で

自由で公正な、バランスのとれた貿易を目指して

図9－4　米国の世界からの財のタイプ別輸入品、2020年

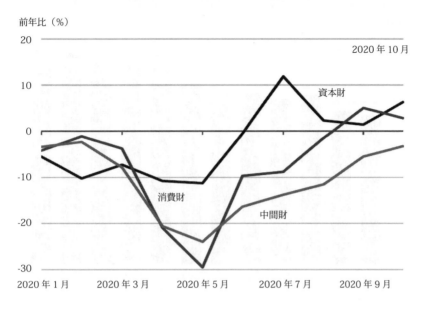

注：2020年以前の統計は実際の投資額を示し、それ以降の年は予測値である。
出所：Census Bureau; CEA calculations.

さえ、生産拠点を移転したか、もしくは移転を計画しており、CFOの60％が中国生産の合計30％を移転すると回答している。さらに回答者は顧客に近いサプライチェーンの構築・拡大の計画を伝えている。

　米国企業のCFOの34％が中国に製造拠点があると回答しており、そのうち76％が中国から生産拠点を移転したか、または移転計画中と回答した。移転を計画している企業は、中国での生産量の合計46％を移転すると回答し、ヘルスケア（92％）、生活必需品（89％）、テクノロジー（80％）が最も多く、次いで一般消費財（76％）、工業（69％）、そして素材（57％）が続いている。バンク・オブ・アメリカ（2020a）は、アジア太平洋地域（中国を除く）の企業についても同様の結果を示しており、活動分野の半分を、主に東南アジアとインドに、すでに移転しているか、移転を予定している。この調査では、株式時価総額3兆8000億㌦に相当する米国セクターの83％の企業が、すでに移転しているか、移転の予定があることがわかった。

　低コストのアジアの生産者からの工業製品の輸入に関する最近のデータは、企業が中国からサプライチェーンを移動しているという調査結果を裏づけている。経営コンサルティング企業のカーニーは、米国工業製品の国内総生産額に対する、低コストのアジア14カ国から米国に輸入された工業製品の価値の割合を報告している（Kearney 2020）。この工業製品の輸入比率の低下は、必ずしも米国への生産移転を意味するものではないが、これら14カ国を経由するサプライチェーンからの代替を意味している。

　2019年には、工業製品の輸入比率が2011年以降、初めて低下した（図9－5）。2018年の13.1％から2019年の12.1％への減少は、低コストのアジア諸国（分子）からの輸入が7％縮小したためで、米国の国内製品総生産（分母）は基本的に変わっていない。輸入の減少は、中国との貿易が17％縮小したことによる。2018年第4四半期では、低コストのアジア14カ国からの輸入品のうち、65％が中国からだったのに対して、2019年第4四半期ではそれが56％にとどまっ

⑨

図9−5　米国製造業の輸入比率、2008〜19 年

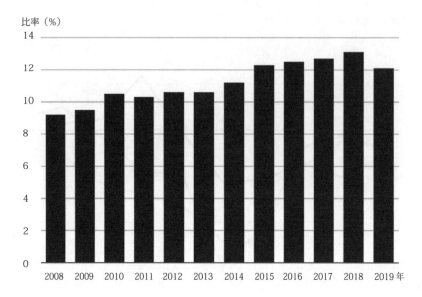

出所：USITC; Bureau of Economic Analysis; Kearney (2020).

図9−6　米国輸入の遠近比（メキシコ / アジア）、2009〜2019 年

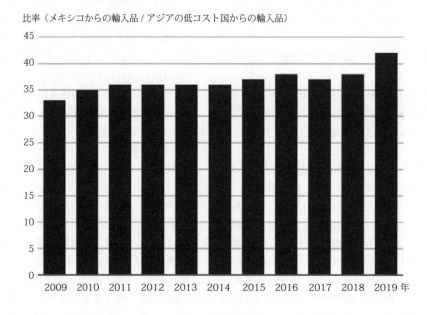

出所：USITC; Bureau of Economic Analysis; Kearney (2020).

図9−7　米ドル建て平均名目月次賃金、2000〜2019年

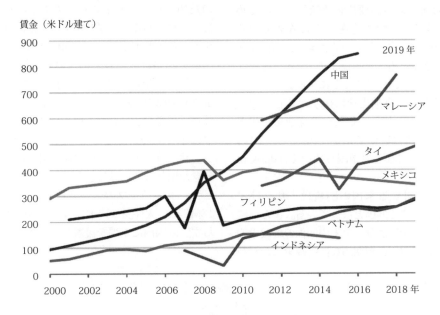

出所：International Labor Organization.

た。原産資格を変えるために商品を積み替えるトランシップも要因の一部ではあるが、それだけでは転換のすべてを説明することはできない。

　カーニーのもう1つの指標である「遠近」比率は、米国のメキシコからの輸入額を、同じアジアの低コスト国14カ国からの輸入額で割ったものである。この比率が上昇すれば、アジアに比べてメキシコからの近距離調達が多いことを示している（図9−6）。リショアリング指数と同じように、遠近比率は米国の輸入業者が輸入先をアジアからメキシコに切り替えた2019年に急上昇した。

　　サプライチェーン転換の推進力

　グローバル・サプライチェーンのダイナミクスの要因は1つではないが、中国における賃金上昇、テクノロジーと自動化、貿易政策の緊張と関税、そしてCOVID-19パンデミックが重なったことはすべて、企業がサプライチェーンを評価する方法に変化をもたらした要因となった。この節で

は、これら要因やその相互作用について、簡単に説明する。

　中国の賃金は近年、他の多くの国に比べて相対的に上昇している。1970年代には、労働者が中国の農村部から都市部に移住したことで、中国の労働供給は「無制限」のように見える、と指摘された（Cui, Meng, and Lu 2018）。1970年代には人口の80％が農村部に住んでいたものの、2015年までに人口に占める農村部のシェアは43.9％に縮小した。一部には中国の「一人っ子」政策によって、中国の人口は高齢化し、現在及び将来の労働力供給制限を悪化させている。その結果として生じる賃金上昇は、中国の価格競争力を損ない（図9−7）、企業が東南アジアでの製造や自動化をすすめ、自国に近い地域での製造を検討する動機となっている。生産をコントロールしたとしても中国の賃金は、他の製造拠点と比べても高いままである。

　また企業は、米国と中国との間の地政学的な緊張が高まっていることを強く意識している。仮に米国と中国が短期的に関税を撤廃したとして

⑨

も、企業は長期的な緊張状態を想定している。企業は回復力を高める必要性を認識しているため、COVID-19 はこうした懸念をさらに強めている。中国からの撤退を検討している企業は、労働生産性の差を埋めるため、あるいはサプライチェーンをより賃金の高い国に移すことによる賃金コストを相殺するため、自動化を目指すかもしれない。バンク・オブ・アメリカは、2025 年までに世界のロボット設置台数が 250 万台増加し、2019 年の水準の 2 倍になると予測している（Bank of America 2020a）。

中国製品に対する米国の関税は、サプライチェーンを移転する要因となっている。また、関税に加えて、企業はより広い米中関係の地政学的事情も認識しており、短期的な関税政策にかかわらず、両国が摩擦に直面すると考えている。このため、バンク・オブ・アメリカのアナリストは、グローバル・サプライチェーンの再構築が予想される主な理由として、関税と国家安全保障との両方を挙げており、第一段階合意にかかわらず、米中の関税は存続すると予想している（Bank of America 2020b）。バンク・オブ・アメリカが調査結果を発表した後、COVID-19 のパンデミックは米中間の緊張をさらに悪化させたと思われる。サプライチェーンの移転に国家安全保障上の懸念が関わっていることを示す証拠として、コンピュータ・チップのメーカーであるインテルや TSMC は、人件費や資本コストが高いにもかかわらず、米国内に工場を設置している（Wu 2020）。

結 論

トランプ政権は、中国と日本との新たな二国間貿易協定の締結、韓国との貿易協定の再交渉、そしてカナダとメキシコという米国の最も重要な貿易相手国との最新の貿易協定による地域貿易の再構築によって、国際貿易政策における米国の利益を再確認した。中国との第一段階合意は、これが完全に実施された場合、米国の対中輸出はかつてない拡大を達成し、中国が米国にとってより良い貿易相手国となるために内部改革することを約束している。USMCA はデジタルサービス、知的財産、労働力など、幅広い分野において米国の国益を擁護することができる。これらの協定は、過去の貿易協定で焦点となってきた関税の引き下げよりも、自由で公正な貿易に対する構造的・技術的な障壁に対してはるかにうまく対処することができる。他の貿易協定の進展とともに、この 2 つの重要で画期的な出来事は、引き続き米国の経済成長とアメリカ人の雇用創出を推進していく。

COVID-19 のパンデミックは、全体的な国際貿易を減少させ、以前には十分に考慮されていなかった、既存のグローバル・サプライチェーンの構造が持つ、いくつかのリスクに鋭く焦点が向けられた。これらのサプライチェーンは、各国の比較優位を利用して、貿易による相互利益を生み出す可能性がある。しかしグローバル・サプライチェーンは、自然災害や地政学的な緊張とともに、パンデミックによる分断からの影響を受けやすい。民間企業がサプライチェーンの移転を検討するように、政府は一部の消費者や企業にとってのメリットと、輸入競争に直面している部門の総費用やサプライチェーンの分断リスクに関連するコストについて、新たに出現した理解を比較・検討しなければならない。

第Ⅲ部
わが国再建への努力

第 10 章
2020 年の回顧と将来の展望

20年、米国経済はCOVID-19によって大恐慌以来最も深刻な１つの経済ショックを経験した。全米経済研究所・景気循環日付委員会は、2020 年 2 月に経済はピークを打ち、2009 年 6 月に始まった経済拡大は終わりをもたらしたと判定したが、この拡大は米国歴史上最長であった。実質国内総生産（GDP）と給与支払い雇用は、2020 年第 2 四半期に記録的な低下を喫した。実質 GDP と給与支払い雇用の大恐慌以来最も鋭いリバウンドは第 3 四半期に引き起こされたが、米国経済は、2020 年 4 月のどん底から部分的にただ回復したに過ぎない。

給与支払い雇用の低下は、低賃金層に集中した。全体的に、インフレは 2020 年においては、過去の諸年と同様であったが、この年の初めに継続したデフレ月は、後の月の平均を超すインフレによって相殺された。住宅市場と利子率は、パンデミックの影響を受けたが、GDP や雇用ほどではなかった。

この『報告』を書いている現在、多くの指標における第 4 四半期のデータがまだ使用できない。ブルー・チップ予測によれば、2021 年において強力な埋め合わせとなる成長が予想される。しかしながら、GDP 予測と労働参加の回復のゆっくりしたペースは、少なくとも 2021 年を通して、これら多くの問題が継続されるであろうということを示している。

この『報告』の最初の 3 つの章では、2020 年にわたって米国経済の主要なマクロ経済的展開の深い分析がなされた。この章では 2020 年を通しての主要な米国経済のマクロ経済的指標について簡潔な概論的な見方を提示する。そして、この章では引き続き米国経済の将来の展望について議論されるが、それには、大統領による完全な経済政策アジェンダの完全な実施の事態の下での経済前進の可能性が含まれ、同時に、わが国経済の下振れリスクの可能性、とりわけ COVID-19 の伝染による近時のリスクが議論される。

2020 年の回顧

この節では、2020 年の主要な米国マクロ経済指標の概観が述べられ、経済総産出、労働市場、インフレ、住宅市場、金融市場、そして石油市場が取り上げられる。

経済産出の構成

実質 GDP は、2020 年の最初の 3 つの四半期を通して年率で表すと 4.6％下落した（年率で見ないと 3.5％の落ち込み）。この落ち込みは、COVID-19 の結果として、前代未聞の収縮によって引き起こされ、第 2 四半期にウィルスを制御するための諸措置が採られたが、そこでは、年率で実質 GDP31.4％の落ち込みを経験し（年率

図10−1　実質GDPの構成要素、1990〜2020年

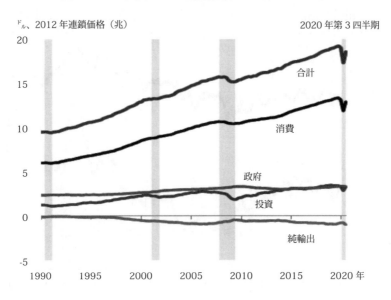

ドル、2012年連鎖価格（兆）　　　　　　　　　　　　　2020年第3四半期

注：影はリセッションを示す。
出所：Bureau of Economic Analysis; CEA calculations.

に換算しないと9.0％であったが）――それは1947年に統計が取られてから初めての最も大きい四半期における下落であった。第2四半期の記録的な落ち込みは、2020年第1四半期の年率5.0％の下落を引き継ぐものであった。第3四半期においては、実質GDPは、年率で33.1％の成長となって（年率に換算しないと7.4％）、単独では最も大きな記録的な経済成長であり、大雑把にいうと、1950年の第1四半期の年率16.7％（年率に換算しないと3.9％）の記録の2倍であった。第3四半期の経済成長によって、米国は、パンデミックによって、前半に失った経済産出の3分の2を回復した。

　実質GDPの落ち込みは、広範囲であり、ほぼすべての経済の局面と産出の構成に影響した（図10−1）。消費支出、それは米国経済のほぼ70％を占めるのであるが、最もその低下に寄与し、3.5％（年率換算ではない）のうち2.2％ポイントを占めた。第3四半期の消費は2020年前半で低下の71％を取り戻した。投資は実質GDP低下3.5％（年率換算ではない）のうち0.5％ポイント寄

与したが、住宅投資と在庫投資は、最初の3つの四半期における非住宅投資の落ち込みを相殺してさらに上回るものがあった。第3四半期では、投資レベルは、2020年前半の落ち込みの82％を回復した。純輸出は、実質GDP 3.5％下落のうち0.5％ポイント（年率換算ではない）を構成し、政府支出は、この下落のうち0.06％ポイント（年率換算ではない）寄与した。政府支出（第2四半期には増加したが）と純輸出は双方とも2020年第3四半期には下落した。

　消費支出　消費支出は、2020年を通して顕著に下落した。最初の3つの四半期を通して個人消費支出は、3.3％（年率ではない）下落した。過去50年間を通して、個人消費支出は、可処分個人所得の80％から95％を維持したが、第2四半期では、可処分個人所得の74％に下落し、それは、記録として最低レベルであった（図10−2）。その結果、個人貯蓄率は、――可処分個人所得のパーセントとしての個人貯蓄であるが――2019年第4四半期の7.3％から2020年第2四半期の26.0％まで上昇したが、第3四半期で

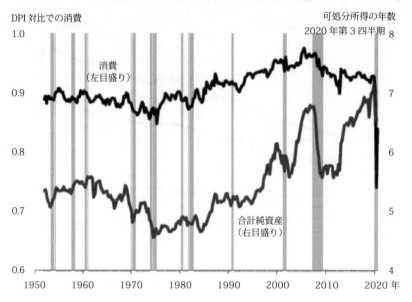

図10－2　可処分個人所得（DPI）対比での消費と資産、1952〜2020年

注：影はリセッションを示す。
出所：Federal Reserve Board; Bureau of Economic Analysis; CEA Calculations.

は 16.1％への下落であった。月次でいえば、個
人貯蓄率は、2020 年 4 月がピークであり、記録
的な高さ、33.7％となった。純資産の総額（株
式資産、住宅資産、そしてその他資産から債務を
引いたものであるが）はまた、第 2 四半期に落
ち込んだ。第 3 四半期の資産データは、この『報
告』を書いている時点では利用できなかった。

　消費支出、これは上述のごとく、GDP のほぼ
70％を占めるが、2020 年最初の 2 つの四半期の
GDP 落ち込みの最も大きな貢献要因であり、同
時に第 3 四半期の GDP 拡大のまた最大の貢献要
因であった。消費のパターンは、COVID-19 とウィ
ルスの抑え込みに採られた諸措置が経済活動に与
えた一様ではない道筋を明らかにする。サービス
のいくつかの構成要因、すなわち旅行、内科医、
歯科医サービスの落ち込みはとりわけ大きかった。
加えて、自動車販売もまた深刻に落ち込んだ。実
質個人消費支出は、第 2 四半期の実質 GDP 落ち
込みの 76.5％の割合を占め、（年率換算ではない
が）9.0％下落した。財の消費支出は、第 2 四半
期で、（年率換算ではない）2.8％の落ち込み、サー

ビス支出は（年率換算ではないが）12.7％の急
落であった。2020 年第 3 四半期も個人消費支出
の回帰は、第 1 第 2 四半期の閉鎖によって影響
を受けた企業の部分的再開を反映したものである。
第 3 四半期では、（年率換算ではないが）実質個
人消費支出は、7.4％の増加であり、その四半期
の実質 GDP 成長の 76.2％の割合を占めた。サー
ビス・セクターの消費支出は、それだけで第 3
四半期の GDP 成長の 47.5％の割合を占めた。

　投資　2020 年の最初の 3 つの四半期を通し
て、民間投資は（年率換算でないと）2.9％の落
ち込みであった。第 1 四半期、第 2 四半期のそ
れぞれの落ち込み、2.3％、14.7％（年率換算で
はない）は、引き続き第 3 四半期では、強力な
リバウンド（年率換算でないと 16.6％）を伴った。
投資の総額の落ち込みは、3 つの主要な投資、す
なわち、非住宅投資、住宅投資、そして在庫投資、
それぞれに反映された（図 10－3）。とりわけ、
投資の落ち込みは、大リセッション期と同様に鋭
く落ち込んだわけではなかったし、より速くリバ
ウンドしたが、一般的にいって第 3 四半期になっ

図10-3 投資の構成要素、1990〜2020年

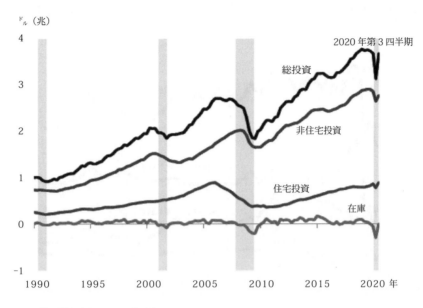

注：影はリセッションを示す。
出所：Bureau of Economic Analysis; CEA calculations.

てもパンデミック前のレベル以下に止まった。

　非住宅投資は、第1四半期、第2四半期それ
ぞれにおいては（非年率換算で）1.7%、7.6%の
収縮で、第3四半期に（非年率）5.1%のリバウ
ンドがあり、第3四半期では2019第4四半期
レベルを4.6%下回った。非住宅投資のうち構築
物投資は、2020年の最初の3つの四半期に落ち
込み、第3四半期においては2019年末レベル
の14.3%も下回った。石油開発・生産への投資
は、構築物投資においてウェイトが重くつけられ
ており、鉱物探査、シャフトと油井への投資は、
2020年の最初の3つの四半期において、（非年率）
49.7%の下落であった。

　非住宅のうち設備への投資は、2020年最初の
2つの四半期において（非年率）14.1%収縮し
たが、構築物投資と異なって、第3四半期には
リバウンドを開始し、（非年率）13.6%増加した。
第3四半期の時点で、非住宅設備投資は、2019
年第4四半期レベルを2.5%下回ったが、そのう
ち、情報加工設備投資は上昇し、2019年第4四
半期レベルの13.4%上回ったが、しかし、工業・

運輸設備投資は、それぞれ3.8%、22.8%であり、
2020年第3四半期において、2019年第4四半
期レベルを下回った。知的財産生産物への非住宅
投資は、第1四半期にじりじり上がり、第2四
半期に低下した後、第3四半期に上昇し、第3
四半期では2019年第4四半期を1.0%下回った。

　2020年第1四半期の住宅投資は（非年率）4.4%
の上昇であり、これは2012年第4四半期以来、
単独四半期では最も大きい上昇となった。住宅投
資は、第2四半期で10.4%（非年率）収縮した
後、第3四半期には12.9%（非年率）大上昇し、
2019年第4四半期レベルの5.6%を上回るレベ
ルとなった。

　在庫投資、あるいは生産（あるいは輸入）財と
販売（あるいは輸出）財間の変化は、2020年第1、
第2四半期の成長では、実質GDPにマイナスの
影響として働いた。企業が在庫を再構築するので、
民間在庫投資は、第3四半期では年率換算の実
質GDPの6.6%ポ゙あるいは19.8%の割合を占めた。

　政府購入　他のGDP構成要素と比較して、
2020年の政府購入には変化が非常に少なかった。

図10−4 対GDP比での政府調達、1948〜2020年

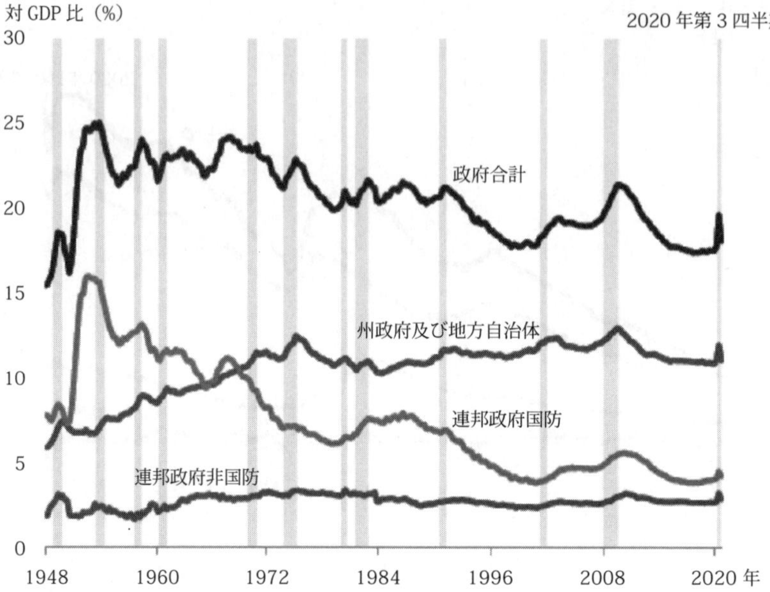

注：影はリセッションを示す。
出所：Bureau of Economic Analysis; CEA calculations.

2020年の最初の3つの四半期において、政府購入は（非年率）で0.2%の落ち込み、GDPのシェアでいうと、政府購入は、この時期を通して3%の成長であり、3つの政府購入のすべてでGDPシェアの増加を見た（図10−4）。連邦政府購入は第2四半期に大いに増加したが、それは、「コロナウィルス援助・救済及び経済安定法」（CARES: Coronavirus Aid, Relief, and Economic Security Act）とその他の緊急コロナ資金によってサポートされたからである（この『報告』の第1章から第3章を見よ）。

連邦支出は、2020年の最初の3つの四半期に上昇したが、州及び地方政府の支出は下落した。四半期で見て、連邦政府の非国防支出は、2019年第4四半期から2020年第2四半期にかけて、490億㌦（2012年連鎖ドルで見て）（非年率13%）上昇した。同様に、2020年の最初の3つの四半期中、四半期で見て連邦政府非国防支出は、290億㌦（2012年連鎖ドル）（非年率2%）上昇した。これと比較すると、2020年の最初の3つの四半期中、四半期で見て州・地方政府支出は、

470億㌦（2012連鎖ドル）（非年率3%）下落したが、これは、四半期で見た州・地方政府による総投資、40億㌦（2012年連鎖ドル）（非年率1%）の上昇にまさるものであった。

純輸出 2020年の最初の3つの四半期において、輸入の大きな落ち込みがあり、さらにそれより大きな輸出の落ち込みがあった。実質純輸入（輸出―輸入）は、第2四半期では増加したが、第3四半期では落ち込んだ。全体として、純輸出は、輸出の落ち込みが輸入の落ち込みより大きかったがゆえに、最初の3つの四半期では下落した。2020年の最初の3つの四半期において、財・サービスの実質輸出は、3910億㌦（2012年連鎖ドル）（非年率15%）下落したが、一方で、輸入は、2420億㌦（非年率で7%）の落ち込みで、結果として、純輸出はこの時期を通して1490億㌦下落した。

財の貿易は、サービスの貿易に比較してより速く回復した。2020年の最初の3つの四半期を通して、財の実質輸出は、1760億㌦（2012連鎖ドル）（非年率25%）下落したが、財の実

図10－5　失業率、1990〜2020年

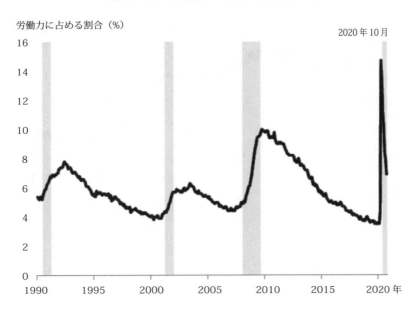

労働力に占める割合（%）

2020年10月

注：影はリセッションを示す。
出所：Bureau of Labor Statistics.

質輸入は、460億ﾄﾞﾙ（2012年連鎖ドル）（非年率18%）下落した。同じ時期、サービスの実質輸出は、1910億ﾄﾞﾙ（2012年連鎖ドル）（非年率25%）下落し、サービスの実質輸入は、1520億ﾄﾞﾙ（2012年連鎖ドル）（非年率32%）下落した。2020年第3四半期までに、財の実質輸出と輸入は、双方約20%、パンデミックによる低さからのリバウンドがあった。それと比較すると、同じ時期、サービスの実質輸出はパンデミックの低さから1%にも達しないリバウンドであり、サービスの実質輸入は大雑把にいって6%のリバウンドであった。

　労働市場

　米国労働市場は、3月と4月にこれまでにない前代未聞の雇用の下落を経験したが、その直後の数カ月、強力ではあるが部分的な回復が公表され、5月と6月には記録的な雇用増加が付け加わった。労働参加率はまた、初期の下落について回想するひまもなく、劇的な下落となった。

　失業　2020年の失業の増減についての大きさとスピードは、今までにないものであった。2020年2月、COVID-19パンデミックが襲う前の失業率は3.5%であった。それが、2020年4月になると14.7%に急上昇し、その後は数カ月鋭く下落した。2020年11月の現時点で、失業率（U-3）は、6.7%まで下がった（図10－5）。大リセッションの間、失業率は、2009年10月で10.0%のピークを打ったが、6.7%に下落するのに4年以上がかかった（2013年12月）。2020年における失業保険給付請求のデータも、今までにない前代未聞のものであった。2020年3月21日失業保険給付請求は28万2000件から330万7000件という、10倍以上の増加を見たのであって、最大の上昇記録であった。

　労働統計局は、失業率に関していくつかの測定結果を公表する。U-3、これは、公式失業統計であり、活発に職探しを行っているが職を見つけることができていない人が労働力人口にどの程度いるのかを比率をもって示すものである。U-6という失業率は、（1）仕事ができる状況にあって仕

図 10 − 6　労働力参加率、1990〜2020 年

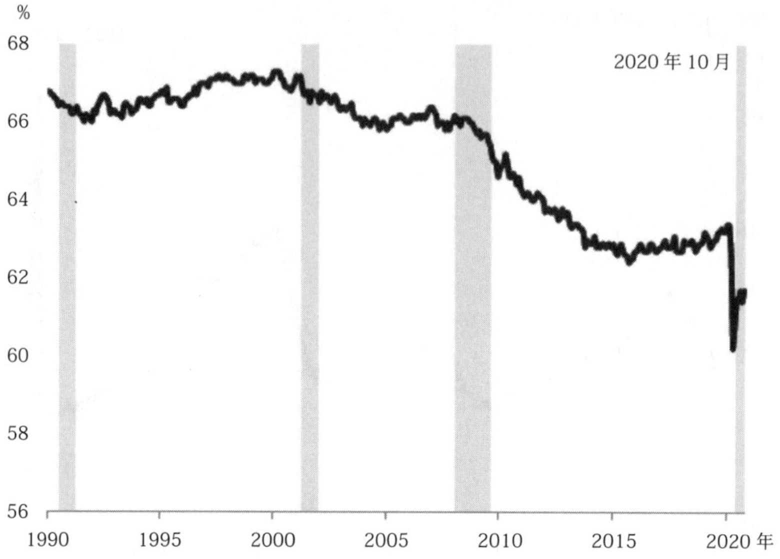

（図）縦軸：%、56から68。横軸：1990、1995、2000、2005、2010、2015、2020 年。2020 年 10 月。

注：影はリセッションを示す。
出所：Bureau of Labor Statistics.

事を探してはいるが、過去 4 週間ではなく、12
カ月間で仕事を求めている人、（2）仕事先が見
つからず、がっかりして過去 4 週間、仕事探し
をあきらめている人、（3）フルタイムの仕事を
望んでいても経済的な理由からパートタイムの
仕事につかざるをえない人、これらすべてが U-6
には含まれる。その結果、U-6 は、より広範に失
業と労働未使用を測定するものである。パンデ
ミック前の 2020 年 2 月において、U-6 の数値は
7％であった。それが、2020 年 4 月には 22.8％
に急上昇し、その直後の数カ月で急降下した。
2020 年 11 月の現時点で、U-6 は 12.0％に落ち
込んだが、それはパンデミックにおける高さのほ
ぼ半分であり、前の景気循環の拡大が始まってか
ら 5 年以上が経っている、2014 年 8 月以来、パ
ンデミック前のいかなる時よりも依然として高い
ものである。U-3 と U-6 とのギャップは、2020
年 2 月では小さいとはいえ、3.5％㌽あり、それ
が、パンデミックを通じて広がり、10 月には 5.2％
㌽になった。

　労働参加率　労働参加率——それは、労働し

ているのか、活発に仕事を探しているのか、そ
れらの人の割合であるが——2018 年と 2019 年、
そして 2020 年の最初の 2 カ月は上昇し、前の
下降傾向を逆転させたが、2020 年に下落した。
2020 年 2 月から 10 月まで、比率は 1.7％㌽下
落した。それは、2020 年 4 月 60.2％に下落した、
しかし、10 月までに 1.5％㌽回復した（図 10 −
6）。とりわけ、この回復の大部分が 6 月に起こっ
ていることである。比率は、6 月から 10 月まで
さらに回復しているわけではない。このことが示
唆するのは、参加率の 1.7％㌽の下落という可能
性は、継続するかもしれないということである。
この仮説と整合的に、コイビオン、ゴロドニチェ
ンコとウェーバー（Coibion, Gorodnichenko and
Weber 2020）は、早期退職の波が参加率下落の
多くを説明することを発見する。

　賃金　実質賃金の平均時給は、2020 年の最初
の 3 つの四半期において 3％上昇したが、これは
主として解雇が、低賃金労働者が集中的に行わ
れたことによる（Crust, Day, and Hobijn 2020）。
このパターンは、現下のリセッションでは、特別

図 10 − 7　民間産業労働者の名目報酬と勤労所得、2006〜20 年

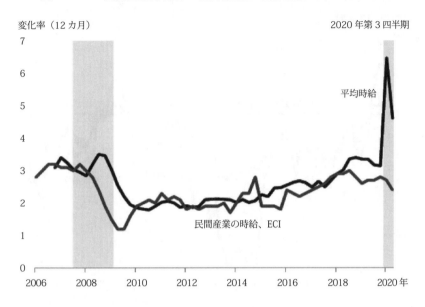

注：影はリセッションを示す。ECI＝雇用コスト指数。
出所：Bureau of Labor Statistics.

なことではないとはいえ、3 月と 4 月の雇用喪失の大きさを前提にすると、実質賃金の平均時給の変化は、以前のリセッションより今の方がこのパターンが顕著であるといわれるようになった。勤労所得の平均時給の上昇が労働力構成によるということは、雇用コスト指数による賃金測定に照らし合わせると見ることができ、この指数は、雇用のカテゴリーの固定されたサンプルにおいて、直接的に賃金を測定するものである。この固定されウェイト付けられた測定は、9 月までの 12 カ月間においてたった 2.7％の上昇が見られる。

インフレ

全体として、2020 年においてインフレは、2019 年の平均より下回った。連邦準備は、個人消費支出連鎖タイプ価格指数（PEC 価格指数）の 2％のインフレを目標としてきた。しかし、この指数は 10 月末までの 12 カ月においてたったの 1.4％上昇で、これは、前年からそう大きく変化はしていない（図 10 − 8）。PEC 価格指数の総体は、浮動する食品価格やエネルギー構成物を含み、もしこれら価格が取り除かれれば、（「コア」PEC 価格指数が導かれ）インフレは、この 12 カ月でたった 1.5％の上昇となり、前年とそう変わりはないことになる。

2020 年を子細に見れば、かなりの月がマイナスのインフレである。特に、月次インフレは、3 月では 0.1％、4 月では 0.4％のマイナスである。このデフレは、主として非耐久財価格の変化から引き起こされており、それは、3 月と 4 月に 1.1％下落した。しかしながら、インフレは、6 月、7 月、8 月ではトレンド率を超えて上昇しており、12 カ月を通して見ると約 1.4％の前年に戻った上昇を導いている。

住宅市場

住宅建設と販売は、COVID-19 の結果としてこの年の初めのころはかなり乱された。この乱れは、住宅の価格には伝播しなかったが、住宅供給のタイトな状況──これはある程度パンデミックの結

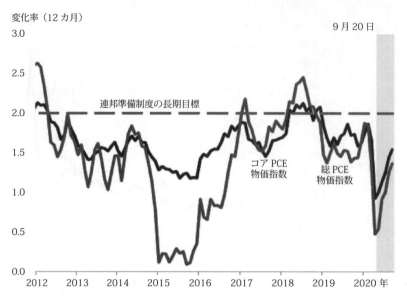

図 10 − 8　消費者物価インフレーション（PCE 物価指数）、2012〜20 年

変化率（12 カ月）

注：影はリセッションを示す。PCE= 個人消費支出。
出所：Bureau of Economic Analysis; CEA calculations.

果でもあったが──と低いモーゲージ利率からくる強力な需要は、春には市場状況を安定化させた（Gascon and Hass 2020）。確かに、住宅価格は、S&P コアロジック・ケース - シラー住宅価格指数（図 10 − 9）によれば、2020 年の最初の 9 カ月は実際に 6.8％上昇した。混乱は深刻ではあるけれど、短期間で終わり、その後住宅販売、住宅着工件数、建設認可の落ち込みは完全な回復が継続された（図 10 − 10）。

新住宅着工件数は、2020 年 1 月が、161 万 7000 戸（季節調整、年率）でピークとなり、4 月に 68 万 3000 戸（季節調整、年率）で 42％落ち込んだものの 10 月にその喪失を 87％回復させ、153 万戸（季節調整、年率）にまで上昇させた。新住宅着工認可は、2020 年 1 月がパンデミック前のピークの 153 万 6000 戸となり、10 月に 154 万 5000 戸（季節調整、年率）に回復したのであって、パンデミック前のピークを少々上回った。総住宅着工件数は、2020 年 1 月がピークとなって、130 万 5000 戸（季節調整、年率）に、5 月に 12 万 5000 戸（季節調整、年率）

で約 10％下落し、10 月までに 134 万 3000 戸（季節調整、年率）まで回復したが、それは、パンデミック前のピークをおおよそ 3％上回った。

中古住宅販売は、2020 年 2 月がパンデミック前のピークとなって 576 万戸（季節調整済み、年率）に、5 月に 185 万戸（季節調整、年率）で約 32％下落したが、10 月に 685 万戸（季節調整、年率）に回復し、ほぼパンデミック前を 19％上回った。新住宅販売は、2020 年 1 月がパンデミック前の 77 万 4000 戸（季節調整、年率）となり、4 月までに 20 万 4000 戸（季節調整、年率）で約 26％下落したが、8 月に約 100 万戸（季節調整、年率）に回復し、その後も安定し、パンデミック前のほぼ 30％を超えている。実質住宅投資のブローカーの手数料とその他の所有権移転コストは、2020 年の第 2 四半期に 22.7％収縮し、単独の四半期別収縮としては、記録として、最大となった。しかしながら、第 3 四半期になると、手数料は 45.3％も跳ね上がり、パンデミック前のレベルを超えて手数料は急上昇した。第 3 四半期のジャンプは、1 つの四半期において、記録

図 10−9　米国の住宅価格指数、1990〜2020 年

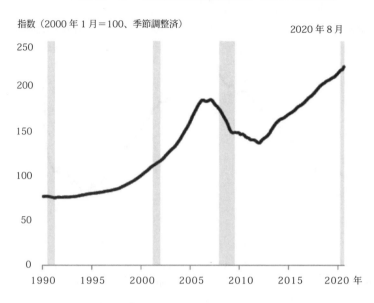

注：影はリセッションを示す。
出所：Standard & Poor's—S&P CoreLogic Case-Shiller National Home Price Index.

図 10−10　米国の新規住宅建築と単身家族住宅販売、1990〜2020 年

出所：Census Bureau; National Association of Realtors; CEA calculations.

図10−11　米国の住宅所有率、1990〜2020年

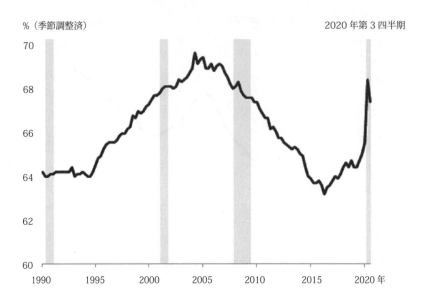

注：影はリセッションを示す。
出所：Census Bureau.

図10−12　家賃支払いが行われている割合、2019〜20年

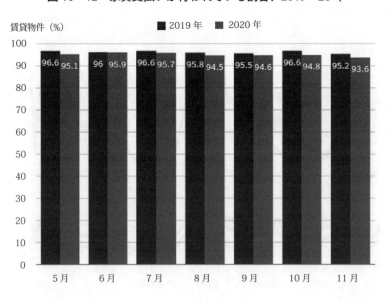

出所：National Multifamily Housing Council; CEA calculations.

として、最大のものであった。実質非住宅投資の
ブローカーの手数料は、2020年最初の3つの四
半期において6.8％下落した。この下落は、過去
3年間に経験した3つの四半期のその他の下落と
同じ幅のものであった。

　立ち退きは、2020年パンデミックにおいて下
落した（この『報告』の第2章、図2－6を見よ）が、
それは、CARES法と大統領の行政命令13945に
よるもので（2020年8月8日）、2020年末ま
での立ち退きの停止を行ったからである。住宅所
有権の比率は、劇的に増加したように見えるが（図
10－11）、それにはデータに関する信頼性に疑
問がある、というのは、米国センサス局が、一時
的に（6月）調査への個人的訪問を延期し、それ
が、回答率を引き下げたからである。2020年に
おける貸家の家賃支払い率は、2019年の同じ月
に比べて比較的安定していたが、0.1％から1.8％
の下落率の範囲にあった（図10－12）。

金融市場

　2020年、米国の株式市場はかなりの浮動性
を経験したが、究極的には、パンデミック中に
経験した損失を回復させた。2月19日、スタン
ダード＆プアー500指数は、3386で引けたが、
2020年のパンデミック前のピークであった。し
かしながら、2020年3月23日まで、S&P500
指数は、その年、31％ほど下落した。なお、8
月18日まで、それは2月19日より、より高い
レベルで引け、9月、10月には短いものの下落
の波があったが、11月中頃には、何回かこれま
でにない高さに到達し、少なくとも12月の初め
まで継続した。ダウ・ジョーンズ工業平均株価
指数、これは米国30の大企業の株のパフォーマ
ンスを測るものであるが、同様の傾向にあり、2
月12日にはパンデミック前のピークとなる2万
9551で引け、3月23日には37％落ち込んだが、
11月中旬に始まった株価は、これまでにない高
さに到達し、少なくとも12月の初頭まで継続し
た。NASDAQ指数は、多くがテクノロジー企業
株に偏重しており、浅い損失とより大きな回復を
経験し、2月19日にはパンデミック前のピーク

図10－13　市場ボラティーリティー指数（VIX）、2007～20年

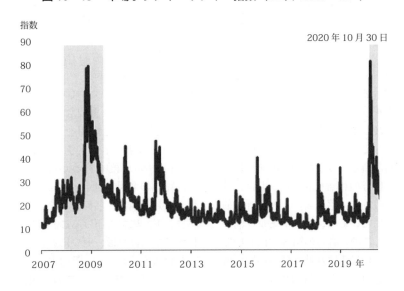

注：影はリセッションを示す。VIX＝シカゴ・オプション取引所ボラティーリティー指数。
出所：Wall Street Journal.

9817 で引けたが、3 月 20 日までにほぼ 30％の落ち込みを経験し、9 月 2 日には、これまでにない 1 万 2056 の高さを達成し、ほぼパンデミック前より 23％も高くなった。

株式市場の浮動性は、パンデミックの中、増大し、少なくとも 10 月 30 日までを通して、増加しながら継続した。シカゴ・ボード・オプションズ株式市場浮動性指数は、株式市場の浮動性（オプション価格に由来する）の市場評価を測定する。この浮動性の測定は、1 月 2 日の 12.5 から 3 月 16 日にはピークの 82.7 に到達したが、10 月 30 日には 38.0 に落ち込んだ（図 10 − 13）。2 月と 3 月に COVID-19 について引き上げられる懸念は、株式会社債券市場の流動性状況において、性急な悪化へと導いた。連邦準備による 3 月 23 日の信用ならびに流動性供給についての通達の 2 週間前、債券取引コストは、高利回りならびに投資評価債券の双方において急上昇した。この 2 週間を超えて、投資評価債券取引の平均コストは、3 倍化し、2 月の 30 ベーシス・ポイントから、3 月中旬にはほぼ 90 ベーシス・ポイントのピークにジャンプした。同様に、高利回り債券の取引コストは、2 月の 50 ベーシス・ポイント付近から 3 月中旬ほぼ 110 ベーシス・ポイントへジャンプした（Sharpe and Zhou 2020）。

法人債券利回りと対応する財務省債券の利回り間のスプレッドは、同じ経路を辿った。高利回り法人債券スプレッドは、2 月初め、ちょうど 4％を下回るところから上昇し、3 月中旬にはちょうど 11％を下回るところまで上昇した。投資評価スプレッドは、2 月の 1％から、3 月の半ばまで 4％、つまり 4 倍化した。いくつかの信用手段の公表や実施の後、法人債券スプレッドは、十分に緩和され、そして、取引コストは最初の低下を見た。連邦準備の貸し付け手段が救済を提供し続けたので、法人債券の利回りスプレッドは、残りの年を通して一般的に下落し続け、投資評価債券と高利回り債券においては、パンデミック前のレベルに到達した。この『報告』の第 3 章において、特別な連邦準備貸し付け手段が法人債券市場危機に対処すべく実施されたことが議論された。

利子率

米国財務省証券は、連邦政府によって発行された主要な負債形態であり、その利子率は連邦利子負担支出に関連する。負債は、普通、政府負債とほぼパラレルに動くから、これら金利は、同時に企業借り入れのコストにも影響する。

連邦準備公開市場委員会（FOMC: Federal Reserve's Open Market Committee）は、3 月 3 日と 3 月 15 日、計画になかった会議において、150 ベーシス・ポイント、フェデラル・ファンド・レートの誘導目標値を引き下げ、0.125％にするとした。多くの短期利率は、同様に引き下がった。例えば、3 カ月の財務省証券の利回りは、3 月中、145 ベーシス・ポイント下落した。10 年物財務省証券の利回り（これは、次の 10 年を通じて短期利子の予想価値を平均化したものである）は、3 月に 48 ベーシス・ポイント下落したし、4 月にはさらに 20 ベーシス・ポイント下げられた。

長期の財務省証券と短期のそれとの利回りスプレッドは、予測の手段として有効である。10 年物と 3 カ月物との利回りスプレッドは、2020 年に低いプラスのレベルから始まった。マイナスの利回りスプレッドは、しばしばリセッションの前触れとなってきたので、それらは、一般的にリセッションの指導的な指標として考えられる。2 月において、スプレッドはゼロに近くなった（リセッションを予示するものである）、しかし、それ以来 80 ベーシス・ポイントにリバウンドし、プラスのシグナルとなった（図 10 − 14）。

利子率はまた、重要なのは、連邦準備はしばしば、価格安定と雇用を最大限維持するための二重の使命をサポートする主要手段の 1 つとして、利子率の調整を行うからである。しかしながら、短期の名目金利は、2020 年はゼロに近かった。連邦準備は、名目金利をこの「ゼロより低いバウンド」に引き下げることはできない。もしそれができなければ、ゼロに近い利子率は、経済成長を刺激するという、その主要な手段を取り去ることになるであろう。この『報告』の第 3 章を見れば、ゼロより低いバウンドにおいて現下のリセッションと戦う連邦準備によって使用される方法の議論がわかるであろう。

図10−14　10年物財務省証券金利から3カ月物財務省証券金利を差し引いた金利、1990〜2020年

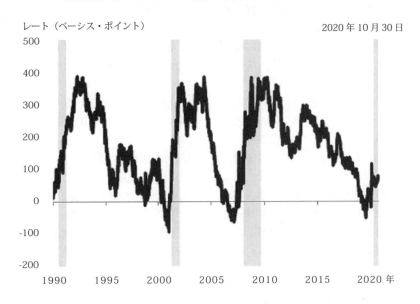

レート（ベーシス・ポイント）　　　　　　　　　　　2020年10月30日

注：影はリセッションを示す。
出所：Federal Reserve Board; CEA calculations.

石油市場

　世界的な石油消費は、2020年の最初の3つの四半期において8％落ち込んだが、リセッション時にはエネルギー需要の落ち込みがあるという典型的なパターンに伴うものである（EIA 2020）。その結果、ブレント原油価格は2020年1月1日のバレル当たり66ドルから4月21日にはバレル当たり19ドルの低さに下落したが、10月30日には、38ドルに回復した。ウェスト・テキサス・インターミーディエイト価格、それは重要な米国石油のベンチマークであるが、実際に、4月20日、歴史上初めてマイナスになったが、それは不十分な貯蔵能力の恐れからくるものであった（BBC 2020）。それに反応して、世界の原油生産と液体燃料生産は、2019年第4四半期から2020年第3四半期にかけて10％下落した（EIA 2020）。

グローバルなマクロ経済状況

　グローバル経済は、2020年、COVID-19パンデミックの結果、収縮した。『世界経済概観』（World Economic Outlook）2020年10月において、国際通貨基金は、グローバル経済は4.4％（前年比）落ち込むであろうと予測する（IMF 2020a）。中国の急速な成長回帰と第3四半期の先進国諸国の予想よりもより速い成長で、概観として、IMFがグローバル産出は4.9％落ち込むと予想した6月からかなり改善した（IMF 2020b）。12月に行われた経済協力開発機構（OECD 2020）による別の予測は、グローバル経済は2020年に4.2％収縮すると予想する。この経済収縮とともに、世界銀行（World Bank 2020）は、世界で追加的に8800万人から1億1500万人が極端な貧困に陥るであろうとする。これらの予測は、全く確実なものとはいえず、ウィルスの再来がいつ来るか、またソーシャル・ディスタンス政策の徹底、そして、ワクチン・プログラムの効率

性と効果に決定的に依存する。

これまでにない政府と中央銀行によって採られた財政と金融による政策は、大リセッションの悪化する金融の伝播を回避し、抑え込むのに役に立った。先進経済における財政措置は、産出の9％に等しく、一方で流動性支援だけで11％に等しかった（IMF 2020a）。産出のシェアとしてはより小さいとはいえ、新興開発経済における財政金融サポートは同様にかなりの規模であり、財政諸措置は産出の3.5％に等しく、流動性処置は25％に相当する。

広範なCOVID-19の広がりにも関わらず、経済収縮の時期と規模については顕著な差異があった。中国は、最初にウィルスの感染爆発を経験したが、2020年第1四半期には10.7％（非年率）の収縮を経験し、2020年第2四半期において、公式には2019年レベルにリバウンドした。米国を含めて、その他の国では、中国からウィルスが伝染し、第2四半期において最大の収縮を経験した。これら諸国間における第2四半期の産出の違いは、ある程度、ウィルス封じ込めに採られた諸措置の厳格性における変化と引き続き起った移動の変化によって説明することができる（OECD）。

諸国を通じて実質GDPの積み重なる損失を考えるために、CEAは、最初の3つの四半期に、もし成長がなかった場合の基本線を想定し、2020年中の1年の実質GDP喪失の％を計算した（表10−1）。この計算は、第1、第2、第3四半期における実質GDP喪失の積み重ねを表しており、フェルナンデス‐ヴィラヴェルデとジョネス（Fernandez-Villarverde and Jones 2020）によって提案されたものである。このアプローチを使うと、第1四半期に産出の9％減を経験し、引き続く四半期では成長を何も経験しない国は、最初の2つの四半期で実質GDPの落ち込みを何も経験せず、しかし第3四半期を通じて9％の減少を経験した国よりも3倍も大きな喪失をしたことになる。この測定は、最初の成長の収縮により大きな比重がかけられており、その結果、より低い経済活動が長い間継続することになるのである。この測定だと、米国は2020年の最初の3つの四半期で実質GDP、年3.7％を失う。データが利用可能な国の中では、中国が、年GDPの最も低いシェア（1.7％）を喪失し、一方、スペインは、最も大きなシェア（9.1％）を失うということになる。

先進経済 先進経済——ドイツ、フランス、日本、連合王国、そしてその他のEU諸国のことであるが——2020年に5.8％の収縮が予測されており、それは、6月から10月までの2.3％の上方修正を反映している。この変化は、第2四半期の予想された収縮がそう深刻でなかったことを反映しており、さらに、第3四半期の予測を超えた成長を反映している。2021年、先進経済の経済成長は、3.9％に達することが期待され、2019年レベルを下回ること2％である。しかしながら先進経済の中には、かなり異質なものがある。COVID-19の感染拡大をよく抑え込んでいるアジア諸国は、成長の小さくはあるが低下が予測されている。例えば、日本は、5.3％の収縮が予測され、2021年のリバウンドで7.2％成長が予測される。ユーロ地域諸国、これら諸国は比較的抑え込みに成功していないのであるが、スペインでは、2020年に9.8％の成長収縮を見ることが予測され、2021年になって5.9％の成長となるとIMFがいう（IMF 2020a）。

新興市場と開発経済 IMFの予測によれば、新興市場と開発経済は、2020年に3.3％の収縮の後、2021年には6％成長するという。しかしながら、この予測は中国によって、押し上げられ、中国は第2四半期に力強いリバウンドを経験したと公式統計は伝える。IMFの予測によれば、中国は、2020年に1.9％の成長、中国が新興市場と開発経済から除かれるとすると、2020年の収縮予測は5.7％であり、2021年の成長予測は5.5％になる。

インドは、COVID-19ケースの多くを経験し、ウィルスの拡大を防ぐ強力な手段をとってきた。引き続く実質GDP成長は、2020年第2四半期に予測されたものより悪く、2020年予測を下方修正することにIMFを導いた。インド経済は、2020年に10.3％収縮することが予測され、2021年には、8.8％程度のプラス成長に戻るであろう（IMF 2020a）。

表10―1　特定国の2020年第3四半期までの実質国内総生産の累積損失

国（またはグループ）	減少（年間GDP対比）
中国	-1.7
韓国	-2.0
ノルウェー	-2.3
スウェーデン	-2.6
日本	-3.4
イスラエル	-3.6
米国	-3.7
ドイツ	-4.4
ヨーロッパ連合（27加盟国）	-5.5
メキシコ	-6.8
イタリア	-6.9
フランス	-7.1
インド	-8.4
イギリス	-8.5
アイスランド	-8.5
スペイン	-9.1

注：データが入手可能な国が示されている。
出所：CEA calculations.

将来の経済見通し

　米国は、COVID-19パンデミックの外生的ショックによって引き起こされた非常に深刻なリセッションからの回復途上にある。補正的な財政・金融政策によって押し上げられ、2021年に強力な埋め合わせの成長が予想され、同時に、ワクチン候補がオペレーション・ワープ・スピードを通じて、より広範に利用が可能となり、疫病の負担が削減される。このセクションでは、表10－2に詳細に示されているように、いくつかの経済予測を概観し、経済見通しの上振れならびに下振れリスクを議論する。

ブルー・チップ・コンセンサス、議会予算局と
連邦準備公開市場委員会（FOMC）の予測

　民間と公的な予測は、GDPが2020年リセッションから力強くはね返り、戻ることを予示し、2021年の4つの四半期を通して、4％あるいはそれ以上のより高い成長を期待する。それらは、2020年7月の議会予算局の見通し、11月のブルー・チップ・コンセンサス、そして、9月FOMCの見通しによって行われた。ブルー・チップ予測者は、下位10人によって予測された1.7％から上位10人によって予測された5.3％の範囲にあるが、それは、以下に述べる上振れリスクと下振れリスクに関する評価の違いと、追加的な財政・金融政策のサポートの大きさと構成によると思われる。強力な短期の回復の後、すべての予測者は、長期の成長率は次第に年間約2％の平均の範囲に戻るであろうと予測するが、議会予算局は、2025年に第二の成長率のピークを予測し、その後は徐々に低下し、長期の平均に到達するという。

　連邦準備は、消費者物価指数の上昇が目標値近くに止まることを予測するが、利子率は、この十年の後半に至るまで、長期のレベル以下に止まる

表10—2 経済予測, 2019～31年

| 年 | 変化率（第4四半期比） | | | | | | | | | | | 水準（暦年） | | | | | | | | |
| | 実質GDP（連鎖型） | | | | | 名目GDP | | GDP物価指数（連鎖型） | | 消費者物価指数 | | 失業率（%） | | | | | 金利, 91日物財務省証券（%） | | 金利, 10年物財務省証券（%） | |
	CBO	ブルーチップ* 上位	コンセンサス	下位	FOMC	CBO	BC*	CBO	BC*	CBO	BC*	CBO	ブルーチップ 上位	コンセンサス	下位	FOMC	CBO	BC	CBO	BC
2019年（実際）	2.3	2.3	2.3	2.3	2.3	4.0	4.0	1.6	1.6	2.0	2.0	3.7	3.7	3.7	3.7	3.5	2.1	2.1	2.1	2.1
2020	-5.9	-2.0	-2.6	-3.3	-3.7	-5.7	-1.4	0.2	1.2	0.4	1.2	10.6	8.2	8.1	8.0	7.6	0.4	0.3	0.9	0.9
2021	4.8	6.0	3.6	1.5	4.0	6.2	5.5	1.3	1.8	1.6	2.0	8.4	6.7	6.1	5.5	5.5	0.2	0.1	0.9	1.1
2022	2.2	3.8	2.9	2.1	3.0	4.1	4.8	1.8	2.0	2.0	2.2	7.1	6.4	5.5	4.6	4.6	0.2	0.4	1.1	1.4
2023	2.1	2.9	2.3	1.9	2.5	4.1	4.4	1.9	2.1	2.2	2.2	6.5	5.5	4.8	4.1	4	0.2	0.6	1.4	1.7
2024	2.3	2.4	2.1	1.7	1.9	4.4	4.2	2.1	2.1	2.3	2.2	6.0	5.1	4.5	3.9	4.1	0.2	0.9	1.6	2.0
2025	2.4	2.3	2.0	1.6	1.9	4.5	4.1	2.1	2.1	2.2	2.2	5.6	4.9	4.3	3.8	4.1	0.2	1.1	1.9	2.2
2026	2.3	2.2	2.0	1.7	1.9	4.4	4.0	2.1	2.1	2.2	2.2	5.2	4.9	4.4	3.8	4.1	0.3	1.3	2.2	2.3
2027	2.3	2.2	1.9	1.7	1.9	4.4	4.1	2.0	2.1	2.2	2.2	4.8	4.7	4.3	3.9	4.1	0.6	1.7	2.6	2.5
2028	2.0	2.2	1.9	1.7	1.9	4.1	4.1	2.0	2.1	2.2	2.2	4.5	4.7	4.3	3.9	4.1	1.1	1.7	2.8	2.5
2029	1.8	2.2	1.9	1.7	1.9	3.9	4.1	2.0	2.1	2.2	2.2	4.4	4.7	4.3	3.9	4.1	1.6	1.7	3.0	2.5
2030	1.8	2.2	1.9	1.7	1.9	3.8	4.1	2.0	2.1	2.2	2.2	4.4	4.7	4.3	3.9	4.1	2.1	1.7	3.2	2.5
2031		2.2	1.9	1.7	1.9	4.1	4.1	2.0	2.1	2.2	2.2		4.7	4.3	3.9	4.1		1.7		2.5

注：データが入手可能な国が示されている。
出所：Congressional Budget Office; Blue Chip Economic Indicators; Federal Reserve Board.

表 10—3 政策を含む経済予測、2019～31年

年	変化率（第4四半期比）				失業率（%）	水準（暦年）	
	名目GDP	実質GDP（連鎖型）	GDP物価指数（連鎖型）	消費者物価指数		金利、91日物財務省証券（%）	金利、10年物財務省証券（%）
2019年（実際）	4.0	2.3	1.6	2.0	3.7	2.1	2.1
2020	-1.0	-2.2	1.3	1.1	8.1	0.4	0.9
2021	7.4	5.3	2.0	2.3	5.2	0.1	0.8
2022	6.0	3.9	2.0	2.3	4.3	0.1	1.0
2023	5.4	3.3	2.0	2.3	4.1	0.1	1.2
2024	5.1	3.0	2.0	2.3	4.0	0.1	1.5
2025	5.0	2.9	2.0	2.3	4.0	0.1	1.7
2026	4.9	2.8	2.0	2.3	4.0	0.2	2.0
2027	4.9	2.8	2.0	2.3	4.0	0.5	2.2
2028	4.9	2.8	2.0	2.3	4.0	0.9	2.4
2029	4.9	2.8	2.0	2.3	4.0	1.3	2.6
2030	4.9	2.8	2.0	2.3	4.0	1.7	2.7
2031	4.9	2.8	2.0	2.3	4.0	2.1	2.8

注：予測は、2020年11月6日時点で利用可能なデータに基づいている。91日物財務省証券の金利は、流通市場割引率に基づいている。GDP＝国内総生産。
出所：Bureau of Economic Analysis; Bureau of Labor Statistics; Department of the Treasury; Office of Management and Budget; Council of Economic Advisers.

と予測する。2020年8月、FOMCは、平均で2%のインフレ率を目標とし、インフレが2%に達することに失敗する時、それを償うために2%より高いインフレの時期を認めるであろう。その結果、FOMCは、それ以前のインフレ率が2%以下を続けるならば、インフレを緩やかに2%以上に持っていくことを目標とするかもしれない。この政策変更が意味するのは、2015年から2019年において行ったような利子率の上昇とともに企図されたインフレ圧力を先取りするということではない。この変更は、FOMCが彼らの以前の政策スタンスに対して利子率を上げると考える前に、労働市場を強化する余地を与えることになるであろう。

失業率は、長期の率が設定される前に、今後の年において下落することが続くよう期待されている。何が長期の率なのか、この推定についてはかなりの差異がある、ブルー・チップの上位10人は平均を4.7%とするが、下位10人はその平均を3.7%とする。これらの推定は、2020年2月に観測された失業率3.5%の上をいくものであるが、それは、連邦準備の目標値を下回る個人消費支出価格指数が1.8%という12カ月変化と符合するものである。以下に議論するように、労働参加率と労働市場の緩みとの相互関係が、失業率、賃金、インフレ圧力への大きな影響を与えるであろう。

経済目標と政策

来るべき年の経済見通しは、この国の経済政策に決定的に依存している。1946年雇用法は、連邦政府が、最大限雇用、生産、購買力という目標を追求することを呼びかけ、そして、この法が、この目標を達成するために大統領をサポートする経済諮問委員会を設置した。これに基づいて、1978年「完全雇用及び均衡成長法」は、複数年にわたって、いくつかのカギとなる経済指標に年間数値目標を立てることを大統領に求め、それと同時に、そのプログラムが行政的にあるいは立法的に実施されるかどうかの蓋然性があるかないかに関わらずに述べられた諸目標を達成すべく政策のプログラムを立てることを大統領に求めた。

表10−3に報告された予測は、10年という連邦予算枠組みの中で、最大限雇用、生産、そし

て購買力を達成するトランプ政権の目標が反映されたものであり、1946年及び78年雇用法の目標と整合性を持つものであり、したがって、わが政権の完全な経済政策アジェンダの効果を含んだものである。この『報告』そして、近年の大統領経済報告の諸版で議論された経済的挑戦を考慮すると、大変大胆な経済予測がなされている。これらの目標を達成するには、わが政権の経済政策の完全な実施が必要とされ、その多くは議会での立法化が必要とされるであろう。

この『報告』の諸章において議論されたように、——また『大統領経済報告』の2018年、2019年そして2020年版〔米国経済白書〕においてと同じように、大胆な経済予測は、政権の経済政策アジェンダが同様に大胆であり続けることを反映する。きわめて近い時期においては、アジェンダには、COVID-19からの経済回復をサポートするさらなる立法の完全なる実施が含まれている。とりわけ、表10−3に報告されている予測は、追加的立法の通過を前提としており、それには、中小企業の雇用をサポートする給与支払い保護プログラムを拡充することを権限づける追加的な立法、拡大された雇用者保持税額控除、再雇用ボーナス、そして、ターゲットを絞った財政支援の一時的拡充が必要であり、これによって、州や地方政府、学校、低中所得家計、失業労働者を抱える家計をサポートするのである。

近い将来、ここで報告された経済的ターゲットはまた、大統領の1.5兆㌦のインフラ提案の、立法化を含むのであって、それについては、2018年の『大統領経済報告』において分析された。それらはまた、2017年「減税及び雇用法」のすべての条項、それらは、現在では存続を調査され消えゆくことになるが、ここでは永続化されている。これらには、際限のない、新設備投資の完全費用化、ほぼ標準的に2倍近くの控除、複数にわたった税区分における個人所得税率の引き下げ、子供税額控除の2倍かあるいは拡大された適格性、そして、中小企業への20%の法人税減税が含まれる。加えて、数によって示されるターゲットは、新中間層への減税の立法化、これについては、この『報告』の第11章において議論さるが、第二の給与所得者へのペナルティーの削除、標準的な控除率のさらなる引き上げ、そして、最も低い個

人所得税区分の所得税負担の削減は、ターゲットの減税がネットでの税増額をもたらさないことを確実にする率と閾値の調整を行って、より高い所得によって相殺される。そのようにデザインされれば、低中所得納税者への税軽減になり、彼らは、最も効果的な限界個人所得税率にかなり直面し、それゆえ、労働参加率をかなり上げ、とりわけそれは、女性と低所得労働者において顕著となるであろう。これは、表10－4に報告されている供給サイドの構成要因において反映される。

経済ターゲットはまた、スキルをベースとした移民改革の立法化を仮定しており、わが政権の包括的な規制撤廃アジェンダの継続、改善された主要貿易相手国との二国間貿易協定、そして、より長期の財政統合がそれであるが、2020年大統領経済報告において議論された。それらはさらに、より高い労働参加率を動機づける追加的な労働市場政策を仮定するが、それには、非現金の福祉プログラムへの身体不自由ではない、働ける年齢の受給者に労働を必要条件とすることを拡大すること、低所得家族に子供のケアの援助を増大させること、そして、米国労働者のための全国会議を通じて、再スキル化プログラムのための援助を増進させることが含まれる。

どのように測定しても、これは、非常に野心的な経済政策アジェンダである。しかしながら、それは、1946年と1978年法の大胆な要求事項を反映している。完全雇用、完全生産、そして、実質所得を上げるという諸目標を可能な限り素早く達成するプログラムを打ち出すことである。これら企画された諸結果を達成することは、それゆえ、2018年、2019年、2020年の『大統領経済報告』の諸版、そしてここで企画された経済政策の完全な範囲の完全な実施に依存しているのである。完全な実施がなければ、ただ単にCEAが、表10－3で報告した数値的目標よりも、近い将来、より低くなるというだけではなく、表10－2に要約されている経済予測の線に沿って、かなり低くなるといえよう。

近い将来の上振れ及び下振れリスク

この『報告』を通して議論されているように、2019年遅くに出現したCOVID-19は、経済見通しの負担となり、近い将来において下振れリスクを作り出し続けている。ウィルスの負担は、高年齢層に最も重く、罹患からの深刻な苦しみを各人が受けているが、それは人口の全体の諸層に拡大している。概観は、長期のCOVID-19による健康への影響によってさらに複雑化しており、それは完全には理解されてはいない。

COVID-19パンデミックは、2020年の経済展開を牛耳ったし、それは、2021年においても続くであろう。近い将来、経済概観への最も大きな下振れリスクは、COVID-19の再来への政策と対応が、今日まで観察された産出と労働市場のかなりの回復を攪乱することである。この理由ゆえに、2020年末、わが政権は、上述した追加的な財政措置への支持を明確にし続けたのであり、オペレーション・ウォープ・スピードのもとでワクチン候補展開の広範な利用可能性への橋渡しをしたのである（Goodspeed and Navaro2020）。

経済活動の上振れリスクには、効果的なワクチンあるいはワクチンが、急速に分配され、人口の大部分に行き渡ることが含まれており、それが、オペレーション・ウォープ・スピードに部分的によるものであるということは、大いにありうる。確かに、複数のワクチン候補が、成功する施行を行ってきており、高い効果を明らかにしている。仮の結果は、予想を大きく超えており、食品及び薬品局からの緊急使用権限（EUA: Emergency Use Authorization）は、ファイザー・バイオNテク・ワクチンを発令してきており、モデルナ・ワクチンは、今年の末までには、EUAによって期待されている。加えて、COVID-19の治療が2020年において改善されてきており、改善され続けることであろうが、それは、ある程度、病気の症状を削減し、罹患者の死亡率を削減する進歩した治療法を行うEUAによるものである。しかしながら、そこには、ウィルスの変異という可能性が潜んでいる、とりわけ、もし、ウィルスが変異の境界を再度越えるならば、感染やワクチンによって作られた免疫システムの対応によって供給された抗体が除去されてしまう。例えば、デンマークでは、そのような結果を避けるため、ミンクの間引きが強制的に実施され、その他の動物の間引きも伴うことであろう。

ワクチンの分配へのかなりの課題も残っている。

表 10—4　実際及び潜在的な実質産出成長率の供給サイド構成要素、1953 ～ 2031 年

構成要素	成長率（% ポイント）				
	1953 年 第 2 四半期 ～ 2019 年 第 4 四半期	1990 年 第 3 四半期 ～ 2001 年 第 1 四半期	2001 年 第 1 四半期 ～ 2007 年 第 4 四半期	2007 年 第 4 四半期 ～ 2019 年 第 4 四半期	2019 年 第 4 四半期 ～ 2031 年 第 4 四半期
1　非軍事非収監人口、16 歳以上	1.3	1.2	1.1	1.0	0.7
2　労働力参加率	0.1	0.1	–0.3	–0.4	–0.2
3　労働力のうち雇用されている割合	0.0	0.1	0.1	0.1	–0.0
4　非農業企業雇用・世帯雇用比率	0.0	0.3	0.4	0.1	0.1
5　平均週労働時間（非農業企業）	–0.2	–0.1	–0.2	–0.1	0.0
6　1 時間当たり産出（生産性、非農業企業）	2.0	2.4	2.5	1.4	2.7
7　実質 GDP・非農業企業産出比率	–0.3	–0.6	–0.2	–0.2	–0.5
8　合計：実際の実質 GDO [a]	3.0	3.5	2.4	1.7	2.7
メモ：					
9　労働者 1 人当たり産出の差：GDO と非農業企業 **	–0.3	–0.3	–0.6	–0.3	–0.4

a　実質 GDO と実質非農業企業産出は、所得面と生産面の計測値の平均として計測されている。

**　労働者 1 人当たり産出（第 9 行）は、経済全体の 1 人当たり産出の伸びと、非農業企業セクターの 1 人当たり産出の伸びの差であり、それはまた、第 4 行＋第 7 行に等しい。

注：すべての寄与要因は年率換算された % ポイントである。予測は 2020 年 11 月 9 日に利用可能なデータに基づいている。合計は四捨五入のために一致しない場合がある。1953: Q2、1990: Q3、2001: Q1、2007: Q4、2019: Q4 はすべて、景気循環のピークである。国内総産出（GDO）は、GDP と国内総所得の平均である。人口、労働力、世帯雇用は、人口統計の不連続に対し調整を施してある。

出所：Bureau of Labor Statistics; Bureau of Economic Analysis; Department of the Treasury; Office of Management and Budget; CEA calculations.

有望な候補ワクチンのいくつかは、効果を保つには輸送上かつ貯蔵上、低温を必要とし、これは、多くの開発途上国とかなりの発達した世界地域における課題を作り出すであろう。ワクチンの安全と有効性に関する誤った情報によって創り出された明白な脅威は、対処される必要があることはいうまでもない。ワクチンを創り出すことは、それを使い彼ら自身とその他の人々を守る十分な比率が保ててこそ有用なのである。

　劇的なパンデミックに関連するショックは、2020 年初頭を通して感じられた。米国の雇用レベルは、2020 年 2 月の記録的な 1 億 5880 万人から 4 月には、1 億 3340 万人に下落した。2 カ月で 2500 万人以上の低下である。大リセッション期と比較すると、その時雇用は、25 カ月で 860 万人の下落であった。しかしながら、4 月以降、多くの一時的に解雇され、レイオフされた労働者たちは呼び戻された。米国企業家精神は課題に直面した、というのは、国勢調査局からの企業形成統計によれば、企業志願者の高い新しい傾向（つまり、給与支払い義務を持つ企業へ転換させたいとする高い見込みを持つ志願者）は、2020

年の47週で、2万9000人であり、（2019年から23%もの増大）であった。これらのポジティブな展開は、4月から11月まで、1630万人雇用を増加させたし、公式の失業統計を14.7%から6.7%に削減した。

　近い将来、これらの傾向は一時的に逆転するリスクがある。上昇のケースは、ロックダウンによる抑制、そして、内発的なソーシャル・ディスタンスの再採用を促進してきたし、そしてそれは、人と人との面談形式の個人消費サービスに対する支出を削減することに導くであろう。仮に感染状況が落ちたとしても、さらなる回復はより遅いペースによってなお特徴づけられるかもしれない。多くの一時的解雇は現在回復されつつあるが、失業の比率レベルは、以前の雇用に戻ることはないであろう。永続的解雇の場合は、より多くの構造的調整と同時に新しい職探しと、それへのマッチングが必要とされるし、失業者の期間が長引けば、よりいっそう復帰が難しくなる。例えば、かなりの労働者は、消費者の選好の絶え間ない変化に対応すべく開発された新しい産業への再訓練が必要とされるかもしれない。

　ハルとクドゥルヤック（Hall and Kudlyak 2020）は、リセッションからの労働市場の回復は、失業率の年0.55%ほどの削減を、大まかにいって継続的に測定されてきたことを観察する。労働市場が一時的解雇者を再雇用し、永続的解雇者の再配置を始めるにつれ、回復率は、この比率に向かって収斂するようである。しかしながら、産出を見れば、ボルドーとハウブリッヒ（Bordo and Haubrich 2017）は、回復の大きさは、典型的には、強力に前の収縮の大きさと相関関係にあり、大リセッション後の回復は、過去140年の顕著な例外をなしている。長期の失業がスキルを劣化させ可能性として永続的な所得喪失を経験するから、（Hamermesh 1989; Ruhm 1991）、多くの人々をできるだけ早く再雇用することが、労働市場を絶え間なく傷つけることを最小化する。解雇が継続するかもしれない1つの分野は州と地方政府であり、そこでは2020年の削減された収入を見てきた。

　もう1つの部分的回復を示している変化は、労働参加率である。12カ月移動平均参加率は、2020年2月には63.1%へ上昇していたが、そ

れは、2916年1月の62.6%のどん底からの回復である。近年、米国労働市場はベイビー・ブーム世代の引退から人口動態的に逆風に直面してきたが、働き盛り労働者の労働参加率の1.9%ほどの上昇をパンデミック直前に経験していた。2月においてさえ、参加率は、2000年初頭のピーク67.3%ほどより（4.2%ほど）低かったが、働き盛り年齢労働者にとっては、たった1%ほど低いものに過ぎなかった。

　パンデミック中、参加率は3.2%下落したが、引き続く回復過程では1.5%ほど上昇した。さらなる回復は、もしパンデミックの継続が、退職近い人々の早期退職を促進し、個人が学校に遅れたり、労働力参加に後れたりすれば、危なくされうる。しかしながらもし、個人が、退職時のより多くの貯蓄の蓄積を望み、人生の後半に働くことを選び、もし、より高い女性参加率が、以前の彼女らに比較して働き盛りの年齢において、さらに上昇すれば、そして、もし、労働現場が、リモート・ワークを含めて、物理的に受け入れやすい職業にさらに大きな利便性を提供できれば、参加率のよりいっそうの上昇が起こる可能性は大いにある。追加的な上振れリスクは、パンデミックが誘引したかなりのテレワーキングへの投資が、それがなければ子育てに専念しなければならない制約に直面したかもしれない個人の労働参加を促進するということである。同様に、働きの非集中化が、より可能性のある制限の少ない分野へ個人を移動させる原因となるかもしれないということであり、それは、田舎のような生活費のより安い分野における経済活動を促進するかもしれず、それゆえに家族の金融状況を改善する。

　タイトな労働市場は、労働者に恩恵をもたらし、高い賃金と失業の短期間をもたらす。たるんだ労働市場は、逆のことが起こり、より遅い回復から米国労働者にかなりの下振れリスクをもたらすであろうし、より速い回復からは上振れリスクをもたらすことであろう。パンデミックに対応する追加的な財政支援のための大統領の経済政策目標を実施するという米国議会における合意の欠如は、とりわけその財政支援は、雇用主と雇用者との組み合わせと組織的資本を維持することを手助けする給与保護プログラムの追加ラウンドの形を取るのであるが、それゆえに近い将来においてかなり

の下振れリスクとなる。

関連して、わが政権の近時の法的優先事項に対する議会のサポートがなければ、多くの企業に破産に危機が訪れるのであり、とりわけ、中小規模の企業がロックダウン制限の再来による逆風をもろに受けることになるからである。損失がパンデミックの結果発生し、関連するロックダウンが現実となれば、デフォールトと破産が商業信用市場の担保資産を損傷させることは些細なことではなく、それゆえ、これら資産によって担保された証券の格下げを引き起こし、バーナンキ（Bernake 1983）が議論したタイプの広範な信用連鎖の切断危機が高まることになるであろう。CARES法によって導入された税法改正は、企業税資産の処理を修正することによってこのリスクを緩和することを目的とし、とりわけそれは、2018年、19年、20年の経営純損失（NOLs: net operating losses）を5年間繰り戻すことを導入し、課税所得の80%というNOL限度の法的執行を差し止め、そして、パス・スルー企業所有者に2018年、19年、20年のそれまでの限度を超す非企業所得を差し引くためにNOLsを使用することを許可する。これらの修正は、企業に損失を、時間をかけて振り分けることを許すことによって、2020年の企業のキャッシュ・フローへの逆行するショックを緩和させることを目指したものである。

しかしながら、国際的には、海外の深刻かつ長引くロックダウン制限によって生み出された破産問題が、財政的に弱体化した自立した政府に新たな緊張を作り出すリスクがあり、それが、新興市場とヨーロッパに顕著なのである。その緊張は、大リセッション後に現れた公債不安の再演のリスクを高めることになるであろう。

長期の上振れ及び下振れリスク

成長の長期見通しの決定的な変化要因は、労働力の生産性である。この分野は、大リセッション後の経済の経験をベースにして、別に見通したものをしのぐ、成長のかなりの上振れリスクを持っている。

生産性とは、与えられたインプットの量からどのくらいの経済産出が生み出されるかを測るものである。表10-4に示されているように、1953年第2四半期と2019年第4四半期の間は、時間当たり産出は、平均して年率2%成長であった。対照的に、2007年第4四半期と2019年第4四半期の間は、年率生産性成長はたった1.32%であった。2017年「減税及び雇用法」（TCJA: Tax Cuts and Jobs Act）の通過後、2017年第4四半期と2019年第4四半期の間は、生産性成長は、平均年率1.52%であった。この率の上昇の改善は、2018-19年において観察されたように、所得配分を通して実質所得を上昇させるという諸目標に合致させるためには、決定的に重要である。この『報告』の第11章では、この結果を達成させるためのいくつかの可能な処方箋を議論するが、それは、労働力として学生をより良く備えさせるための高度な教育機関の動機づけ、移民改革、そして、インフラ投資なのであるが、同時に、現在立法的に消滅させられるTCJAのいくつかの条項を永続化させることも含まれる。

上述のように、人口動態的シフトは、米国労働市場における供給サイドのあり得るべき事態への課題を構成し続けている。過去10年の間、65歳以上の人口は、3分の1を超える（34.2%あるいは1378万7044人）までに増大した。ベイビー・ブーム世代の第1コーホートは、2011年で65歳になり、最後のコーホートは、2029年で65歳になる。これらの人口動態的シフトは、過去10年間にわたって総労働参加率の下方圧力を生み出し続けてきたが、次の10年にわたっても下方圧力を生み出し続けるであろう。これらの人々が、早期退職するのか、労働市場に参加し続けるのかは、次の10年にわたる経済軌道への主要なインパクトとなるであろう。この『報告』の第11章において叙述されるような諸政策は、参加率に積極的影響を与えることができ、人口動態的制約を緩和することができる。『大統領経済報告』の2019年版、2020年版において、議論されたように、TCJAにおける限界個人所得税率削減の永続化は、また退職あるいは退職近い年齢の労働者の継続する参加率を鼓舞することができ、これらの人々は、理論的かつ実証的調査が示しているところによれば、限界個人所得税率の変化により積極的に対応するということである。

COVID-19パンデミックは、長期の成長への上振れリスクと下振れリスクに導く米国のヘルスケ

ア制度の欠陥を明るみに出す。パンデミックが劇的に明らかにし続けてきたように、健康的でない個人は、病気にかかった時深刻な状況となることがより多く、結果として高い死亡率に直面する。

米国における特定の人口階層の平均余命は、パンデミック前でも下落したが、それは、多くが薬物の過剰摂取（とりわけ、麻薬からの）、自殺、そして肝臓病の結果なのであって、最近の研究が教えるところだと、2000年に永続的な貿易関係を確立した後の中国からの増大する輸入競争にさらされた解雇の影響に関連しているかもしれない（Pierce and Schott 2020）。これらかく乱要因の隠された理由に対処することで、社会的繋がりの喪失、精神的健康悪化、貧しい食事と運動を成功裏に逆転させ、上振れリスクに持っていくことができる。しかし、より病気がちになり死に至ることからくる生産性と労働参加率の下落を伴う、事態がより悪化するというより悪いリスクもある。

また、パンデミックが誘引するヘルスケア研究への投資、新治療法とワクチンの急速な摂取という上方への潜在的可能性もあるが、同時に、選択とアクセスを増加させるための規制撤廃活動は、将来のより良い健康に導くことができるであろう。規制撤廃行動の例として、テレ健康サービスの拡大するアクセスが治療の範囲を広げ、よりさらなるmRNAをベースとした介入を増進させた。個人による看護はまた、インフルエンザの季節における、より大きな注意深い個人措置に結果し、固有の疫病の年間負担を削減することになる。さらなる長期のリスクは、パンデミックとそれに関連したロックダウンが長期にわたって経済的傷を生みだし、経済的不平等の問題を増幅させるということである。しかしながら、――2009-16年の拡大の下で、強力な逆転傾向にあるとはいえ、人種間の賃金、所得、そして資産不平等は、パンデミック直前の3年間で下落の傾向にあるが、極端なロックダウン制限による後退、結果としての失業、そして人的資本獲得への攪乱は、将来の経済的不平を悪化させるかもしれない。CARES法が近時において所得不平等を緩和させたとはいえ、長期には、学校閉鎖、遠隔学習への絶望的なアクセス、面と向かった訓練とスキル獲得の欠如が、長期に複合され人的資本への負担を誘導し、末端のスキルや所得分配にとりわけ悪い影響を与える

かもしれない。将来の供給サイドの潜在的可能性を押しつぶす長期にわたる傷はまた、インフレ期待が解き放たれたら金融政策の課題をより複雑にするかもしれない（Kozlowski, Veldkamp, and Venkatewaran 2020）。

最後に、長期間にわたる活発な成長を確実にするためには、米国は、また、その増大する負の負担に対処しなければならない。借金による投資への構造的かつ税制上のインセンティブは、非金融会社の負債の急増を創り出したが、その額2010年末の6兆1000億ドルから2020年には11兆ドルに膨れ上がった。TCJAは、資本配分メカニズムにおけるいくつかの改善を成文化したが、それには、負債の利子払いの税控除に制限を課すこと、改善された生産性成長に導びき上振れリスクを突如引き起こすことが含まれていることであろう。パンデミックによるより低い金利は、予算期間中の多くにおいてかなり上昇することは考えにくく、それは、借金に依存する企業活動へインセンティブを与え続けるかもしれない。個人の負債負担もまた1つの懸念材料であるが、とりわけ、高等教育へ使われたローンである。2003年以来、インフレ調整済み学生ローン残高は、ほぼすべての州で2倍以上に膨れ上がっており、東南部においてはほぼ4倍近くになり、学生ローン破産率が、相当増大している（Hedlund 2019）。この負債負担は、職業選択を抑制し、結婚と持ち家の見込みを削減し、破産のリスクを増大させることがわかっている（Rothstein and Rouse 2011; Gicheva 2016; Mezza et al. 2020; Gicheva and Thompson 2015）。高等教育機関に入学することを延期した学生が戻ることを決意するとして、高等教育が高価な装置を示すだけなのか、それともスキルを形成するための機関として働くのかの問題は、かなりの上振れリスクと下振れリスクを持つということになる。

結 論

　過去 12 カ月の事態は、米国経済にとって、か
つてない歴史的な年を創り出した。第 2 四半期
の記録的な GDP と雇用の落ち込みは、第 3 四半
期のこれら 2 つの経済指標の記録的な上昇によっ
てフォローされた。インフレ、住宅市場、そして
金融とエネルギー市場もまた影響を受けたが、産
出と労働市場よりは、いくぶん影響は軽かった。
強力な補正的な成長が 2021 年に期待されてい
る。しかしながら、GDP 予測と労働参加の回復
の遅いペースは、これら問題の多くが少なくとも
2021 年を通して持続するであろう。

　今日まで経済的回復のこれまでにないペースが
観察されたが、短期―長期の両方の予測にリスク
が残る。短期では、とりわけ、ウィルスの再来
に直面した場合、わが政権は、オペレーション・
ウォープ・スピードを通したワクチンの広範な利
用可能性が経済活動の通常なレベルの回復をもた
らすまで、雇用主と雇用者の関係維持をサポート
するため、さらなる財政支援が必要なことを認識
している。より長期な期間にわたっては、2017
年、2018 年、そしてとりわけ 2019 年の今までに
ない記録的な経済的前進の上に立ち、国内の資
本形成にインセンティブを与え、労働参加を上昇
させ続ける経済政策プログラムは、パンデミック
前夜に支配的であった経済状態に急速に戻るこ
とを確実にするために重要であろう。この『報
告』を通して議論したように、このプログラムは、
TCJA の条項の拡張のみに限られているわけでは
なく、インフラ投資、より低所得の労働者への高
率の限界所得税率の削減、さらなる規制改革、そ
して、さらに改良された貿易協定の継続を含む
のである。そのようなプログラムは、2017 年か
ら 19 年にかけて、今までにないタイトな労働市
場と広範な実質所得上昇の手段であったのであり、
2009 年から 2016 年の戦後米国史上最もひ弱な
経済回復の後に続くものであったのである。

第11章
不朽の繁栄を確保する諸政策

本『大統領経済報告』〔『米国経済白書』〕は、COVID-19 パンデミックによる前例のない健康上、経済上のショックを分析し、わが国に対する影響を緩和する画期的な政策対応を分析する。米国は、この危機からの脱却に向けて前進している。しかし、わが国は引き続き歴史的規模の悪影響と対決している。この最終章の目的は、COVID-19 パンデミックによって浮き彫りにされた一連の政策領域を振り返り、米国経済が直面している進行中の課題に対処するための改革案を分析することである。この予備的な節でこれらの領域を紹介してから、章全体でそれらを詳細に説明する。

*労働力とのつながりを強化する。*COVID-19 の初期の影響以降、米国労働市場の回復は前例のないものであり、失業率は7カ月間に8％ポイント低下した。しかし、労働力とのつながりが以前から弱い労働者は、回復が遅い。本章では、税法が労働力との永続的つながりを阻害する2つの重要な点を説明する。家族における非主要な稼ぎ手と、さまざまな連邦支援プログラムを渡り歩く低所得の稼ぎ手に対する実効税率が高いことである。

*仕事と家族のバランスを支援する。*最近の経済活動の抑圧は、家族に特別な課題を突きつけている。学校が閉鎖された子供の親は、仕事中に預けられる保育を確保するという課題に直面した。病気のため、あるいは、病気の家族の世話をするために休暇が必要な親は、仕事と家族の責任に関する難しい意思決定に直面した。この章では、平時でも、親が利用できる有給休暇と保育の欠如が、社会にさらに広範な悪影響をもたらす可能性があ

ること、またこの課題にどのように対処できるかについて説明する。

*21世紀の課題に対処するために国際協調を高める。*病気の伝播とある国におけるサプライ・チェーンの混乱が他国に大きな影響を及ぼすことを考えると、COVID-19 の健康上、経済上の帰結は国境を越えている。本章では、いかにして米国と他国との間の強力な互恵的貿易関係が、米国の消費者の外国製品へのアクセスと米国の生産者のグローバル・サプライ・チェーンへのアクセスを維持し、他方、米国の起業家に経済的利益を保護する公平な競争条件を確保するかについて説明する。

*より効果的な医療制度を創出する。*COVID-19 は、公衆衛生上の危機を引き起こし、米国医療制度に負担をもたらした。本章では、コストを非効率に押し上げ、質の高い医療へのアクセスを低下させるメカニズムを振り返る。これらには、医療専門家の供給の制約、残高請求に固有の情報問題、一部の医療サービスについてのメディケア価格と競争価格の断絶が含まれる。

*インフラ改善を通じてダイナミックな経済を構築する。*パンデミックに対応した経済活動と生産要素の潜在的再配分への継続的調整には、強力で用途の広いインフラが必要である。連邦政府は、米国の産業の生産性を高めるために投資に狙いを定めることができる。本章では、インフラの改善を妨げる構造的要因と、それらを解決するメカニズムについて説明する。

より高スキルで回復力ある労働力を生み出す。

産出の一時的抑圧と消費者選好の変化が、一部の企業及び産業を弱体化させ他のものを強化する可能性があるため、COVID-19 は、米国経済に大規模な再配分ショックをもたらしている。高度なスキルを持つ労働者は、これらの新しい機会を活用するためだけでなく、それらを生み出すために必要とされるであろう。本章では、高スキル労働力を拡大する 2 つの方法を説明する。透明かつ能力主義の移民制度への移行と、高等教育機関に通うアメリカ人の人的資本形成の改善である。本章

はまた、歴史的黒人大学の成功を浮き彫りにする。

これまで概要を述べてきて以下で詳細に説明するように、米国経済は、COVID-19 により悪化させられただけでなく、パンデミック以後の将来にも尾を引く課題に直面している。これらの課題に対処することは、米国経済がパンデミック以前の繁栄水準を回復するだけでなく、すべてのアメリカ人に利益をもたらすよりダイナミックで回復力ある経済を構築することを確保するであろう。

労働力とのつながりを強化する

COVID-19 パンデミックとその後の経済ショックは、働き盛り世代の労働力参加率を 3.2％ポイント低下させ、過去 3 年間の予期せぬ上昇を消し去り、2020 年 4 月に 1980 年代初頭以来の最低値に達し、その後部分的に回復した。労働参加率を上昇させるには、労働参入と職務能力の向上を不釣り合いに妨げる連邦税法の要因に対処する措置が必要である。本節では、連邦政府政策の変更が労働参加に対する障壁を撤廃することができる 2 つの分野を特定する。合わせると、これらの税制改革は、重大な中間層減税を構成するであろう。

1960 年代初頭から世紀の変わり目まで、米国は、55％から約 65％まで——就労している非軍人・非収容人口の割合を計測する——雇用・人口比率の持続的かつ顕著な上昇を経験した。この趨勢は、女性の参加によって推進されたもので、女性の多くは共稼ぎ世帯に暮らしていた。しかし、過去 20 年にわたり、この趨勢は、2 回のリセッション——2001 年と 2008 ～ 09 年——とその後の回復の遅さ、人口高齢化によって損なわれてきた。24 歳から 54 歳の働き盛り世代の労働力でも、雇用・人口比率は、2000 年の 80％を超えるピークから、大リセッションの直後にわずか 75％まで低下した。COVID-19 ショックの到来前に存在した歴史的に力強い労働市場の状況下で、2019 年までに米国経済は 2000 年代のピーク近くまで復帰した。図 11 － 1 はこれらのダイナミクスを要約している。

エイブラハムとカーニー（Abraham and Kearney 2020）は、1999 年から 2018 年にかけて、雇用・人口比率の停滞及び低下の背後にあったいくつかの要因について論じた。これらには、中国からの輸入競争、オートメーション、障害保険プログラム、育児費用、労働供給において（とくに男性間で）働いていないという汚名を軽減する社会的規範の変化が含まれる。

これらの要因に加えて、連邦政府の所得税法は、2 人目の稼ぎ手が夫婦合算課税という制度によって罰せられるという点と、低所得の稼ぎ手が直面する連邦税及び州税の総合実効限界税率が高いという点のために、労働力の増加に対する重大な障害となっている。2017 年「減税及び雇用法」は、標準控除額をほぼ 2 倍にすることにより投資への障害を減らし、より多くの低所得者を連邦所得税債務から脱出させた一方、これら 2 つのグループにおける多くの申告者は、現行税法下の高い実効限界税率に引き続き直面する。本節では、家族税の悪影響と、多くの低所得の稼ぎ手が直面する高い実効限界税率の原因を説明する（税額控除と税控除の段階的廃止とともに連邦税及び州税を考慮した場合、アルティヒ（Altig et al. 2020）によって 70％もの高率になると推計されている）。本節では、2 人目の稼ぎ手と低所得の稼ぎ手による労働市場参加を刺激することにより経済成長に拍車をかける可能性のある税制改革の概要についても説明する。

図11−1　雇用・人口比率、1960〜2020年

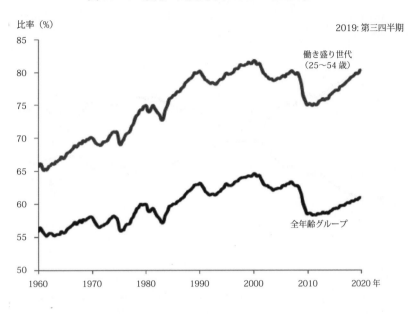

出所：Bureau of Labor Statistics; FRED (2020).

　共稼ぎ夫婦

　夫婦の間で、共稼ぎは戦後着実に増加した（図11−2）。この趨勢は、共稼ぎ夫婦の重要性が増していることを示しているが、しかし、1990年代以降その増加は停滞していることも示している。スウェーデンのように、片働き世帯と共稼ぎ世帯を区別していない国でも、女性労働参加率はこの時期に停滞したが、高水準にとどまった。グンナーら（Guner, Kaygusuz, and Ventura 2012a）によると、スウェーデンにおける既婚女性の労働参加率は、米国よりも約15％ポイント高かった。スウェーデンにおける労働所得に対する全体的な税負担は相当高いものの、配偶者の稼得にペナルティーを科すのではなく、自らの所得に基づいて個人に課税する個別課税制度は、2人目の稼ぎ手──共稼ぎ夫婦の稼ぎが少ない方の者──の限界税率を著しく低下させる。ビックとファックス＝シュンデルン（Bick and Fuchs-Schundeln 2017）によると、一部のケースで、スウェーデンにおける2人目の稼ぎ手の限界税率は、米国よりも約10％低い。

　1948年以前、米国は個人レベルで所得税を課していた。もっともコミュニティー財産法を持つ州に住むカップルは、各配偶者が世帯所得の半分を稼いだかのように課税されていた。税制がはるかに累進的になったので、裕福な夫が上位税率区分の重い課税を回避するために所得移転をするのではないかとの疑念が生じ始めた。その資産の一部を妻（一般的に所得がより低い）に譲渡することにより、譲渡された資産所得は低い税率区分で課税されるかもしれない。夫婦合算課税への移行は、税金を申告する時に夫婦がその所得を合計することを意味した。この切り替えにより、2番目の稼ぎ手の最初の1㌦は1番目の稼ぎ手が獲得した最後の1㌦の限界税率で実効的に課税されるので、2番目の稼ぎ手の限界税率は大きく上昇した。2008年の調査が示すところによると、職場で女性が幅広く受け入れられる前に発効したにもかかわらず、この切り替えにより、この法律によって最も影響を受けそうな女性の間で、戦後の既婚女

図 11－2　夫婦合算申告者の分布、1962～2019 年

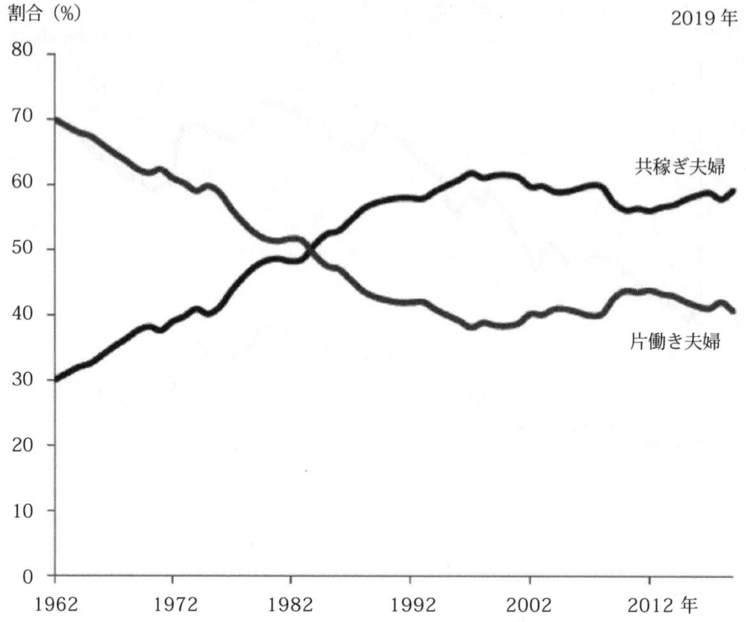

出所：Current Population Survey.

性労働参加率は 2%ﾎﾟ抑制されたという（LaLumia
2008）。個人課税から夫婦合算課税への移行が規
範の転換後に生じていた場合、その影響は相当大
きくなった可能性がある。

婚姻ペナルティーと 2 番目の稼ぎ手ペナルティー

　2 番目の稼ぎ手ペナルティーは、より頻繁に議
論される婚姻ペナルティーと次の点で異なってい
る。つまり、2 番目の稼ぎ手ペナルティーは、限
界課税と夫婦内の就労インセンティブの限界を扱
うのに対し、婚姻ペナルティーは、結婚する前と
結婚した後に夫婦が直面する総課税負担の変化
に関連している。例えば、2017 年 TCJA 以前の
2016 年、税率が 25% から 28% に引き上げられた
のは、単身者の場合 9 万 1150ﾄﾞﾙであったが、夫
婦の場合 15 万 1900ﾄﾞﾙであった。したがって、交
際中の 2 人の個人がそれぞれ 9 万ﾄﾞﾙの課税所得を
持っていた場合、彼らはそれぞれ結婚以前には
25% の税率区分に分類されるが、合計で 18 万ﾄﾞﾙ
の課税所得があるため、結婚後は 28% の税率区

分に十分に該当する。その結果、彼らは結婚前に
交際中の個人として直面したよりも、既婚夫婦と
しての合計税額は多くなる（既婚夫婦のそれぞれ
の新たな税率区分は、単身者の所得水準の 2 倍
未満の所得水準から始まるためである）。他のケー
スでは、夫婦合算申告での税負担が、未婚の個人
として 2 つの別々の申告をした時の合計税負担よ
りも少ない場合、夫婦は結婚ボーナスを得られる。
財務省課税分析室（Office of Tax Analysis）の推
計によると、TCJA 以前には、非高齢既婚課税申
告者の約 40% が結婚ペナルティーに直面した一
方、51% が結婚ボーナスを享受した。TCJA は、
夫婦合算申告者の標準控除額の規模と税率区分域
値の場所を単身者の 2 倍になるようにすることに
より、大多数の既婚夫婦のこの税制ペナルティー
を大幅に削減した。

　対照的に、2 番目の稼ぎ手ペナルティーは、累
進課税制度の下で、夫婦合算申告が単身者として
税を申告する場合よりも 2 番目の稼ぎ手に高い税
率を課すという事実を指している。図 11－3 と
図 11－4 は、現行法に基づいて、単身申告者と、

図11-3　単身者及び2番目の稼ぎ手（子供なし）の税引前賃金に対する平均税率、2020年

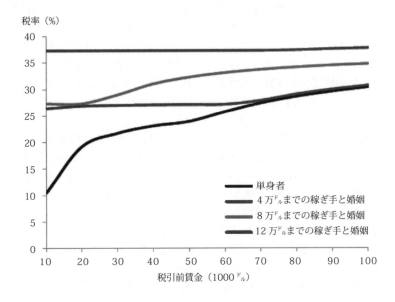

税率（%）

単身者
4万^{ドル}までの稼ぎ手と婚姻
8万^{ドル}までの稼ぎ手と婚姻
12万^{ドル}までの稼ぎ手と婚姻

税引前賃金（1000^{ドル}）

出所：National Bureau of Economic Research TAXSIM; CEA calculations.

図11-4　単身者及び2番目の稼ぎ手（子供あり）の税引前賃金に対する平均税率、2020年

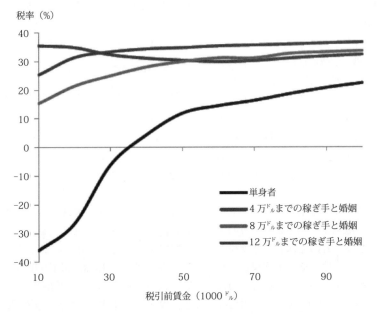

税率（%）

単身者
4万^{ドル}までの稼ぎ手と婚姻
8万^{ドル}までの稼ぎ手と婚姻
12万^{ドル}までの稼ぎ手と婚姻

税引前賃金（1000^{ドル}）

出所：National Bureau of Economic Research TAXSIM; CEA calculations.

子供がいない場合といる場合の2番目の稼ぎ手が直面する平均合計所得と給与税率を描いたものである。単身申告者は、10％近くから始まる平均税率——合計税債務を総所得で割ったものと定義される——に直面する。しかし、もしその人が4万㌦稼ぐ人と結婚した場合、その人の2番目の稼ぎ手の平均税率——2番目の稼ぎ手の就労意思決定から夫婦合算世帯が直面する追加課税を、2番目の稼ぎ手の所得で割ったもの——は、25％超から始まる。単身申告者が12万㌦稼いでいる人と結婚した場合、その人は40％近くから始まる2番目の稼ぎ手の平均税率の対象となり、州の所得税がこの税率をさらに押し上げる。以下で説明するように、これは、政府援助プログラムを考慮していない。それは、政府プログラムの段階的廃止範囲にある人々に高い実効税率を課す。

図11－4によると、2番目の稼ぎ手ペナルティーが、勤労所得税額控除（EITC; Earned Income Tax Credit）など税法における資力調査条項のため、子供を持つ人々にとっていっそう厳しくなっている。EITCとは、低所得世帯、とくに子供のいる低所得世帯の賃金を補助する還付型税額控除である。段階的拡大領域においては、EITCは所得とともに徐々に拡大し、最終的に水平化し、それから世帯所得が引き続き増加するにつれて段階的廃止となる。それゆえEITCの設計は労働参加の動機をもたらすものである。3万5000㌦未満の単身申告者に対する正味の結果は、マイナスの合計税債務であり、平均税率は–30％弱である（つまり、他の政府支援プログラムを含めないで、30％以上の補助率である）。しかし、単身申告者が4万㌦を稼ぐ人と結婚した場合、その合算所得により、2番目の所得者をより高い税率区分に押し上げることに加えて、EITCが縮小する——結果的に平均税率は約35％になり、低所得の2番目の稼ぎ手にとって約70％㌽の増加である。

所得税法の合算性は、片働き家族に向かう偏りをもたらし、彼らに特化するよう促し、一方の配偶者が市場で働き、もう一方の配偶者が非課税の家事生産に従事する。これは、そのような歪んだ税制がなければ、個々の家族や全体的な労働力にとって最適配分ではないかもしれない。例えば、2人とも自宅外で働きたいと思うかもしれないが、

その税制ペナルティーはそうすることを阻害する。ペナルティーの大きさはさまざまであるが——税率構造が急であるほど、2番目の稼ぎ手ペナルティーは大きくなる——、2番目の稼ぎ手ペナルティーの存在は、夫婦合算申告制度を備えた累進所得税には付き物である。このため、限界税率を引き下げた米国における過去の税制改革は、2番目の稼ぎ手ペナルティーを軽減したけれども根絶はしなかった。

例えば、1981年と1986年の税制改革は、最高限界税率を70％から31％に引き下げ、課税ベースを拡大するために抜け穴を塞いだもので、ケイゲシス（Kaygusuz 2010）によれば、1980年代に既婚女性の労働参加率の13％㌽上昇うち、少なくとも5分の1から4分の1をもたらした。この推計は、税制改正の直接的影響だけに基づいているが、高賃金に対する減税の貢献を考慮に入れると、その影響ははるかに大きくなった可能性がある。この同じ研究は、62％から64％への労働参加率上昇の原因を、1980年代の女性の賃金上昇に求めている。ブロンソンとマゾッコ（Bronson and Mazzocco 2018）もまた、レーガン政権とジョージ・W・ブッシュ政権の減税の主な影響は、既婚女性の労働力参加を増やすことであったと結論づけている。マルコフ（Malkov 2020）によると、1986年、2001年、2003年の税制改革とともに、2017年 TCJAは、限界税率表を全体的に引き下げたため、既婚夫婦の厚生増加を生み出し、2番目の稼ぎ手ペナルティーを削減した。

2番目の稼ぎ手ペナルティーを軽減し労働供給を加速させる諸改革

2番目の稼ぎ手ペナルティーをなくすには方法が2つある。累進性を減らすか——わが政権は推奨しない——、あるいは、個別課税に移行するかである。グンナーら（Guner, Kaygusuz, and Ventura 2012a）によると、比例所得税への移行により、経済産出、厚生、女性労働供給（女性は2番目の稼ぎ手である可能性が高いため）が大幅に上昇する。しかし、ビックとファックス=シュンデルン（Bick and Fuchs-Schundeln 2017）は、2人の稼ぎ手の労働所得を合算して課税すると、税法の累進性よりも女性労働供給を大きく阻害すると指摘している。彼らはまた、夫婦合算課

252

税制度ではなく個別課税制度に完全に移行すること——つまり、現在の単身、世帯主、夫婦合算申告のステータスを、刷新した控除及び税率区分制度を持つ1つの個人ステータスに置き換えること——は、女性労働供給を7.8%加速させることを明らかにした。グンナーら（Guner, Kaygusuz, and Ventura 2012b）によると、夫婦合算申告から2人目の稼ぎ手ペナルティーをなくした個人課税への移行に応じて、既婚女性の労働供給は10.4%、子供を持つ既婚女性の労働供給は18.1%増加する。同様に、ボレッラら（Borella, De Nardi, and Yang 2019a, 2019b）の推計によると、合算課税からの完全移行は、既婚女性の労働参加率を、35歳未満については20%゙゙上昇させる。これらの数字は高いが、クロスリーとジョン（Crossley and Jeon 2007）が示すところによると、特定の既婚女性の限界税率を引き下げるように1988年に税法を改革した時、そのグループの参加率は約10%゙゙上昇した。

個人課税へのそのような完全な移行は、米国にとって劇的な改革となるであろう。さらに、フルーテロら（Fruttero and others 2020）は、現行の合算税率表を完全に廃止すると、片働き世帯に悪影響が及ぶ可能性があることを指摘している。この研究結果は、それに置き換わる新たな統一的個人申告ステータスの税率表が、現行の単身税率区分と合算税率区分の中間に所得税率区分を設けることを前提としている（現行の合算税率区分の代わりに新たな税率表が採用された場合、所得税収の減少は大きくなるであろう）。

普遍的個人課税の代替案として、連邦政府は、2番目の稼ぎ手が細分化を通じて勤労所得を直接保護し、それによって合算で申告する既婚夫婦には、主要な稼ぎ手の所得に合算税率表を適用し、副次的（少ない方の）稼ぎ手の勤労所得に単身者の税率表を適用することを許可できる。他の提案には、2番目の稼ぎ手に税額控除または税控除を許可することがある。細分化では、主要な稼ぎ手所得（及び賃金、給与、または、2番目の稼ぎ手の自営業に由来しないあらゆる所得）に基づいた合算税計算に、すべての税額控除、税控除、扶養家族が入れられる。連邦政府また、EITCに資力検査を用い2番目の稼ぎ手の稼ぎを除外し、共稼ぎ夫婦のEITC段階的廃止領域において暗黙の税

を削減することもできる。というのは、2番目の稼ぎ手の賃金及び給与所得の上昇各1゙ルは、世帯が受け取るEITC額になんら影響を与えないからである。

この改革の下では、2番目の稼ぎ手の稼ぎは、標準控除のみが適用され、子供を持たない単身者が稼いだかのように課税されるであろう。その結果、この税制改革の選択肢により、家族は2番目の稼ぎ手を、主要な稼ぎ手の所得に関連した課税ペナルティーから保護することができる。言い換えれば、2番目の稼ぎ手は、配偶者の稼ぎや家族の他の収入源にかかわりなく、自らの給与所得に基づいた同一の課税額を支払うことになるであろう。それにより、税法に現在組み込まれている2番目の稼ぎ手ペナルティーの大部分が直接取り除かれるであろう。この阻害要因を是正することは、2番目の稼ぎ手が単身者と同等の条件で労働市場に参加できる状況を創出するであろう。

少ない稼ぎ手に対する高い限界税率

逆に、労働所得に対する最高実行限界税率のいくつかは、低所得の稼ぎ手、つまり貧困線上か、それをわずかに上回る個人に課せられている。アルティヒら（Altig and others 2020）は、連邦政府、州政府、地方自治体の課税及び給付プログラムを考慮に入れると、低賃金労働者の4人に1人が70%を超える生涯限界税率に直面していると計算している。低賃金労働者の半数以上が45%以上の生涯限界税率に直面している。チエンとマッカートニー（Chien and Macartney 2019）が明らかにしたところによると、図11−5に示すように、貧困線をわずかに上回り子供がいる世帯では、中位限界税率は51%であった。一部の世帯は、100%を上回る限界税率に直面している。その結果、稼ぎを1゙ル増やす低賃金世帯は、明示的、暗黙的課税で合わせて1゙ル以上失うことになる。このメカニズムは、世帯を貧困の悪循環に閉じ込め、中間層に上る能力を阻害する。

この状況は、給付プログラムの構造と、連邦及び州政府の所得課税が組み合わさった結果である。米国の連邦個人所得税は累進的であり、最初の2つの税率区分の税率（10%と12%）は比較的低い。州は、その歳入の大部分を売上税と固定資産税か

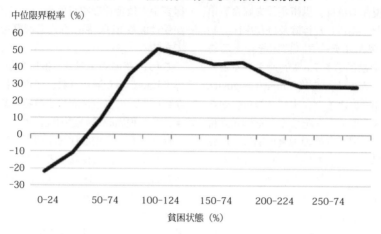

図 11−5　低所得の稼ぎ手の限界実効税率

中位限界税率（%）

貧困状態（%）

注：この図は、2000 ᵈˡの稼ぎ増加後に貧困線を下回る世帯に対する限界税率を示す。
　　子供のいる世帯はより多くの政府援助プログラムを受け取るので、給付の大幅な減
　　少があるが、子供のいない世帯よりも高い実効限界税率を支払う。援助プログラム
　　の最も一般的な組み合わせは、SNAP、EITC、子供税額控除、メディケイド／児童
　　健康保険プログラムである。2 人世帯について、貧困線の 100% の金額は 1 万
　　7200 ᵈˡで、200% の金額は 3 万 4400 ᵈˡである。
出所：Chien and Macartney (2019); U.S. Department of Health and Human Services; CEA
　　calculations.

ら徴収する。しかし、41 州は、個人の労働所得にも課税しており、州政府及び地方自治体の税収の 24% を占めている。最低税率区分の州レベルの所得税は、イリノイ州、ケンタッキー州、マサチューセッツ州、オレゴン州、ユタ州で 5% にもなる。ノースカロライナ州では 5.3%、ミネソタ州では 5.4% であるため、低賃金労働所得の課税負担を増大させている。さらに、複雑な給付プログラムにはしばしば、所得増加の結果として、合わせると給付の極端な減少を生み出す段階的廃止が含まれている。この給付の減少は、所得課税と同様に機能する。また、一定の閾値を超えて稼ぐと、段階的廃止がなく給付が突然大幅に失われる結果になることがある。

EITC、メディケイド、貧困家庭一時扶助（TANF; Temporary Assistance to Needy Families）、補足的栄養支援プログラム、育児支援、セクション 8 住宅バウチャー、エネルギー支援、児童健康保険プログラムなどのプログラムは、貴重な支援を提供できるが、政府の大きな行政的負担と、家族が援助を受け取るのに乗り切らなくてはならない複雑な一連の手続きという犠牲を払っている。合わせると、それらは、稼ぎを上昇させる人的資本の獲得に高いコストを課し、人的資本を高めたことで、政府支援を急激に撤回することにより家族を事実上罰している。

アルティヒら（Altig and others 2020）は、仮説として、2 人の子供を持つ母親が直面する給付の崖を例示している。彼女は所得が増加するにつれて給付へのアクセスを失い、年間の稼ぎが 4 万 4000 ᵈˡになると総給付が著しく減少する。正味の資源で見ると、彼女は年間 1 万 1000 ᵈˡしか稼いでいない時でさえ、経済的には年間 5 万 3000 ᵈˡを稼いでいるのとほぼ同じくらいの暮らし向きであった。これは、労働市場での上昇を通じた新たな人的資本の獲得に対し、深刻な障害を構成する。

支援を受けている家族が直面している給付の崖を軽減することは、賃金所得を改善することに対するペナルティーが低いか、まったくないことを確実にするため、これらのプログラムの改革を達成できるであろう。給付表に非凸性と非直線性を生み出す条項を削除し、給付のつぎはぎをより使

Box 11—1　成長を促進する改革を進めるために租税支出を制限する――SALT + MID 控除

20 17 年 TCJA は、投資課税の引き下げ、個人所得税率引き下げ、児童税額控除の増額、州・地方税及び住宅ローン金利の控除の上限厳格化と、標準控除の劇的な拡大を結合させたものである。具体的には、TCJA は標準控除を、単身申告者については 6500㌦から 1 万 2000㌦に、夫婦合算申告者については 1 万 3000㌦から 2 万 4000㌦に増額した一方、州・地方税（SALT）の控除額を 1 万㌦に制限し、住宅ローン金利控除（MID）の対象となる最大住宅ローン元本を 100 万㌦から 75 万㌦に引き下げた。これらの改革は、標準控除を拡大することでそれらの控除を請求するインセンティブを減らすことにより、また請求できる MID 及び SALT 控除最大額を減らすことにより、MID 及び SALT 控除を弱めた。

これらの租税支出を制限する理由の 1 つは、図 11 − i に示されるように、それらが高所得世帯に偏っていることである。さらに、それらそれぞれが経済的歪みを生み出す。具体的には、SALT 控除により、州政府及び地方自治体は、連邦政府に支払われたはずの税金を地方の受領者に向ける

ことにより、他の管轄区の納税者を犠牲にしてその税収を拡大することが容易になる。これにより、他の地方の納税者はより大きな負担を負うことになる。とくに供給が非弾力的な市場では、地方税は地方住宅価格の中に資産計上されるので、増税の部分的負担により、SALT 控除が税金の高い地域において住宅価格を人為的に高騰させる。MID もまた、住宅所有者がエクイティーではなく債務で住宅購入資金を調達することを奨励しながら、価格上昇に火をつける。

TCJA の作成と可決の期間に、いくつかの外部グループ（例えば、全米不動産業者協会）は、前述の変更により、人々を項目別控除から標準控除の請求に切り替えるように誘導することにより、住宅所有の税制優遇措置が消えてしまうことについて、懸念を表明した。事実、項目別控除を請求した個人納税申告書の割合は、2010 年の 31% から 2018 年にはわずか 11.4% へと減少した。とくに標準控除の請求へと切り替えた個人は、依然として存在している MID を請求するよりもこの選択肢を選んだのであるから、一般的に恩恵

図 11− i　TCJA 以前における調整済総所得ごとの MID の分配

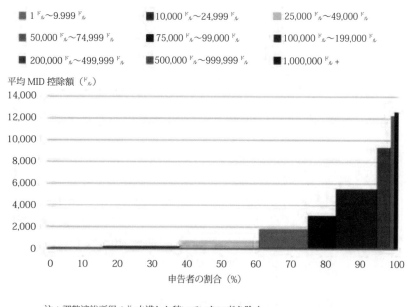

注：調整済総所得 1㌦未満しか稼いでいない者を除く。
出所：Internal Revenue Service; CEA calculations.

を受けた。しかし、住宅市場は、TCJA成立以降、信じられないほど力強く回復力があることを証明してきた。住宅所有は、2007〜9年の大リセッションが起こってから約10年一貫して減少した後、2017年以降《増加した》のである。

　予想通り、住宅価格上昇は、TCJA改革のために、一部の地域では弱まった。リーとユ（Li and Yu 2020）が明らかにしたところによると、1万ドルのSALT上限により、住宅価格の上昇率は、高税率地域では年間0.8%ﾎﾟｲﾝﾄ低下し、その影響は当該市場の中価格帯の物件で最も強く感じられた。ラパポルト（Rappoport 2019）は、前述の控除項目すべてに対する住宅価格の反応を計測し、269の大都市地域で平均3%低下したと推計した。マーティン（Martin 2018）は、今度は、5.7%といういっそう大きな平均低下を発見したが、郵便番号や所得階層によって幅があった。これらの研究論文はそれぞれ、SALT控除とMIDが住宅価格を下支えしているという前記の主張に適合して

いる。したがって、それらを取り除くと、逆の効果が生まれ、アメリカ人にとって住宅所有がより手頃なものになるはずである。

　住宅価格上昇が減速すると、高税率地域の現住宅所有者の資産価値増加が抑制されるが、初回住宅購入者は、より手頃な住宅の選択肢を持ち、頭金を少なくすることができるので、住宅を所有しやすくなる。実際、米国の住宅所有率は2007年の68.2%から2016年には63.4%とはっきりした下り坂にあったのだが、2017年には反転の開始が見られた。2020年第1四半期までに、持ち家率は67.4%に回復した。事実、ヒルバーとターナー（Hilber and Turner 2014）の研究によると、MIDは米国の住宅所有率の全体的水準に認識できる影響を及ぼさなかった。ソマーとサリバン（Sommer and Sullivan 2018）はさらに進んで、MIDの制限は、住宅をより手頃にすることにより住宅所有率が実際に改善することを示している。これは、多額の頭金を支払うための累積貯蓄が不足している若い将来の購入者に

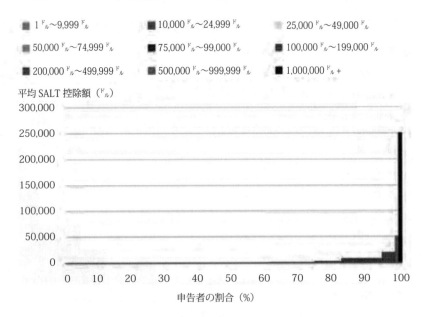

図11-ii　TCJA以前における調整済総所得ごとのSALTの分配

注：調整済総所得1ドル未満しか稼いでいない者を除く。
出所：Internal Revenue Service; CEA calculations.

とくに当てはまる。この研究結果と一致しているのだが、データは、35歳未満の世帯が最大の住宅所有増を経験したことを明らかにしている。

諸州を見て、CEAが明らかにしたところによると、TCJA制定後の期間には、住宅ローン所得と州税及び地方税（MID+SALT）控除強度が低い州と比べて、その控除強度が強い州では、減少ではなく住宅所有の相対的な増加が見られた。ここで強度は、2016年におけるMID+SALT控除と調整済総所得の比率として定義されている。中央値を超える比率（2016年には7％に相当）を持つ州は、MID+SALT控除強度が高いと見なされる。そしてその中央値を下回る州はMID+SALT控除強度が低い州に分類される。

CEAは、2014年第1四半期から2020年第2四半期の期間について、国勢調査局から得た州レベルの住宅所有率データを用い、回帰分析を行なって、TCJAの前の数年間と後の数年間におけるこれら2つのグループの比較住宅所有ダイナミクスの変化を計測した。この分析は、永続的な州の相違と季節性を制御している。CEAが明らかにしたところによると、MID+SALT控除強度が高い州の住宅所有率は、MID+SALT控除強度が低い州と比較して、TCJA制定後の期間に1四半期当たり0.9％㌽《増加し》、図11－iiと図11－iiiに示されているように、その差は時間の経過とともに拡大した。2018年から2019年前半にかけては、MID+SALT控除強度が高い州と低い州で、住宅所有率は統計的に区別できなかった。MID+SALT控除強度の高い州の住宅所有率急上昇は2019年第3四半期——TCJA施行から1年半後——に始まった（税率の低い州よりも1％㌽高い）。そして2020年第2四半期には3.5％㌽以上高かった。MID+SALT控除強度が高い州において平均0.9％㌽高かったことは、分析期間においてすべての州の平均住宅所有率66.2％に比較して、1四半期当たり1.4％高かったと解釈される。

図11－iii　低税率地域と比較した高税率地域の住宅所有率、2018〜20年

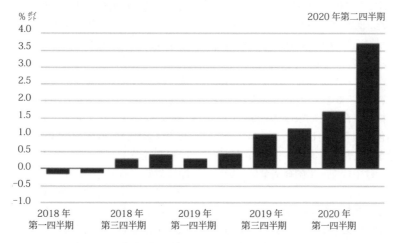

注：2016年に、MID＋SALT控除額と調整済総所得（AGI）の比率が7％を超えた場合、州はTCJA以前のMID＋SALT控除の強度が高いと見なされる。これは、2016年のすべての州におけるMID＋SALT控除合計額と総AGI金額の比率の中央値である。各棒グラフの高さは、特定の四半期において、TCJA MID/SALT控除強度の低い州と比較した、TCJA MID/SALT控除強度の高い州における平均住宅所有率の回帰推定を表している。アスタリスクは、回帰推定が統計的に有意であることを示す。標準誤差は、時間を通じた同一州内の観測値間のありうる相関関係を説明する。回帰分析には、州ダミー変数と月ダミー変数の統制変数が含まれる。
出所：Census Bureau; Internal Revenue Service; CEA calculations.

い勝手の良い制度にすることは、相当な改善になるであろう。新たな仕事を始めたり、昇給を受けたりした後に個人が給付を維持できる猶予期間を設けることで、より高い所得水準への移行を円滑にすることができる。段階的廃止が起こる時、それらをより早く開始し、その進行をよりゆっくりにすることは、それらが生み出す阻害要因を減らすことになる。

スキルの獲得と独立というゴールに向けて前進するには、最低所得税率区分で連邦労働税率を減らす必要がある。一見米国経済において最低所得者の税負担は軽いように見えるかもしれないが、給付プログラムの構造と所得税制は、低い稼ぎ手の賃金所得に高い税率を課している。生産性を向上させより高い賃金を稼ぐことに対する障害を取り除くことは、米国経済の長期的回復にとって決定的に重要である。2020年春、労働参加率は3.2%ポ低下し、今日までに1.3%ポと部分的にしか回復していない。疎外されたグループの参加率を上昇させることは、この趨勢を反転させる上で役立つ。

前述の中間層減税は、より高い労働参加と経済成長に対する阻害要因を取り除くであろう。しかし、ダイナミックな成長効果が考慮された時でも、それは連邦税収を減少させる可能性がある。過去において、米国は、税率引き下げ及び他の幅広い救済条項を税制優遇措置の撤廃または制限と組み合わせることにより、成長を促進する税制改革のための財政力をうまく増大させてきた。税制優遇措置は、課税額の広範な削減として偽装されている場合でも、一種の支出として効果的に機能する。これらの租税支出を削減する提案は、過去においては有害な結果に関する主張に制約されてきた。しかし、BOX 11－1で詳述されているように、この予測は、2017年州税・地方税（SALT）及び住宅ローン金利控除（MIDs）の制限後は起こらなかった。

労働と家族とのバランスをサポートする

COVID-19危機は、子供のいる家族にさまざまな影響を及ぼした。2020年4月から5月にかけて、ほとんどの学校が対面学習機会を提供しなかった時、13歳未満の子供のいる雇用労働者は、子供のいない雇用労働者よりも労働時間が少ない可能性が高かった（図11－6）。その危機はまた、質の高い、適正価格の保育と有給家族休暇がないという根本的な問題を照らし出した。これがないことにより、問題を抱えた親や家族の労働市場見通しが損なわれただけでなく、米国経済全体が影響を受けたのである。

家族人口の変化と女性の労働参加の増加により、有給家族及び医療休暇の欠如が、労働者とその家族だけでなく社会に対してもコストを生み出している。1979年から2019年まで、3歳未満（+21.9%ポ）、6歳未満（+19.8%ポ）、18歳未満（+15.3%ポ）の子供を持つ母親の労働参加率は上昇した。家族には、家庭での世話の必要性と仕事の要求のバランスを取るという圧力が高まっている。有給家族休暇（PFL）ポリシーは、赤ちゃんが生まれた時、養子縁組した時、家族の誰かが病気で世話を必要とした時に仕事を休むことが許されることにより、この圧力を和らげようとしている。PFLがないことは、最も立場の弱い労働者に影響を及ぼす深刻な問題であり、労働に加わり、家族の責任を果たす力を減じるものである。

この政権は、7万5000ドル未満の稼ぎの雇用者に有給家族及び医療休暇を自発的に提供する雇用主に税額控除を提供することにより、これらの問題に対処するのを支援した。TCJAのこの条項は2020年末に廃止されるが、COVID-19パンデミックと封じ込め措置は、多くのアメリカ人が就労し通学する方法を変えることにより、そのような休暇の必要性を拡大させた。学校や保育所が閉鎖されたり時短となったりしたので、人々は従前よりも子供の世話をしなくてはならなくなった。さらに、病気から回復したり、他の人が回復するのを手助けするために休暇が取れるということは、ウィルス封じ込めに決定的に重要である。家族第一新型コロナウィルス対策法は、従業員500人未

図11－6　通常時間よりも実際の時間が少なかった雇用労働者の変化率、家族タイプ別、2020年

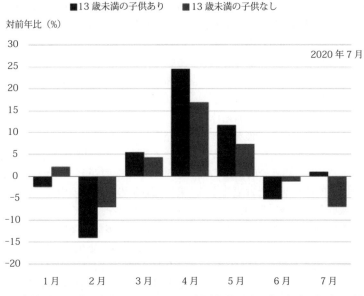

■13歳未満の子供あり　　■13歳未満の子供なし

出所：Current Population Survey; Integrated Public Use Microdata Series database; CEA calculations.

満の企業の従業員に、有給家族及び医療休暇を拡張し、それにより労働者は病気になったり、家族の看護が必要な時に休暇を取ることができた。同法は、一時的措置であり、2020年末に失効する予定で、還付型税額控除と内国歳入庁にまだ預けられていない前払資金によって賄われていた。アメリカ人が引き続きパンデミックを乗り越え、将来を見据えるために、有給休暇は依然として重要な政策である。しかし、そのような休暇政策へのアクセスは、民間市場によっては十分に提供されないことがよくある。

連邦有給休暇プログラムが対処する市場の失敗は、有給休暇プログラムが生み出す正の外部性に重点を置いている。有給休暇プログラムは、効率性と生産性の改善という形で、雇用主と雇用者の両方にいくらかの利益をもたらす。この増加はしばしば、低賃金労働者が雇用主からそのような給付を受けるには十分な大きさではない。しかし、支給には追加的利点があり、波及し、社会に正の外部性をもたらす。労働者が病気の間休暇を取ることも働くこともできない時（これは追加の

問題を引き起こす）、彼らは労働から脱落し、所得を失い、税収及び経済成長への貢献が少なくなり、政府のセーフティーネットへの依存が増え、寿命さえも短くなる[1]。バディグとイングランド（Budig and England 2001）の推計によれば、子供1人当たり母親が被る7％の賃金ペナルティーのうち、約3分の1は育児の結果として、休暇またはパートタイム労働による仕事経験の喪失によって説明できる。スタッフとモーティマー（Staff and Mortimer 2012）も同様に、仕事または学校で費やした時間の損失が、母親の賃金格差を説明する上で最大の要因あると結論づけている。同時に、これらの家族は苦しんでおり、母体と家族の健康に悪影響もあるかもしれない。労働者は、そのような休暇がないことにより課されるコストを理解したとしても、それらは公的医療制度に対する外部費用を説明しないであろう。同様に、労働者に有給休暇の使用権を与えない社会のコストは、企業に内部化されていない。企業は、自身の私的生産コストの最小化に焦点を合わせているのである。また、有給休暇を提供することは、たとえ休

暇がその事業に直接的な純利益をもたらすとしても、流動性と生産能力に制約がある中小企業にとって不可能である。

アギーレら（Aguirre and others 2012）により、女性の労働参加率が男性と等しくなった場合、米国の国内総生産（GDP）は5％増加する可能性があることが分かった。ハウザーとワルタニャン（Houser and Vartanian 2012）の推計によると、あらゆる休暇を取らない女性と比較して、有給休暇を取る女性は出産後1年以内に公的支援を受け取る可能性が39％低く、フード・スタンプを受ける可能性が40％低い。有給休暇は公的扶助の支出額が少なくなるという関連があるだけでなく、公的扶助を受けている家族が出産後にその公的扶助の利用を拡大する可能性を低下させるのである。

有給家族及び医療休暇への不均等なアクセス

1993年家族及び医療休暇法（FMLA; Family and Medical Leave Act of 1993）は、無給家族及び医療休暇をアメリカ人労働者の56％に保証している（U.S. Department of Labor 2020）。FMLAは、雇用者に対し、新生児、重病の近親者、自分自身の看護をするために、12週の無給休暇を取得する権利を付与する。雇用主は、雇用者に有給休暇を提供することを、連邦政府により要求されていない。

図11−7は、2019年時点で、FMLAを通して提供されているかどうかにかかわりなく、PFLへのアクセスが賃金によっていかに異なるかを示している。一般的に、高賃金労働者は、PFLへのアクセスを持つ可能性が高い。最高賃金四分位の中で30％の労働者がPFLへのアクセスを持つ一方、最低四分位の労働者の中ではわずか9％しかPFLへのアクセスを持っていない。

労働者の大多数は2018年にFMLAによって休暇の対象であったが、FMLAを通じた休暇へのアクセスは、人口全体に均一に分配されていない。従業員50人未満の雇用主はFMLA休暇を提供することが義務づけられていなかったので、2018年、大雇用主で働いていた人々の方が、FMLA休暇を利用できる可能性が高かった。民間セクター

図11−7　平均賃金別の有給休暇のアクセス

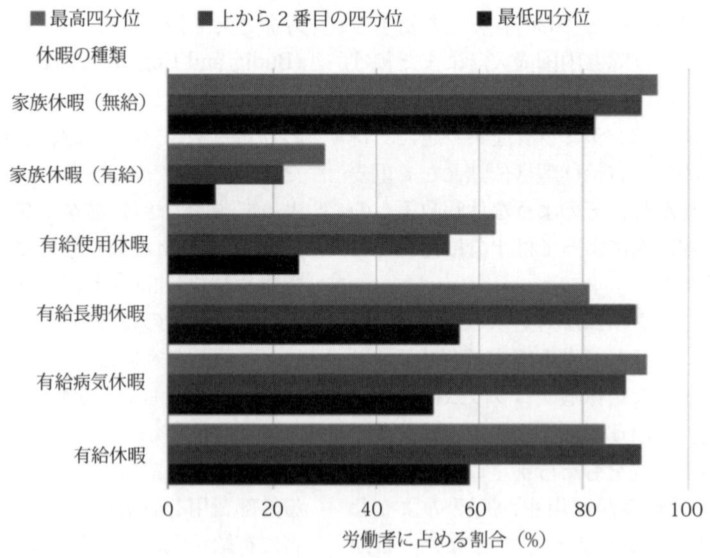

注：労働者は、平均賃金により四分位に分類される。たとえば、全労働者のうち賃金が
　　上位25％入る労働者の30％は、有給家族休暇へのアクセスを持っている。
出所：Bureau of Labor Statistics, 2019 Employee Benefits Survey.

労働者の59%がFMLA休暇の資格を持っていたが、彼らはわずか10%の職場で働いていた。低賃金労働者は、FMLA休暇のニーズが満たされない可能性が高かった。時給15ドル未満の労働者約10人に1人（9%）が、休暇を取る必要があるがFMLA休暇の資格がないと報告したのに対し、時給15ドル以上稼ぐ労働者はわずか6%がそう報告したに過ぎなかった。いくつかの州は、FMLAによる無給休暇を、州独自の有給休暇プログラムで補完している。2020年1月時点で、8つの州がさまざまな要件と給付でPFLを実施していた[2]。これは、雇用者と雇用主に複雑な負担をかけるツギハギの制度を生み出したが、それは全国的有給休暇ポリシーで軽減できるものである。心配なことに、サリン（Sarin 2016）は、有給休暇が提供された場合、雇用主が女性の求職者を差別するかもしれないことを明らかにした。州が認可した有給家族休暇を取得したために雇用者を解雇することを企業に対して禁止すると、大企業における新規採用に占める女性のシェアは0.6%ポイント、あるいは1.1%減少する。雇用主により直接支払われない有給休暇プログラムは、そのような差別の動機を減じることができる。

雇用及び稼ぎに対する有給休暇の影響

有給休暇プログラムを提供する経験を有している州は米国にほとんどないため、有給休暇に関する研究は、人口動態調査や、実際の休暇取得についての州レベルの行政データのいずれかに依拠している。実証研究は、有給休暇が雇用、より多くの労働時間、所得増加、母乳育児を促進するという証拠を提供している。これらの要因はしばしば、恵まれない人々に不釣り合いに大きな利益をもたらす。

有給家族休暇プログラムに関する多くの研究は、そのプログラムにより労働参加率が上昇することを明らかにしているが、中にはまったく効果がないか、逆効果であることを明らかにしたものもある。ジョーンズとウィルチャー（Jones and Wilcher 2019）は、カルフォルニア州とニュージャージー州における州による家族休暇ポリシーの影響を研究し、PFLへのアクセスにより出産年における母親の労働参加率が5%以上上昇し、そ

の影響は5年後でも顕著なことを発見した。しかし、ベイリーら（Bailey and others 2019）は、カルフォルニア州におけるPFLの短期的、長期的影響を研究し、有給休暇の取得を選択した初めての母親の場合、短期的には雇用に2.8%～3.7%、長期的には5.4%～6.9%の悪影響があることを明らかにした。ロシン゠スレイターら（Rossin-Slater, Ruhm, and Waldfogel 2012）によれば、カルフォルニア州のPFLイニシアティブは、平均で3週間から6週間に、産休の利用が2倍になった。さらに、それは幼児の母親の労働時間及び賃金を10%から17%増加させた。この影響は、恵まれないグループではとくに顕著であり、バーテルら（Bartel and others 2019）によって裏づけられた結果であった。彼らが明らかにしたところによると、白人とヒスパニックの間の有給休暇へのアクセスに不釣り合いに大きな差があり、カルフォルニア州のPFLの下で、乳児の父親は有給休暇を取る可能性が46%高く、第一子の父親についてとりわけ顕著な影響があった。最後に、バーテルら（Bartel and others 2019）は、PFLは母乳育児を平均18日間増やすと指摘しており、これはとくに恵まれない家族に対し、長期的な健康上の利益をもたらすかもしれない。

有給家族休暇が所得と稼ぎに及ぼす影響はさまざまである。一部の低所得女性は短期的な賃金上昇から利益を得るかもしれないが、PFLを利用しても、家族は長期的には低位の稼ぎに苦しむ可能性がある。ベイリーら（Bailey and others 2019）によると、有給家族休暇を利用できる初産の母親の稼得は、出産前の稼ぎの中央値に比べて、短期的には346ドルから549ドル、長期的には541ドルから791ドル減少したことを明らかにした。有給休暇を取得することを選択した初産の母親の場合、その稼ぎへの悪影響は、短期的には1613ドルから2559ドル、長期的には2522ドルから3685ドルであった。ティンピ（Timpe 2019）も同様に、妊婦と乳児の母親を対象とする傷害保険プログラムの拡充により、女性の賃金は5%低下し、所得分配の中位にある家族の場合、家族所得の低下につながったことを明らかにした。対照的に、キャンベルら（Campbell and others 2017）は、ロードアイランド州において傷害保険を新たな母親に拡大する影響について研究し、所得5万ドル未満の世帯の女性の場合全体

として賃金の影響は全く見られないが、所得2万㌦未満の世帯の女性の場合出産後3年間プラスの賃金効果が見られた。所得2万㌦から4万㌦の世帯の女性の場合、賃金効果は出産後1年間プラスであるが、それ以降はゼロと区別がつかない。クレベンら（Kleven and others 2020）は、女性労働市場になんら長期的影響を見つけなかったが、長期の休暇は子供によって課される労働力ペナルティーに悪影響を及ぼすことがある。

　有給休暇に関する経験的証拠はさまざまな影響を示しているが、これは、経験的アプローチ、使用されたデータ、対象年数が異なることにより、結果が異なる可能性がある。このトピックに関する分析は、有給休暇の使用権と取得に関する質の高いデータがないことによって、また州の有給休暇プランを現在提供している州がほとんどないという事実によって、妨げられることがよくある。同時に、雇用主は有給休暇を自主的に提供し始めているが、そのようなプログラムは特定産業の大雇用主において一般的であることが多い。最後に、労働市場の結果は、有給休暇プログラムの効力を計測するために重要だが、子供の健康の質のような代替指標の向上は、プログラムの結果として正味の社会的利益が生み出されているかどうかを判断する上で、説得力を持つであろう。

有給休暇の実施

　2017TCJAは、雇用主に税額控除を提供することにより、民間による有給休暇の提供に動機を与えた。議会の何人かの議員は、より多くのアメリカ人労働者の有給休暇利用権を拡大しようとし、考えられる改革を提案してきた。連邦雇用者有給休暇法（FEPLA; The Federal Employee Paid Leave Act）は、2019年12月に成立したもので、公務員に対するFMLAの12週間の有給休暇給付を拡大して、すべてのFMLA休暇をカバーし、人事管理局がさらに4週間の休暇を与えることを認めた。ファミリー法（FAMILY Act）提案は、賃金保険プログラムで賄われる新たな給与税を創出し、生まれた子供や近親者の世話をする人に現金を支払うであろう。代わりに、「新規両親及びクレイドル法」（New Parents and CRADLE Acts）により、新生児または新たに養子縁組された子供

の世話をする者は、休暇中にソーシャル・セキュリティー給付の一部を受け取ることができる。表11－1に示されているように議員は、新規両親を支援するために4つの税制変更を提案している。

　各提案の違いは、有給休暇の新プログラムの資金調達方法と、そのプログラムの範囲にある。一般的に一部の提案は、ソーシャル・セキュリティーまたは児童税額控除など、既存プログラムの利用を支持し、労働者が資金を早く手にできるようにしている。対照的に、他のプログラムでは、有給休暇の資金調達のため、雇用主及び雇用者に対する新給与税など、新たなタイプの資金調達が用いられている。ビル・キャシディ上院議員が提案した有給休暇に関する提案、すなわち、勤労家族前払支援法は、家族が前払を請求し、児童控除の減額により10年間で返済することを認めるものである。この法律は、将来の支払いを期限内に前倒しした金額（あるいは家族が直面した不幸な状況のために認められた遅延や未払）以上のお金を家族に提供しない。

　有給休暇を拡大するための別の政策は、大統領予算案で提案されているように、州失業保険（UI）プログラムによって資金提供、分配されるもので、6週間の休暇を提供する州失業保険ベースの提案で210億㌦となるであろう。この推計は、取得率の仮定に左右される（表11－2）[3]。コストは、FMLAの経験に基づく取得率仮定を用いると、ワイオミング州の3200万㌦からカルフォルニア州の23億㌦に及び、中位コストはルイジアナ州の2億4100万㌦である。コストの対州賃金比は、コロンビア特別区における2018年年間賃金の0.08％から、アイダホ州とミシシッピ州の0.32％に及び、中央値はジョージア州、メイン州、ミズーリ州、ネブラスカ州、テネシー州、バーモント州の0.25％である（図11－8）。

　州失業保険制度による有給休暇の資金調達に関する潜在的問題は、通常、適格性、賃金代替率、給付期間に関して、各州のプログラムが大幅に異なることである。これは、有給休暇の適格性に関して、労働者に不確実性と混乱をもたらすことがある。また、雇用者が州のプログラムにアクセスを有するか否かを雇用主が判断できるかが問題になり、州ごとに異なる準拠要件となる可能性がある。したがって、最低限、州間の統一性を保証す

表 11—1　議会の FMLA 税制案

法案名	概要
勤労家族前払支援法	出産または養子縁組の年に最大 5000ドルの前払い
2019 年働く親フレキシビリティー法	非課税育児休暇貯蓄口座の創出
家族自由法	家族及び医療休暇用の HAS 拡大
勤労家族支援法	育児休暇のための最大 6000ドルの税額控除

注：FMLA = 1993 年家族及び医療休暇法、HAS ＝健康貯蓄口座。
出所：Congressional Research Service.

表 11—2　取得シナリオ別の有給育児及び医療休暇の年間コスト（10 億ドル）

休暇のタイプ	シナリオ 1	シナリオ 2	シナリオ 3	シナリオ 4
医療	9.9	5.0	8.3	4.2
育児	8.6	7.7	7.5	6.8
合計	18.5	12.7	15.8	11.0

注：4 つのシナリオは、プログラム用途に関する仮定に関連している。シナリオ 1 の参加率は、家族及び医療休暇法のプログラムで観測されたものと同様である。シナリオ 2 の参加率は、既存の州レベルの有給休暇プログラムとかなり一致している。シナリオ 3 は、労働者の半分が病気休暇、労働者 10 人のうち 9 人が育児休暇に参加すると仮定している。そしてシナリオ 4 は、有給休暇を受けている 10 人のうち 6 人が、4 週間の雇用主提供有給休暇後に給付を請求すると仮定している。
出所：American Enterprise Institute; Brookings Institution; CEA calculations.

るためには、出産、養子縁組、里親という明示的な目的で取得されたあらゆる休暇、あるいは医療目的の休暇が、各州のプログラムを通じて同一の規則にしたがうようにすることが重要であろう。在職期間条件は FMLA プログラムと同様であるので、労働者は 1 雇用主の下で約 1 年働く必要がある。最後に、現在の COVID-19 危機が示したように、州失業保険制度は、別のプログラムが追加された場合、著しい圧力にさらされることがある。したがって、有給休暇提供にこの方法を採用するには、さらなる計画と管理、また州失業保険への投資が必要になる。

そうする代わりに、有給休暇は EITC または児童税額控除（CTC; Child Tax Credit）を通じて提供することもできる。税還付金として通常受け取る EITC と児童税額控除の一部を税務申告後ではなく出生時に親が利用できるようにすることにより、親は育児休暇の費用を賄うことができる。子供が 2 人いて年間 1 万ドルから 4 万ドル稼ぐ既婚の親は、育児休暇を賄うために 5000ドルから 8600ドルの前私金を受け取ることができる。子供の誕生時に追加 2000ドルの一律金を支払うと、推計年間 76 億ドルのコストで、すべての所得水準の親は出費をまかない、仕事を休むための資金を得られるのである。

この政策は、2 人の親、13 歳未満の子供が 2 人いる既婚家族の仮説例で示すことができる。両親とも働いており、それぞれの親が同じ金額の所得を稼ぎ、勤労所得しか持たないと仮定する。前述のように、その家族は、各税額控除の還付可能部分からだけ支払いを受け取ることができる。なぜなら還付不可部分は、実際の納税額を削減するためだけに使えるもので、現金移転としては利用できないからである。これらの控除を考慮に入れるために徴収額を減らせ、それによって持ち帰る賃金を増やすことができる。

図 11−8　対州賃金比としての有給家族及び病気休暇のコスト、2019 年

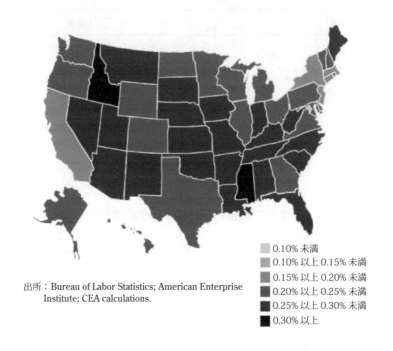

0.10% 未満
0.10% 以上 0.15% 未満
0.15% 以上 0.20% 未満
0.20% 以上 0.25% 未満
0.25% 以上 0.30% 未満
0.30% 以上

出所：Bureau of Labor Statistics; American Enterprise Institute; CEA calculations.

　2019 年、年間所得 2 万㌦の家族の場合、EITC は 5828㌦をその所得に拠出したが、CTC はそのおよそ半分を拠出した。したがって、これらの控除を組み合わせることによって、その家族は 8453㌦の前払金を得られ、子供の誕生に関連した育児費用を賄うのに使えるのである。2000㌦のボーナスと組み合わせると、その家族は、出産時または養子縁組時に育児費用の支払いのため、1 万㌦以上を受け取る。2 万㌦を稼いでいる家族にとって、雇用主から有給休暇を得てないとしても、これは非常に重要な経済的支援であり、数週間子供の世話をできるようにするものである。

　米国疾病予防管理センターによれば、2018 年に米国で約 380 万の赤ちゃんが生まれた[4]。2000㌦の赤ちゃんボーナスを提供すると、年間約 76 億㌦の費用がかかる。これは新規資金の必要性はないかもしれないが、CTC 及び EITC の前払は、不適切な支払いを増やし、行政費用を高めるであろう。過去において、前払された EITC の取得率は低く、そのプログラムは終了した。ただし、そのプログラムは新しく親となった者をとくに対象とはしていなかったのである。

保育不足

　出産や養子縁組直後に休暇を必要とする働く親にとって有給休暇は重要であるが、職場復帰をする親にとっては適正価格の保育が重要なことがよくある。以前のレポートでは、CEA は、2016 年時点で、保育が高コストであることが最大 380 万人の親が労働力に加わるのを妨げていると推計した（CEA 2019）。これらの親の 71％以上が既婚の母親で、21％がシングルマザー、6％が既婚の父親、2％がシングルファーザーであった。CEA の推計によると、これらの 380 万人の親に加えて、さらに 660 万人の非障害者で生産年齢にある親がパートタイムでしか働いておらず、労働時間を延ばすには保育が必要である。これらの 660 万人の親はそれぞれ、13 歳未満の子供がおり、世帯内に潜在的な非就労世話人は他にいなかった。

　質の高い適正価格の保育には社会的便益があり、それは親と雇用主にだけ生じるわけではない。納

税の増加や支援プログラムへの登録減少など、集中的かつ広範囲に及ぶ労働参加率上昇により生み出される正の外部性は、保育を支える政府支援の根拠を提供する。税制と移転プログラムを通じ、現在保育にはかなりの政府支援が提供されているが、給付は多くのプログラムに分散しており、現在の保育コストを反映しているとは限らない。保育費用が高いことはまた、保育所や保育提供者に関する政府規制の結果でもある。世話人に高水準の安全性を持たせることは傑出して重要なことであるが、過剰な規制と資格要件は、入手できる保育の供給を減らし、一部のアメリカ人には支払えないほどコストを上昇させる。

経済学における大量の文献が、高額な保育費用が労働参加に及ぼす影響について研究してきた。以下でさらに説明する連邦プログラムは、保育開発基金（CCDF; Child Care and Development Fund）である。米国保健福祉省による最近の研究によると、CCDF が 10％増加すると母親の雇用が約 0.7％増加する。この結論は、保育の価格が 10％増加すると母親の雇用が 0.5％から 2.5％減少するというメタ分析（Morrissey 2017）を確認するものである。その影響はシングルマザー、4 歳未満の幼児を持つ母親、低所得の母親で最も強かった。例えば、CCDF の基金を 3 倍にすると、さらに 30 万の幼児を持つ母親が労働力に加わる可能性がある。ブラウとカーン（Blau and Kahn 2013）は、米国と経済協力開発機構（OECD）所属の他国における女性の労働参加率の格差は、米国では有給休暇法がないことと保育の利用可能性によって説明できることを示している。

ピュー・リサーチ・センター（Pew Research Center 2014）による以前のレポートによると、働く母親のいる家族の場合、平均週間保育費用は 1985 年から 2011 年までに 70％増加し、対家族所得比としての費用は低所得層ではるかに高くなった。労働参加に対するその影響に加えて、正式な保育費用が高いことは、他の OECD 諸国と比較して非公式なケアへの依存がなぜ米国では高いのかの考えられる理由である。

保育利用の拡大

前の項で説明したように、保育への支出は、と

くに女性に対し、就労を可能にし、労働参加を改善するのに役立つ可能性がある。現在、家族は、CCDF やさまざまな税額控除プログラムによって、保育費の支払いに対していくらか支援を受けている。

CCDF は、裁量的、義務的連邦資金により資金調達された、州に対する統合包括助成金であり、保育所、家族保育ホーム、始業前及び放課後のケア、また一部の非公式の場所で使えるように家族にバウチャーを提供することにより、一般的に保育に資金を提供する。合計すると、CCDF は、2016 年に保育支援に 87 億㌦を提供し、基金の 75％は連邦政府から、25％は州からであった。さらに州は、TANF プログラムを通して間接的に保育に助成している。州は、TANF 規則に基づいて対象家族に追加の資金を提供しており、それは州ごとに異なるが、一般的にはプログラム要件を満たす低所得家族しか含んでいない。2018 年には、38 億㌦の TANF 連邦包括補助金と州の取組維持基金が保育に費やされた。

こうした助成金に加えて、世帯に対する 2 つの税制優遇措置によって、親が仕事や教育活動をできるように、とくに保育を助成している。これらの税制優遇措置の大きい方は、児童扶養家族ケア税額控除（CDCTC; Child and Dependent Care Tax Credit）である。これにより納税者は、適格な保育費として、13 歳未満の子供 1 人につき最大 3000㌦、最大 2 人の子供まで、合計 6000㌦の控除を受けることができる[5]。この税額控除は一定比率であり、これらの対象支出の 20％から 35％の範囲で、納税者の調整済総所得に依存するもので、高い比率は低所得に適用されている。とくに保育に関連した 2 番目の税制優遇措置は、それにより雇用主が雇用者に最大 5000㌦の税引前稼ぎをフレキシブル支出口座に拠出し、保育費用の支払いに使えるようにする規定である[6]。ただし、控除のために申告した支出は、CDCTC に対して申告された保育費用に含まれない場合もある。合計すると、保育のための CDCTC とフレキシブル支出口座は、2016 年に 690 万世帯に給付をもたらし、1 世帯当たりの平均給付は 769㌦であった。CDCTC とフレキシブル支出口座を合わせたコストは、2016 年に 53 億㌦であった。

有給休暇の資金を提供するための前述の政策ア

イデアの多くは、家族の保育ニーズに資金を提供するのに使える。例えば、EITC や CTC のような税額控除は、2019 年に年間所得 2 万ドル、2 人の子供を持つ 2 人の親に 8000ドル以上を追加した。これらの税額控除がさらに拡大し家族がそれらを事前に請求できるようになれば、これによって家族は必要な時に前払金を引き出すことができる。もちろん、EITC は、低所得世帯を最もうまく対象としており、完全に還付可能なために保育費用を賄うのに最も有益である。CTC は部分的にしか還付されず、EITC ほど低所得世帯を対象とはしていない。その給付は所得階梯の上まで及んでいる。CDCTC の変更により、保育費用を賄うその力を高めることができる。現在、税額控除の規模に対する上限は、インフレに追いついておらず、保育費用が増加したのに対し、最大給付額がこうした変化に追いついていないことを意味する。さらに、扶養家族ケア控除は還付不可であり、それ

は低所得家族がそれを活用できないことを意味している。

連邦政府政策は、アメリカ人家族に対して保育コストを削減するために、質の高い保育の供給の増加を促進することができる。政策変更により、規制要件を緩和したり、保育提供者に対する資格要件の負担が安全性と品質という目標を効率的に達成できるようにすることにより、より多くの人々が友人や隣人に施設外保育を提供できるようになる。潜在的な政策には、安全性及び教育的利益と一致する場合、世話人の教育要件を引き下げ、生徒対教師比率を高めることが含まれる。本『報告』〔『白書』〕第 6 章で論じられているように、規制緩和の利益は、低所得五分位の世帯に有利に働く傾向があり、高水準の質を維持しながら適正価格の保育の利用を改善することは、低所得の親に最も大きな利益をもたらす可能性を秘めている。

21 世紀の課題に対処するために国際協調を高める

COVID-19 パンデミックは、歴史的に前例のない、同時的なグローバル需給ショックを引き起こし、G7 の産出を約 10％から 20％減少させた。本節では、パンデミックへの対応で重視された既存の国際機関の問題について説明する。本節では、画一的なアプローチではなく、米国の信頼できる同盟国及び友好国との狭く深い関係の利点を分析し、米国と同じ価値体系を共有していない諸国との広く浅い関係の利点を分析する。顕著な例はインターネットそれ自体であるが、現在のグローバル・エコノミーは織り込まれたネットワークであるため、価値観の不一致は深刻な経済的重要性を帯びている。ネットワークには大きな経済的可能性があるが、それらはまた脆弱性をもたらし、以下で詳述するように、信頼できる参加者間で最もよく、最も安全に機能する傾向がある。根本的価値観のこうした重大な違いは不信感を生み出し、システムを共有することが有益な範囲を制限する。多国間機関は有益であるというのが米国の方針であり、それらは引き続き米国の優先事項を実施する上で有益である。本節では、米国と価値観を共

有する同盟国との強力な二国間関係で、既存の制度を補完する利益について説明する。

グローバル・エコノミーは、歴史上最も徹底的な技術革命である情報革命の真っ只中にあり、それはコミュニケーション、生産、商業、紛争を転換させ続けている。社会的、経済的転換は引き続き加速している。接続性と計算能力の継続的成長は、5G、人工知能、ナノテクノロジー、3D プリンティング、モノのインターネットを推進している――それぞれが大きな革命である。量子コンピューティング、急速に進歩するバイオテクノロジー、エネルギーの広範囲に及ぶ革新――すべてが情報革命により促進されているか、情報革命の一部である――は、おぼろげに見え始めている。国際秩序は歴史的な変曲点にあり、大いなる機会と危険の両方に満ちている。成功を確実にするには、グローバル戦略及び国内戦略を 21 世紀の経済的現実に基づくものとしなくてはならない。現在行われる選択は、非常に長い時間にわたって影響を及ぼすであろう。

ネットワークの経済学、協調、そして基準設定

今日の世界は、主にネットワークの経済学により推進されている。それは、参加者の数が多いほど、各参加者にとってネットワークの機能がより価値のあるものになる、というあらゆる経済的または制度的関係として特徴づけられる。古典的な例は電話システムである。電話システムを少数の人しか利用できない場合、その有用性はそれら少数者間の通話に限定されるのは明白である。対照的に、ある地域の人口の大部分が電話システムを利用できる場合、1人のユーザー（及びすべてのユーザーを合わせた）にとってのその有用性は大きく向上する。人間の言語それ自体がネットワークである。ある言語を使用する人が多いほど、その言語を知ることはすべてのユーザーにとってより利益になる。交通、コミュニケーション、あるいはテクノロジーの相互接続されたシステムは、ネットワークを構成する。なぜなら連関と接続が多ければ多いほど、それはすべてのユーザーにとってより有益になるからである。前述のように、インターネットも1つのネットワークである。鉄道は、高速道路ネットワークと同様にネットワークである。新しい舗装道路が農村部の村をスーパーハイウェイにより効果的に接続する場合、それはまた同時に世界の他の地域をその農村部の村により効果的に接続するのである。

その基礎的研究において、カッツとシャピロ（Katz and Shapiro 1985, 1986）及びファレルとサロナー（Farrell and Saloner 1985, 1986）は、ネットワーク効果をプラスの消費外部性とし定義している。そのようなものであるので、ユーザーがある財を消費することに起因する便益は、その財を使用する他の消費者の数で増加する。ユーザーの効用が電話システムで生じるように他のユーザーの数に直接依存する直接的ネットワーク効果と、ソフトウェアのような補完財の供給が改善するほどより多くのユーザーがそのシステムを採用するような、オペレーティング・システムの市場で生じるような間接的または市場を介したネットワーク効果を、彼らは区別した。彼らは、標準化と相互運用性がそのようなネットワーク効果にいかに根付いているかを説明している。この項では、基

準のあらゆる調整されたネットワークを包含するために、ネットワーク効果の幅広い定義を用いる。諸国が同じ基準を共有する場合、これら別々の管轄区でビジネスを行うのが容易になり、すべての参加者に利益がもたらされる。より多くのメンバーが基準を共有すればするほど、各参加者の利益は大きくなり、供給サイドを通じてネットワーク効果が機能する。ネットワーク効果のこの定義には、相互運用性から利益を生み出すあらゆる基準が含まれる。

例えば、コンピュータが相互に通信できる方法を標準化すると、ネットワークが構成される（その標準のユーザーが多ければ多いほど、関係者全員にとってより良くなる）。あらゆる種類の設備、ハードウェア、機械、部品、ツールが標準化されている場合、それらはネットワークを構成する。例えば、メートル法はネットワークであり、このメートル法に固有の測定を用いて作られるツールと機械が多ければ多いほど、相互運用性が高くなるため、それぞれの価値が高まる。ネットワークは互いに絡み合い重なり合い、さまざまな補完的な組み合わせで使用される。人は英語（コミュニケーション・ネットワーク）を使用して、eメール・メッセージ内（コミュニケーション・ネットワークの一部）で、列車のチケットを購入し（商業ネットワーク及び交通ネットワークの採用）と、到着時に相乗りサービスを使う意図（コミュニケーション・ネットワークと商業ネットワークを介した調整）をメッセージで伝えるかもしれない。

現代の市場経済は、世界中の消費者と政府の進化する需要にリアルタイムで対応する、企業家、労働、資本、原材料及び法的インフラ（他の要因の中でも）を引き込む諸ネットワークから成る巨大ネットワークである。この広範囲に及ぶネットワーク・システムを動かしているのは、その中で絡み合っている多くのネットワークである。例えば、ピザのクレジット・カードでの購入など、対等な交換を促進するのは、資金が支払いを行う該当口座間で移動するという確信だけでなく、ピザの材料が過失のために有害である場合の法定救済も含め、一連の信頼できるネットワークである。

同様に、国際的な機関と基準は、国際貿易、投資、コミュニケーション、規制、紛争解決手続きのネットワークを構成する。経済協力開発機構は、

1948 年に欧州経済協力機構として発足し、米国のマーシャル・プランの運営を調整するために最初の形態が設立され、今日では、各国が共通の問題を特定して議論するためのネットワークとして機能している（OECD 2011, n.d.）。国際銀行間金融取引協会（Society for Worldwide Interbank Financial Transactions）のネットワークにより、中央銀行を含む金融機関は、通信と取引を行うための安全な手段を利用できる（Cook and Soramäki 2014）。もっと最近では、米国・メキシコ・カナダ協定（USMCA; United States–Mexico–Canada Agreement）がネットワークであり、3 つの加盟国間の経済活動の基準を設定している。

　汚染されたピザの購入者は米国の裁判所に訴えることができるが、国際ネットワークは、基準の執行に失敗することがままある。国際ネットワークの参加者が自由社会の価値を共有せず、これらの同じネットワークを自らの利益のために食い物にし、自由社会に不利益をもたらす場合、これはとくに問題となる。その結果、国際レベルのネットワークの有効性は低下する。国際協調と基準設定が不確実性を生む時、経済活動は後退するであろう。わが政権はとくに、著作権保護を実施するグローバル・ネットワークの失敗に焦点を合わせてきた。国際貿易、資本市場、マネー・ロンダリング防止またはテロ資金調達防止など、グローバル・ネットワークが米国の価値観と一致していることは、決定的に重要な国益である。これには、志を同じくする同盟国やパートナと個別に、また既存の国際的枠組みの中で協力して、グローバル・スタンダードが米国に不利益をもたらさないようにする必要がある。

国際協調と基準設定の現行パラダイム

　わが政権は、国際協調の潜在的利益を理解しているだけでなく、国際協調と基準設定の取組において国際機関が直面する実際の限界を重視している。最近の成功には、米韓貿易協定（KORUS）、日米貿易協定、米国・メキシコ・カナダ協定の更新が含まれる。第 9 章で説明したように、貿易協定は、米国企業のサプライ・チェーンや海外市場へのアクセスを強化し、米国の消費者がより多様な財・サービスを享受できるようにし、米国経済

に利益をもたらす。

　それだけでなく、いくつかの既存の国際機関と協力することがますます困難になっている。異なる目標、価値観、信頼構造を持つ幅広いメンバーシップで構成されている機関は、硬直化しやすく、効果がなくなる可能性が最も高い。これらの機関は幅広い価値を提供でき、提供しているが、加盟国間の協調の強化を通じて深い利益を生み出すことができず、競合する利益の間で利益を配分できないことがよくある。いくつかの国際機関は、こうした状況によって適切に特徴づけられているが、貿易空間は適切な例を提示する。WTO のドーハ・ラウンドや多国間で働くよりも、多くの当事国の利益をバランスさせ、わが政権は、前述のようにより狭い協定を通じて利益を達成することに力を集中してきた。WTO の場合、米通商代表部（USTR）は、WTO に関する最新の年次報告書で、上級委員会が、「米国の義務を追加し、米国の権利を減少させた」一方で、「いくつかの［上級委員会の］解釈が、中国のような国の非市場的慣行により引き起こされた経済的な歪みに対抗する米国の力を直接損ねてきた」と述べている（USTR 2020a, 2020b）。これは、根本的に異なる価値観を持つ国々を含み、執行能力に制限を課せられたネットワークの予測可能な帰結である。より広義には、国際機関は、組織の規模、国際問題の多極化の進展、既存の組織が誕生初期には「容易に解決できる問題」に主に取り組んだという事実を含め、諸要因が重なったために弱体化している。大規模な機関は、状況と目標が大きく異なる加盟国を含んでいるため、摩擦と、協調を通じて利益を達成する取引コストが増している。

　この最初の点を説明するため、表 11 − 3 に示されている関税及び貿易に関する一般協定／世界貿易機関（GATT/WTO）の交渉ラウンドの期間を検討しよう。これらのラウンドは、参加国数とともに、時間の経過の中で次第に長期化している。2001 年 11 月に始まったドーハ・ラウンドは、依然として傑出している（Moser and Rose 2012）。参加国の増加は、WTO における多極化の拡大の 1 指標であるが、交渉期間の長期化と関連している。交渉について 1 年当たりの平均関税率削減などの生産性の計測値は、ウルグアイ・ラウンドまで比較的安定していたが（Martin and Messerlin

表11—3 GATT/WTO ラウンドの期間

ラウンド	開始	完了	参加国	期間（月）
ジュネーブⅠ	1947年4月	1947年10月	23	6
アヌシー	1949年4月	1949年8月	13	4
トーキー	1950年9月	1951年4月	38	7
ジュネーブⅡ	1955年1月	1956年5月	26	16
ディロン	1960年9月	1962年7月	26	22
ケネディ	1964年5月	1967年6月	62	37
東京	1973年9月	1979年11月	102	74
ウルグアイ	1986年9月	1994年4月	123	91
ドーハ	2001年11月		153	＞229

注：GATT/WTO ＝関税及び貿易に関する一般協定／世界貿易機関。
出所：Moser and Rose (2012); CEA calculations.

2007)、この傾向が続くにはドーハ・ラウンドの一部として大幅な削減が必要となるであろう。

この関係は、いくつかの幅広い国際組織を通して活動する上で米国が直面するトレード・オフを明らかにする。利益の可能性は組織規模とともに拡大するが、これら国家間の多様性の拡大から異質性コストも増加する（Posner and Sykes 2013; Bradford 2014)。周辺においては、結束力と意思決定能力の低下のコストに鑑みて、新メンバーは評価されなくてはならない。国際機関が最適なメンバーシップ決定に達することが重要であり、判断の失敗は、各国が貢献することを望まず、自発的取り決めに従事したがらないフリーライダー問題をもたらす（Buchanan 1965)。これは、WTOや他の国際機関が米国の脱退の結果として必ずしもより良いものになるということではない。狭い協調を通じて米国に新たな利益を生み出すために働くことは別にして、幅広い国際機関に米国が参加することは、米国の価値観や優先事項に反する行動をそれらの機関が取ったり、米国のライバルに支配される可能性に対し、制度的保護として役立つのである。米国の参加は、その有利性に対する異質性コストを高めるため、価値の異なる国を既存の機関に引き入れることを困難にする。トランプ政権はこのことを認識しているので、既存の機関の内外で、より深い協調から利益を生み出す

ように取り組んできた。

世界情勢の変化と国際協定の実施の難しさのために、組織への新加盟国承認のコストと便益の評価、また協定の評価は複雑化している。例えば、1947年の状況は今日とはまったく異なっていた。当時の貿易協定の多くは、全体主義経済に対する戦略的対抗勢力としての国々を支援したいという願望を持って締結された（Martin and Messerlin 2007)。当時、米国は、同盟国に利益をもたらすために、非互恵的で不利な貿易協定を受け入れることを厭わなかった（Baldwin 2006)。しかし、国際機関が遵守を強制できなかった時、これは有害なことが証明されている。USTR は、「中国のWTO 加盟は、開かれた市場志向の貿易体制を中国が歓迎するのを確保する上で、効果がないことが証明された関係になってしまった」と主張している（USTR 2018, 2019, 2020a, 2020b)。2018年版『大統領経済報告』〔『米国経済白書』〕で詳述されたように、現在米国の貿易障壁は非常に低いので、既存の WTO 構造内で米国は交渉力をほとんど持っていない。これにより、米国にとって交渉過程は非常に困難となっている。

もう1つの難しさは、ある国の国際組織への加盟の条件として協定を守らせることにある。中国の WTO 加盟のケースを検討しよう。この協定の一環として、WTO は同意の調整に従事し、これ

により中国は加盟手続きの一部として経済改革に従事することが義務づけられた。当時、加盟により、中国も経済改革に取り組むと考えられていた。しかし、これは実現していない。中国のような新重商主義国家は、産業政策に関与し、ネットワークの経済学を特徴とする市場において危険をもたらしている。中国がファーウェイと5Gで行っているように、ネットワークの特定市場の優越企業に大々的に助成する政府は、企業の優越的地位を利用して地政学的利益を追求する可能性があるので、非常に多くが依存するネットワークの信頼できる管理人にはなれないかもしれない。これらの問題は、貿易協定と国際機関の幅広いネットワークの中で、自由、公正、互恵的な貿易というゴールに向けて、どのように前進するかという問題を提起する。

アダム・スミスは、『道徳感情論』（1759年）の中で、市場経済を機能させるには、信頼が不可欠な構成要素であると述べた。この競争の激しいグローバル環境に内在する課題をうまく乗り越えるには、従来よりも深くより統合された方法で、他の志を同じくする信頼できる国々との経済的パートナーシップが必要である。エヴェンスキー（Evensky 2011, 261）はいう。「信頼が揺らぐと、人々は撤退し、市場システムは縮小する。信頼が高まると、人々のエネルギーと創造性が解き放たれ、市場システムは成長する」。これは、今日の国際経済構造が直面する最大の地政学的、経済的課題である。つまり、安全で信頼でき、十分な信頼に基づいていることを確保しつつ、広範囲に及ぶ管轄区域を越えたネットワークをいかに構築、統治、維持するのか、ということである。

協調を高める機会

機敏性を維持するために、将来の深い国際的パートナーシップは、経済的、地政学的利益だけでなく、共通の価値観に基づいている必要がある。経済理論は将来の道筋を提示する。信念体系が異なる国との浅い協定を求めるのとは対照的に、米国は、同様の経済状況と規制体系を持つ国との深い統合を通じて、利益を生み出すことができる（Buchanan 1965）。この統合への1つのアプローチは、欧州連合やアフリカ連合のような狭い集合体を形成することであり、その集合体は、幅広い国際機関と並立し、それを支援する。これらの狭い集合体は、異質性コストを削減し、より深い統合を通して利益をもたらすことにより、費用便益分析のバランスを再び取る。これは、ボーダレス市場というゴールに向かうために、グローバル・ルールを採用したり、ゼロからルールを作成したりすることで実現できる（Davies and Green 2008）。

別のアプローチは、同じ経済的価値を持つ国の間で二国間協定を締結し、後に米国・メキシコ・カナダ協定（USMCA）のような多国間協定に拡張するものである。この枠組みの下で、政治的、金融的行動は依然として各国の特権のままである。さらに規制の統一は、超国家的政府により執行されることはないが、相互承認と各システムの結果における同等性の受容を通じて、調整がなされるであろう。各国は、産業を規制する2つの異なる方法を追求するかもしれないが、それでも安全な製品、公正な労働環境、十分に管理された自然資源など重要な問題について、規制一本化を達成することができる。例えば、2008年に、米国とオーストラリアは、規制免除のための限定相互承認協定を締結した。それにより、米国と適格なオーストラリア株式市場とブローカー・ディーラーは、両国で別々に規制を受けることなく、両方の管轄区域で営業できるのである（SEC 2008; Jackson 2015）。この信頼の基盤は、現在の多国間努力では得られない経済的利益を与える国際協力モデルを提示し、他方で、最終的にはより幅広い多国間努力のための実験室を構成している（Buchanan 1965）。

これらのアプローチは、共通の価値観と信頼という枠組みの下では経済を結びつける能力も意志もない国々と経済関係を維持しながら、連携国との深い統合を可能にすることにより、関連するすべての国に利益をもたらす可能性を秘めている。これらの集合体の重要性が増すにつれて、それらはメンバーシップにより大きな利益を提供し、各国が参加基準を満たす動機を生み出すのである（Bradford 2014）。

米国は、異なる目標を持つ国々からの負の外部性を制限するため、志を同じくする国々との協調を通じてとりわけ大きな利益を生み出す可能性

を有している。知的財産権の執行は一例を与える。米国は中国に対して知的財産権を執行するために第301条関税を用いた。知的財産の盗難は非常にコストがかかる。OECDは、2019年の研究で、偽造品の国際貿易は2016年に5090億㌦に上ったと推計した。知的財産委員会（IP Commission 2017）は、2017年に、偽造品、海賊版ソフトウェア、企業秘密の盗難の米国経済へのコストは年間2250億㌦以上と推計した。割引率を3％とすると、不作為の累積的コストは7兆5000億㌦である。国家情報長官室は、2015年11月に、ハッキングによる経済スパイは年間4000億㌦のコストをかけていると推計した。米国は中国との二国間交渉を通じて知的財産保護の強化を達成してきたが（第9章で論じられた）、知的財産保護に関する米国の見解を共有する志を同じくする国々と協力することにより、さらなる利益が得られるであろう。中国に対し知的財産権をよりうまく執行させる集合体を形成することにより、米国は利益を高め、コストを引き下げることができる。

米国の政策を広く浅くの枠組みから転換して狭く深くの協調を含めることにより、貿易協定を締結する際により大きな利益とフレキシビリティーが与えられる。これにより、過去数年間の停滞が打開され、より高所得でより緊密な世界が作られる。COVID-19パンデミックからの回復が続く中、繁栄に復帰し、将来の再発を防止する国際構造を構築することは、きわめて重要になっている。

米英協調の見通し

経済的パートナーシップに対するこの新しいアプローチの一例として、米国はイギリスとの明確な経済的及び地政学的に深いパートナーシップの可能性を探ることができる。米国がこのように提携できる可能性のある国は多く、これは1つの可能性に過ぎない。米韓貿易協定や米国・メキシコ・カナダ協定のような貿易協定は、将来のパートナーシップのための優れた雛型を提供し、現代経済の協調の重要な分野を浮き彫りにしているが（これらの協定についての説明は第9章を参照のこと）、将来の協定は貿易協定にとどまらないであろう。そのようなクロス・ボーダー協定に向けた青写真は、金融市場規制の文脈ではタファラとピーターソン（Tafara and Peterson 2007）によって詳細に説明されている。

最適な経済的結果は、総貿易量とイノベーションを増加させる経済統合である。財、サービス、労働、アイデアの貿易は可能な限り自由だが、国家の完全独立の維持と整合的である。この目標を促進するには、集中的な二国間プロセスが必要になる。例えば、米国とイギリスの市民が互いの管轄区域で働き住むことを奨励するプロセス合理化による労働の自由な流れや、両市場の世界的展開を強化する金融機関の相互承認などである。潜在的利益の別の領域には、デバイス、ソフトウェア、ネットワークのセキュリティーがある。米国とイギリスは、どのタイプのデバイスが安全ではなく、安全なネットワークの開発リスクをもたらすのかを判断する際、協調から利益を得るであろう。協調を強化するためのさらに別の分野は、高等教育機関であり、将来のイノベーションの基盤を提供する。米英大学コンソーシアムは、イノベーションと将来の協働のセンターにむけた触媒として作用する。教員、学生、アイデアの交換と流れは、それ自体が途方もない技術の運動量を構築するであろう。米国とイギリスは、知的財産の盗難を精力的に、共同して起訴し、関税、制裁、特定企業の営業禁止などの救済措置を調整し、真に深いパートナーシップを形成することができる。

そのようなパートナーシップの経済的利益は相当なものになる可能性がある。狭い例として、欧州連合、日本、韓国、その他の国（米国ではない）の間で結ばれた自動車産業基準に関する1958年の合意を考えてみよう。これにより、パートナー国間の自動車貿易は規制調和化を通じて20％以上増加した。米国と英国の間の関税撤廃を調査すると、米国際貿易委員会（USITC; United States International Trade Commission）による2000年の報告書によれば、総産出への効果は実質的ではなかったが、米国のイギリスからの輸入は7％から12％増加し、イギリスの米国からの輸入は11％から16％増加した（USITC 2000）。OECDによる相互承認協定に関する研究の幅広いレビューによると、ほぼすべてのケースにおいて、そのような協定はパートナー国間の国際貿易量を加速させたのである（Correia de Brito, Kauffmann, and Pelkmans 2016）。あらゆる協定の直接的便益は、

その条項の影響を受けやすい。しかし、より価値があり、評価するのがより難しいのは、そのような協定の初期及び将来のネットワーク効果である。

米国は、新世代の柔軟な二国間経済パートナーシップの発展を主導している。それは、協調から利益を生み出すことを目指しながら、国家の主権と利益を保護している。これは、米国が根本的な意見の不一致を持ち、十分な信頼を共有しないので共通プロセスに内在する脆弱性を生成することになる諸国へのネットワーク拡大及び共有とは対照的である。連合国との深い統合を追求することは、COVID-19 パンデミックからの経済回復を促進し、そのような危機により協調的な方法で対処できるより安全な世界を作り出すであろう。

より効果的な医療制度を創出する

米国の医療制度はいくつかの複雑な課題に直面している。現在の COVID-19 パンデミックは、強力で活気ある経済を維持するために、回復力があり効率的な医療制度の重要性に注目を集めている。本節では、これらの課題のいくつかと、米国の医療制度の効率を高める可能性のある改革について説明する。医療市場における透明性を高め、医療の供給を増やすことは、あらゆる直接的な COVID-19 の健康への影響の場合でも、他の病気や怪我の場合でも、人々が治療を受けられるようにするのに役立つであろう。

医療専門職供給の合理化

現在の医療市場構造のいくつかの構成要素は、医療専門職の移動性と訓練に大きな歪みをもたらしている。これらの歪みは、とくにサービスの不十分な農村部の人々と低所得層に対し、医師の供給を制限し、医療費を人為的に高めている。これらの歪みを緩和することは、多くのアメリカ人に利益をもたらすことになる。

医療専門職は現在、制限的な免許要件のため、労働移動に対して大きな障害に直面している。医師免許交付は州レベルで実施されているため、追加の検査、面接、料金、事務処理という形態で、金銭的及び時間的コストがかかるので、提供者は州間を簡単には移動できない。これは、労働市場に強い歪みの影響をもたらす。これは、州境をまたぐ大都市地域でとくに顕著であり、そこでは、わずか数マイルしか離れていない場所で仕事をすることに対し、医療従事者は大きな官僚的、金銭的障壁に直面する。このような雇用に対する規制負担は、低水準の転職に関連しており、上方への経済的移動性を減じ、失業率を上昇させ、最終的には消費者に対して価格を上昇させることになる。

州際免許交付協定を通じて医療セクターにおけるこれらの規制の歪みの影響を制限するため、取組がなされている。これらの協定は、携帯性を提供するか、他の加盟州における免許の取得を合理化することを目的としている。しかし、そのような計画の有効性は、各州における採用が不完全なことで限定されている。図 11 － 9 は、医療提供者向けの 3 大免許交付協定のつぎはぎ的な性質を示している。つまり、看護師免許交付協定（NLC; Nurse Licensure Compact）、高度実践看護師協定（APRNC; Advanced Practice Nurse Compact）及び州際医師免許交付協定（IMLC; Interstate Medical Licensure Compact）についてである。州際医師免許交付協定は、医師が他の州で免許交付を申請する合理化された手続きだけを提供するため、さらに制限されている。これにより、お役所仕事の障害の一部は減少するが、提供者の移動性に対する免許交付料のマイナス効果は残る。規制の状況をいっそう複雑にしているのは、その他の医療専門職向け、例えばソーシャル・ワーカー、メンタル・ヘルス専門家、理学療法士や作業療法士、薬剤師、歯科医などの協定である。

個々の州の免許交付の非効率性と戦う取組は、何十年も続いている。連邦政府が障壁を取り除くために的を絞った行動をとった時、それは成功した。退役軍人省（VA）は、資格のある医師がケアの質を高めコストを削減するためにどの州でも診療することを許可した。米国保健資源事業局は、協力を奨励するために州認可委員会に助成金

図 11−9　医療労働者の自由移動、2020 年

制限州
簡易医師承認
RN/LPN 看護の完全移動性
RN/LPN の完全移動性と
簡易医師承認（NLC &IMLC）
RN/LPN/APRN の完全移動性と
簡易医師承認（NLC & APRNC&IMLC）

注：ARPNC は、合計 10 州により
　　施行された後、発効する。
　　2019 年のアリゾナ州法は、す
　　べての医療専門職に簡易免許交
　　付承認を保証している。
出所：Niskanen Center.

を授与し、問題をいくらか改善できる州際協定という状況をもたらした。もっと最近では、メディケア・メディケイド・サービス・センター（CMS; Centers for Medicare & Medicaid Services）が、COVID-19 パンデミックにより拍車をかけられた規制緩和措置をとっており、それによって資格のある提供者は州境を越えてメディケア患者のケアをすることが認められ、ホットスポット地域でのケアを増加させ、遠隔医療の全国的拡大を可能にした。連邦政府は、調整の役割を果たすことにより、ケアの利用可能性を高め、医療コストを引き下げられるかもしれない。州間で免許の携帯性をより強化するか、VA のアプローチをモデルとした連邦免許交付制度の活用を奨励するインセンティブを州に与えることは、ケアへのアクセスを増やし、医療費価格の上昇を抑えるための強力な手段である。

他の供給サイドの問題には、医学部と、医学部卒業生のための認定研修医枠が限られていることがある。2020 年、5 万 3030 人の医学部志願者のうち、医学部に入学したのは 2 万 2239 人（42%）だけである。米国の医学部在籍数は 2002 年から 2018 までに 31% 増加したが、研修医ポジションはわずか年 1% の割合でしか拡大しなかった。

意欲ある医師の参入障壁を減らし、医療専門職を目指す人々への教育プロセスを改善することで、米国は今後数年のうちに優れた医療供給を確保できるようになる。歴史的にサービスが行き届いていなかった地域により多くの医師を追加することで、患者にプラスのフィードバック効果がもたらされる。なぜなら、それは各医師の負担を軽減し、燃え尽き症候群を減らし、医師、看護師、他の医療専門職としてより多くの人々が医療分野に加わることを奨励するからである。米国医療研究品質局（Agency for Healthcare Research and Quality 2017）によると、近年、臨床医の燃え尽き症候群の有病率上昇（一部の研究では 50% 以上）により、ケアへのアクセス、患者の安全性、ケアの質への悪影響が懸念されている。燃え尽き症候群に苦しむ医師は、診療を辞める可能性が高く、患者のケアへのアクセスを減少させる。燃え尽き症候群はまた、離人症が患者との不十分な意思疎通につな

がったり、罹患した医師が注意力、記憶力及び実行機能の低下に苦しむ時、患者の安全性とケアの質を脅かす可能性がある。

大学院医学教育（GME）の資金が十分に配分されていないという懸念に対処するため、わが政権は2019会計年度以降、メディケア、メディケイド、小児病院大学院医学教育支払いプログラムにおけるすべての大学院医学教育支出を、新しい義務的な上限付き連邦助成金プログラムに統合することを提案してきた。この新たな助成金プログラムを通じた病院への資金分配は、優先専門分野で訓練している研修医の割合と、保健福祉省長官によって定められた他の基準に依る。大学院医学教育資金の分配におけるそのような改善は、医療専門家のより良い配置を達成し、全国的に、そして医療サービスが十分に届いていないコミュニティーにおける医療専門職の不足に対処し、医療専門職の訓練の改善を奨励するであろう。

差額請求

患者は、ネットワーク外提供者の診察を受けた場合、提供者が請求する金額と、保険会社がネットワーク内提供者に支払った金額の差額に対し支払い責任が発生するしれない。この差額は、「差額請求」額と呼ばれ、控除免責金額と一定負担額など他の自己負担額に加えて支払う必要がある。場合によっては、ネットワーク外提供者からケアを受けるために、患者はこの追加金額を積極的に支払う選択をする。患者がネットワーク外提供者から知らずしてケアを受けている場合や、患者がネットワーク内提供者を選択する能力を持っていない場合など、消費者が購入するものについての重要な情報や選択肢を欠いている場合、市場の失敗が生じている。この状況は、患者がネットワーク内病院でケアを受ける時にも生じる。というのは、一定の病院内のさまざまな提供者は、受け入れる保険の種類を独自に決定するからである。連邦レベルでネットワーク・マッチングを採用するには、ある病院で患者のケアを行うあらゆる提供者に、病院もネットワーク内にあると見なす患者をネットワーク内として請求させることが必要である。

トランプ政権は、驚くべき高額請求書の問題に対処するために、直接的措置を講じてきた。2019年6月、大統領令13877号は、ケアを受ける前に患者が価格と質に関する意味のある情報にアクセスできるように、関係機関に指示した。2021年以降、病院はすべてのサービスの実質価格を公開し、少なくとも300点の事前に購入可能なさまざまな一般的サービスの価格を——消費者にやさしく理解しやすい形式で——公開することを求めるであろう。2020年4月、わが政権は、COVID-19追加資金を受け取る条件として、患者がネットワーク内提供者に支払う必要があった金額以上を、COVID-19に関連する治療のために患者から自己負担額として徴収しないことを証明するよう提供者に要求し始めた。2020年5月、保健福祉省は、適切で意味のある価格及び品質の情報の入手を促進することにより、医療に関して十分な情報に基づく決定を下す力を患者に与えるため、医療品質ロードマップを公開した。

いくつかの州も差額請求に対して行動を起こし、多くは価格設定または仲裁に訴えたが、それは、病院、保険会社、医師の交渉力を変える可能性がある。例えば、カルフォルニア州は、所定のサービスについてネットワーク外医師からのネットワーク内病院におけるすべての非緊急医師サービスに対する患者の費用負担を保険会社の現地平均契約率かまたはメディケア率の125％かのどちらか高い方に、制限しようとした。その結果、医師は、交渉において保険会社に優位性を与え、患者のケアへのアクセスを減らすという理由で、その法律を批判した。さらに、ニューヨーク州の仲裁制度は、保険会社との料率交渉において提供者に過剰な交渉力を与え、その結果、診療報酬と保険料の上昇をもたらしたとして批判されている。対照的に、議会予算局（CBO）による分析が明らかにしたところでは、ネットワーク・マッチングは、医療提供者が保険会社に料率の引き上げを求める交渉力を削いで実際にコストを引き下げ、市場の力を利用して差額請求問題に対処することによりニューヨーク州とカルフォルニア州の落とし穴を回避している。

CEAによると、差額請求から患者を守ることで、医療費の予見性を高めることにより、年間28億㌦の経済的利益がもたらされる可能性がある。ある年に民間保険に加入している患者の合計

11.1％が救急救命室のケアを求め、6.2％が入院することになる。最近の研究のデータが示すところによると、これらの患者のうち、約42％が、救急救命処置で平均628㌦、入院で2040㌦という驚くべき高額請求を受けると予想される。差額請求をなくすことで、不確実性が低下し、透明性が高まる。前述の統計に基づくと、このリスク削減の実際の価値は、患者1人当たり年間82.40㌦であり、患者は不確実性の排除にこの金額の25％の価値をつけている[7]。したがって、患者1人当たり82.40㌦の25％に、民間保険の対象となる成人1億3700万人を掛けると28億㌦という数字が得られるが、差額請求をなくすことから合計28億㌦の経済的利益が生じるのである。

メディケア入院診療報酬

メディケア・メディケイド・サービス・センターの国民医療に関するデータによると、メディケアの病院支払いは現在、米国医療経済で最も規制されている価格メカニズムの1つであり、2019年だけで約3000億㌦の政府支出を占めている。新たな連邦規則に向けた最近の提案は、価格メカニズムを市場価格に合わせてより適切に調整することを目指している。既存の価格設定制度は、メディケア・サービス料以外の市場価格にほとんど関係がないという仮定に基づいたコスト上昇率推計値に依拠している。提案されている解決策の1つは、メディケア・アドヴァンテージの価格設定からのデータに依拠することであり、それは、一部は民間セクターの交渉に基づいている。しかし、メディケア・アドヴァンテージの価格設定が、メディケア・サービス料と密接に関連しているという懸念がある。もし民間セクターの交渉が政府によって設定した価格を頼みの綱として使用している場合、その価格発見機能は削がれ、交渉価格の有用性は限られる。

CEAは、メディケア・サービス料（FFS）支払いに用いられる入院患者支払い制度に基づいて、上位25の診断群分類包括評価（DRGs; Diagnosis Related Groups）の民間と政府の価格を比較する分析を完了した。DRGは、病院への見込み支払いを標準化し、コスト抑制イニシアティブを奨励する患者分類制度である。一般的に、DRG定額支払いは、入院時から退院時までの入院に関するすべての料金を対象とする。具体的には、メディケアFFS平均支払い額は、公開されているデータ・ソースを用い、2015年のメディケア・アドヴァンテージ及び民間保険会社と比較されている（Parente 2018）。図11－10は、メディケア・アドヴァンテージ及び民間保険会社と比較した場合のメディケアFFSの相対価格の変化率を示している。メディケアFFS、民間保険会社、メディケア・アドヴァンテージの関係は、競争市場価格設定（つまり、民間保険会社に設定された価格）の近い代替物としてメディケア・アドヴァンテージを使用することを支持していない。もしそれらが近い代替物であるならば、観測値は、その図の中に示された45度線の周りに狭く集中するであろう。この分析は、競争市場価格により厳密に一致する価格設定を統合するための連邦規則案の作成を進めることを支持している。

将来の政策分析は、2019年6月の価格透明性に関する大統領令138777号によって作成された新たな全支払い者合成データベースの利点を活用できるであろう。このデータベースは、この初期分析を容易に確認及び拡張し、メディケアFFS入院患者支払い価格の設定に使われる経済的価格管理メカニズムを提供する。

前述の医療改革は、今年行われた医療情報技術改革の継続によって補完される（BOX 11－2）。医療に関する情報の保存及び共有の改善は、透明性を高め、コストを減らし、患者の経験を改善するであろう。

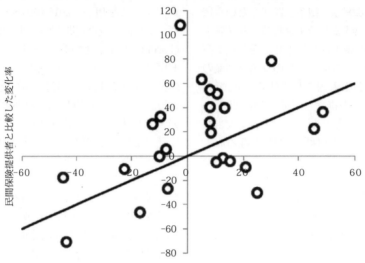
インフラ改善を通じてダイナミックな経済を構築する

　米国のインフラは、道路や港湾などの物的要素で構成されているが、デジタル・インフラなどあまり目につかない構成要素でも構成されている。COVID-19パンデミックは、危機への対応において質の高いインフラと、米国の労働力の生産性向上の重要性を浮き彫りにした。地域コミュニティーの特殊なニーズに対応する力が地域にはあるために、インフラ・プロジェクトは地域で計画され主導されるのが望ましい。しかし、地域で資金調達するにはプロジェクトが大き過ぎる場合、複数の州の間で調整が必要な場合、あるいは、全国的目標を達成するのに役立つ場合、連邦政府には果たすべき役割がある。本節では、連邦政府の介入が有益となるインフラ投資経路について詳述する。

インフラ投資における連邦政府の役割

　インフラ投資への連邦政府の関与は、地方政治における拮抗力として有益な効果を持つ可能性がある。地方政治家はしばしば、既存インフラの保守よりも新規インフラを好み、頻繁に利用する人に人気がない利用料金の賦課を回避する強いインセンティブを持つ（Kahn and Levinson 2011; Glaeser and Ponzetto 2017）。

　短期的には、保守は新規資本投資よりも効果的な使途であることが多い。既存のインフラがすでに高産出経済環境に織り込まれ、新規建設よりも高い限界収益を生み出すとすると、既存インフラを適切に修復することは、新規インフラ建設よりも大きな経済効果を持つ可能性がある。ナディリとママニアス（Nadiri and Mamuneas 1996）は、1980年代末まで高速道路資本に過剰投資または過少投資が起きた証拠はなんら見つけていない。これは、既存のストックを維持することにより、ある点以降、適切なインフラ強度を確保でき、新

Box 11—2　COVID-19 中に始まった医療情報技術の画期的近代化を継続する

米国医療制度の分散型性質は、全国的な公衆衛生危機における調整について課題を生み出す可能性がある。2020 年 3 月、COVID-19 対応を調整するには、より正確な健康データが必要なことが明白になった。これらのデータを要する機関の数を考慮して、連邦政府は、全国的健康情報技術（IT）インフラを近代化する壮大な計画に着手し、医療機関や IT 業者から重要で機密性の高い健康データのシームレスで安全な報告を促進している。この取組により、HHS プロジェクトと名づけられた連邦データ・プラットフォームが創出され、それによって連邦機関は、州及び地方のパートナーとともに、共有データを用いて調整できるようになる。このプラットフォームは、時間がかかり重複する IT 作業を排除しつつ、データの質を保証するプロセスと接続を合理化する。

HHS プロジェクトは、単一ポータル内に、200 のさまざまなデータ・セットにわたって 35 億を超えるデータ要素が含まれている。この情報は、連邦政府及び州政府の COVID-19 パンデミック対応を推進するためにリアルタイムで利用できる。このリアルタイム・データにアクセスできることで、政府は必要としている患者をより正確に狙い、逼迫している地域と医療制度を特定し、治療と資源をより迅速かつ効率的に割り当てることができる。ほぼリアルタイムで詳細な病院レベルのデータを持つことは、病気の深刻さ、施設と人員の制約の状態、個人用医療防護具の需給について理解深めるために重要である。HHS 保護プラットフォームは、COVID-19 ワクチン試験でも中心的役割を果たしている。具体的には、請求やその他の情報源からのデータを用い、COVID-19 重症化の危機にある高リスクの人々と場所をアルゴリズムで特定し、データ収集の対象とし、トライアルの有効性の必須ベンチマークを迅速かつ効率的に満たす。

この大量のデータ動員と IT 近代化以前にはそのようなインフラは存在しなかった。パンデミック以前の状況と対照的に、現在、病院の 99% が一貫してデータを報告し、94% が毎日報告している。同様に、州及び地方の管轄区域からの症例及び検査報告のため、自動接続が存在している。データとプラットフォームに加えて、連邦政府は、保健福祉省、米疾病予防管理センター、米デジタル・サービス、その他の機関から経験豊富で十分に訓練されたアナリストの新規及び既存のチームを構築し、また信頼できる外部パートナーの専門知識を活用し、それらのデータが意思決定に際して情報を提供するように、実用的で解釈可能な形態で利用できるようにしている。

この画期的な取組はまた、将来のパンデミックやその他の健康危機にも役立つことが分かるであろう。例えば、それは、アメリカ人の平均余命の最近の短縮に関するより詳細な調査を促進することができ、薬物過剰摂取、自殺、心臓病と戦うためのリソースを対象にすることができる。出現した重要なイノベーションの 1 つは、多くの州で健康情報取引所が作られたことである。それは、リアルタイムの電子健康記録データを連結し、COVID-19 患者のための集中治療室のサージ容量を追跡する。このプラットフォームは、公的及び民間の保険取引データを結合し、計画、実行、将来のパンデミック対応を大幅に強化できる。前述のように、ある政策提案は、大学院医学教育資金をより大きな医療ニーズのある地域に配分することを提唱している。このプラットフォームは、そうした地域を特定し、住民に質の高い生活を提供するのに必要な医療専門職を受け入れるように適合させることができる。COVID-19 パンデミックに対する戦いの間に開発されたイノベーションは、今後、引き続きアメリカ人の役に立つであろう。

規インフラは人口及び経済的ニーズの増加に見合う速さで建設されればよいことを示している。道路を良好な状態に維持するのに1㌦費やすことで、道路が劣悪な状態に陥った時に7㌦のコストをかけることを防ぐことができる（AASHTO and TRIP 2009）。インフラのための州政府及び地方自治体への移転支払いの推計産出乗数が0.4から2.2の範囲であることを考えると、修復に資金を集中することはGDPにプラスの影響を及ぼす可能性がある（CBO 2015）。

議会予算局（CBO 2018）によると、2017年、交通・水インフラの連邦支出合計に占める保守への連邦支出の割合はわずか27％で、インフラのストックが増加しても、実質支出額は1980年代以降横這いであった。州政府及び地方自治体の支出は、その増加率を補うようには増加しなかった。現在、連邦政府は、ハイウェイ信託基金を通じて道路インフラに主に資金を提供している。この基金は今や破産に直面しており、2020年にも60億㌦超の赤字が見込まれている。趙ら（Zhao, Fon-seca-Sarmiento, and Tan 2019）の推計によると、延期された修復の時価でのコストは8730億㌦、つまり対GDP比4.2％に上るかもしれない。非政府組織の推計によると、2025年までのインフラ投資ギャップを埋め合わせるには、年間1100億㌦から1500億㌦が必要である（McBride and Moss 2020; American Society of Civil Engineers 2016）。

裁量的助成金の簡素で透明な指標により、規模や管轄区域を越えた性質のために、地元の資金を得るのが困難なプロジェクトの遂行が可能になる。これには、複数の州にまたがり、意義ある国家目標を達成するプロジェクトが含まれる。そのプロセスは、既存のTIGER/BUILDモデルを拡張する。それは、国家目標を達成しようとする連邦政府が資金提供した裁量的助成金を伴うが、一貫性のある明確な評価プロセスにしたがう費用便益分析を用い、経済、安全及び環境への影響の数値指標を重視することにより、それらを改善できる。連邦政府は、小規模な申請者に対するプロセスの偏りを回避し、最良慣行に確実に準拠するため、技術支援を提供することができる（U.S. Department of Transportation 2020）。

本『報告』〔『白書』〕の第8章で説明されているように、官民パートナーシップ（PPP）によって、政府は低コストで高価値のインフラを提供できる。うまく設計された官民パートナーシップは、公益が保護されるのと同時に、民間パートナーが強力な実績インセンティブを持つことを保証するよう構成されている（Istrate and Puentes 2011）。例えば、同じ事業体がそのプロジェクトを建設し管理するようにすれば、プロジェクトの設計と実装の運用コストを最小限に抑えるインセンティブがもたらされる。官民パートナーシップの最良慣行には、パートナーシップを勝ち取るための民間事業者間の激しい競争や、民間事業者と政府の間でリスク負担を最適に分割する契約条件がある。もし民間事業者が利用料を通じて投資の見返りを得ることが許可されている場合、そのパートナーシップ契約は、料金の承認または設定において、もしあるとすれば政府が留保する役割を慎重に検討しなくてはならない。もしインフラが自然独占になるなら――近くに競合する道路がほとんどない公有地の道路など――、この問題に対処することはとくに重要である。

最後に、利用料によって資金調達されるインフラ投資の民間資金調達の遅れを回避するために、取組をすることができる。公的部門のリスク想定と資金調達に比べて、官民パートナーシップの資本コストは高い（Arezki et al. 2017）。マコフセク（Makovsek 2018）が詳述しているように、政府は、一般に有益な投資を検討する際に、民間投資家が直面するリスクと不確実性を相殺するためにいくつかの措置を取ることができる。そのようなハードルには、環境評価の失敗、政治状況の変化、公共インフラを提供するプロセスに追加のリスクをもたらすその他の規制上のハードルが含まれる。さらに、州政府及び地方自治体の債務証券に対する金利は課税を免除され、インフラ・サービスを提供する政府所有事業体は優遇税制が適用される。インフラ整備の避けられないリスクに対して保証を提供し、課税措置を平等化することで、民間投資を増やすことができる。

インフラと生産性

生産性は、産出・投入比率の計測値の1つであり、インフラ、教育、研究、投資、実装の複雑な相互作用の結果である。生産性上昇とイノベー

図11−11　米国の生産性、1949〜2019年

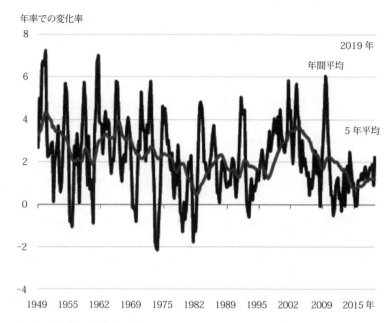

出所：FRED (2020); CEA calculations.

ションにとってとくに重要なのはインフラ投資である。どこに何を建設するかの選択は、それらに依存する企業に多大な影響を及ぼすからである。もし生産性が上昇するならば、経済はより少ないものでより多くのもの生み出すことができる。これは、同レベルの経済産出に対して、より多くの余暇とより少ない環境劣化伴う高所得経済をもたらすであろう。

　何十年もの間、労働生産性成長に関して、米国には懸念があった（Munnell 1990）。図11−11に示されているように、1990年代後半には、産業が新たな情報技術を実装したので、生産性の上昇が見られた。しかし、大リセッション以降、生産性上昇は落ち込んだままであった。生産性上昇のこの低下は、計測ミスにより現れたものではない（Byrne, Fernald, and Reinsdorf 2016; Syverson 2016）。研究の生産性は、既存分野における科学的知識のフロンティアを前進させるのにより多くの資源を必要とした結果、低下していることが分かっている（Bloom and others 2020）。人工知能、量子コンピューティング、自動走行車は、その利益がより幅広い経済に拡散すると、この傾向を逆転させることができる。しかし、最先端分野ではダイナミズムが衰えているという懸念がある。アステブロら（Astebro, Braguinsky, and Ding 2020）によると、複雑さと管理コストの増加もあって、科学及び工学の博士号取得者による起業は減少している。

　これらの新興分野が繁栄できるようにするのに必要なインフラを連邦政府が支援できる範囲において、これは生産性を高めるであろう。しかし、もはや存続しえない企業構造に対する政府支援は、革新的企業が市場に参入し停滞企業が退出する過程である「創造的破壊」を妨げることにより、生産性上昇率を低下させる（Acemoglu et al. 2018）。その結果、政府は、特定の企業に投資し、特定の企業を他の企業よりも優先する場合ではなく、公平な競争の場で企業が競争できるようにする規則と透明性を提供する時、最適に機能する（政府がいかに周波数を割り当て、企業が公正に競争できるようにするかについての議論は、BOX 11−3を参照のこと）。インフラへの賢明な政府投資は、

Box 11—3　5G インフラ

米国はワイヤレス通信で 5G テクノロジーへの移行を開始した。4G の小さな改良とはほど遠く、次世代ワイヤレス通信は、大幅に拡張されたデータ容量と速度を特徴とし、イノベーションと経済成長に新たな機会を解き放つ。簡単な例として、映画は、現在の 10 倍以上のスピードでインターネット経由でダウンロードされるであろう。しかし、5G テクノロジーにより、自動運転車、遠隔手術、インテリジェントな製造業の進展など、変革的適用も可能になるかもしれない。2018 年の報告書で、連邦通信委員会（FCC）は、この国を「さらなる技術革命の目前にある」と述べ、5G ネットワークが「かつては想像もつかなかった進歩を可能にする」と述べた（FCC 2018）。連邦通信委員会はさらに、ワイヤレス業界は 5G のインフラを展開するために 10 年間で 2750 億㌦以上投資すると予想されており、300 万の雇用が創出され、GDP は 5000 億㌦増加すると報告している。

デジタル・テクノロジーと人工知能及び機械学習の統合は、第 4 次産業革命と呼ばれている（Schwab 2016）。この統合は 5G によって可能になる。時間の経過とともに、5G は、2 つの新しい機能を通じて変革的適用を可能にすると期待されている。つまり、大量端末同時接続（mMTC）と超高信頼低遅延通信（URLCC）である。略語の mMTC は、モノのインターネットと呼ばれるセンサーのネットワーク内で、非常に大量のデバイスを支援する 5G インフラの容量を指す。例えば、「スマート・シティー」は、より効率的な提供を可能にすることで、都市の照明からゴミ収集に至る公的サービスのコストを削減する高密度監視システムを配備するかもしれない。URLCC は、「業務上枢要な」通信を支えるように設計された 5G パフォーマンス基準を指す。URLLC は、99.9999％の信頼性を有し、1 ミリ秒という短い遅延でデータ配信を行う。使用例には、工場または電力系統の自動電力分配、インテリジェント交通システム、バイオエレクトロニック医療

が含まれる（Rysavy Research and 5G Americans 2020）。

ATT、ベライゾン、T モバイルなどの民間プロバイダーは、5G インフラに投資をして構築をしているが、連邦政府は電磁スペクトルの商用免許のオークションを組織する上で重要な役割を果たしている。5G は電磁スペクトルのさまざまな部分を組み合わせて使用するよう設計されているので、これは複雑な作業である。5G プロバイダーは、高帯域スペクトル（24GHz を超える周波数）を用い、大量のデータを高速かつ低遅延で伝送する。しかし、高帯域スペクトルは遠くまで伝わらず、例えば壁を貫通することはできない。プロバイダーは、中帯域スペクトル（1GHz から 6GHz の間の周波数）を用い、高帯域スペクトルを増強し、多少低速でより広い範囲をカバーする。最後に、プロバイダーは低帯域スペクトル（1GHz 未満の周波数）を用い、低速で非常に広い地理的地域にデータを効率的に伝送する。

連邦通信委員会は、5G テクノロジーにおける米国優位性促進と名づけられた戦略を実施する上で大きな進歩を遂げた。2019 年と 2020 年に、連邦通信委員会は 3 つのオークション（オークション 101、102 及び 103）を実行し、ほぼ 5GHz の高帯域スペクトルを市場に開放した（FCC 2020a, 2020b, n.d.）。これらのオークションは、2 万強の免許に対し約 103 億㌦の総入札額を生み出した。落札者には、ATT、ベライゾン、T モバイル、US セルラー、また小規模なワイヤレス・プロバイダーが含まれていた。2020 年 8 月 25 日、連邦通信委員会は、5G 向け中帯域スペクトルの最初のオークション（オークション 105）を終了し、3.55GHz から 3.65GHz の範囲で約 70MHz のスペクトルを開放した。オークションは 2 万 625 免許の総入札額が 46 億㌦になった。落札者には、ベライゾン、ディッシュ・ネットワーク、いくつかの大ケーブル会社があった。連邦通信委員会は現在、5G での使用するために 280 MHz の中帯域のスペクトルを転用する

ためのスペクトル・オークションを組織している。そのスペクトルは、3.7GHzから4.2GHzの範囲のもので、現在、固定衛星サービス会社によって、主に音声及動画コンテンツをケーブル・システムに配信するために使用されている。オークション・プロセスの一環として、衛星会社はスペクトルを空け、5Gプロバイダーが代わりにそれを使用できるようにした。

COVID-19パンデミックによる混乱にもかかわらず、連邦通信委員会は、オークションのスケジュールを迅速化しようとし、8月に入札手続きを決定し、2020年12月時点で入札を実施中である。連邦通信委員会はまた、低帯域スペクトルの5G使用を促進するために、的を絞った変更を行っている。最後に、国防総省は、政府の5Gへの取組に貢献している。8月、国防総省は、3.45GHzから3.55GHzの範囲の中帯域スペクトル100MHzを解放すると発表した。それは、軍事用にそれまで留保されていたもので、2021年後半にオークションにかけ、2022年に商用利用が開始される。

この目標を達成することができる。

インフラ建設のコスト

フォースターら（Foerster and others 2019）は、年間GDP成長率が1950年以降2％㌽以上低下したことを明らかにした。彼らが主張するように、この理由の一部は、建設セクターの全要素生産性のトレンドが0.15％㌽低下したことである。この生産性の低下は1999年以降反転したが、建設セクターの労働力の傾向値は1999年から2016までに0.07％㌽低下した。全米高速道路建設費指数によれば、米国における高速道路インフラ建設コストは、2003年から2020年までに94％増加した。この増加はこの期間のずっと前に始まり、1960年代から1980年代にかけて3倍に増加した（Brooks and Liscow 2019）。これらの増加は、1つには規制の強化によって推進されている（BOX 11－4を参照のこと）。

労働規制もインフラ構築の全体的なコストを増加させている。例えば、1931年デイビス＝ベイコン法によって連邦政府は、「現地で一般的な賃金」と呼ばれているように、その地域の同様のプロジェクトで働いて得られる以上の賃金を、建設労働者に支払うことを義務づけられている。この規制は人為的に労働コストを上昇させ、今度は資本の最適配分をもたらさない可能性がある。これは賃金を上昇させるための大恐慌時代の試みだが、デイビス＝ベイコン法は規制負担も増加させ、中小企業を差別している。改革は、そのような規制が競合する政策の優先事項の間で適切なバランスを達成していることを確実にすることができる。

1970年国家環境法に加え、1973年絶滅危惧種法や1972年水質浄化法など、その他の環境に焦点を合わせた立法により、公有地の開発は困難になっている。市民団体や環境非営利団体も1970年代以降増加しており、一部の開発プロジェクトに反対することがよくある。環境影響レビューは、プロジェクトを遅らせたり、プロジェクト遂行のためにディベロッパーに費用のかさむルートを取らせたりして、全体的にコストを押し上げている（Brooks and Liscow 2019）。新規投資が公共財を略奪することにより市民から「盗む」ことのないようにするのは決定的に重要だが、迅速かつ透明な承認プロセスは、資本が拘束されないことを確保でき、仮に却下された場合でも、それに代わるより環境にやさしいプロジェクトに転用できるようにする。

インフラ・コスト増加のまた別の要因は、透明性と競争的プロセスがないことである。これは、市民の監視を制限し、無駄で腐敗した支出をもたらし、投資収益率を低下させる。例えば、ロングアイランド鉄道プロジェクトは、線路1マイル当たり25億㌦を支払っており、それは世界平均の7倍のレートであった。シュウォーツら（Schwartz and others 2020）の推計によると、先進国のインフラ投資の15％は無駄に失われている。

Box 11—4　国家環境政策法のプロセス改革

国家環境政策法（NEPA; National Environmental Policy Act）は、1970年に成立したもので、連邦政府機関に対して、提案された措置の環境への影響を評価し、人間環境の質に多大な影響を与える措置については環境影響評価書（EIS）を作成することを求めた。そのような措置のため、政府機関は、合理的な代替策または緩和策を通じて多大な影響を最小限に抑える方法を検討しなくてはならない。主要連邦政府機関はまた、潜在的な環境への影響と代替策についてパブリック・コメントを聴取し、反映させなくてはならない。完了すると、EISプロセス全体が完了するまでに平均で約4年半かかり、平均で600ページを超える長さになる。

環境諮問委員会（CEQ; Council on Environmental Quality）は、2020年に、国家環境政策法規制を近代化し、環境評価と意思決定プロセス遅延を減らすため、改革を最終決定した。変更には、プロセスには予定2年の期限の設定、定義と手順の要件の明確化、不要な事務処理と遅延を減らすための効率的な政府機関慣行の体系化、現在のテクノロジーを反映するための規制の更新が含まれる。環境諮問委員会が更新した国家環境政策法規制にはまた、大統領令13807号によって確立されたわが政権の単一連邦政府決定方針の諸側面が含まれている。これは、複数の連邦政府機関が許可を承認する必要がある主要インフラ・プロジェクトに対応するものである。単一連邦政府決定大統領令は、更新された規制で成文化されており、プロジェクトに対して複数の許可を発行する連邦政府機関に対し、統合許可スケジュールを作成し、1つの環境影響評価書を作成し、そのプロジェクトに関する決定の統合記録を発行することを義務づけた。

CEAは、国家環境政策法レビューの完了までの期間を4年から2年に短縮することにより、これらの政策が今後10年間でインフラ・プロジェクトから7390億ドルの便益を生むと推計している。便益は、早期完了とプロジェクトの資金調達コスト低下から生じ、インフラ及びアメニティーの改善をもたらす。CEAは、今後10年間におけるインフラ近代化に必要な道路、空港、水道、パイプライン、公益事業投資が2兆3500億ドルであるということに推計の根拠を置いている（American Society of Civil Engineers 2016）。これらすべてのプロジェクトが国家環境政策法の下でのレビューまたは環境影響評価書の準備を必要とするかは定かではないが、CEAの推計は、現行の国家環境政策法許可プロセスの遅延が4年半ではなく4年であると仮定している点において控えめである。CEAによる研究によると、公的インフラ投資は社会に年間12.9%割合で限界生産力を与えるのである。

したがって、2兆3500億ドルの投資の便益を2年間前倒しする価値は、4790億ドルである。許可プロセスの遅延削減の追加的な便益は、このインフラのディベロッパーが長年ローンを保有する必要がなく、プロジェクトを実施するために借りた元本に利子が発生しないことである。資金調達コストの推計削減額は、元本が2兆3500億ドルのローンで2600億ドルであり、それは、4年と2年の利払いの差額である。もし提案されたプロジェクトを承認しないという決定が下されたならば、それらの資源はより有益な用途により早く使うことができる。

改革の便益は推計よりもいっそう大きくなる可能性がある。なぜなら一部の許可はたんに数年遅れるだけでなく、一切認められないからであり、許可を要請している会社は回答を待っている間に財政難に陥るためである。ワイオミング州のベアロッジ鉱山はその一例である。レア・エレメント・リソーシスは、米国森林局（USFS）の土地に、重要鉱物に指定されている希土類鉱物の鉱山を開業しようとしていた。同社は、2012年11月に森林局に事業計画を提出した。2013年9月、森林局は当初計画を受理し、環境影響評価書を実施する請負業者を見つけるプロセスを開始した。2016年1月、レア・エレメント・リソーシスは、

プロジェクトが承認されるのを待っていて資金が尽きたので、許可申請を停止した。

重要産業のリショアリングに非常に多くの注意が払われているため（第9章を参照のこと）、国内自然資源を責任を持って資本化することは、多くの重要コモディティーへのアクセスを確保し、米国貿易収支を改善し、脆弱なコモディティーのサプライ・チェーンへの依存を軽減し、資源が持続可能な方法で抽出、使用されるようにする。これにより、サプライ・チェーンを混乱させ、米国の消費者にコストをもたらす歪んだ貿易障壁を課すことのない、より持続可能な貿易関係が実現する。それはまた、他国よりも持続可能な方法で、コモディティーが生産されるようにするであろう。

利用料の決定的重要性

特定の財は価格設定に適さない性質を持っており、それゆえ一般財源で資金調達しなければならない。例えば、きれいな空気は、お金を支払わない人が息をするのを排除する現実的な方法がないため、使用に対し価格設定ができない。さらに、ある人が呼吸することで別の人が呼吸できる力を著しく低下させることはないため、追加消費によるコストはない。経済学者はそのような財を「排除不能で非競合的」と呼んでいる。ただし、利用者を排除することが可能で、追加の消費が他者にコストをもたらす場合、財に価格を設定することにより、その利用に関連したコストを効率的に内部化できる。道路、運河、橋は、排除可能かつ競合的な財の事例であるから、価格設定プランから恩恵が生じるであろう。

2018年版『大統領経済報告』〔『米国経済白書』〕に詳述されているように、公共財の利用者がそれに対して支払う者である場合、それは最適である。これにより、公共財の利用コストを利用者が確実に負担することで公共財の過剰消費が防がれ、これらの財の保守と維持のための資金源が提供される。明確かつ持続可能な資金調達の流れがないと、インフラは将来世代に負担をかけることになる。

連邦ガソリン税は、連邦インフラ・プロジェクトに一部資金を提供し、利用者と利用コストを部分的につなげているが、これらのプロジェクトのほとんどは一般財源によって賄われている。ドライバーは公道や橋を運転する費用を負担していないため、彼らにはそれらの利用を節約するインセンティブがなく、渋滞と高い維持費につながる。

通行量や走行距離に基づく料金などの利用料は、渋滞を減らし、インフラに安定した資源源を提供するのに役立つ。それらや、その他の形態の混雑料金設定を利用することは、さらなる経済的利益をもたらすであろう。

連邦政府は、公共インフラを賄うために何十年にもわたって数種類の利用料を実施してきた。もっともこれらは、価値低下と混雑の問題に十分に対処するものではなかった。連邦政府は1931年にガソリン税を成立させ、当初は1ガロン当たり3㌣に設定され、その後はガソリン価格の約10％になった。1956年「連邦補助高速道路法及び高速道路収入法」は、州際高速道路網に明示的に利用料を課した。これらには、ガソリン、ディーゼル燃料、タイヤ、大型車利用に関する税金が含まれていたが、ハイウェイ信託基金の大部分は燃料税に依存していた。しかし、これらの税金はインフレに連動しておらず、1993年10月以降、一般的な物価水準（GDP物価指数）は1.65倍になったにもかかわらず、とくに連邦ガソリン税は引き上げられていない。ガソリン税は現在1ガロン当たり18.4㌣であり、1993年にはガソリンのコストの17％であったが、今はその約半分である。

さらに、電気自動車を含む低燃費車により、ガソリン税は不完全で欠陥のある利用料になっている。低燃費車は、道路や橋などの物的資産の価値を同等の質量の高燃費車と同じくらい損なうが、利用料として燃料税が活用されると、1マイル当たりの支払いが少なくなる。ガソリン税は、汚染と温室効果ガス排出を減らすことにより付随的な利益を生むかもしれないが、連邦の道路及び橋の保守を賄うのにこの税金に依存するのは妥当ではない。

代わりに、連邦政府、州政府及び地方自治体は、公共インフラの資金を調達し混雑を減らすため、有料道路の利用を増やすことを検討できる。これらの有料道路は、車種に基づき料金を変えることができる。これらの一例が多人数乗車有料道路（HOTレーン）である。HOTレーンは、少人数乗車車両に料金を課し、他方、バスや緊急車両はそのレーンを無料で利用できる。現在、8州で10のHOTレーンが稼働している。一部の学者や政府関係者は、条件を満たした車両に利用を限定した多人数乗車車両（HOV）レーンを、利用を増やして他のレーンの混雑を解消するため、HOTレーンに転換することを提唱している。

ただし、HOTレーンの有効性に関する研究結果はいろいろである。通行料金設定が低過ぎる場合、HOTレーンは相乗りするインセンティブを実際に減らし、レーンにアクセスするのに通行料金を支払いさえすれば1人乗車でもよいため、より混雑を増すかもしれない（Burris et al. 2014; Konishi and Mun 2010）。HOVレーンでは、1人乗車車両はたいてい排除されている。しかし、最適に設定された通行料金は、混雑を減らし、公共資産の維持に資金を提供できるのである。

政府はまた、時間帯に基づいて通行料金を変動させることも検討できる。変動通行料金は、一律通行料金とは異なり、混雑を緩和するためにピーク交通時間により多くドライバーに請求する。フロリダ州フォートマイヤーズでは、ラッシュアワー前後の短時間、ミッドポイント橋とケープコーラル橋で、通行料金50％割引が提供された。調査データが明らかにしたところによると、割引対象の中で、朝のラッシュアワー前の割引時間中に20％も交通量が増え、ラッシュアワー自体はそれに応じて減少した。

少数の都市や国は「コードン・プライシング」を採用し、特定の地域に進入するドライバーに課金している。従来の料金所の代わりに、自動車は、進入を検知する頭上のアンテナによってスキャンされるトランスポンダーを通じて課金される。現在、米国では通行料金の70％から80％がこの方法で徴収されている。ドイツでは、高速道路当局は、全地球測位システム技術を用い、アウトバーンのトラック通行料金を管理している。車載器は、自動車の位置に基づいてすべての料金を記録

し、自動車の所有者はその料金を処理センターにアップロードする。そのようなシステムのコストは、ドイツでは車両1台当たり500ドルにもなるが、その存在により、道路脇の設備や通行料金徴収の労働力の必要性が削減される。

コードン・プライシングは、混雑にかなりの効果を持っている。表11－4は、この形態の混雑料金を採用している都市及び国の詳細と、その経済的効果をまとめたものである。実施の翌年、交通渋滞はロンドンで30％減少した。バス・サービスは、信頼性が高まり乗車時間が短縮されたことにより、23％増加した。もはや制限区域に進入しなくなった数千もの自動車交通量のうち、50％が公共交通機関に移動し、25％が制限区域外の他の部分へと迂回し、残りは相乗り、徒歩、自転車、ピーク時間以外の移動にシフトした。これらの結果は、2000年以降、ロンドンでは約20％人口が増えたにもかかわらず、長期にわたって維持されている。ロンドンは2002年から2003年までに二酸化炭素排出量が16％減少したので、公衆衛生上の利益も同時に達成した。ストックホルムでは、制限区域の交通量は20％減少し、二酸化炭素排出量は14％減少した。

シンガポールのロード・プライシング計画は、1975年から1998年までに渋滞を20％削減し、投資コストの約9倍の収益を生み出した。シンガポールが1998年に現在の電子ロード・プライシング・システムに切り替えると、それ以降人口が力強く伸びたにもかかわらず、この渋滞削減はいっそう進んだ。都市中心部の渋滞は24％減少し、他方、平均速度は30％以上上昇し、バスと電車の利用は15％増加した。収入は公共交通機関、道路の安全性、またバス、鉄道及び自転車インフラ・プロジェクトを支援するのに使用された。しかし、シンガポールはまた、自動車所有を制限する厳格な措置も導入した。それは、3万7000ドルもかかる証明書の購入を要求するもので、10年ごとに再認証されなくてはならない。2018年以降、シンガポールは、自動車所有権の増加をまったく許可していないので、新規ドライバーには既存の証明書に入札するよう要求している。

ほとんどの経済学者は混雑料金が平均的人間の暮らし向きを良くするということに同意しているが、多くの州政府や地方自治体は、そのシステム

表 11—4　世界の渋滞料金イニシアティブ

年	実施年	政策	影響
ロンドン	2003 年	ロンドン環状線の 8 平方マイル	年間運営費用 / 純収益：1 億 3000 万ポンド /1 万 3700 万ポンド
		交通カメラが進入 / 退出の際にナンバー・プレートを把握。翌日までに支払い。	交通渋滞の 30% 減少
		月曜〜金曜、午前 7 時〜午後 6 時、一律 1 日料金	バス乗車は 2011 年に 50 年間で最多に達した
ストックホルム	2006 年	都市中心部への主要入口で自動徴収	年間運営費用 / 純収益：1 億クローナ /13 億クローナ
		料金は、月曜〜金曜、午前 6 時 30 分から午後 6 時 30 分まで賦課され、需要に基づいて変動する	交通遅延は 30 〜 50% 減少した
			80% の居住者の反対は実験成功後に逆転した。市民は恒久化に賛成している
イェーテボリ、スウェーデン	2013 年	都市中心部への主要入口で自動徴収	有料時間に交通量は 12% 減少
		料金は、月曜〜金曜、午前 6 時 30 分から午後 6 時 30 分まで賦課され、需要に基づいて変動する	公共交通機関利用は通勤者について 24% 増加
ミラノ	2008 年	午前 7 時 30 分から午後 7 時 30 分まで都市に入ってくるドライバーに一律 1 日料金が適用される	交通量の 30% 以上減少
		電気自動車及びハイブリッド・カーは免除	
シンガポール	1975 年	月曜〜土曜、午前 7 時〜午後 8 時、リアルタイムで渋滞レベルに合わせた変動料金表	年間運営費用 / 純収益：2500 万シンガポール・ドル /1 億 5000 万シンガポール・ドル
		自動車は、ダッシュボード上に料金支払い用車載器を備えている	1998 年以降、都市中心部の交通量は 24% 減少
		自動車所有証明書（限定）は 5 万㌦	制限区域の温室効果ガス排出量は 10 〜 15% 減少
ニューヨーク市	2021 年*	E-ZPass システム──すでに橋とトンネル通行料で使用されている──が 60 丁目以南のマンハッタンに進入する自動車に課金する	
		年間所得 6 万㌦未満の居住者には税額控除	
		タクシーと配車業にすでに存在している渋滞料金に追加する	

注：ニューヨーク市の渋滞料金設定はまだ暫定的なものである。
出所：Tri-State Transportation Campaign; European Commission; *New York Times* ; Bloomberg CityLab.

が不平等であると思われているため、そのような価格設定メカニズムの採用に消極的である。2008年時点で、米国において道路のわずか 1% に、従来の料金所以外のなんらかのタイプの混雑料金が使われていただけであった。しかし、連邦政府は、そのような価格設定が採用された場合にインフラ投資の折半を申し出ることによって、州政府及び地方自治体にそのような政策を採用するインセンティブを与えることができる。あるいは、混雑料金により悪影響を受ける低所得層に補償するのを手助けする連邦支援を提供することができる。

　政府と民間の利益が同様に連邦投資増加から利益を得られる別の分野は、デジタル・インフラである。関連プロジェクトは、データ収集の改善、セキュリティーの強化、コンピューティング効率の革新にかかわる。これらの公共財は、民間産業の生産性を向上させ、アメリカ市民の厚生を向上させるのである（BOX 11 − 5）。

港湾インフラへの投資

　米国の港は、わが国経済の広大な海運ネットワークへの玄関口として機能し、世界貿易トン数の90％以上を輸送している。これら360の米国の港は、重量で米国の国際貿易の70％以上、価格で約50％を扱っている。それらは、米国の繁栄と経済的安全保障のために絶対に不可欠である。しかし、米国の港は現在、世界を主導する港の競争力と生産性に大きく遅れをとっている。その結果、より高い輸送コストは米国企業を重大な不利益にさらし、米国経済を世界の最も低コストの貿易ルートから実質的に締め出している。時間の経過の中で、わが国の港のひどい状態は、世界の貿易及び製造業における米国の地位に大きな打撃を与え、純輸出に悪影響を及ぼしてきた。海上通商は、世界貿易の支配的な方法であるため、競合する諸国は、貿易量を向上させるために港の強化を優先してきた。港の効率及び生産性を高めることにより、取引コストは低下し、貿易機会は拡大する。米国の港を近代化するための設備投資は、長い間延期されてきた。質の高い港湾インフラはサプライ・チェーンの相互作用を通じて輸入よりも輸出に利益をもたらすため、純輸出を支えることにより、わが国の貿易及び製造業にかなりの収益をもたらすであろう。

　コンテナ船は、米国では寄港に平均丸1日かかるが、台湾（0.46日）、中国（0.62日）、日本（0.35日）、スペイン（0.66日）、ノルウェー（0.33日）の方が米国よりも時間がかからない。米国の港は、6つの市場セグメントのうち5つで世界平均よりも時間がかかる（UNCTAD 2020）。深い可航水路、24時間稼働の自動貨物処理、絶え間ない競争力向上により、ほぼ摩擦のない取引ができる。これらの仕様を備えた港は機能し、多大な規模の経済及び複雑なサプライ・チェーンの繁栄が可能になる。低輸送費は、多くのプレイヤーの移動を必要とする財の生産には不可欠である。大型部品や大量の財、例えば、航空宇宙、自動車、工業生産で必要とされるものの場合、水上輸送は中間投入物の輸送モードを提供することが多い。

　逆に、貧弱な海運インフラに起因するより高い輸送コストは、受入国の経済を、複雑ではないサプライ・チェーン、一次産品の輸出、中間財及び最終財の輸入に対して有利にする。やがて、これは国に産業空洞化の影響を及ぼすことがある。貧弱な海上ロジスティクス（バラ積み貨物船全体がないことも含め）は、ノースカロライナ州の養豚農家が米国ではなくブラジルから飼料穀物を輸入する状況をもたらしている。米国はまた、既存の水運モードではこの安価で豊富な国内戦略商品を米国のミニミルに運べないため、金属スクラップの輸出で世界をリードしている。

　2017年に、価格単位ですべての財の半分は海港を経て米国に入ってきており、連邦海事委員会の推計によると、これらの港は2014年に約4兆6000億㌦の経済活動を生み出した。米国の港におけるインフラへの投資の増加は、財の流れを加速させ、貿易を拡大し、米国のGDPを増加させる。例えば、世界銀行（World Bank 2020）は、米国の港湾インフラに7点満点中5.8の評価をつけ、6.8でオランダを1位にしている。ムニムとシュラム（Munim and Schramm 2018）の分析から外挿してCEAが明らかにしたところによると、米国の港湾インフラが1㌽増加すると（7点中6.8）、米国の実質GDPは0.3％（560億㌦）増加する。

　2018年、世界で最も忙しい50の港のうち5つが米国にあった（図11－12）。比較すると、16が中国であり、そのうち10は米国で最も忙しい港、ロサンゼルス港よりも取り扱いが多かった。米国の港は年間平均で20フィート相当のコンテナ700万個を処理したが、中国の港の平均は3800万個であった。

　インフラ投資は、この格差に影響を及ぼす。米国の空港と港湾の平均耐用年数は38年で、世界平均を下回っている。そしてオックスフォード・エコノミクスによる2017年の分析によると、2040年までに必要な港湾投資の予測値は、現在の港湾投資のトレンドよりも90％高い。米国における必要な投資と実際の投資の格差は世界で最大級である、とそれは結論づけている。過去10年間に、貿易量の増加により、海港はより忙しくなり混雑は増した。2014年、上位3つのコンテナ港だけで、米国のすべてのコンテナ貿易のほぼ半分を占めた。混雑に起因する処理能力の低下は、他国の港と比べた米国の港のパフォーマンスに悪影響を及ぼし始めており、米国の港からますます

Box 11―5　デジタル・インフラ

COVID-19危機により、医療情報システムの不備が明らかになり、一部の当局者は決定的に重要な健康データを伝達するのにファックスを利用している（Kliff and Sanger-Katz 2020）。前述のBOX11－2は、この必要性に応えて行われたデジタル・インフラについて詳述している。アメリカ国民は未曾有の規模の失職に苦しんでいたので、時代遅れのコンピュータ・ソフトウェアは、急増する州失業保険請求に圧倒された。

政府機関は、データ・ストレージを近代化することでより良いサービスを提供できる。例えば、退役軍人省（VA）は、1970年代のパソコン到来の真っ只中に、省内記録システムを構築し始めた。最盛期には最先端のものであったが、VAのシステムは、商業的にテストされた代替ソフトウェアに関して、保守コスト及びセキュリティー問題を懸念する議員から批判を受け続けている。現在実施されているように、いくつかの近代化の試みと数十億㌦の年間支出にもかかわらず、VAの情報技術は、そのサービスを十分に支えることができず、セキュリティー脅威から保護することができない。しかし、最近の政策変更により、より多くの退役軍人が民間医療にアクセスできるようになり、VAは他の医療プロバイダーと調整し、時代遅れのITシステムを更新する必要性が高まっている（Steinhauer 2019）。

近代化しなければ、地域電力網や病院医療記録などの重要インフラは、壊滅的なサイバー攻撃のリスクにさらされたままである（GAO 2018）。2017年だけで、連邦行政府の非軍事機関は、3万5000件を超えるセキュリティー・インシデントを報告し、それはeメール・フィッシングから悪質なソフトウェア・インストールに至る。米会計検査院は、国土安全保障省の時代遅れのシステムが、168件の「高リスクまたは重大リスク」のネットワーク脆弱性をもたらすことを明らかにした（GAO 2019）。多くの場合、外国の諜報機関がそのような侵入の最前線にいる。つい最近の

2020年10月に、司法省は、サイバー攻撃の中でも、2017年のフランス大統領選挙と平昌冬季オリンピックを妨害したとして、5人のロシア軍当局者を起訴した（DOJ 2020）。

標準化されたデータ・ストレージと合理化された情報共有プロセスは、コロナウィルス救済などの政府全体のイニシアティブで、より効率的な省庁間協働を促進するであろう。さらに、個人情報を特定できないようにした後に、公共利用のために情報を提供することは、科学研究に大きな利益をもたらすであろう。学者の主張によると、行政データへの直接アクセスの提供は、学問の発展の最前線で米国の立場をいっそう強化できるのである（Card et al. 2011）。

自動運転車両業界など最先端セクターでも、新たなデジタル・インフラが必要になるであろう。連邦政府は、インフラ投資を支援することにより、そのようなセクターへの新たなプレイヤーの参入を容易にし、それによって競争を支援することができる。自動運転車両業界の場合、これには、乗用車、長距離トラック輸送、短距離ドローンを通じ一貫した普遍的方法で支援するのに適切なインフラを地域が持つことを確保することが含まれる。無人交通管理システムに投資し、発明を試験する空域を求めているエンジニアに対する規制承認を合理化することは、30分の荷物配達、混雑のない道路という未来に向けた大きな一歩となるであろう。連邦政府の介入は、州ごとのつぎはぎの代わりに、堅固な全国規模の制度の作成を促進できる。

全体として、デジタル・インフラの進歩は、米国に巨大な経済的利益をもたらす可能性がある。自動運転業界だけで、産出を1兆2000億㌦、つまり1人当たり約3800㌦増やすと予想されている（Clements and Kockelman 2017）。バージニア工科大学の研究によると、米国の3つの大都市の横断分析において、ドローン配達により、それらの都市の消費者は毎年5億8300万㌦の時間を節約できることが判明した（Lyon-Hill et al. 2020）。

図11−12　世界で最も忙しい上位50の港湾の国別港湾数、2018年

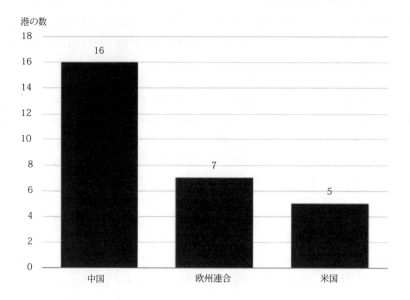

注：取扱いの多い港湾はトン数によって計測されたものである。
出所：World Shipping Council.

競争力のあるカナダとメキシコの港に向かい始めている。図11−13は、シアトル港から出荷されたトン数と、プリンス・ルパート港（カナダ西海岸の主要港の1つ）から出荷されたトン数を示している。シアトル港では過去4年間で取り扱い量が増加してきたが、プリンス・ルパート港の取り扱い量の増加はシアトル港の約2倍である。連邦海事委員会の推計によると、海港での貿易量が、2009年以降の東海岸及びメキシコ湾岸の港の平均成長率である年間5％から7％で増加した場合、この増加に対応するために港の能力を今後10年間で2倍にする必要がある。

　可航水路の深さは、港が扱うことができる貿易の量と速さに重要な役割を果たす。水路が浅過ぎる場合、輸送単価が低いことからメリットがある大型船は、隣接する港を経由して岬のインフラにアクセスすることができない。多くの米国の港は浅過ぎて、国際的に最も低いコストの貿易ルートで通常使われている大型船での貿易を促進することができない。全体として、不十分な浚渫と深さのために、米陸軍工兵司令部（U.S. Army Corps

of Engineers 2017）によると、米国は年間3760億㌦の貿易を放棄している。これは、とくに米国のエネルギー生産者にとって大きな課題となっている。米国における石油生産の増加によって、メキシコ湾岸の港で超大型原油タンカー（VLCC）による原油運搬サービスへの需要が急増している。しかし、1つを除く米国のすべての石油輸出ターミナルは、超大型原油タンカーを扱う十分な深さがない。その結果、メキシコ湾岸の港では、より小型のタンカーを使用して費用がかかり非効率な船から船への石油運搬を行う必要があり、何マイルも沖合の開放水域で超大型原油タンカーに積み込まれる。ロシアとサウジの生産者は、超大型原油タンカーに直接積み込むことができ、その1バレル当たりの石油価格は低下し、市場へ輸出する速度は劇的に増している。米国の石油輸出を積み込むこの非効率的な方法は一般的に、メキシコ湾岸から輸出された米国の石油が出荷されるたび、輸送コストに数日と100万㌦が追加される。この非効率性は、米国の石油1バレル当たり0.50㌦から0.80㌦の追加コストに相当する(Huchzermeyer

図 11−13　プリンス・ルパート港と比較したシアトル港の貨物量、2015〜18 年

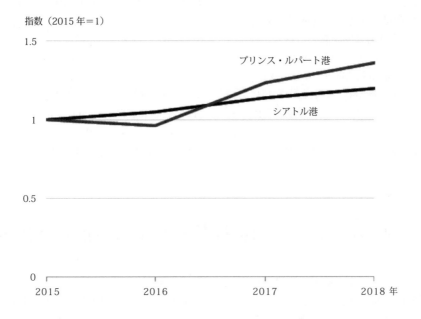

出所：Prince Rupert Port Authority; U.S. Department of Transportation; CEA calculations.

2018; Miller 2019)。したがって、十分な浚渫容量を確保するために米海事法を更新及び改定することは、かなりの経済的利益を生み出すことができる。

　米国の貿易競争力向上は、わが国特有の比較優位を活用することにより、加速させることができる。米国は、天然ガスの世界有数の生産国として急速に台頭し、世界最大級の液化天然ガス（LNG）輸出国になりつつある。同時に、グローバル遠洋海運産業では、海洋推進燃料としての液化天然ガスに向けて地殻変動が始まっている。燃料費はたいてい船主にとって営業費の主要因であるため、燃料油から液化天然ガスへの移行によって実現する 15 〜 30％のコスト削減は、すぐれた代替手段になっている。燃料転換に加えて、二元燃料機関船舶及び液化天然ガス機関船舶は、ますます普遍的になりつつある。船舶用燃料としての液化天然ガスへのこの移行は、アジアとヨーロッパの最も近代的で競争力のある港を除き、液化天然ガス燃料機関船舶に燃料を供給するのに必要な燃料補給インフラへの投資に見合っていない。液化天然ガ

ス燃料補給ターミナルを可能にするために、米国の港湾インフラに投資することによって、米国の港の魅力は上がるであろう。

　他の連邦規制は、港の混雑を悪化させている。この状況を最も悪くしているものの 1 つは、トレイラー・トラックのベッドまたはシャシーの不足である。財が海港に到着すると、通常、財を他の目的地に運ぶのにトラックが使用される。2009 年に導入された連邦安全要件の厳格化は、シャシーの提供が海運会社にとって桁違いの費用がかかる状況を生んだ要因であった。「走行能力規則」と呼ばれるこの規制は、シャシーの安全検査の負担をドライバーに課し、規制準拠費用を増加させた。その結果、海運会社の多くはシャシーを第三者のリース会社に売却し、現在、それらが港でシャシーの大半を提供している。トラック運転手は現在、シャシーの受取、返却に何往復もする必要があり、ある時点におけるシャシーの利用可能性に遅れをもたらしている。これは、良いタイミングでトラック運転手が運べる財の量を制限している。例えば、2019 年 1 月、シャシー不足により、ロ

サンゼルスとロングビーチのターミナルで大量の未処理が生じた。

　港湾インフラの改善が貿易を増やすことを研究は示している。港湾の効率を高める国は、輸送コストを最大12％削減し、貿易を増やすことができる（Clark, Dollar, and Micco 2002）。輸送費の低下は、企業売上を増やし、新技術の普及にも役立つ（Lakshmanan 2011）。これらの成果により、企業はその活動を拡大し国内産出を増やすことができ、これは労働市場と経済の他の部分にプラスの波及効果をもたらす。

　また、港湾インフラ投資は総貿易を後押しするだけでなく、輸入よりも輸出にいっそう大きな後押しを与えるという証拠もある。港湾インフラの改善は、輸入1ﾄﾞﾙの増加につき輸出を4ﾄﾞﾙ増加させる（Wilson, Mann, and Otsuki 2004; Korinek and Sourdin 2011）。物的インフラは、所得が増えるにつれて輸出にさらに大きなプラスの効果を及ぼす（Portugal-Perez and Wilson 2012）。港湾効率の向上は、港湾周辺のコミュニティーの所得を最大70％増加させた（Brooks, Gendron- Carrier, and Rua 2018）。

より高スキルで回復力ある労働力を生み出す

　COVID-19パンデミックの結果、2020年には前例のない経済活動の落ち込みが発生した。これについては、労使関係の社会資本を維持することに焦点を合わせた迅速かつ大規模な政策対応が行われたが、まだやるべき仕事が残されている。わが国がパンデミックによるリセッションから回復する中、米国の労働力の生産性を向上させることは、今まで以上に大切である。本節では、これを成し遂げる2つの方法について概要を説明する。1つは、わが国に貢献する移民のスキルを向上させることであり、もう1つは、数百万ものアメリカ人に労働市場に対して備えさせるための高等教育機関を改善することである。

ポイント制移民

　カナダ、オーストラリア、日本などの先進国と対照的に、米国の移民制度は、既存の家族関係がない場合、高スキル労働者が米国に移住する力を制限している。米国の現行法の下では、移民は、家族関係、雇用、移民多様化ビザ、難民及び庇護プログラムを通じて合法的永住権保持者（LPR）ステータス（つまりグリーン・カード）を取得する。表11－5は、2018会計年度にLPRステータスを取得した人の分布を示している。米国の移民ビザの分布は、恒久的移民ビザの半分以上が申請者の雇用またはスキルに基づいて与えられる能力主義型ポイント制を持つ国とは大きく異なって

いる（図11－14）。

　ポイント制移民制度は、年齢、教育、収入など、プラスの結果に関連する要因に基づいてポイントを付与することにより、雇用ベースの移民を選別する。例えば、カナダの能力主義型移民は、他のカナダ移民よりも多く稼ぐ。アボットとビーチ（Abbott and Beach 2011）によると、カナダの能力主義型移民の10年平均勤労所得の中央値は、彼らが検討した最新のコホートの全移民の10年平均勤労所得を35％から56％上回っている。以下で説明するCEAの推計と、経済研究のレビューが示すところによると、米国の移民制度を能力主義型に移行させると、米国経済にメリットがもたらされる——成長、賃金、歳入が上昇する。

経済的利益の推計

　この項では、CEAは、米国が申請者群の中で最もスキルの高い労働者を優先し、グリーン・カードの56％を高スキル申請者に配分し、それによって日本、オーストラリア、カナダによって提供されている雇用ベースのビザの平均割合と並んだ場合の経済的、財政的利益を推計している。このモデル作成の中で、新たな高スキル・グリーン・カードを受け取る移民は、配偶者と扶養家族の子供を連れてきて、これらの扶養家族はグリーン・カードの総数にカウントされると想定されている。移民の総数は、現在の流れと一致したままである。

表 11—5　広義のビザの種類別の合法的永住権保持者（LPR）ステータス、2018 会計年度

ビザの種類	LPR の数	LPR に占める割合
米国市民の近親者	478,961	44
家族スポンサー優遇	216,563	20
雇用ベース優遇	138,171	13
多様性	45,350	4
難民	155,734	14
亡命	30,175	3
その他すべて	31,657	3
合計	1,096,611	100

出所：U.S. Department of Homeland Security; CEA calculations.

図 11−14　雇用に基づく恒久的合法移民の割合、2017 年

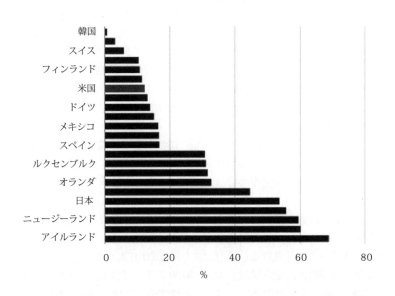

注：データは 2017 暦年のものである。雇用ベースには、就労ビザで同伴する家族も
　含まれる。合計は自由移動からの恒久的移民を除く。
出所：OECD International Migration Outlook 2019; CEA calculations.

米国への最近の移民の特徴は、統合公開マイクロデータ・シリーズ（IPUMS と呼ばれている）データベースによって提供されているように、2016年から 2018 年における、国勢調査局の米国地域調査の最新の 3 年間のデータを用い識別されている（Ruggles et al. 2019）。

図 11 － 15 は、現行制度下での最近の移民の教育上の特徴を示しており、中でも新たな高スキル労働者として認められた移民と、政策変更から生じると予想される構成を示している。第一に、賃金取得者の第 85 百分位未満の移民は、全体的な移民の流れに占める割合が小さくなるにもかかわらず、引き続き同じ特性を持っていると想定されている。第二に、能力主義型グリーン・カードの新移民は、米国地域調査における第 85 百分位超の稼ぎの移民の特徴と一致すると想定されている。

最近の移民の 51％は学士号未満であるが、高スキル移民に与えられるグリーン・カードの割合が増えると、学士号未満の割合が 33％に低下することが示されている（図 11 － 15）。雇用及びスキルに基づくビザにより大きな割合を配分することにより、最近の移民の雇用率も増加するであろう。非スキル・ベースのビザで到着した人や、新たな雇用ベースのビザの非就労配偶者を含めても、新しい移民の雇用率は現在の率から 8％上昇し（60％から 68％に）、雇用されている最近の移民の平均賃金は、4 万 9000㌦から 9 万 4000㌦に増加する。

高スキル移民増加が今後 10 年間に国民所得及び 1 人当たりの国民所得に及ぼす影響を推計するため、CEA は、移民労働者の国民所得への寄与を、彼らの総報酬としての経済への寄与で近似した。高スキル型グリーン・カードに転換された一連のビザについては、既存の雇用率及び稼ぎ率が予想された値と比較される。新しい高スキル型ビザとその家族の中で、将来における雇用率のいっそうの上昇は想定されていない。

現行制度下と新制度下での最近の移民の総賃金を決定した後、総報酬は労働統計局の雇用者報酬用雇用主コスト調査に基づいて推計される。給与税及び福利厚生（保険、退職給付、法定給付）の雇用主の割合は、報酬の 20％以上を占めている。したがって、賃金を 0.8 で割ると、総報酬の推計値になる。高スキル労働者の追加による総報酬の変化は、1 年間の国民所得の伸びの推計値に相当している。将来の移民の貢献を予測するため、新しい最近の移民の名目報酬が年 3％増加すると想定され、それは、労働統計局の雇用統計による最近の全体的な賃金上昇傾向と一致している。

高スキル移民への移行によりイノベーションが増加し、また既存の米国の労働力及び資本の生産性も増加させることを考えると、国民所得の追加的な増加が予測される。これらの生産性上昇の規模についてかなりの不確実性があることを認識しているが、国内労働者の生産性と同じ 0.3％という長期的増加（年間約 0.03％の増加）が前記の賃金上昇の分析に含まれている。この影響は、「国境警備・経済的機会及び移民近代化法」について議会予算局によって推計された長期的生産性上昇の半分強である。

このアプローチを用いると、2029 年の名目国民所得の合計増加は、現行移民制度下のベースライン（COVID-19 以前）予測を約 5700 億㌦上回る。ベースラインの国民所得増加の予測と比較すると、これは年間約 0.20％㌽の国民所得増加の伸びを反映している。さらに、ベースライン人口予測を用い、この演習は米国に合法的に到着する移民の総数を変えないことを踏まえると、これは 2029 年の 1 人当たり名目国民所得を約 1600㌦増加させる（表 11 － 6）。代わりに、これらの移民の平均的特性が、上位 15％ではなく上位 30％のそれと一致する場合、1 人当たりの国民所得はそれでもベースライン予測値を約 1200㌦上回る。年間の国民所得の平均成長率は 0.15％㌽であり、2029年の名目国民所得の合計増加は、ベースライン国民所得増加予測を 4300 億㌦上回るであろう。

国内労働者の賃金に対する影響の推計

この能力主義型移民制度への移行により、低スキル及び中スキルの既存の米国労働者は、代替可能な外国人労働者との雇用競争が少なくなるであろう。2019 年 12 月、25 歳以上で高卒以下の労働力に 4200 万人がおり、短大等または準学士号で 3700 万人、学士号で 6200 万人がいた。移民人口の構成の変化は、最近到着した移民の毎年 2、3％の海外移住とともに（Schwabish（2009）の推計に基づく）、10 年後、労働力にいる高卒以下の

図11−15　年齢25歳以上の最近の移民の教育達成度の推計、2016〜2018年

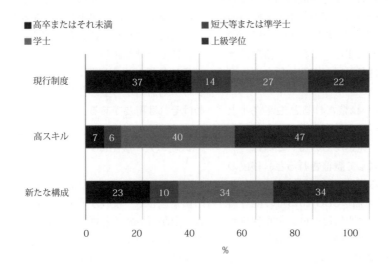

注：推計は、発行されたビザ合計は現行水準にとどまると仮定されている。最近の移民
　についての推計値は、1〜3年間米国に滞在した非市民に基づいている。
出所：American Community Survey, 2016–18; Integrated Public Use Microdata Series
　database ; CEA calculations.

表11—6　能力主義型移民制度に起因する国民所得増加

	10年平均国民所得増加率 （%ボイント）	2029年1人当たり国民所得 の増加（2029年価格）	2029年国民所得の増加 （2029年価格、10億ドル）
変化率	0.15-0.20	1,200-1,600	430-570

注：CEAは、これらの推計値の根拠をCOVID-19以前の国民所得予測に置いている。1人当たり国民所得の推計値は、
　10ドルの位を四捨五入して100ドルの位までの概数にしている。総国民所得推計値は、10億ドルの位を四捨五入して
　100億ドルの位のまでの概数にしている。
出所：American Community Survey, 2016–18; Integrated Public Use Microdata Series database; CEA calculations.

恒久的成人移民は約60万人少なくなるであろう。短大等または準学士号を持つ移民は20万人少なくなり、少なくとも学士号を取得している移民は140万人増えるであろう。これらの変化は、高卒未満と、短大等の労働力の規模が、それぞれ1.5％と0.4％縮小することを表しているが、少なくとも学士号を取得した労働力の規模は約2.3％増加するであろう。

デ・ブロウとラッセル（de Brauw and Russell 2014）がボージャス（Borjas 2003）を更新した弾力性を、移民のありうる賃金弾力性の上限として用い、またロンギら（Longhi, Nijkamp, and Poot's 2010）による推定範囲の下限を用い、資本

調整前の賃金効果と長期的生産性上昇が推計された。その結果、この演習の修正された移民の流れは、短大等の人々の賃金を最大0.1％、高卒以下の人々の賃金を最大0.3％増加させた。その改革により、少なくとも学士号を取得している既存の米国労働者の賃金は10年後に0.1％から0.5％減少し、その結果、高学歴労働者から低学歴労働者にいくぶん再分配が行われることを示している。

異なる教育水準の労働者間の相対賃金の変化を推計するための代替的アプローチは、相対的な労働供給のシフトから生じる相対賃金への影響を検討することである。相対供給が1.5％減少すると対数相対賃金が約0.1％増加するというカッツと

マーフィー（Katz and Murphy 1992）による推計に基づくと、少なくとも学士号を取得している労働者の賃金は 0.15％低下し、高卒以下の労働者の賃金は 0.1％上昇し、短大等または準学士号の労働者の賃金は 0.03％増加する。これらの推計値は、移民研究の賃金弾力性を用いた短期的賃金変化の範囲内にある。

CEA は、一度資本が調整されると生産性が上昇し、その結果、すべての教育水準の人々の賃金がいっそう上昇すると見込んでいる。これは、一度資本が労働者数に対して調整されると、移民の流れの変化に起因する賃金上昇が増加することを明らかにした議会予算局（CBO 2013）の推計値と一致している。高スキル移民も低スキル移民もかなり増加させた「国境警備・経済的機会及び移民近代化法」の分析の中で、議会予算局（CBO 2013）は、その提案が生産性を高め、賃金の 0.5％ドルの長期的上昇をもたらすと予測した。その結果、これらの生産性上昇は、高スキル国内労働者のあらゆる短期的賃金低下を緩和し、場合によっては逆転させる一方で、低スキル及び中スキル国内労働者の賃金上昇をいっそう高めるであろう。CEA の推計によると、2013 年「国境警備・経済的機会及び移民近代化法」における移民の流れの大きな変化について、生産性上昇は議会予算局の推計のわずか半分強に過ぎず、また、これらの生産性上昇が所得分配を通じて均等に分配され、全体的な賃金が 0.3％上昇すると想定している。

CEA は、学士号以上の人々の賃金への全体的な影響は、0.2％の減少から 0.2％の増加の間になると予想している。高卒以下の人々の賃金は 0.3％から 0.6％増加し、短大等の人々の賃金は 0.3％から 0.4％増加する。フルタイムで働く典型的な高卒者の場合、これは稼得を年間 130ドルから 230ドル増やす結果となるであろう。さらに、高スキル移民へのシフトが所得不平等を縮小させる可能性があるというモレッティ（Moretti 2013）とボージャス（Borjas 2017）による観測と一致して、この賃金上昇の分配は、現在の米国労働者間の賃金不平等を縮小させるであろう。

これらの推計はまた、高スキル雇用ベース移民に向けた移民の流れの構成の変化から生じる、チャッセンブリとペリ（Chassamboulli and Peri 2018）によって明らかにされた長期的な賃金効果と概ね一致している。これらの賃金効果に加えて、彼らはまた、高スキル移民へのシフトがすべてのスキル水準の自国労働者の失業率を低下させることを明らかにした。これが示唆するところによると、賃金だけを通じて見るよりもいっそう大きなプラス効果が米国市民に生じており、COVID-19 の経済的帰結から生じた高失業率に照らすととりわけそれは重要である。

政府歳入・歳出に対する影響の推計

CEA は、これらの賃金、生産性、雇用の上昇の結果として、税収が増加し、社会福祉プログラム支出が減少すると推計している。平均税率（JCT 2019）を用いると、提案された変更により、CEA の主要予測で税収が 4700 億ドル、控えめな予測で 3400 億ドル増加するであろう。これらの推計値は、国内労働生産性の潜在的上昇を含んでいない。また、これらは、高スキル移民から 10 年予算枠を通じて生じる国民所得の合計増加に、2018 年の歳入・GDP 比率 16％を掛けることによって得られるものと大まかに一致している。しかし、米国税制の累進性を考慮すると、実際の歳入増加はいっそう大きくなる。これは、現行制度の下で米国に到着した低所得移民よりも所得の高い割合を、高所得移民が支払うことになることを意味する。

この新しい構成の長期的財政効果を推計するため、CEA は、米国科学アカデミー（National Academy of Sciences 2017）によって推計されたように、教育水準別に移民の 75 年間の財政的利益の平均を用いている。このアプローチは、移民人口における教育プロファイルの上昇に起因する米国資産の大幅な増加を例証するために、ボージャス（Borjas 2019）が採用したアプローチと同様である。米国に到着した親の教育水準の変化は、彼らと一緒に到着した子供の教育水準を上昇させるであろうが、25 歳から 64 歳の成人移民と 65 歳以上の成人移民の長期的な財政上の費用便益だけが含まれている。これらの推計値に基づいて、恒久的移民の構成がより高度な教育を受けたより若い人々にシフトすると、10 年後、連邦政府に対する移民の財政的利益は 8400 億ドルから 1 兆 3000 億ドルの正味現在価値となる（表 11 − 7）。さらに、それは州政府及び地方自治体に 2600 億

表11—7　恒久的合法移民制度変更案から生じる財政的利益の75年正味現在価値

	連邦政府の利益	州政府及び地方自治体の利益	合計
予想される変化	840-1,320	260-300	1,010-1,620

注：推計値は、ビザ合計が現行水準のままであると仮定している。推計値は10億㌦の位を四捨五入して100億㌦
　　までの概数にしている。

出所：National Academy of Sciences, Engineering, and Medicine (2017); American Community Survey, 2016–18;
　　　Integrated Public Use Microdata Series database; CEA calculations.

㌦から3000億㌦の財政的利益をもたらすであろう。

中等後教育とスキル開発の改善

　中等後教育とスキル開発は、米国経済の健全性にとって不可欠である。図11－16に示されているように、すべての雇用の約68％が中等後教育を必要とし、そのうち42％が少なくとも学士号、さらに26％が準学士号または大卒未満の高等教育を必要とする。それに対して、1992年にはすべての雇用の53％しか中等後教育を必要としていなかった。

　賃金プレミアムと雇用保障は、しばしば教育とスキルの達成を伴う。しかし、大学の費用上昇と学生ローン残高増加は、大学の学位に伴う全体的な収益を侵食する。1965年高等教育法と、その後の再認可を通じて、連邦政府は、学生と教育機関の両方に助成することにより、高等教育の費用に対処するための措置を講じてきた。図11－17は、2010年以降、学部生に授与された連邦政府及びその他の資金源からの学生援助の平均水準の上昇を示している。前記の図11－11に示されているように、これは生産性が停滞している時期に発生した。人的資本投資の配分改善は、生産性上昇を生み出す可能性があるが、高等教育機関での意思決定の歪みのために妨げられる可能性がある。

　高等教育に関する連邦規制の改革は、教育機関が学生に与える経済的リターンについてより責任を負わせ、また、学生と家族が教育上の選択肢についてより多くの判断材料に基づいた意思決定を下すのを支援できる。本節では、学校が学生への経済的リターンを改善するインセンティブを高めることにより、また、より多くのアメリカ人が高給の仕事を確保するのを直接手助けする教育プログラムに対する連邦政府の支援を改善することにより、これをどのように行えるかについて説明する。本節はまた、歴史的黒人大学（HBCUs; Historically Black Colleges and Universities）の成功を浮き彫りにし、高等教育制度全体に対するその経験の教訓を示す。

学生の経済的利益を改善するために
学校のインセンティブを高める

　教育機関の説明責任を高めることは、学生への経済的リターンを改善する可能性がある。高等教育への投資は一般的に、学生と納税者にかなりの価値を提供する。しかし、ある教育機関が、学生が連邦政府の学生ローンを返済できるような質の高い教育を提供できない時、この教育機関はその損失の責任を負っていない。代わりに、納税者が費用の支払いを受け持つことになる。その学生にプラスの価値を生むことに重点を置いていない教育機関は、学生ローン不履行率の増加と、学生の生涯を通じたストレスを悪化させる。

　現在構成されているように、学生ローンに関連した信用リスクは、その取引に関連したすべての当事者——つまり、借り手（学生と親）、納税者、高等教育機関——の間で効率的に分散されていない。返済負担は現在、期待した教育プレミアムが不足している場合ローン支払いの困難に直面するかもしれない借り手と、借り手が債務不履行またはローンが放棄された時に請求書を支払う納税者だけにかかっている。高等教育機関は、そのような失敗した結果の直接費用をまったく負担しないため、教育スキル開発とキャリア・パスを最適化する上で、学生を支援するインセンティブが限られている。米国教育省（U.S. Department of

図 11−16 教育達成度別の雇用

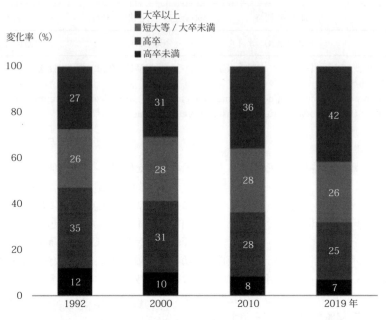

出所：Bureau of Labor Statistics; CEA calculations.

図 11−17 学部生に与えられる助成金の連邦、州、地方、機関または他の資金源の平均、2010〜18 年

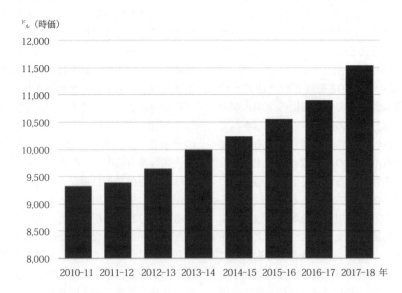

注：これは 4 年制公立及び私立非営利大学を含む。
出所：National Center for Education Statistics; CEA calculations.

Education 2020）は、学生が教育へのまずい投資を回避するのに役立つ教育機関レベルのデーター——例えば、年間コスト、平均稼得、卒業率——を提供している。しかし、教育機関自身による説明責任の改善は、成果の失敗をさらに限定することができるであろう。

制度改革により、納税者の資金を受け入れる中等後教育機関に、学生ローンに関連した財政責任を分担するように求めることができる。このようなリスク分担取り決めは、中等後教育機関に対し、元学生が債務不履行に陥ったローンの金額の小さな割合を支払うように求めることができる。あるいは、その代わりに、返済結果が悪い教育機関に料金の支払いを求めることができる。このような料金は、教育機関の利益を学生のものと一致させるように、また返済結果を改善するよう教育機関に動機づけるように、受け入れる学生の構成の差異を考慮して調整できるものとするが、高リスクの学生にサービスを提供する教育機関に不釣り合いに重いペナルティーを科すことはない。

近年、連邦学生ローンのリスク分担に関連した3つの連邦法がある。2015年に最初に提出された超党派法案、学生保護成功法（Student Protection and Success Act）は、3年間に1ドルも元本が減少しなかったローンについて、教育機関にコホートの未払い残高の一部、2019年版の法案では2％を支払う責任を持たせるプログラムを作成する。その法律は全国的失業率を考慮し、返済猶予期間［在学中］及び返済一時猶予にあるローンについて、適用除外のリストを含んでいる。2017年に提出され、共和党議員が発案した法案であるPROSPER法（PROSPER Act; Promoting Real Opportunity, Success, and Prosperity through Education Reform Act）は、学生が高等教育機関を退学した場合について、連邦学生援助の返済規定を変更し、返済責任の90％をその教育機関に移行するものである（U. S. House of Representatives 2018）。民主党議員が発案した法案である学生借り入れ保護法（Protect Student Borrowers Act）は、対象教育機関に対して、その学生の債務不履行率に基づくスライド式で債務不履行ローンのリスク分担支払いを行うことを求めるであろう。

図11－18に示されているように、教育費はインフレよりも急速に増加しており、学術及び機関支援支出（入学、学生活動、図書館、管理活動、経営活動など、授業以外の活動に関連した支出を含む）は授業及び研究費よりも急速に増加している。このトレンドは、2017年にカルフォルニア大学州政府監査（State audit of the University of California 2017）で明らかになったような経営ミスの事例によって生じているのかもしれない。その監査によると、大学の総長室は、5年間にわたり会議・接待費に200万ドル以上を費やし、他の同等の地位よりもはるかに高い給与と福利厚生を職員に与えていた。2019～2020年全米大学教授協会教授報酬調査によると、平均的カテゴリーⅠ最高学術責任者の給与は38万3000ドルで、他方、常勤教授は16万ドルであった[8]。これらの雇用の量も増えている。2001年から2011年まで、管理職の雇用は、授業講師のよりも50％急速に増加した。

スキル開発を促進する教育プログラム支援を改善する

連邦政府はまた、教育を今日の労働力のニーズによりうまく適合させることにより、成果を改善することができる。高等教育制度は、変わりゆく仕事の性質に適応するのに時間がかかってきた。近年、アメリカ人が適切なスキルを備えていないことが一因となり、数百万の雇用が未充足のままになっている。連邦政府の政策は、高等教育を今日の労働力のニーズにいくつかの方法でよりうまく適合させることができる。

1つのアプローチは、議会がペル奨学金の資格を拡大して、需要の多い分野における資格、証明書または免許を学生に提供し、また、力強い雇用と稼ぎの成果を示す質の高い短期プログラムを含めることである。ペル奨学金は、たいてい、2年制または4年制の学位プログラムの学生を支援するために使われている。一部の認定プログラムはペル奨学金の対象であるが、プログラムは最低15週の授業を含む必要がある。高給の仕事に特有のスキルを教えるように設計された短期プログラムに支援を拡大することは、短期的な雇用目標を持つ学生のニーズをよりうまく満たすことができる。

連邦プログラムの要件は、高等教育機関と雇用主の間のパートナーシップを制限するのではなく奨励する。雇用主は、職場で成功するのに必要な

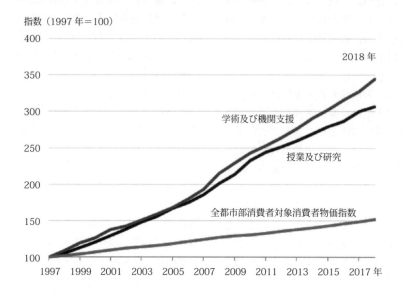

図 11−18　4 年制公立及び私立大学の支出の伸び、特定カテゴリー別、1997〜2018 年

指数（1997 年＝100）

2018 年

学術及び機関支援

授業及び研究

全都市部消費者対象消費者物価指数

注：Core CPI-U＝全都市部消費者対象消費者物価指数。
出所：National Center for Education Statistics; Bureau of Labor Statistics; CEA calculations.

スキルを最もよく知っている。議会は、低所得の学部生のために労働力志向でキャリア志向の機関を支援するように、連邦労働研究プログラムを改革できる。労働ベースの学習は、重要な職場スキルを身につける学生の確率を高めるが、連邦労働研究規則はキャンパス・ベースの仕事を支持している。

米国労働者のための全国評議会（NCAW; National Council for the American Worker）の成功に基づくことにより、キャリアの成功への複数の道筋を促進することができる。2017 年 1 月以降、米国労働者のための全国評議会は 75 万人以上の研修生を登録した。パーキンス職業・技術教育法を近代化し、二重登録、仕事ベースの学習及び雇用主関与を強化した。また、400 以上の企業が 1600 万の雇用者に職業訓練、再スキル化、職業機会を提供することを公約するよう奨励した。

4 年制の学位を改善して学生のためにスキル向上をさらに生み出すことと、人的資本蓄積のための代替的経路を提供することはともに、個人や集団を置き去りにする杓子定規なアプローチを回避できる。研修制度、訓練プログラム、4 年制学位はすべて、数百万ものアメリカ人にとって、より生産的な労働力とより質の高い生活への道筋である。歴史的黒人大学（HBCU）は、いかにして質の高い教育から得られる大きな利益を、十分なサービスを受けていないグループにうまく提供するかを示している（BOX 11 − 6 を参照のこと）。

Box 11—6 歴史的黒人大学

学生に高いリターンを提供している高等教育機関の一例は、歴史的黒人大学（HBCUs; Historically Black Colleges and Universities）である。HBCU は、あらゆる学生、とくにその学生数の76%を構成しているアフリカ系アメリカ人の学生に、教育機会を拡大する上で決定的な役割を果たしてきた。2019年時点で、全米に101の認定HBCUがあった。HBCU には、約8万人の非アフリカ系アメリカ人を含め、30万以上の学生が在籍していた（National Center for Education Statistics 2020）。ユナイテッド・ニグロ・カレッジ・ファンドにより作成された2017年の経済的影響報告書によると、HBCU は、13万4090人の雇用に貢献し、HBCU 学生には1300億㌦の職業生活稼得をもたらし、米国経済への経済的貢献の合計は148億㌦であった。

HBCU は、歴史的に、異なる学生層にサービスを提供してきた。HBCU 学生は主に低所得で、第一世代の大学生（およそ5人に3人）であり、HBCU の4分の1以上は全入制である。全入制

在籍とは、資格のあるすべての学生（高卒学位または GED 取得証明書を持つ学生）が、追加の資格や成績基準がなく、プログラムに申請し入学できることを意味する。貧困層の第一世代の学生に対するこの魅力は、HBCU が多くの同等の非HBCU 機関よりも参入障壁（例えば出席のコスト、必須試験スコア）が低いことを示している。HBCU は、学生数の24%を所得階層最下位20%から受け入れている。この基準により、HBCU は、非HBCU 機関よりも経済的に恵まれない層にサービスを提供している。非HBCU 機関は、最下位20% からの学生はわずか8% である。

HBCU はアフリカ系アメリカ人学生層のわずか10%しか占めていないが、2014年には、それらはアフリカ系アメリカ人学生が得た学士号の17%、STEM（科学、技術、工学、数学）の学位の24%を占めていた。2002年から2011年までに、アフリカ系アメリカ人が科学と工学の博士号を取得した上位8つの機関が HBCU であった。

ここで、CEA は、HBCU システムからの教育の

図11－iv　所得五分位別の全学生数

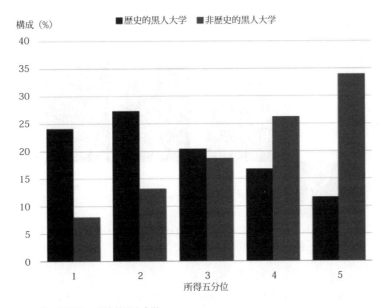

注：HBCUs＝歴史的黒人大学。
出所：Nathenson, Samayoa, and Gasman (2019).

収益率を推計する。その推計は、伝統的アプローチを用い、主に教育及び訓練によって蓄積された人的資本水準に起因する人々の間の稼ぎの違いに注目した、ミンサー（Mincer 1958）、シュルツ（Schultz 1961）、ベッカー（Becker 1962）の業績と一致している。CEA は、米国教育省（U.S. Department of Education 2020）の大学スコアカードと連邦準備制度理事会の 2019 年消費者金融調査から得られた機関レベルのデータを使用して、4 年制 HBCU と同等の非 HBCU 機関の卒業生について、40 年にわたる収益率の比較を推計する（図 11－v）。同等の機関は、これらの HBCU の少なくとも 1 つと同じ通学区域に位置し、バロンの選択性指数によると、同等の機関選択性を有している。HBCU で大学教育を受けた卒業生の長期的収益率は、顕著にプラスであり、非 HBCU 学校の卒業生のそれを追いかけている。HBCU と非 HBCU の学生の短期的収益率は顕著にマイナスであり、HBCU 卒業生よりも非 HBCU 卒業生の放棄した所得が大きい傾向がある程度に

おいて異なっている。ただし、時間が経つにつれて、両方のコホートは、所得増加を経験し、したがって収益率が向上する。

非 HBCU 卒業生は、平均して、最初は HBCU 学生よりも高い収入の恩恵を受けるが、HBCU 卒業生は平均的に非 HBCU 卒業生よりも大きな年間所得の伸びを経験する傾向がある（図 11－v）。したがって、長期的には、HBCU の卒業生は、非 HBCU 卒業生と同等の収益率を経験する傾向があるだろう。これは、生産性の観点からすると、HBCU はより低コストで同等のリターンをもたらすことができることを示している。HBCU の稼ぎの水準はわずかに低く、その原因は学生構成の差に求められる（例えば、第一世代学生の存在、大学の専攻の選択など）。図 11－viは、時間を通じての累積した稼ぎにおいても、HBCU の卒業生が非 HBCU 卒業生をぴったりと追いかけていることを示している。

図 11－v　4 年制学位の比較収益率

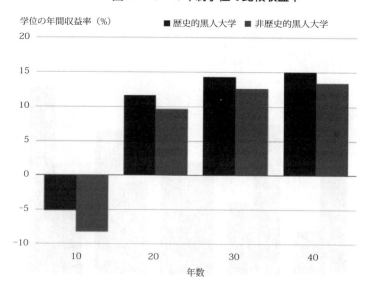

学位の年間収益率（%）　　■ 歴史的黒人大学　■ 非歴史的黒人大学

注：2020 年 6 月 1 日時点の最新の機関レベル・データに基づく。HBCUs＝歴史的黒人大学。
出所：Integrated Postsecondary Education Data System; CEA calculations.

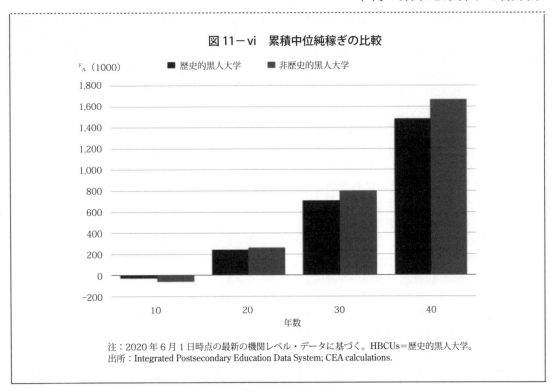

図11－vi　累積中位純稼ぎの比較

■ 歴史的黒人大学　　■ 非歴史的黒人大学

注：2020年6月1日時点の最新の機関レベル・データに基づく。HBCUs＝歴史的黒人大学。
出所：Integrated Postsecondary Education Data System; CEA calculations.

結 論

　2021年版『大統領経済報告』〔『米国経済白書』〕のこの最終章では、経済諮問委員会は、パンデミックによって悪化しただけでなく、COVID-19危機を超えてパンデミック以後の将来にも及ぶ、米国経済のさまざまな課題を特定してきた。これらの課題に対処するためにここで論じた政策アイデアは、すべてのアメリカ人にとってより回復力があり繁栄した経済につながる可能性がある。

　私たちは、労働者の労働力とのつながり——COVID-19が緊張させ、経済危機の間に何百万もの事例で切断された関係——についてと、税法の規定がこれらのつながりとその再構成を阻害し、混乱させていることを検証した。2番目の稼ぎ手と低所得の稼ぎ手に不均衡な税負担を課す規定を改革することは、雇用者と雇用主の関係を再建し、したがって現在の景気回復を強化する可能性がある。

　さらに、グローバルな健康危機の環境だけでなく、パンデミックが和らいだ後により強力な労働力を支援する一策として、有給休暇と保育の重要性について論じた。これらの提供は、病気になった家族が自宅で世話を必要とし、子供たちは自宅からバーチャル学校に出席し、働く親が仕事に復帰するのに障壁を作っているため、COVID-19危機の間にとくに問題とされるようになった。連邦政府は、この危機の間における有給休暇と保育へのアクセスの欠如を緩和するための一時的措置を講じたが、本章は、そのようなアクセスを提供するための恒久的政策が、現在のパンデミックのリセッションを超えて、労働力参加率と稼ぎを増やすことを示している。

　加えて、私たちは、互恵的貿易協定の交渉が消費者及び製造業者の国際市場へのアクセスに与える影響と、志を同じくする同盟国との貿易統合を

深めることで、いかにして将来の交渉の柔軟性が得られるようになり、わが国が貿易目標を達成するのを支援できるのかを分析した。米国の経済的利益を世界の舞台で維持するために働くことで、米国経済は、米国企業の経済保障を保護しながら、実質的な貿易利益を達成することができる。

　本『報告』〔『白書』〕では、COVID-19 が米国医療制度にもたらした逼迫を示した。連邦政府からの画期的な財政的救済は、病院と患者にとって最悪の危機を緩和した。それにもかかわらず、COVID-19 パンデミックは、医療制度内にはびこる問題と、それが医療市場に歪みをもたらしていることを暴露した。本章では、医療の供給を増やし、不透明な価格設定構造を取り除くことで、それが患者にも医師にも同じくメリットを提供することを検討した。

　また、世界で一流のインフラ・システムの構築と保守において、連邦政府が果たす役割を浮き彫りにした。納税者のコストを削減するために官民パートナーシップを促進し、港湾のような生産性の高い分野に資金を投入し、わが国でますます重要になっているデジタル・インフラを改革することが、本章で追究された。インフラ・プロジェクトへの投資は、それ自体で米国経済の生産性を高めるだけでなく、経済のすべてのセクターに波及効果をもたらすであろう。

　最後に、私たちは、米国の移民制度を高スキル移民向けの能力主義型制度にシフトさせることで、また、高等教育機関の目標を非伝統的なキャリア・パスを求める学生により良い備えを提供するよう再調整することにより、米国経済はより回復力のある労働力を支援できることを示してきた。このことにより、経済成長、賃金、税収は増加し、したがってすべてのアメリカ人に繁栄がもたらされるであろう。

　この章で議論された政策改革は、COVID-19 パンデミックが収まったずっと後の米国経済と米国国民を支援することを目指している。これらの政策は、製造業者の生産性を高め、労働者への投資を増やし、労働参加率を高め、家族の稼ぎを増やすであろう。「自由競争企業体制下で雇用、生産及び購買力を促進する国民的経済政策を勧告する」という使命にしたがって、経済諮問委員会は、あらゆる立場のアメリカ人に実質的な経済的利益

をもたらす改革を分析するために、この章を用いてきた。この章で明確に述べられている問題と課題を解決することは、米国経済をパンデミック以前の繁栄水準に復帰させるのに役立ち、すべてのアメリカ人のためにいっそう大きくより回復力のある経済を構築するための堅固な基盤を提供するであろう。

注

1　サリバンとフォン・ワッチャー（Sullivan and von Wachter 2009）は、失職が起こった20年後でも、失職の結果として男性労働者の死亡率が急激に上昇することを明らかにした。したがって、失職した労働者は、平均余命は約1年から1.5年短くなる。

2　これらの州は、カリフォルニア、コネチカット、マサチューセッツ、ニュージャージー、ニューヨーク、オレゴン、ロードアイランド、及びワシントンである。有給家族休暇法は、2020年7月にコロンビア特別区、2021年1月にマサチューセッツ州、2022年1月にコネチカット州、2023年1月にオレゴン州で発効する予定である。

3　推計は、アメリカン・エンタープライズ研究所＝ブルッキングス研究所の有給家族休暇計算機作業部会を用いて行われた。https://www.aei.org/spotlight-panels/paid-family-and-medical-leave-cost-model/ から入手できる。さらにCEAは、賃金代替率を70％、最大週間給付を600ﾄﾞﾙ、1週間の待機期間、FMLAの要件に沿った就労要件を備えていると仮定している。

4　米国国務省によれば、2018会計年度に国際的に養子縁組された赤ちゃんはわずか4058人であった。

5　CDCTCは還付不可のため、納税者が所得税の支払いを開始した場合にのみ開始される。この信用にとって決定的なのは、両方の配偶者（合算申告の場合）が所得を稼ぐか学校に在籍している必要があり、保育提供者は配偶者、親、または他の扶養家族ではいけない。CDCTCはまた、障害を持つ扶養家族のケアにも利用できる。

6　フレキシブル支出口座は、CDCTCと同じ適格支出の認定を用いている。雇用主はまた、法定限度額まで、保育フレキシブル支出口座に直接資金を提供することもできる。

7　これは、世帯が平均支払い額1ﾄﾞﾙごとに医療

保険料として 1.25ドルを進んで支払うという統
計から算出されている。

8　これには、少なくとも 3 つの別々のプログ
ラムで毎年 30 以上の博士号を授与する教育
機関が含まれる。全米大学教授協会（AAUP
2020, n.d.）を参照のこと。険料として 1.25ドルを
進んで支払うという統計から算出されている。

参考文献

第1章

Angrist, J., and A. Krueger. 1992, *Estimating he Payoff to Schooling Using the Vietnam-Era Draft Lottery.* NBER Working Paper 4067. Cambridge, MA: National Bureau of Economic Research.

Baqaee, D., and E. Farhi. 2020. *Nonlinear Production Networks with an Application to the COVID-19 Crisis.* CEPR Discussion Paper DP14742. London: Centre for Economic Policy Research.

BEA (Bureau of Economic Analysis). 2020. "Gross Domestic Product (Third Estimate), Corporate Profits (Revised), and GDP by Industry, Second Quarter 2020." https://www.bea.gov/news/2020/gross-domestic-product-third-estimate-corporate-profits-revised-and-gdp-industry-annual.

Bernanke, B., T. Geithner, and H. Paulson Jr., with J. Liang. 2020. *First Responders: Inside the U.S. Strategy for Fighting the 2007–2009 Global Financial Crisis.* NewHaven, CT: Yale University Press.

Bhuller, M., M. Mogstad, and K. Salvanes. 2017. "Life-Cycle Earnings, Education Premiums, and Internal Rates of Return." *Journal of Labor Economics* 35, no 4: 993–1030.

Bhutta, N., J. Bricker, L. Dettling, J. Kelliher, and S. Laufer. 2019. *Stress Testing Household Debt.* Finance and Economics Discussion Series Working Paper 2019-008. Washington: Board of Governors of the Federal Reserve System.

BLS (Bureau of Labor Statistics). 2014. "Public Workforce Programs during the GreatRecession." https://www.bls.gov/opub/mlr/2014/article/public-workforce-programs-during-the-greatrecession.htm.

Burns, A., D. van der Mensbrugghe, and H. Timmer. 2006. "Evaluating the Economic Consequences of Avian Influenza." World Bank. https://web.worldbank.org/archive/website01003/WEB/IMAGES/EVALUATI.PDF.

CDC (Centers for Disease Control and Prevention). 2020a. "First Travel-Related Case of2019 Novel Coronavirus Detected in United States." https://www.cdc.gov/media/releases/2020/p0121-novel-coronavirus-travel-case.html.

———. 2020b. "CDC Confirms Possible Instance of Community Spread of COVID-19 in U.S." https://www.cdc.gov/media/releases/2020/s0226-Covid-19-spread.html.

———. 2020c. "Nonpharmaceutical Interventions (NPIs)." https://www.cdc.gov/nonpharmaceutical-interventions/index.html.

CEA (Council of Economic Advisers). 2019. *Economic Report of the President.* Washington: U.S. Government Publishing Office.

———. 2020a. *Economic Report of the President.* Washington: U.S. GovernmentPublishing Office.

———. 2020b. "Evaluating the Effect of the Economic Response to COVID-19." https://www.whitehouse.gov/wp-content/uploads/2020/08/Evaluating-the-Effects-of-the-Economic-Response-to-COVID-19.pdf.

Cronin, C., and W. Evans. 2020. *Private Precaution and Public Restrictions: What Drives Social Distancing and Industry Foot Traffic in the COVID-19 Era?* NBER Working Paper 27531. Cambridge, MA: National Bureau of Economic Research.

Crouzet, N., and F. Gourio. 2020. "Financial Positions of U.S. Public Corporations: Part 1, Before the Pandemic." Federal Reserve Bank of Chicago.

Davis, M., W. Larson, S. Oliner, and B. Smith. 2019. *A Quarter Century of Mortgage Risk.* FHFA Working Paper 19-02. Washington: Federal Housing Finance Agency.

Dharmasankar, S., and B. Mazumder. 2016. "Have Borrowers Recovered from Foreclosures during the Great Recession?" *Chicago Fed Letter* 370: 1.

El-Sibaie, A., E. York, G. Watson, and T. LaJoie. 2020. "FAQ on Federal Coronavirus Relief Law (CARES Act)." Tax Foundation. https://taxfoundation.org/federal-coronavirus-relief-bill-caresact/#:~:text=Individuals%20with%20a%20Social%20Security,)%2C%20or%20%24112%2C500%20(heads%20of.

Emsellem, M., and M. Evermore. 2020. "Understanding the Unemployment Provisions of the Families First Coronavirus Response Act." National Employment Law Project. https://www.nelp.org/publication/understanding-the-unemployment-provisions-of-thefamilies-first-coronavirus-response-act/.

Federal Reserve. 2020. "Financial Stability Report, May 2020." https://www.federalreserve.gov/publications/2020-may-financial-stability-report-purpose.htm.

Goger A., T. Loh, and C. George. 2020. "Unemployment Insurance Is Failing Workers during COVID-19. Here's How to Strengthen it." Brookings Institution. https://www.brookings.edu/research/unemployment-insurance-is-failing-workers-duringCOVID-19-heres-how-to- strengthen-it/.

Goolsbee, A., and C. Syverson. 2020. *Fear, Lockdown, and Diversion: Comparing Drivers of Pandemic Economic Decline 2020*. NBER Working Paper 27432. Cambridge, MA: National Bureau of Economic Research.

IMF (International Monetary Fund). 2019. *Global Financial Stability Report*. Washington: IMF. https://www.imf.org/en/Publications/GFSR/Issues/2019/03/27/Global-Financial-StabilityReport-April-2019.

——. 2020. *Global Financial Stability Report*. Washington: IMF. https://www.imf.org/ en/Publications/GFSR/Issues/2020/04/14/Global-Financial-StabilityReport-April-2020-49020.

Jonas, O. 2013. "Pandemic Risk." Background paper, World Bank. https://www. worldbank.org/content/dam/Worldbank/document/HDN/Health/WDR14_bp_ Pa ndemic_Risk_Jonas.pdf.

Kilbourne, E. 2006. "Influenza Pandemics of the 20th Century." *Emerging Infectious Diseases* 12, no. 1: 9–14.

Krueger, A. 1992. *Government Failures in Development*. NBER Working Paper 3340.
Cambridge, MA: National Bureau of Economic Research.

LCD News. 2020. "U.S. Leveraged Loan Defaults Total $23B in Q2, the Most Since 2009." S&P Global, July 6.. https://www.spglobal.com/marketintelligence/en/news- insights/latest-newsheadlines/us-leveraged-loan-defaults-total-23b-in-q2-the-most-since-2009-59301227.

Marr, C., S. Jacoby, C. Huang, S. Hingtgen, A. Sherman, and J. Beltrán. 2020. "FutureStimulus Should Include Immigrants and Dependents Previously Left Out, Mandate Automatic Payments." Center on Budget and Policy Priorities. https://www.cbpp.org/research/economy/ future-stimulus-should-include-immigrants-anddependents-previously- leftout.

McKibbin, W. 2009. "The Swine Flu Outbreak and Its Global Economic Impact." https:// www.brookings.edu/on-the-record/the-swine-flu-outbreak-and-its-global-economicimpact/.

McKibbin, W., and A. Sidorenko. 2006. "Global Macroeconomic Consequences of Pandemic Influenza." Lowy Institute for International Policy. https://www. lowyinstitute.org/sites/default/files/pubfiles/McKibbin_Sidorenko%2C_ Global_macroeconomic_1.pdf.

Nunn, R., and J. Shambaugh. 2020. "Whose Wages Are Rising and Why?" Brookings Institution. https://www.brookings.edu/policy2020/votervital/whose-wages-are-rising-and-why/.

Patel, A., D. Jernigan, and 2019-nCov CDC Response Team. 2020. "Initial Public Health Response and Interim Clinical Guidance for the 2019 Novel Coronavirus Outbreak—United States, December 31, 2019–February 4, 2020." *Morbidityand Mortality Weekly Report* 69, no. 5: 140–46.

Robertson, J. 2019. "Faster Wage Growth for the Lowest-Paid Workers." Federal Reserve Bank of Atlanta. https://www.frbatlanta.org/blogs/macroblog/2019/12/16/ faster-wage-growth-for-the-lowest-paid-workers.

Tedeschi, E. 2020. "Pay Is Rising Fastest for Low Earners. One Reason? Minimum Wages." *New York Times*, January 1. https://www.nytimes.com/2020/01/03/upshot/minimum-wage-boost-bottom-earners.html.

Tung, I. 2020. "Minimum Wage Increases Reverse Post-Recession Wage Declines forWorkers in Lowest-Paid Jobs." National Employment Law Project. https://www.nelp.org/publication/minmum-wage-icreases-reverse-post-recession-wage-declines-worers- lowest-paid-jobs/.

Van Dam, A., and R. Siegel. 2020. "Minimum Wage Increases Fueling Faster Wage Growth for Those at the Bottom." *Washington Post*, January 2. https://www. washingtonpost.com/business/2020/01/02/minimum-wage-increases-fueling-faster-wage-growth-those-bottom/.

Verikios, G., M. Sullivan, P. Stojanovski, J. Giesecke, and G. Woo. 2011. "The Global Economic Effects of Pandemic Influenza." https://static.rms.com/email/documents/liferisks/papers/the-globaleconomic-effects-of-pandemic- influenza.pdf.

White House. 2020a. "Proclamation on Suspension of Entry as Immigrants and Nonimmigrants of Persons who Pose a Risk of Transmitting 2019 Novel Coronavirus." https://www.whitehouse.gov/presidential-actions/ proclamation-suspension-entry-immigrants-nonimmigrants-persons-pose- risk-transmitting-2019-novel-coronavirus/.

——. 2020b. "Proclamation: Suspension of Entry as Immigrants and Nonimmigrants of Certain Additional Persons Who Pose a Risk of Transmitting 2019 Novel Coronavirus." https://www.whitehouse.gov/presidential-actions/ proclamation-suspension-entry-immigrants-nonimmigrants-certain- additional-persons-pose-risk-transmitting-2019-novel-coronavirus/.

——. 2020c. "Proclamation on Declaring a National Emergency Concerning the Novel Coronavirus Disease (COVID-19) Outbreak." https://www.whitehouse.gov/ presidential-actions/proclamation-declaring-national-emergency-concerning-novel-coronavirus- disease-covid-19-outbreak/.

第2章

Altonji, J., Z. Contractor, L. Finamor, R. Haygood, I. Lindenlaub, C. Meghir, C. O'Dea, D. Scott, L. Wang, and E. Washington. 2020. "Employment Effects of Unemployment Insurance Generosity during the Pandemic." Manuscript, Yale University, July 14.

Autor, D., D. Cho, L. Crane, M. Goldar, B. Lutz, J. Montes, W. Peterman, D. Ratner, D. Villar, and A. Yildirmaz. 2020. "An Evaluation of the Paycheck Protection Program Using Administrative Payroll Microdata." Working paper, Massachusetts Institute of Technology.

Baker, S., R. Farrokhnia, S. Meyer, M. Pagel, and C. Yannelis. 2020. *Income, Liquidity, and the Consumption Response to the 2020 Economic Stimulus Payments.* NBER Working Paper 27097. Cambridge, MA: National Bureau of Economic Research.

Bartik, A., M. Bertrand, F. Lin, J. Rothstein, and M. Unrath. 2020. *Measuring the Labor Market at the Onset of the COVID-19 Crisis.* NBER Working Paper 27613.
Cambridge, MA: National Bureau of Economic Research.

CBO (Congressional Budget Office). 2020. "Interim Economic Projections for 2020 and 2021." https://www.cbo.gov/publication/56368#_idTextAnchor027.

CEA (Council of Economic Advisers). 2020. "Evaluating the Effects of the Economic Response to COVID-19." August. https://www.whitehouse.gov/wp-content/uploads/2020/08/Evaluating-the-Effects-of-the-Economic-Response-to- COVID-19.pdf.

Chetty R., J. Friedman, N. Hendren, M. Stepner, and Opportunity Insights Team. 2020. *How Did COVID-19 and Stabilization Policies Affect Spending and Employment? A New Real-Time Economic Tracker Based on Private Sector Data.* NBER Working Paper 27431. Cambridge, MA: National Bureau of Economic Research.

Federal Reserve Board of Governors. 2020a. "Net Worth by All Families." Survey of Consumer Finances, 1989–2019. https://www.federalreserve. gov/econres/scf/ dataviz/scf/chart/#series:Net_Worth;demographic:all;population:all;units:me dian.

——. 2020b. "Net Worth by Percentile of Net Worth." Survey of Consumer Finances, 1989–2019. https://www.federalreserve.gov/econres/scf/dataviz/scf/ chart/#series:Net_Worth;demographic:nwcat;population:1,2,3,4,5;units: mean.

——. 2020c. "Net Worth by Race or Ethnicity." Survey of Consumer Finances, 1989–2019. https://www.federalreserve.gov/econres/scf/dataviz/scf/ chart/#series:Net_rth;demographic:racecl4;population:all;units:median.

——. 2020d. "Primary Residence by All Families." Survey of Consumer Finances, 1989–2019. https://www.federalreserve.gov/econres/scf/dataviz/scf/ chart/#series:Primary_Residence;demographic:all;population:1;units:have.

Forsythe, E., L. Kahn, F. Lange, and D. Wiczer. 2020. *Labor Demand in the Time of COVID- 19: Evidence from Vacancy Postings and UI Claims.* NBER Working Paper 27061. Cambridge, MA: National Bureau of Economic Research.

Fox, Z., B. Yang, A. Sikander, and B. Scheid. 2020. "As Virus Crisis Persists, PPP recipients Lay Off Thousands." S&P Global Market Intelligence, July 30. https://www.spglobal.com/marketintelligence/en/news-insights/latest-news- headlines/as-virus-crisis-persists-ppp-recipients-lay-off-thousands-59602815.

Ganong, P., P. Noel, and J. Vavra. 2020. *U.S. Unemployment Insurance Replacement Rates During the Pandemic.* NBER Working Paper 27216. Cambridge, MA: National Bureau of Economic Research.

Goodspeed, T., and P. Navarro. 2020. "The White House Favors a Bridge to Recovery." *Wall Street Journal*, December 2. https://www.wsj.com/articles/ the-white-house-favors-a-bridge-to-recovery-11606950989.

Granja, J., C. Makridis, C. Yannelis, and E. Zwick. 2020. *Did the Paycheck Protection Program Hit the Target?* NBER Working Paper 27095. Cambridge, MA: National Bureau of Economic Research.

Green, D. and E. Loualiche. 2020. *State and Local Government Employment in the COVID-19 Crisis.* HBS Working Paper 21-023. Cambridge, MA: Harvard Business School. https://papers.ssrn.com/sol3/papers.cfm?abstract_id=3651605.

Han, J., B. Meyer, and J. Sullivan. 2020. *Income and Poverty in the COVID-19 Pandemic.* NBER Working Paper 27729. Cambridge, MA: National Bureau of Economic Research. https://www.nber.org/papers/w27729.

Hepburn, P., R. Louis, and M. Desmond. 2020. "Eviction Tracking System: Version 1.0." Princeton University. www.evictionlab.org.

JCT (Joint Committee on Taxation). 2020. "Description of the Tax Provisions of Public Law 116-136, the Coronavirus Aid, Relief, and Economic Security ("CARES") Act." JCX-12R-20, April 23. https://www.jct.gov/publications/2020/jcx-12r-20/.

Marinescu, I., D. Skandalis, and D. Zhao. 2020. "Job Search, Job Posting and Unemployment Insurance During the COVID-19 Crisis." Working paper.

Meyer, B., and J. Sullivan. 2020. "Percent Below Federal Poverty Line or Multiple of the Federal Poverty Line, Basic Monthly CPS, January 2019 to Date." Near Real Time COVID-19 Income and Poverty Dashboard, Poverty Measurement. http://povertymeasurement.org/covid-19-poverty-dashboard/.

National Multifamily Housing Council. 2020. "NMHC Rent Payment Tracker Finds 79.4 Percent of Apartment Households Paid Rent as of October 6." https://www.nmhc.org/research-insight/nmhc-rent-payment-tracker/.

Parolin, Z., M. Curran, and C. Wimer. 2020. "The CARES Act and Poverty in the COVID-19 Crisis." *Poverty and Social Policy Brief* 4, no. 8.

Ruhle, S., L. Miranda, and M. Capetta. 2020. "PPP Likely Saved 35 Million Jobs, Says JPMorgan Chase CEO Jamie Dimon." NBC News, August 11. https://www.nbcnews.com/business/economy/ppp-likely-saved-35-million-jobs-says-jpmorgan-chase-ceo-n1236341.

White House. 2020a. "Executive Order on Fighting the Spread of COVID-19 by Providing Assistance to Renters and Homeowners." https://www.whitehouse.gov/ presidential-actions/executive-order-fighting-spread-covid-19-providing-assistance-renters- homeowners/.

——. 2020b. "Memorandum on Authorizing the Other Needs Assistance Program for Major Disaster Declarations Related to Coronavirus Disease 2019." https:// www.whitehouse.gov/presidential-actions/memorandum-authorizing-needs-assistance-program-major-disaster- declarations-related-coronavirus-disease-2019/.

——. 2020c. "Memorandum on Continued Student Loan Payment Relief During the COVID-19 Pandemic." https://www.whitehouse.gov/presidential-actions/ memorandum-continued-student-loan-payment-relief-covid-19-pandemic/.

——. 2020d. "Memorandum on Deferring Payroll Tax Obligations in Light of the Ongoing COVID-19 Disaster." https://www.whitehouse.gov/presidential-actions/memorandum-deferring-payroll-tax-obligations-light-ongoing-covid-19-disaster/.

第3章

Autor, D., D. Cho, L. Crane, M. Goldar, B. Lutz, J. Montes, W. Peterman, D. Ratner, D. Villar, and A. Yildirmaz. 2020. "An Evaluation of the Paycheck Protection Program Using Administrative Payroll Microdata." Working paper, Massachusetts Institute of Technology.

Baker, S., R. Farrokhnia, S. Meyer, M. Pagel, and C. Yannelis. 2020. *Income Liquidity, and the Consumption Response to the 2020 Economic Stimulus Payments.* NBER Working Paper 29097. Cambridge, MA: National Bureau of Economic Research.

Bartik, A., Z. Cullen, E. Glaeser, M. Luca, C. Stanton, and A. Sunderam. 2020. *The Targeting and Impact of Paycheck Protection Program Loans to Small Businesses.* NBER Working Paper 27623. Cambridge, MA: National Bureau of Economic Research.

Chetty, R., J. Friedman, N. Hendren, and M. Stepner. 2020. *How Did COVID-19 and Stabilization Policies Affect Spending and Employment? A New Real-Time Economic Tracker Based on Private Sector Data.* Working Paper 2020-05. Cambridge, MA: Opportunity Insights.

Cox, J., D. Greenwald, and S. Ludvigson. 2020. *What Explains the COVID-19 Stock Market?* NBER Working Paper 27784. Cambridge, MA: National Bureau of Economic Research.

Crane, L., R. Decker, A. Flaaen, A. Hamins-Puertolas, and C. Kurz. 2020. *Business Exit during the COVID-19 Pandemic: Non-Traditional Measures in Historical Context.* Finance and Economics Discussion Series Working Paper 2020-089. Washington: Board of Governors of the Federal Reserve System.

Elenev, V., T. Landvoigt, and S. Van Nieuwerburgh. 2020. *Can the Covid Bailouts Save the Economy?* NBER Working Paper 27207. Cambridge, MA: National Bureau of Economic Research.

Federal Reserve. 2020. "Financial Stability Report—May 2020." Washington: Board of Governors of the Federal Reserve System. https://www.federalreserve.gov/publications/files/financial-stability-report-20200515.pdf.

Fox, Z., B. Yung, A. Sikander, and B. Scheid. 2020. "As Virus Crisis Persists, PPP Recipients Lay Off Thousands." S&P Global Market Intelligence, July 30. https://www.spglobal.com/marketintelligence/en/news-insights/latest-news-headlines/as-virus-crisis-persists-ppp-recipients-lay-off-thousands-59602815.

Granja, J, C. Makridis, C. Yannelis, and E. Zwick. 2020. *Did the Paycheck Protection Program Hit the Target?* NBER Working Paper 27095. Cambridge, MA: National Bureau of Economic Research.

Gilchrist, S., B. Wei, V. Yue, and E. Zakrajsek. 2020. *The Fed Takes on Corporate Credit Risk: An Analysis of the Efficacy of the SMCCF.* NBER Working Paper 27809. Cambridge, MA: National Bureau of Economic Research.

Haddad, V., A. Moreira, and T. Muir. 2020. *When Selling Becomes Viral: Disruptions in Debt Markets in the COVID-19 Crisis and the Fed's Response.* NBER Working Paper 27168. Cambridge, MA: National Bureau of Economic Research.

Hamilton, S. 2020. "From Survival to Revival: How to Help Small Businesses through the COVID-19 Crisis." Hamilton Project. https://www.hamiltonproject.org/assets/files/PP_Hamilton_Final.pdf.

Keshner, A. 2020. "Coronavirus Has Rocked America's Economy—and It's Had a Surprising Effect on Bankruptcy Filings." MarketWatch, May 6. https://www.marketwatch.com/story/the-coronavirus-has-rocked-americas-economy-but-its-had-a-surprising-effect-on-bankruptcy-filings-2020-05-05.

Li, L., P. Strahan, and S. Zhang. 2020. *Banks as Lenders of First Resort: Evidence from the COVID-19 Crisis.* NBER Working Paper 27256. Cambridge, MA: National Bureau of Economic Research.

Ruhle, S., L. Miranda, and M. Cappetta. 2020. "PPP Likely Saved 35 Million Jobs, Says JPMorgan Chase CEO Jamie Dimon." NBC News, August 11. https://www.nbcnews.com/business/economy/ppp-likely-saved-35-million-jobs-says-jpmorgan-chase-ceo-n1236341.

Tett, G. 2020. "Swamped Bankruptcy Courts Threaten U.S. Recovery." *Financial Times,* May 14. https://www.ft.com/content/14b07c0e-95e3-11ea-af4b-499244625ac4.

第4章

André, F. 2002. "How the Research-Based Industry Approaches Vaccine Development and Establishes Priorities." *Developmental Biology* 110: 25–29.

Berndt, E., I. Cockburn, and Z. Griliches. 1996. "Pharmaceutical Innovations and Market Dynamics: Tracking Effects on Price Indices for Antidepressant Drugs." *Brookings Papers on Economic Activity, Microeconomics,* no. 2: 133–99. https://www.brookings.edu/wp-content/uploads/1996/01/1996_bpeamicro_berndt.pdf.

Bestsennyy, O., G. Gilbert, A. Harris, and J. Rost. 2020. "Telehealth: A Quarter-Trillion-Dollar Post COVID-19 Reality?" McKinsey & Company. https://www.mckinsey.com/industries/healthcare-systems-and-services/our-insights/telehealth-a-quarter-trillion-dollar-post-covid-19-reality.

Bynum, A., C. Irwin, C. Cranford, and G. Denny. 2003. "The Impact of Telemedicine on Patients' Cost Savings: Some Preliminary Findings." *Telemedicine Journal and e-Health* 9 no. 4: 361–67. https://doi.org/10.1089/153056203772744680.

Caves, R., M. Whinston, and M. Hurwitz. 1991. "Patent Expiration, Entry, and Competition in the U.S. Pharmaceutical Industry." *Brookings Papers on Economic Activity, Microeconomics,* no. 1: 1–66. https://www.brookings.edu/wp-content/uploads/1991/01/1991_bpeamicro_caves.pdf.

CBO (Congressional Budget Office). 2006. "Research and Development in the Pharmaceutical Industry." https://www.cbo.gov/sites/default/files/109th-congress-2005-2006/reports/10-02-drugr-d.pdf.

——. 2020. "Federal Subsidies for Health Insurance Coverage for People Under 65: 2020 to 2030." https://www.cbo.gov/publication/56650.

CEA (Council of Economic Advisers). 2019. "Mitigating the Impact of a Pandemic Influenza through Vaccine Innovation." https://www.whitehouse.gov/wp-content/uploads/2019/09/Mitigating-the-Impact-of-Pandemic-Influenza-through-Vaccine-Innovation.pdf.

Chauhan, V., S. Galwankar, B. Arquilla, M. Garg, S. Di Somma, A. El-Menyar, V. Krishnan, J. Gerber, R. Holland, and S. Stawicki. 2020. "Novel Coronavirus (COVID-19): Leveraging Telemedicine to Optimize Care While Minimizing Exposures and Viral Transmission." *Journal of Emergencies, Trauma, and Shock* 13, no. 1: 20–24. https://doi.org/10.4103/JETS.JETS_32_20.

DiMasi, J., H. Grabowski, and R. Hansen. 2016. "Innovation in the Pharmaceutical industry: New Estimates of R&D Costs." *Journal of Health Economics* 47: 20–33. https://www.sciencedirect.com/science/article/abs/pii/S0167629616000291.

FDA (U.S. Food and Drug Administration). 2020. "In Vitro Diagnostic EUAs." https://www.fda.gov/medical-devices/coronavirus-disease-2019-covid-19-

emergency-use-authorizations-medical-devices/vitro-diagnostics-euas.

Garfield, R., G. Claxton, A. Damico, and L. Levitt. 2020. "Eligibility for ACA Health Coverage Following Job Loss." Kaiser Family Foundation. https://www.kff.org/coronavirus-covid-19/issue-brief/eligibility-for-aca-health-coverage-following-job-loss/.

Grabowski, H., and J. Vernon. 1992. "Brand Loyalty, Entry, and Price Competition in Pharmaceuticals after the 1984 Drug Act." *Journal of Law and Economics* 32: 331–50. https://www.jstor.org/stable/725543.

Grady, C., S. Shah, F. Miller, M. Danis, M. Nicolini, J. Ochoa, Holly T., Dave W., and A. Rid. 2020. "So Much at Stake: Ethical Tradeoffs in Accelerating SARSCoV-2 Vaccine Development." *Vaccine* 8, no. 41: 6381–87. https://doi.org/10.1016/j.vaccine.2020.08.017.

Ivanov, A. 2013. "Barriers to the Introduction of New Medical Diagnostic Tests." *Laboratory Medicine 44,* no. 4: e132–e136. https://doi.org/10.1309/LMMHGYKY7LIUEEQ6.

Kennedy, J. 2018. "How to Ensure That America's Life-Sciences Sector Remains Globally Competitive." Information Technology and Innovation Foundation. https://itif.org/publications/2018/03/26/how-ensure-americas-life-sciences-sector-remains-globally-competitive.

Kleiner, M., A. Marier, K. Park, and C. Wing. 2016. "Relaxing Occupational Licensing Requirements: Analyzing Wages and Prices for a Medical Service." *Journal of Law and Economics* 59, no. 2. https://doi.org/10.1086/688093.

Lenz, E., M. Mundinger, R. Kane, S. Hopkins, and S. Lin. 2004. "Primary Care Outcomes in Patients Treated by Nurse Practitioners or Physicians: Two Year Follow Up." *Medical Care Research and Review* 61, no. 3: 332–51. https://journals.sagepub.com/doi/abs/10.1177/1077558704266821.

Lichtenberg, F. 2014. "The Impact of Pharmaceutical Innovation on Disability Days and the Use of Medical Services in the United States, 1997–2010." *Journal of Human Capital* 8, no. 4: 432–80. https://www.jstor.org/stable/10.1086/679110.

Mann, D., J. Chen, R. Chunara, P. Testa, and O. Nov. 2020. "COVID-19 Transforms Health Care through Telemedicine: Evidence from the Field." Journal of the American Medical Informatics Association 27, no. 7: 1132–35. https://doi.org/10.1093/jamia/ocaa072.

Martin-Misener, R., P. Harbman, F. Donald, K. Reid, K. Kilpatrick, N. Carter, D. Bryant-Lukosius, et al.

2015. "Cost-Effectiveness of Nurse Practitioners in Primary and Specialized Ambulatory Care: Systematic Review." BMJ Open. https://bmjopen.bmj.com/content/5/6/e007167.

Milken Institute. 2020. "COVID 19 Tracker." https://airtable.com/shrSAi6t5WFwqo3GM/tblEzPQS5fnc0FHYR/viweyymxOAtNvo7yH.

Mullard, A. 2020. "COVID-19 Vaccine Development Pipeline Gears Up." *The Lancet* 395, no. 10239: 1751–52. https://doi.org/10.1016/S0140-6736(20)31252-6.

Mundinger, M., R. Kane, E. Lenz, A. Totten, W. Tsai, P. Cleary, W. Friedewald, A. Siu, and M. Shelanski. 2000. "Primary Care Outcomes in Patients Treated by Nurse Practitioners or Physicians: A Randomized Trial." JAMA 283, no. 1: 59–68. https://doi.org/10.1001/jama.283.1.59.

Oliver, G., L. Pennington, S. Revelle, and M. Rantz. 2014. "Impact of Nurse Practitioners on Health Outcomes of Medicare and Medicaid Patients." *Nursing Outlook 62,* no. 6: 440-447. https://www.sciencedirect.com/science/article/abs/pii/S002965541400150X.

Ortiz, J., R. Hofler, A. Bushy, Y. Lin, A. Khanijahani, and A. Bitney. 2018. "Impact of Nurse Practitioner Practice Regulations on Rural Population Health Outcomes." *Healthcare* 6, no. 2: 65. https://doi.org/10.3390/healthcare6020065.

Perloff, J., S. Clarke, C. DesRoches, M. O'Reilly-Jacob, and P. Buerhaus. 2017. "Association of State-Level Restrictions in Nurse Practitioner Scope of Practice with the Quality of Primary Care Provided to Medicare Beneficiaries." *Medical Care Research and Review* 76, no. 5: 597–626. https://doi.org/10.1177/1077558717732402.

Philipson, T., E. Berndt, A. Gottschalk, and E. Sun. 2008. "Cost-Benefit Analysis of the FDA: The Case of the Prescription Drug User Fee Acts." *Journal of Public Economics* 92, nos. 5–6: 1306–25. https://doi.org/10.1016/j.jpubeco.2007.09.010.

Philipson, T., and A. Jena. 2006. "Who Benefits from New Medical Technologies? Estimates of Consumer and Producer Surpluses for HIV/AIDS Drugs." *Forum for Health Economics & Policy* 9, no. 2. https://doi.org/10.3386/w11810.

Philipson, T., E. Sun, D. Goldman, and A. Jena. 2012. "A Reexamination of the Costs of Medical R&D Regulation." *Forum for Health Economics & Policy* 15, no. 3: 132–159. https://doi.org/10.1515/fhep-2012-0020.

Plotkin, S., J. Robinson, G. Cunningham, R. Iqbal, and S. Larsen. 2017. "The Complexity and Cost of Vaccine Manufacturing: An Overview." *Vaccine* 35, no. 33:

4064–71. https://www.ncbi.nlm.nih.gov/pmc/articles/PMC5518734/.

Poghosyan, L., E. Timmons, C. Abraham, and G. Martsolf. 2019. "The Economic Impact of Nurse Practitioner Scope of Practice for Medicaid." *Journal of Nursing Regulation* 10, no. 1: 15–20. https://doi.org/10.1016/S2155-8256(19)30078-X.

Pronker, E., T. Weenen, H. Commandeur, E. Claassen, and A. Osterhaus. 2013. "Risk in Vaccine Research and Development Quantified." Plos One 8, no. 3: e57755. https://doi.org/10.1371/journal.pone.0057755.

Qureshi, Z., E. Seoane-Vazquez, R. Rodriguez-Monguio, K. Stevenson, and S. Szeinbach. 2011. "Market Withdrawal of New Molecular Entities Approved in the United States from 1980 to 2009." *Pharmacoepidemiology and Drug Safety* 20, no. 7:772–77. https://doi.org/10.1002/pds.2155.

Roebuck, M., J. Liberman, M. Gemmill-Toyama, and T. Brennan. 2011. "Medication Adherence Leads to Lower Health Care Use and Costs Despite Increased Drug Spending." *Health Affairs* 30, no. 1. https://doi.org/10.1377.hlthaff.2009.1087.

Rosenblatt, R., and L. Hart. 2000. "Physicians and Rural America." *West Journal of Medicine* 173, no. 5: 348–51. https://doi.org/10.1136/ewjm.173.5.348.

Shi, L., and M. Samuels. 1997. "Practice Environment and the Employment of Nurse Practitioners, Physician Assistants, and Certified Nurse Midwives by Community Health Centers." *Journal of Allied Health* 26, no. 3: 105–11. PMID: 9358300. https://pubmed.ncbi.nlm.nih.gov/9358300/.

Spetz, J., S. Parente, R. Town, and D. Bazarko. 2013. "Scope-of-Practice Laws Far Nurse Practitioners Limit Cost Savings That Can Be Achieved in Retail Clinics." *Health Affairs* 32, no. 11. https://www.healthaffairs.org/doi/full/10.1377/hlthaff.2013.0544.

Spoont, M., N. Greer, J. Su, P. Fitzgerald, I. Rutks, and T. Wilt. 2011. *Rural vs. Urban Ambulatory Health Care: A Systematic Review*. Washington: U.S. Department of Veterans Affairs. https://www.ncbi.nlm.nih.gov/books/NBK56147/.

Stanik-Hutt, J., R. Newhouse, K. White, M. Johantgen, E. Bass, G. Zangaro, R. Wilson, et al. 2013. "The Quality and Effectiveness of Care Provided by Nurse Practitioners." *Journal of Nurse Practitioners* 9, no. 8: 492–500. https://doi.org/10.1016/j.nurpra.2013.07.004.

Verma, S. 2020. "Early Impact of CMS Expansion of Medicare Telehealth during COVID-19." Health Affairs Blog. https://www.healthaffairs.org/do/10.1377/hblog20200715.454789/full/.

第5章

Abravanel, M., N. Pindus, B. Theodos, K. Bertumen, R. Brash, and Z. McDade. 2013. "New Markets Tax Credit NNMTC Program Evaluation Final Report." Urban Institute. https://www.urban.org/sites/default/files/ publication/24211/412958-New-Markets-Tax-Credit-NMTC-Program- Evaluation. PDF.

Arefeva, A., M. Davis, A. Ghent, and M. Park. 2020. "Job Growth from Opportunity Zones." Working paper.

Bauguess, S., R. Gullapalli, and V. Ivanov. 2018. "Capital Raising in the U.S.: An Analysis of the Market for Unregistered Securities Offerings, 2009-2017." Securities Exchange Commission White Paper. https://www.sec.gov/files/DERA%20 white%20 paper_Regulation%20D_082018.pdf.

Bernstein, J., and K. Hassett. 2015. "Unlocking Private Capital to Facilitate Economic Growth in Distressed Areas." Economic Innovation Group. https://eig.org/wp-content/uploads/2015/04/Unlocking-Private-Capital-to-Facilitate-Growth.pdf.

Bloom, D., and C. Michalopoulos. 2001. "How Welfare and Work Policies Affect Employment and Income: A Synthesis of Research." MDRC. https://www.mdrc.org/publication/how-welfare-and-work-policies-affect-employment-and-income.

Brummet, Q., and D. Reed. 2019. *The Effects of Gentrification on the Well-Being and Opportunity of Original Resident Adults and Children*. Working Paper WP 19-30. Philadelphia: Federal Reserve Bank of Philadelphia. https://www. philadelphiafed.org/-/media/research-and-data/publications/working-papers/2019/wp19-30.pdf.

Busso, M., J. Gregory, and P. Kline. 2013. "Assessing the Incidence and Efficiency of a Prominent Place Based Policy." *American Economic Review* 103, no. 2: 897–947.

CEA (Council of Economic Advisers). 2017. "The Growth Effects of Corporate Tax Reform and Implications for Wages." https://www.whitehouse.gov/sites/whitehouse. gov/files/images/Corporate%20Tax%20 Reform%20and%20Growth%20Final.pdf.

——. 2019. *Economic Report of the President*. https://www.whitehouse.gov/ wp-content/uploads/2019/03/ERP-2019.pdf.

Chen, J., E. Glaeser, and D. Wessel. 2019. *The (Non-) Effect of Opportunity Zones on Housing Prices*. NBER Working Paper 26587. Cambridge, MA: National Bureau of Economic Research.

CRS (Congressional Research Service). 2011. "Empowerment Zones, Enterprise Communities, and Renewal Communities: Comparative Overview and Analysis." https://www.everycrsreport.com/files/20110214_R41639_b18ae5bf0fbe93505d7b6c2b13b744b76124b9ed.pdf.

Dahlby, B. 2008. *The Marginal Cost of Public Funds: Theory and Applications.* Cambridge,MA: MIT Press.

Dragan, K., Ellen, I. and S. Glied. 2019. *Does Gentrification Displace Poor Children? New Evidence from New York City Medicaid Data.* NBER Working Paper 25809. Cambridge, MA: National Bureau of Economic Research.

Freedman, M. 2012. "Teaching New Markets Old Tricks: The Effects of Subsidized Investment on Low-Income Neighborhoods." *Journal of Public Economics* 96,nos. 11–12: 1000–1014.

Gamper-Rabindran, S., and C. Timmins. 2013. "Does Cleanup of Hazardous Waste Sites Raise Housing Values? Evidence of Spatially Localized Benefits." *Journal of Environmental Economics and Management* 65, no. 3: 345–60.

GAO (Government Accountability Office). 2014. "New Market Tax Credit." GAO-14-500. https://www.gao.gov/assets/670/664717.pdf.

Grainger, C. 2012. "The Distributional Effects of Pollution Regulations: Do Renters Fully Pay for Cleaner Air?" *Journal of Public Economics* 96, nos. 9–10: 840–52.

Ham, J., C. Swenson, A. Imrohoroglu, and H. Song. 2011. "Government Programs Can Improve Local Labor Markets: Evidence from State Enterprise Zones, FederalEmpowerment Zones and Federal Enterprise Community." *Journal of Public Economics* 95, no. 7: 779–97.

Harger, K., and A. Ross. 2016. "Do Capital Tax Incentives Attract New Businesses? Evidence Across Industries from the New Markets Tax Credit." *Journal of Regional Science* 56, no. 5: 733–53.

Harger, K., A. Ross, and H. Stephens. 2019. "What Matters the Most For EconomicDevelopment? Evidence from the Community Development Financial Institutions Fund." *Papers in Regional Science* 98, no. 2: 883–904.

Hoynes, H., and D. Schanzenbach. 2012. "Work Incentives and the Food Stamp Program." *Journal of Public Economics* 96, nos. 1–2: 151–62.

Hula, R., and M. Jordan. 2018. "Private Investment and Public Redevelopment: The Case of New Markets Tax Credits." *Poverty & Public Policy* 10 no. 1: 11–38.

Jacob, B., and J. Ludwig. 2012. "The Effects of Housing Assistance on Labor Supply: Evidence from a Voucher Lottery." *American Economic Review* 102,

no. 1: 272–304.

Koby, Y., and K. Wolf. 2019. "Aggregation in Heterogeneous-Firm Models: Theory and Measurement." https://scholar.princeton.edu/sites/default/files/ckwolf/files/hetfirms_agg.pdf.

Lowry, S., and D. Marples. 2019. "Tax Incentives for Opportunity Zones: In Brief."*Congressional Research Service*, R45152.

Markusen, A., and A. Glasmeier, 2008. "Overhauling and Revitalizing Federal Economic Development Programs." *Economic Development Quarterly* 22, no. 2: 83–91.

Nichols, A., and Rothstein, J., 2015. "The Earned Income Tax Credit." In *Economics of Means-Tested Transfer Programs in the United States, Volume 1.* Chicago: University of Chicago Press.

Ohrn, E. 2019. "The Effect of Tax Incentives on U.S. Manufacturing: Evidence from State Accelerated Depreciation Policies." *Journal of Public Economics* 180, article 104804.

Sage, A., M. Langen, and A. Van de Minne. 2019. "Where Is the Opportunity in Opportunity Zones? Early Indicators of the Opportunity Zone Program'sImpact on Commercial Property Prices." http://dx.doi.org/10.2139/ ssrn.3385502.

Tax Policy Center. 2020. "What Is the New Market Tax Credit, and How Does It Work?" https://www.taxpolicycenter.org/briefing-book/what-new-markets-tax-credit-and-how-does-it-work.

Theodos, B., C. Stacy, and H. Ho. 2017. "Taking Stock of the Community Development Block Grant." Urban Institute. http://www.urban.org/sites/default/files/publication/89551/cdbg_brief.pdf.

Vardell, R. 2019. "The Land of Opportunity Zones: Deferring Taxable Capital Gains Through Investments in Low-Income Communities." *Missouri Law Review* 84,no 3: article 13.

第6章

Anderson, S., and J. Sallee. 2011. "Using Loopholes to Reveal the Marginal Cost of Regulation: The Case of Fuel-Economy Standards." *American Economic Review* 101, no. 4: 1375–1409.

Berry, S., J. Levinsohn, and A. Pakes. 2004. "Differentiated Products Demand Systems from a Combination of Micro and Macro Data: The New Car Market." *Journal of Political Economy* 112, no. 1 (2004): 68–105.

Bento, A., M. Freedman, and C. Lang. 2015. "Who Benefits from Environmental Regulation? Evidence from the Clean Air Act Amendments." *Review of Economics and Statistics* 97, no. 3: 610–22.

Bento, A., et al. 2018. "Flawed Analyses of U.S. Auto Fuel Economy Standards.*" Science Magazine* 362, no. 6419: 1119–21.

CEA (Council of Economic Advisers). 2019. "The Economic Effects of Federal Deregulation since January 2017: An Interim Report." https://www.whitehouse.gov/wp-content/uploads/2019/06/The-Economic-Effects-of- Federal-Deregulation-Interim-Report.pdf.

———. 2020. *Economic Report of the President*. Washington: U.S. GovernmentPublishing Office.

Chambers, D., C. Collins, and A. Krause. 2019. "How Do Federal Regulations Affect Consumer Prices? An Analysis of the Regressive Effects of Regulation." *PublicChoice* 180, no. 1: 57–90.

Coffey, B., P. McLaughlin, and P. Peretto. 2020. "The Cumulative Cost of Regulations.*"Review of Economic Dynamics* 38: 1–21.

Crain, M., and N. Crain. 2014. "The Cost of Federal Regulation to the U.S. Economy, Manufacturing and Small Business." National Association of Manufacturers.

Crews, W. 2017. "Mapping Washington's Lawlessness; An Inventory of Regulatory Dark Matter." Competitive Enterprise Institute. https://cei.org/sites/default/files/ Wayne%20Crews%20-%20Mapping%20 Washington%27s%20 Lawlessness%202017.pdf.

———. 2020. "The E.O. 13891 Guidance Document Portal: An Exercise in Utility." https:// cei.org/blog/eo-13891-guidance-document-portal-exercise-utility.

Duclos, J. 2008 "Horizontal and Vertical Equity." In *The New Palgrave Dictionary ofEconomics*. https://link.springer.com/referenceworkentry/10.105 7%2F978-1-349-95121-5_1961-1.

Dynan, K., J. Skinner, and S. Zeldes. 2004. "Do the Rich Save More?" *Journal of Political Economy* 112, no. 2: 397–444.

EPA (Environmental Protection Agency). 2016. "Proposed Determination on the Appropriateness of the Model Year 2022–2025 Light-Duty Vehicle Greenhouse Gas Emissions Standards under the Midterm Evaluation: Technical Support Document." https://nepis.epa.gov/Exe/ZyPDF.cgi?Dockey=P100Q3L4.pdf.

———. 2019. "The 2018 EPA Automotive Trends Report: Greenhouse Gas Emissions, Fuel Economy, and Technology since 1975." https://nepis.epa.gov/Exe/ZyPDF. cgi/P100W5C2.PDF?Dockey=P100W5C2. PDF.

EPA/DOT (U.S. Environmental Protection Agency / U.S. Department of Transportation). 2012. "Final Rulemaking for 2017–2025 Light-Duty Vehicle Greenhouse Gas Emission Standards and Corporate Average Fuel Economy Standards." https://nepis.epa.gov/Exe/ZyPDF.cgi/P100EZI1. PDF?Dockey=P100EZI1.PDF.

———. 2018. "The Safer Affordable Fuel-Efficient (SAFE) Vehicles Rule for Model Years 2021–2026 Passenger Cars and Light Trucks." Preliminary Regulatory ImpactAnalysis. https://www.nhtsa.gov/sites/nhtsa.dot.gov/files/documents/ld_ cafe_my2021-26_ pria_0.pdf.

———. 2020. "The Safer Affordable Fuel-Efficient (SAFE) Vehicles Rule for Model Years 2021–2026 Passenger Cars and Light Trucks." Final Regulatory Impact Analysis. https://www.nhtsa.gov/sites/nhtsa.dot.gov/files/documents/final_ safe_fria_web_ version_200701.pdf.

Figueroa, E., and S. Waxman. 2017. "Which States Tax the Sale of Food for Home Consumption in 2017?" Center on Budget and Policy Priorities. http://www.cbpp.org/research/state-budget-and-tax/which-states-tax-the-sale-of-food-for-home-consumption-in-2017.

Forbes. 2017. "Tesla's Lucrative ZEV Credits May Not Be Sustainable." https://www. forbes.com/sites/greatspeculations/2017/09/01/teslas-lucrative-zev-credits-may-not-be-sustainable/?sh=16b653416ed5.

Garicano, L., C. LeLarge, and J. Van Reenen. 2016. "Firm Size Distortions and the Productivity Distribution: Evidence from France." *American Economic Review* 106, no. 11: 3439–79.

Jacobsen, M. 2013. "Evaluating U.S. Fuel Economy Standards in a Model with Producer and Household Heterogeneity." *American Economic Journal: Economic Policy* 5, no. 2: 148–87.

Leard, B., and V. McConnell. 2017. "New Markets for Credit Trading under U.S. Automobile Greenhouse Gas and Fuel Economy Standards." *Review of Environmental Economics and Policy* 11, no. 2: 207–26.

Levinson, A. 2019. "Energy Efficiency Standards Are More Regressive Than Energy Taxes: Theory and Evidence." *Journal of the Association of Environmental and Resource Economists* 6, no. S1: S7–S36.

Mulligan, C., and T. Philipson. 2000. *Merit Motives and Government Intervention: Public Finance in Reverse*. NBER Working Paper 7698. Cambridge, MA: National Bureau of Economic Research.

Stigler, G. 1971. "The Theory of Economic Regulation."

Bell Journal of Economics and Management Science 2, no. 1: 3–21.

Thomas, D. 2012. *Regressive Effects of Regulation*. Arlington, VA: Mercatus Center at George Mason University.

第7章

Abdulkadiroğlu, A., P. Pathak, A. Roth, and T. Sönmez. 2006. *Changing the Boston School Choice Mechanism*. NBER Working Paper 11965. Cambridge, MA: National Bureau of Economic Research.

Abdulkadiroğlu, A., P. Pathak, and C. Walters. 2018. "Free to Choose: Can School Choice Reduce Student Achievement?" *American Economic Journal: Applied Economics* 10, no. 1: 175–206.

Anderson, K. 2017. "Evidence on Charter School Practices Related to Student Enrollment and Retention." *Journal of School Choice* 11, no. 4: 527–45.

Angrist, J., S. Cohodes, S. Dynarski, P. Pathak, and C. Walters. 2016. "Stand and Deliver: Effects of Boston's Charter High Schools on College Preparation, Entry, and Choice." *Journal of Labor Economics* 34, no. 2.

Ayscue, J., R. Levy, G. Siegel-Hawley, and B. Woodward. 2015. "Choices Worth Making: Creating, Sustaining, and Expanding Diverse Magnet Schools." Civil Rights Project / Proyecto Derechos Civiles.

Baude, P., M. Casey, E. Hanushek, G. Phelan, and S. Rivkin. 2020. "The Evolution of Charter School Quality." *Economica* 87, no. 345: 158–89.

Bifulco, R., and R. Reback. 2014. "Fiscal Impacts of Charter Schools: Lessons from New York." *Education Finance and Policy* 9, no. 1: 86–107.

Booker, K., T. Sass, and R. Zimmer. 2011. "The Effects of Charter High Schools on Educational Attainment." *Journal of Labor Economics* 29, no. 2: 377–415.

Boston School Finder. 2020. "What Is the Home-Based Assignment Policy (HBAP)?" https://www.bostonschoolfinder.org/home-based-assignment-policy-hbap.

Buerger, C., and R. Bifulco. 2019. "The Effect of Charter Schools on Districts' Student Composition, Costs, and Efficiency: The Case of New York State." *Economics of Education Review* 69: 61–72.

Butler, J., D. Carr, E. Toma, and R. Zimmer. 2013. "Choice in a World of New School Types." *Journal of Policy Analysis and Management* 32, no. 4: 785–806.

CEA (Council of Economic Advisers). 2020. "The Impact of Opportunity Zones: An Initial Assessment." https://www.whitehouse.gov/wp-content/uploads/2020/08/The-Impact-of-Opportunity-Zones-An-Initial-Assessment.pdf.

Chakrabarti, R. 2008. "Can Increasing Private School Participation and Monetary Loss in a Voucher Program Affect Public School Performance? Evidence from Milwaukee." *Journal of Public Economics* 92, nos. 5–6: 1371–93.

Chakrabarti, R., and J. Roy. 2010. "The Economics of Parental Choice." *Economics of Education* 3: 336–42.

Chingos, M., and P. Peterson. 2015. "Experimentally Estimated Impacts of School Vouchers on College Enrollment and Degree Attainment." *Journal of Public Economics* 122: 1–12.

Cohodes, S., E. Setren, and C. Walters. 2019. *Can Successful Schools Replicate? Scaling Up Boston's Charter School Sector*. NBER Working Paper 25796. Cambridge, MA: National Bureau of Economic Research.

CREDO (Center for Research on Education Outcomes). 2009. "Multiple Choice: Charter School Performance in 16 States." Stanford University.

———. 2013. "National Charter School Study." Stanford University. https://credo.stanford.edu/sites/g/files/sbiybj6481/f/ncss_2013_final_draft.pdf.

CRS (Congressional Research Service). 2018. "Higher Education Tax Benefits: Brief Overview and Budgetary Effects." https://files.eric.ed.gov/fulltext/ED593609.pdf.

———. 2019. "District of Columbia Opportunity Scholarship Program (DC OSP): Overview, Implementation, and Issues." https://fas.org/sgp/crs/misc/R45581.pdf.

David, R. 2018. "National Charter School Management Overview." National Alliance for Public Charter Schools. https://www.publiccharters.org/sites/default/files/documents/2019-06/napcs_management_report_web_06172019.pdf.

DeAngelis, C., and P. Wolf. 2019. "Will Democracy Endure Private School Choice? The Effect of the Milwaukee Parental Choice Program on Adult Voting Behavior." *Journal of Private Enterprise*.

———. 2020. "Private School Choice and Character: More Evidence from Milwaukee." *Journal of Private Enterprise*.

DeAngelis, C., P. Wolf, L. Maloney, and J. May. 2018. "Charter School Funding: (More) Inequity in the City." November. School Choice Demonstration Project.

Dobbie, W., and R. Fryer. 2015. "The Medium-Term Impacts of High-Achieving Charter Schools." *Journal of Political Economy* 123, no. 5: 985–1037.

DCPCSB (D.C. Public Charter School Board). 2020. "Student Enrollment." https://dcpcsb.org/student-enrollment.

ECS (Education Commission of the States). 2018. "Open Enrollment Quick Guide." https://www.ecs.org/wp-content/uploads/Open-Enrollment-Quick-Guide.pdf.

EdChoice. 2019. "Fast Facts on School Choice." https://www.edchoice.org/engage/fast-facts/.

———. 2020a. "The ABCs of School Choice." https://www.edchoice.org/wp-content/ uploads/2020/01/2020-ABCs-of-School-Choice-WEB-OPTIMIZED-REVISED.pdf.

———. 2020b. "Types of School Choice." https://www.edchoice.org/school-choice/types-of-school-choice/.

———. 2020c. "Wisconsin—Milwaukee Parental Choice Program." https://www. edchoice.org/school-choice/programs/wisconsin-milwaukee-parental-choice-program/.

EdSurge. 2020. "What's the Plan? How K-12 School Districts Are Preparing to Resume and Reopen." https://www.edsurge.com/research/guides/what-s-the-plan-how-k-12-school-districts-are-preparing-to-resume-and- reopen.

Egalite, A., J. Mills, and P. Wolf. 2017. "The Impact of Targeted School Vouchers on Racial Stratification in Louisiana Schools." *Education and Urban Society* 49, no. 3: 271–96.

Epple, D., and R. Romano. 2008. "Educational Vouchers and Cream Skimming."*International Economic Review* 49, no. 4: 1395–1435.

Epple, D., R. Romano, and M. Urquiola. 2017. "School Vouchers: A Survey of the Economic Literature." *Journal of Economic Literature* 55, no. 2: 441–91.

Epple, D., R. Romano, and R. Zimmer. 2016. "Chapter 3: Charter Schools—A Survey of Research on Their Characteristics and Effectiveness." In *Handbook of the Economics of Education*, ed. G. Bulman and R.W. Fairlie. Amsterdam: Elsevier.Vol. 5, 139–208.

Figlio, D., and C. Hart. 2014. "Competitive Effects of Means-Tested School Vouchers."*American Economic Journal: Applied Economics* 6, no. 1: 133–56.

Figlio, D., C. Hart, and K. Karbownik. 2020. *Effects of Scaling Up Private School Choice Programs on Public School Students*. NBER Working Paper 26758. Cambridge, MA: National Bureau of Economic Research.

Florida Department of Education. 2019a. "School Choice." http://www.fldoe.org/ schools/school-choice/.

———. 2019b. "Florida's Charter Schools." http://www. fldoe.org/core/fileparse. php/7696/urlt/Charter-Sept-2019.pdf.

———. 2019c. "Fact Sheet: Florida Tax Credit Scholarship Program." http://www.fldoe. org/core/fileparse. php/5606/urlt/FTC-Sept-2019-line.pdf.

Friedman, M. 1955. "The Role of Government in Education." In *Economics and thePublic Interest*. New Brunswick, NJ: Rutgers University Press.

Gilraine, M., U. Petronijevic, and J. Singleton. 2019. *Horizontal Differentiation and the Policy Effect of Charter Schools*. EdWorkingPaper 19-80. https://edworkingpapers.com/sites/default/files/ai19-80.pdf.

Grube, L., and D. Anderson. 2018. "School Choice and Charter Schools in Review: WhatHave We Learned?" *Journal of Private Enterprise* 33, no. 4: 21–44.

Harris, D., and M. Larsen. 2018. "What Effect Did the New Orleans School Reforms Have on Student Achievement, High School Graduation, and College Outcomes?" Education Research Alliance for New Orleans. July 15. https://educationresearchalliancenola.org/files/publications/071518-Harris-Larsen- What-Effect-Did-the-New-Orleans-School-Reforms-Have-on-Student-Achievement-High-School-Graduation-and-College-Outcomes.pdf.

Hitt, C., M. McShane, and P. Wolf. 2018. "Do Impacts on Test Scores Even Matter? Lessons from Long-Run Outcomes in School Choice Research." American Enterprise Institute. https://www.aei.org/research-products/report/do-impacts-on-test-scores-even-matter-lessons-from-long-run-outcomes-in- school-choice-research/

Hoxby, C. 2003. "Chapter 8: School Choice and School Productivity: Could School Choice Be a Tide That Lifts All Boats?" In *The Economics of School Choice*, ed.C. Hoxby. Cambridge, MA: National Bureau of Economic Research.

JEC (Joint Economic Committee). 2019. *Zoned Out: How School and Residential Zoning Limit Educational Opportunity*. SCP Report 6-19.

Kaplan, L., and W. Owings. 2018. "Funding School Choice: Implications for American Education." *Journal of Education Finance* 44, no. 2: 199–217.

Ladd, H., and J. Singleton. 2020. "The Fiscal Externalities of Charter Schools: Evidence from North Carolina." *Education Finance and Policy* 15, no. 1: 191–208.

Leuken, M. 2018. *Fiscal Effects of School Vouchers: Examining the Savings and Costs ofAmerica's Private School Voucher Programs*. Indianapolis: EdChoice.

Massachusetts Department of Elementary and Secondary Education. 2016. "Enrollment Policy and Practice Frequently Asked Questions." http://www.doe.mass.edu/charter/guidance/2016-3-faq.html.

———. 2019. "Massachusetts Charter School Waitlist Initial Report for 2019–2020 (FY20)." March 15.

http://www.doe.mass.edu/charter/enrollment/ fy2020/ waitlist.html#:~:text=73%20out%20of%20 81%20charter,waitlists%2C%20 representing%20 27%2C743%20unique%20students.

Mayer, D., P. Peterson, D. Myers, C. Tuttle, and W. Howell. 2002. "School Choice in New York City after Three Years: An Evaluation of the School Choice Scholarships Program." Mathematica Policy Research.

McShane, M. 2020. "The School Choice Now Act and the Fate of Private Schools." *Forbes,* July 23. https:// www.forbes.com/sites/mikemcshane/2020/07/23/ the-school-choice-now-act-and-the-fate-of-private-schools/#2db492ef7278.

National Association of Realtors. 2018. "2018 Profile of Home Buyers and Sellers." https:// nationalmortgageprofessional.com/sites/default/ files/NAR_HBS_2018_10_29_18.pdf.

NCES (National Center for Education Statistics). 2019a. "Table 216.20. Number and Enrollment of Public Elementary and Secondary Schools by School Level, Type, and Charter, Magnet, and Virtual Status: Selected Years, 1990–91 through 2017–2018." https://nces.ed.gov/programs/digest/d19/tables/ dt19_216.20.asp?current=yes.

———. 2019b. "School Choice in the United States: 2019." https://nces.ed.gov/ programs/schoolchoice/ ind_02.asp.

———. 2019c. "Table 235.20: Revenues for Public Elementary and Secondary Schools, by Source of Funds and State or Jurisdiction: 2016–2017." https://nces. ed.gov/programs/digest/d19/tables/ dt19_235.20.asp?current=yes.

———. 2019d. "Table 216.30: Number and Percentage Distribution of Public Elementary and Secondary Students and Schools, by Traditional or Charter School Status and Selected Characteristics: Selected Years, 1999–2000 through 2017–18." https://nces. ed.gov/programs/digest/d19/tables/dt19_216.30. asp?current=yes

———. 2020a. "Public School Revenue Sources." https:// nces.ed.gov/programs/coe/indicator_cma.asp.

———. 2020b." Revenues and Expenditures for Public Elementary and Secondary Education: FY 17." https://nces.ed.gov/pubs2020/2020303.pdf.

Office of Senator Ted Cruz. 2019. "Sen. Cruz Introduces Education Freedom Scholarships and Opportunity Act." February 28. https://www.cruz.senate. gov/?p=press_release&id=4343.

OII (Office of Innovation and Improvement). 2004. "Creating Successful Magnet School Programs." U.S.

Department of Education. https://www2.ed.gov/ admins/ comm/choice/magnet/report.pdf.

Ridley, M., and C. Terrier. 2018. *Fiscal and Education Spillovers from Charter School Expansion.* NBER Working Paper 25070. Cambridge, MA: National Bureau of Economic Research.

Rothstein, J. 2006. "Good Principals or Good Peers? Parental Valuation of School Characteristics, Tiebout Equilibrium, and the Incentive Effects of Competition among Jurisdictions." *American Economic Review* 96, no. 4: 1333–49.

Sass, T., R. Zimmer, B. Gill, and T. Booker. 2016. "Charter High School's Effect on Long-Term Attainment and Earnings." *Journal of Policy Analysis and Management* 35, no. 3: 683–706.

Supreme Court of the United States. 2019. *Espinoza et al. v. Montana Department of Revenue.* https://www. supremecourt.gov/opinions/19pdf/18-1195_g314. pdf#page=23.

Teach New Orleans. 2020. "Nola by the Numbers." https://teachneworleans.net/nola- by-the-numbers/#:~:text=98%25%20of%20students%20 attend%20 charter,create%20its%20own%20unique%20 culture.

Tiebout, C. 1956. "A Pure Theory of Local Expenditures." *Journal of Political Economy* 5:416–24.

Urquiola, M. 2005. "Does School Choice Lead to Sorting? Evidence from Tiebout Variation." *American Economic Review* 95, no. 4: 1310–26.

U.S. Department of Education. 2015. "Welcome to ED's Charter Schools Program." https://www2.ed.gov/ about/offices/list/oii/csp/index.html.

———. 2017. "The Federal Role in Education." https:// www2.ed.gov/about/overview/fed/role.html.

———. 2019a. "School Choice Improvement Programs." https://oese.ed.gov/offices/ office-of-discretionary-grants-support-services/school-choice-improvement-programs/.

———. 2019b. "The U.S. Department of Education's Charter Schools Program Overview." https:// oese.ed.gov/files/2019/12/CSP-Data-Overview-WestEd-7.22.2019.pdf.

———. 2019c. "How Education Freedom Scholarships Can Expand Private and Home Education Options." https://sites.ed.gov/freedom/2019/09/26/how-education-freedom-scholarships-can-expand-private-and-home- education-options/

———. 2020a. "Magnet Schools Assistance Program." https://oese.ed.gov/offices/office- of-discretionary-grants-support-services/school-choice-improvement-programs-assistance-program-msap/.

——. 2020b. "Secretary DeVos Awards $65 Million to Create and Expand Public Charter Schools in Areas of Greatest Need." https://www.ed.gov/news/press-releases/secretary-devos-awards-65-million-create-and-expand-public-charter- schools-areas-greatest-need.

Walters, C. 2018. "The Demand for Effective Charter Schools." *Journal of Political Economy* 126, no. 6: 2179–2223.

Wisconsin Department of Public Instruction. 2020. "2019–2020 Charter School Enrollment." https://dpi.wi.gov/sms/charter-schools/current.

Witte, J. 1998. "The Milwaukee Voucher Experiment." *Educational Evaluation and Policy Analysis* 20, no. 4: 229–51.

Wolf, P., B. Gutmann, M. Puma, B. Kisida, L. Rizzo, N. Eissa., and M. Carr. 2010. "Evaluation of the DC Opportunity Scholarship Program." National Center for Education Evaluation and Regional Assistance. https://ies.ed.gov/ncee/ pubs/20104018/pdf/20104018.pdf.

Wolf, P., B. Kisida, B. Gutmann, M. Puma, N. Eissa, and L. Rizzo. 2013. "School Vouchers and Student Outcomes: Experimental Evidence from Washington, DC." *Journal of Policy Analysis and Management* 32, no. 2: 246–70.

Zimmer, R., B. Gill, K. Booker, S. Lavertu, T. Sass, and J. Witte. 2009. "Charter Schools in Eight States: Effects on Achievement, Attainment, Integration, and Competition." RAND Corporation.

第8章

Acemoglu, D., S. Johnson, and J. Robinson. 2001. "The Colonial Origins of Comparative Development: An Empirical Investigation." *American Economic Review* 91, no. 5: 1369–1401.

Alston, E., and S. Smith. 2020. "Development Derailed: Uncertain Property Rights and Asset-Specific Investment." Mountain West Economic History Conference.

Barton, S., and H. Recht. 2018. "The Massive Prize Luring Miners to the Stars." Bloomberg, March 8. https://www.bloomberg.com/ graphics/2018-asteroid-mining/.

Barzel, Y. 1997. *Economic Analysis of Property Rights*. New York: Cambridge University Press.

Bohn, H., and R. Deacon. 2000. "Ownership Risk, Investment, and the Use of Natural Resources." *American Economic Review* 90, no. 3: 526–49.

Butow, S., T. Cooley, E. Felt, and J. Mozer. 2020. "State of the Space Industrial Base 2020: A Time for Action to Sustain US Economic & Military Leadership in Space." http://aerospace.csis.org/wp-content/uploads/2020/07/State-of-the- Space-Industrial-Base-2020-Report_July-2020_FINAL.pdf.

CEA (Council of Economic Advisers). 2020. "Expanding Educational Opportunity through Choice and Competition." https://www.whitehouse.gov/wp-content/ uploads/2020/10/Expanding-Education-through-Choice.pdf.

Cust, J., and T. Harding. 2020. "Institutions and the Location of Oil Exploration." *Journal of the European Economic Association* 18, no. 3: 1321–50.

Demsetz, H. 1967. "Toward a Theory of Property Rights." *American Economic Review* 57, no. 2: 347–59.

DIA (Defense Intelligence Agency). 2019. "Challenges to Security in Space." https://www.dia.mil/Portals/27/Documents/News/Military%20Power%20Publications/Space_Threat_V14_020119_sm.pdf.

Ferreira, S. 2004. "Deforestation, Property Rights, and International Trade." *Land Economics* 80, no. 2: 174–93.

Galiani, S., and E. Schargrodsky. 2010. "Property Rights for the Poor: Effects of Land Titling." *Journal of Public Economics* 94, nos. 9–10: 700–729.

Grainger, C., and C. Costello. 2014. "Capitalizing Property Rights Insecurity in Natural Resource Assets." *Journal of Environmental Economics and Management* 67, no. 2: 224–40.

Hertzfeld, H., and F. von der Dunk. 2005. "Bringing Space Law into the Commercial World: Property Rights without Sovereignty." *Chicago Journal of International Law* 6, no. 1: 81–99.

Hornbeck, R. 2010. "Barbed Wire: Property Rights and Agricultural Development." *Quarterly Journal of Economics* 125, no. 2: 767–810.

Kemal, M., and I. Lange. 2018. "Changes in Institutional Design and Extraction Paths." *Environmental and Development Economics* 23, no. 4: 478–94.

Leonard, B., and G. Libecap. 2019. "Collective Action by Contract: Prior Appropriation and the Development of Irrigation in the Western United States." *Journal of Law and Economics* 62, no. 1: 67–115.

Libecap, G. 1978. "Economic Variables and the Development of Law: The Case of Western Mineral Rights." *Journal of Economic History* 38, no. 2: 338–62.

Libecap, G., and J. Smith. 2002. "The Economic Evolution of Petroleum Property Rights in the United States." *Journal of Legal Studies* 31, no. S2: S589–S608.

Llinás, C. 2016. "Pretending to Be Liberian and Panamanian; Flags of Convenience and the Weakening of the Nation-State on the High Seas." *Journal of Maritime Law & Commerce* 47, no. 1: 1–28.

North, D. 1991. "Institutions." *Journal of Economic Perspectives* 5, no. 1: 97–112.

O'Connor, A., M. Gallaher, K. Clark-Sutton, D. Lapidus, Z. Oliver, T. Scott, D. Wood, M. Gonzalez, E. Brown, and J. Fletcher. 2019. *Economic Benefits of the Global Positioning System (GPS)*. Research Triangle Park, NC: RTI International. https://www.space.commerce.gov/wp-content/uploads/2019-08-gps-presentation.pdf.

Pace, S., G. Frost, I. Lachow, D. Frelinger, D. Fossum, D. Wassem, and M. Pinto. 1995. *The Global Positioning System: Assessing National Priorities*. Santa Monica, CA: RAND Corporation.

Pence, M. 2019. "Mike Pence: It's Time for Congress to Establish the Space Force." *Washington Post*, March 1. https://www.washingtonpost.com/opinions/mike-pence-its-time-for-congress-to-establish-the-space-force/2019/03/01/50820a58-3c4e-11e9-a06c-3ec8ed509d15_story.html.

Taghdiri, A. 2013. "Flags of Convenience and the Commercial Space Flight Industry: The Inadequacy of Current International Law to Address the Opportune Registration of Space Vehicles in Flag States." *Journal of Science and Technology Law* 19, no. 2: 405–31.

USSF (U.S. Space Force). 2020. "About the United States Space Force." https://www.spaceforce.mil/About-Us/About-Space-Force.

Weinzierl, M. 2018. "Space, the Final Economic Frontier." *Journal of Economic Perspectives* 32, no. 2: 173–92.

第9章

Abraham, K., and M. Kearney. 2020. "Explaining the Decline in the US Employment-to-Population Ratio: A Review of the Evidence." *Journal of Economic Literature* 58, no. 3: 585–643.

Anthony, C., et al. 2015. *The Costs of the Israeli-Palestinian Conflict*. Santa Monica, CA: RAND Corporation.

Autor, D., D. Dorn, and G. Hanson. 2013. "The China Syndrome: Local Labor Market Effects of Import Competition in the United States." *American Economic Review* 103, no. 6: 2121–68.

——. 2019. "When Work Disappears: Manufacturing Decline and the Falling Marriage Market Value of Young Men." *American Economic Review: Insights* 1, no. 2: 161–78.

Baldwin, R., and E. Tomiura. 2020. "Thinking Ahead About the Trade Impact of COVID-19." In *Economics in the Time of COVID-19*, ed. R. Baldwin and B. di Mauro. London: Centre for Economic Policy Research.

Bank of America. 2020a. "Tectonic Shifts in Global Supply Chains." February 4. Bank of America Global Research. https://www.bofaml.com/content/dam/boamlimages/documents/articles/ID20_0147/Tectonic_Shifts_in_Global_Supply_Chains.pdf.

——. 2020b. "The Cost of Remaking Supply Chains: Significant but not Prohibitive." July 23. Bank of America Global Research. https://www.bofaml.com/content/dam/boamlimages/documents/articles/ID20_0734/cost_of_remaking_supply_chains.pdf.

Case, A., and A. Deaton. 2017. "Mortality and Morbidity in the 21st Century." *Brookings Papers on Economic Activity*. casetextsp17bpea.pdf.

CDC (U.S. Centers for Disease Control and Prevention). 2020. "No Sail Order and Suspension of Further Embarkation." *Federal Register*. https://www.federalregister.gov/documents/2020/03/24/2020-06166/no-sail-order-and-suspension-of-further-embarkation.

CEA (Council of Economic Advisers). 2019. *Economic Report of the President*. Washington: U.S. Government Publishing Office.

CRS (Congressional Research Service). 2018. "U.S.-South Korea (KORUS) FTA." https://fas.org/sgp/crs/row/IF10733.pdf.

——. 2019. "'Stage One' U.S.-Japan Trade Agreements." https://fas.org/sgp/crs/row/R46140.pdf.

——. 2020a. "USMCA: Intellectual Property Rights (IPR)." https://crsreports.congress.gov/product/pdf/IF/IF11314#:~:text=Geographical%20Indications%20(GIs),-GIs%20are%20geographical&text=USMCA%20contains%20due%20process%20procedures,GI%20protection%20in%20international%20agreements.

——. 2020b. "U.S.-Brazil Trade Relations." https://crsreports.congress.gov/product/pdf/IF/IF10447.

Cui, Y., J. Meng, and C. Lu. 2018. "Recent Developments in China's Labor Market: Labor Shortage, Rising Wages, and Their Implications." *Review of Development Economics* 22, no. 3: 1217–38.

DOJ (U.S. Department of Justice). 2018. "Statement of John C. Demers Before the Committee on the Judiciary, United States Senate." https://www.justice.gov/sites/default/files/testimonies/witnesses/attachments/2018/12/18/12-05-2018_john_c._demers_testimony_re_china_non-traditional_espionage_against_the_united_states_the_threat_ and_ potential_policy_responses.pdf.

Elliott, L., and R. Mason. 2020. "U.K. to Impose Tax on Tech Giants but Risks U.S. Tariffs on Car Exports." *Guardian*, January 22. https://www.theguardian.com/ business/2020/jan/22/uk-to-impose-tax-on-tech-giants-but-risks-us-tariffs-on-car-exports.

Goodman, M., D. Gerstel, N. Szechenyi, and M. Green. 2019. "The U.S.-Japan Trade Deal." Center for Strategic and International Studies. https://www.csis.org/analysis/us-japan-trade-deal.

GPO (U.S. Government Publishing Office). 2000. "Public Law 206–286—Oct. 20, 2000: Normal Trade Relations for the People's Republic of China." https://www. congress.gov/106/plaws/publ286/PLAW-106publ286.pdf.

Grossman, G., and E. Rossi-Hansberg. 2008. "Trading Tasks: A Simple Theory of Offshoring." *American Economic Review* 98, no. 5: 1978–97.

Henley, J., J. Rankin, and L. O'Carroll. 2020. "Brexit Explained: How It Happened and What Comes Next." *Guardian*, January 27. https://ustr.gov/countries-regions/ europe-middle-east/europe/united-kingdom/us-uk-trade-agreement-negotiations.

ILO (International Labor Organization). 2014. "Informal Employment in Mexico: Current Situation, Policies, and Challenges." https://www.ilo.org/wcmsp5/groups/ public/---americas/---ro-lima/documents/publication/wcms_245889.pdf.

Isaac, A. 2020. "U.K. Scrambles for Legal Route to Hit Back on U.S. Airbus Tariffs." *Politico*, December 1. https://www.politico.eu/article/uk-scrambles-for-legal-route-to-hit-back-on-us-airbus-tariffs/.

Kearney. 2020. "Trade War Spurs Sharp Reversal in 2019 Reshoring Index, Foreshadowing COVID-19 Test of Supply Chain Relience." https://www. kearney.com/operations-performance-transformation/us-reshoring-index/full-report.

Luo, S., and K. Tsang. 2020. "China and World Output Impact of the Hubei Lockdown During the Coronavirus Outbreak." *Contemporary Economic Policy*, forthcoming.

Lund, S., et al. 2020. "Risk, Resilience, and Rebalancing in Global Value Chains." McKinsey Global Institute, August 6. https://www.mckinsey.com/business-functions/operations/our-insights/risk-resilience-and-rebalancing-in-global-value-chains.

McBride, J., and A. Chatzky. 2019. "Is 'Made in China 2025' a Threat to Global Trade?" Council on Foreign Relations. https://www.cfr.org/backgrounder/made-china-2025-threat-global-trade.

MOF (Ministry of Finance of the People's Republic

of China). 2020. "Announcement of the Customs Tariff Commission of the State Council on Adjusting Measures to Impose Tariffs on Certain Imported Commodities Originating in the United States." http://gss.mof.gov.cn/gzdt/zhengcefabu/202002/t20200206_3466540.htm.

Mojtehedzadeh, S. 2016. "Inside Mexico's 'Ghost' Unions." *Toronto Star*, May 22. https://www.thestar.com/news/gta/2016/05/22/inside-mexicos-ghost-unions.html.

OECD (Organization for Economic Cooperation and Development). 2019. "Trade in Fake Goods Is Now 3.3% of World Trade and Rising." https://www.oecd.org/ newsroom/trade-in-fake-goods-is-now-33-of-world-trade-and-rising.htm.

Overby, T., S. Snyder, T. Stangarone, and E. Swicord. 2020. *Stabilizing the U.S.-Korea Trade Agenda Under Trump and Moon*. Washington: Council on Foreign Relations. https://efile.fara.gov/docs/3327-Informational-Materials-20200318-108.pdf.

Packard, C. 2020. "Trump and Johnson Can Quickly Strike a Trade Deal—If They Avoid the Pitfalls." *Foreign Policy*, March 11. https://foreignpolicy.com/2020/03/11/trump-johnson-us-britain-trade-agreement-fta/.

Pierce, J., and P. Schott. 2016. "The Surprisingly Swift Decline of U.S. Manufacturing Employment." *American Economic Review* 106, no. 7: 1632–62.

———. 2020. "Trade Liberalization and Mortality: Evidence from U.S. Counties." *American Economic Review: Insights* 2, no. 1: 47–64.

Schlesinger, J. 2020. "How the Coronavirus Will Reshape World Trade." *Wall Street Journal*, June 19. https://www.wsj.com/articles/how-the-coronavirus-will-reshape-world-trade-11592592995.

Schott, J. 2019. "Reinventing the Wheel: Phase One of the U.S.-Japan Trade Pact." Peterson Institute for International Economics. https://www.piie.com/blogs/trade-and-investment-policy-watch/reinventing-wheel-phase-one-us-japan-trade-pact.

Tankersley, J. 2018. "Trump Signs Revised Korean Trade Deal." *New York Times*, September 24. https://www.nytimes.com/2018/09/24/us/politics/south-korea-trump-trade-deal.html.

UBS. 2020. "Supply Chains Are Shifting: How Much and Where?" UBS Evidence Lab. https://www.ubs.com/global/en/investment-bank/in-focus/covid-19/2020/supply-chains-are-shifting.html.

UN Comtrade. 2016. "Classification by Broad Economic Categories Rev.5." https:// unstats.un.org/unsd/trade/classifications/Manual%20of%20the%20Fifth%20Revision%20of%20the%20BEC%20(Unedited).pdf.

USITC (U.S. International Trade Commission). 2019. "U.S.-

Mexico-Canada Trade Agreement: Likely Impact on the U.S. Economy and on Specific Industry Sectors." https://www.usitc.gov/publications/332/pub4889.pdf.

USTR (Office of the United States Trade Representative). 2018a. "Section 301 Investigation Fact Sheet." https://ustr.gov/about-us/policy-offices/press-office/fact-sheets/2018/june/section-301-investigation-fact-sheet.

———. 2018b. "United States–Japan Trade Agreement (USJTA) Negotiations: Summary of Specific Negotiating Objectives." https://ustr.gov/sites/default/files/2018.12.21_Summary_of_U.S.-Japan_Negotiating_Objectives.pdf.

———. 2018c. "United States–Mexico–Canada Trade Fact Sheet: Modernizing NAFTA into a 21st Century Trade Agreement." https://ustr.gov/about-us/policy-offices/press-office/fact-sheets/2018/october/united-states%E2%80%93mexico%E2%80%93canada-trade-fa-1.

———. 2018d. "New U.S. Trade Policy and National Security Outcomes with the Republic of Korea." https://ustr.gov/about-us/policy-offices/press-office/fact-sheets/2018/march/new-us-trade-policy-and-national.

———. 2018e. "Fact Sheet on U.S.-Korea Free Trade Agreement Outcomes." https://ustr.gov/about-us/policy-offices/press-office/fact-sheets/2018/september/fact-sheet-us-korea-free-trade.

———. 2019a. "2019 National Trade Estimate Report on Foreign Trade Barriers." https://ustr.gov/sites/default/files/2019_National_Trade_Estimate_Report.pdf.

———. 2019b. "United States and China Reach Phase One Trade Agreement." https://ustr.gov/about-us/policy-offices/press-office/press-releases/2019/december/united-states-and-china-reach.

———. 2019c. "U.S.-Japan Trade Agreement Text." https://ustr.gov/countries-regions/japan-korea-apec/japan/us-japan-trade-agreement-negotiations/us-japan-trade-agreement-text.

———. 2019d. "U.S.-Japan Digital Trade Agreement Text." https://ustr.gov/countries-regions/japan-korea-apec/japan/us-japan-trade-agreement-negotiations/us-japan-digital-trade-agreement-text.

———. 2020a. "United States–Mexico–Canada Agreement." https://ustr.gov/trade-agreements/free-trade-agreements/united-states-mexico-canada-agreement.

———. 2020b. "Economic and Trade Agreement between the United States of America and the People's Republic of China." https://ustr.gov/sites/default/files/files/agreements/phase%20one%20agreement/Economic_And_Trade_Agreement_Between_The_United_States_And_China_Text.pdf.

———. 2020c. "USTR and USDA Release Report on Agricultural Trade between the United States and China." https://ustr.gov/about-us/policy-offices/press-office/press-releases/2020/october/ustr-and-usda-release-report-agricultural-trade-between-united-states-and-china.

———. 2020d. "Statement on Call between the United States and China." https://ustr.gov/about-us/policy-offices/press-office/press-releases/2020/august/statement-call-between-united-states-and-china.

———. 2020e. "Fact Sheet on the 2020 National Trade Estimate: Removing Barriers to U.S. Exports Worldwide." https://ustr.gov/about-us/policy-offices/press-office/fact-sheets/2020/march/fact-sheet-2020-national-trade-estimate-removing-barriers-us-exports-worldwide.

———. 2020f. "U.S.-U.K. Trade Agreement Negotiations." https://ustr.gov/countries-regions/europe-middle-east/europe/united-kingdom/us-uk-trade-agreement-negotiations.

Vaswani, K. 2020. "U.S.-China Trade Deal: Five Things That Aren't in It." BBC News, January 16. https://www.bbc.com/news/business-51130434.

White House. 2020a. "Remarks by President Trump at Signing of the U.S.-China Phase One Trade Agreement." https://www.whitehouse.gov/briefings-statements/remarks-president-trump-signing-u-s-china-phase-one-trade-agreement-2/.

———. 2020b. "Proclamation on Suspension of Entry as Immigrants and Nonimmigrants of Persons Who Pose a Risk of Transmitting 2019 Novel Coronavirus." https://www.whitehouse.gov/presidential-actions/proclamation-suspension-entry-immigrants-nonimmigrants-persons-pose-risk-transmitting-2019-novel-coronavirus/.

———. 2020c. "Proclamation—Suspension of Entry as Immigrants and Nonimmigrants of Certain Additional Persons Who Pose a Risk of Transmitting 2019 Novel Coronavirus." https://www.whitehouse.gov/presidential-actions/proclamation-suspension-entry-immigrants-nonimmigrants-certain-additional-persons-pose-risk-transmitting-2019-novel-coronavirus/.

World Bank. 2020. *World Development Report 2020: Trading for Development in the Age of Global Value Chains*. Washington: World Bank. https://www.worldbank.org/en/publication/wdr2020.

WTO (World Trade Organization). 2020. "The General

Agreement on Tariffs and Trade (GATT 1947)." https://www.wto.org/english/docs_e/legal_e/gatt47_01_e.htm.

Wu, D. 2020. "TSMC Scores Subsidies and Picks Site for $12 Billion U.S. Plant." Bloomberg, June 8. https://www.bloomberg.com/news/articles/2020-06-09/tsmc-confident-of-replacing-any-huawei-orders-lost-to-u-s-curbs

Xie, E. 2020. "Build-up to Coronavirus Lockdown: Inside China's Decision to Close Wuhan." *South China Morning Post*, April 2. https://www.scmp.com/news/china/society/article/3078189/build-coronavirus-lockdown-inside-chinas-decision-close-wuhan.

第 10 章

BBC (British Broadcasting Corporation). 2020. "U.S. Oil Prices Turn Negative as Demand Dries Up." https://www.bbc.com/news/business-52350082.

Bernanke, B. 1983. "Nonmonetary Effects of the Financial Crisis in the Propagation of the Great Depression." *American Economic Review* 73, no. 3: 257–76.

Bordo, M., and J. Haubrich. 2017. "Deep Recessions, Fast Recoveries, and Financial Crises: Evidence from the American Record." *Economic Inquiry* 55: 527–41.

CEA (Council of Economic Advisers). 2018. *Economic Report of the President.* Washington: U.S. Government Publishing Office.

——. 2019. *Economic Report of the President.* Washington: U.S. Government Publishing Office.

——. 2020. *Economic Report of the President.* Washington: U.S. Government Publishing Office.

Chen, Y., A. Ebenstein, M. Greenstone, and H. Li. 2013. "Evidence on the Impact of Sustained Exposure to Air Pollution on Life Expectancy from China's Huai River Policy." *Proceedings of the National Academy of Sciences* 110, no. 32: 12936–41.

Coibion, O., Y. Gorodnichenko, and M. Weber. 2020. *Labor Markets during the COVID-19 Crisis: A Preliminary View.* NBER Working Paper 27017. Cambridge, MA: National Bureau of Economic Research.

Crust, E., M. Daly, and B. Hobijn. 2020. "The Illusion of Wage Growth." Federal Reserve Bank of San Francisco Economic Letter.

Deschenes, O., M. Greenstone, and J. Shapiro. 2017. "Defensive Investments and the Demand for Air Quality: Evidence from the NOx Budget Program." *American Economic Review* 107, no. 10: 2958–89.

EIA (Energy Information Administration). 2020. "Short-Term Energy Outlook." December 8. https://www.eia.gov/outlooks/steo/.

Fernández-Villaverde, J., and C. Jones. 2020. *Macroeconomic Outcomes and COVID-19: A Progress Report.* NBER Working Paper 28004. Cambridge, MA: National Bureau of Economic Research.

Gascon, C., and J. Haas. 2020. "The Impact of COVID-19 on the Residential Real Estate Market." Federal Reserve Bank of Saint Louis.

Gicheva, D. 2016. "Student Loans or Marriage? A Look at the Highly Educated." *Economics of Education Review* 53: 207–16.

Gicheva, D., and J. Thompson. 2015. "The Effects of Student Loans on Long-Term Household Financial Stability." In *Student Loans and the Dynamics of Debt*, edited by B. Hershbein and K. Hollenbeck. Kalamazoo: W. E. Upjohn Institute for Employment Research.

Goodspeed, T., and P. Navarro. "The White House Favors a Bridge to Recovery." *Wall Street Journal*, December 2. https://www.wsj.com/articles/the-white-house-favors-a-bridge-to-recovery-11606950989.

Hall, R., and M., Kudlyak. 2020. *Why Has the U.S. Economy Recovered So Consistently from Every Recession in the Past 70 Years?* NBER Working Paper 27234. Cambridge, MA: National Bureau of Economic Research.

Hamermesh, D. 1989. "What Do We Know About Worker Displacement in the U.S.?" *Industrial Relations: A Journal of Economy and Society* 28, no. 1: 51–59.

He, J., H. Liu, and A. Salvo. 2019. "Severe Air Pollution and Labor Productivity: Evidence from Industrial Towns in China." *American Economic Journal: Applied Economics* 11, no. 1: 173–201.

Hedlund, A. 2019. "Failure to Launch: Housing, Debt Overhang, and the Inflation Option." *American Economic Journal: Macroeconomics* 11, no. 2: 228–74.

IMF (International Monetary Fund). 2020a. *World Economic Outlook: A Long and Difficult Ascent.* Washington: IMF. https://www.imf.org/-/media/Files/Publications/ WEO/2020/October/English/text.ashx.

——. 2020b. *World Economic Outlook Update: A Crisis Like No Other, An Uncertain Recovery.* Washington: IMF. https://www.imf.org/-/media/Files/Publications/ WEO/2020/Update/June/English/WEOENG202006.ashx.

Kozlowski, J., L. Veldkamp, and V. Venkateswaran. 2020. *Scarring Body and Mind: The Long-Term Belief-Scarring Effects of COVID-19.* NBER Working Paper 27439. Cambridge, MA: National Bureau of Economic Research.

Mezza, A., D. Ringo, S. Sherlund, and K. Sommer. 2020.

"Student Loans and Homeownership." *Journal of Labor Economics* 38, no. 1: 215–60.

OECD (Organization for Economic Cooperation and Development). 2020. *OECD Economic Outlook*. Vol. 2020, Issue 2. https://www.oecd-ilibrary.org/deliver/39a88ab1-en.pdf?itemId=%2Fcontent%2Fpublication%2F39a 88ab1-en&mimeType=pdf.

O'Hara, M., and A. Zhou. 2020. "Anatomy of a Liquidity Crisis: Corporate Bonds in the COVID-19 Crisis." *Journal of Financial Economics*, forthcoming.

Pierce, J., and P. Schott. 2020. "Trade Liberalization and Mortality: Evidence from U.S. Counties." *American Economic Review: Insights* 2, no. 1: 47–64.

Rothstein, J., and C. Rouse. 2011. "Constrained after College: Student Loans and Early- Career Occupational Choices." *Journal of Public Economics* 95, nos. 1–2: 149–63.

Ruhm, C. 1991. "Are Workers Permanently Scarred By Job Displacements?" *American Economic Review* 81, no. 1: 319–24.

Sharpe, S., and X. Zhou, 2020. "The Corporate Bond Market Crises and the Government Response." *FEDS Notes* 2020-10-07-2. Board of Governors of the Federal Reserve System.

World Bank. 2020. "Reversals of Fortune: Poverty and Shared Prosperity 2020." https://openknowledge.worldbank.org/bitstream/handle/10986/34496/9781464816 024.pdf.

第 11 章

AASHTO (American Association of State Highway and Transportation Officials) and TRIP. 2009. "Rough Roads Ahead: Fix Them Now or Pay For It Later." Road Information Program. https://t2.unh.edu/sites/t2.unh.edu/files/documents/ publications/RoughRoads_FullReport.pdf

AAUP (American Association of University Professors). 2020. "2019–20 Faculty Compensation Survey Results." https://www.aaup.org/2019-20-faculty-compensation-survey-results.

——. No date. "Explanation of Statistical Data." https://www.aaup.org/explanation-statistical-data-6.

Abbott, M., and C. Beach. 2011. "Do Admission Criteria and Economic Recessions Affect Immigrant Earnings?" Institute for Research on Public Policy Working Paper. https://irpp.org/research-studies/do-admission-criteria-and-economic-recessions-affect-immigrant-earnings/

Abraham, K., and M. Kearney. 2020. "Explaining the Decline in the U.S. Employment-to-Population Ratio: A Review of the Evidence." *Journal of Economic Literature* 58, no. 3: 585–643.

Acemoglu, D., U. Akcigit, H. Alp, N. Bloom, and W. Kerr. 2018. "Innovation, Realocation, and Growth." *American Economic Review* 108, no. 11: 3450–91.

Agency for Healthcare Research and Quality. 2017. "Physician Burnout." https://www.ahrq.gov/prevention/clinician/ahrq-works/burnout/index.htm.

Aguirre, D., L. Hoteit, C. Rupp, and K. Sabbagh. 2012. "Empowering the Third Billion. Women and the World of Work in 2012." Booz and Company. https://www.hrtoday.ch/sites/hrtoday.ch/files/article_inline_images/BoozCo_ Empowering-the-Third-Billion_Full-Report.pdf.

Altig, D, A. Auerbach, L. Kotlikoff, E. Ilin, and V. Ye. 2020. *Marginal Net Taxation of Americans' Labor Supply*. NBER Working Paper 27164. Cambridge, MA: National Bureau of Economic Research.

American Society of Civil Engineers. 2016. *Failure to Act: Closing the Infrastructure Investment Gap for America's Economic Future*. Boston: Economic Development Research Group.

Arezki, R, P. Bolton, S. Peters, F. Samama, and J. Stiglitz. 2017. "From Global Savings Glut to Financing Infrastructure." *Economic Policy* 32, no. 90: 221–61.

Astebro, T., S. Braguinsky, and Y. Ding. 2020. *Declining Business Dynamism among Our Best Opportunities: The Role of the Burden of Knowledge*. NBER Working Paper 27787. Cambridge, MA: National Bureau of Economic Research. https://www. nber.org/system/files/working_papers/w27787/w27787.pdf.

Bailey, M., T. Byker, E. Patel, and S. Ramnath. 2019. *The Long-Term Effects of California's 2004 Paid Family Leave Act on Women's Careers: Evidence from U.S. Tax Data*. NBER Working Paper 26416. Cambridge, MA: National Bureau of Economic Research.

Baldwin, R. 2006. "Failure of the WTO Ministerial Conference at Cancun: Reasons and Remedies." *World Economy* 29, no. 6: 677–96.

Bartel, A., S. Kim, J. Nam, M. Rossin-Slater, C. Ruhm, and J. Waldfogel. 2019. "Racial and Ethnic Disparities in Access to and Use of Paid Family and Medical Leave: Evidence from Four Nationally Representative Datasets." *Monthly Labor Review*, January.

Becker, G. 1962. "Investment in Human Capital: A Theoretical Analysis." *Journal of Political Economy* 70, no. 5: 9–49.

Bick, A., and N. Fuchs-Schündeln. 2017. "Quantifying the Disincentive Effects of Joint Taxation on Married

Women's Labor Supply." *American Economic Review* 107,no. 5: 100–104.

Blau, F., and L. Kahn. 2013. "Female Labor Supply: Why Is the United States Falling Behind?" *American Economic Review: Papers and Proceedings* 103, no. 3: 251–56.

Bloom, N., C. Jones, J. Van Reenen, and M. Webb. 2020. "Are Idea Getting Harder to Find?" *American Economic Review* 110, no. 4: 1104–44.

Borella, M., M. De Nardi, and F. Yang. 2019a. *Are Marriage-Related Taxes and Social Security Benefits Holding Back Female Labor Supply?* NBER Working Paper 26097. Cambridge, MA: National Bureau of Economic Research. https://www.nber.org/papers/w26097.

———. 2019b. "Marriage-Related Taxes and Social Security Benefits Are Holding Back Women's Labour Supply in the U.S." Vox EU and Centre for Economic Policy Research. https://voxeu.org/article/marriage-related-taxes-social-security-benefits-and-women-s-labour- supply-us.

Borjas, G. 2003. "The Labor Demand Curve Is Downward Sloping: Reexamining the Impact of Immigration on the Labor Market." *Quarterly Journal of Economics* 118, no. 4: 1335–74.

———. 2017. "Why Trump's New Immigration Bill Makes Sense; Hey, It Works in Canada." *Politico*, August 4. https://www.politico.com/magazine/story/2017/08/04/why-trumps-new-immigration-bill-makes-sense-215457

———. 2019. *Immigration and Economic Growth*. NBER Working Paper 25836.Cambridge, MA: National Bureau of Economic Research.

Bradford, A. 2014. "How International Institutions Evolve." *Chicago Journal ofInternational Law* 15, no. 5: 47–83.

Bronson, M., and M. Mazzocco. 2018. "Taxation and Household Decisions: An Intertemporal Analysis." https://wpcarey.asu.edu/sites/default/files/taxation_sep_2018.pdf.

Brooks, L., N. Gendron-Carrier, and G. Rua. 2018. "The Local Impact of Containerization." Finance and Economics Discussion Series 2018-045. Board of Governors of the Federal Reserve System.

Brooks, L., and Z. Liscow. 2019. "Infrastructure Costs." http://leahbrooks.org/leahweb/ papers/Brooks_Liscow_Infrastructure_Costs_2019-07-31.pdfhttp://leahbrooks.org/leahweb/papers/Brooks_Liscow_Infrastructure_Costs_2019- 07-31.pdf

Buchanan, J. 1965. "An Economic Theory of Clubs." *Economica* 32, no. 125: 1–14.

Budig, M., and P. England. 2001. "The Wage Penalty for Motherhood." *American Sociological Review* 66, no. 2: 204–25. http://www.jstor.org/stable/2657415.http://www.jstor.org/stable/2657415.

Burris, M., N. Alemazkoor, R. Benz, and N. Wood. 2014. "The Impact of HOT Lanes onCarpools." *Research in Transportation Economics* 44: 43–51.

Byrne, D., J. Fernald, and M. Reinsdorf. 2016. "Does the United States have a Productivity Slowdown or a Measurement Problem?" Finance and Economics Discussion Series 2016-17. Board of Governors of the Federal Reserve System.

Campbell, Z., I. Chin, E. Chyn, and J. Hastings. 2017. *The Impact of Paid Sick Leave: Evidence from Temporary Disability Insurance in Rhode Island*. Cambridge, MA:National Bureau of Economic Research.

Card, D., R. Chetty, M. Feldstein, and E. Saez. 2011. "Expanding Access to Administrative Data for Research in the United States." In *American Economic Association, Ten Years and Beyond: Economists Answer NSF's Call for Long-Term Research Agendas*, ed. C. Shulze and D. Newlon. Maastricht: SSRN.

CBO (Congressional Budget Office). 2013. "The Economic Impact of S. 744, the Border Security, Economic Opportunity, and Immigration Modernization Act." https://www.cbo.gov/publication/44346.

———. 2015. "Estimated Impact of the American Recovery and Reinvestment Act on Employment and Economic Output in 2014." https://www.cbo.gov/sites/ default/files/114th-congress-2015-2016/reports/49958-ARRA.pdf.

———. 2018. "Public Spending on Transportation and Water Infrastructure, 1956 to 2017." https://www.cbo.gov/system/files/2018-10/54539-Infrastructure.pdf.

CEA (Council of Economic Advisers). 2019. "The Role of Affordable Child Care in Promoting Work Outside the Home." https://www.whitehouse.gov/ wp-content/uploads/2019/12/The-Role-of-Affordable-Child-Care-in- Promoting-Work-Outside-the-Home-1.pdf

Chassamboulli, A., and G. Peri. 2018. *The Economic Effect of Immigration Policies:Analyzing and Simulating the U.S. Case*. NBER Working Paper 25074.

Cambridge, MA: National Bureau of Economic Research.

Chien, N., and S. Macartney. 2019. "What Happens When People Increase Their Earnings? Effective Marginal Tax Rates for Low-Income Households." Office ofthe Assistant Secretary for Planning and Evaluation, U.S. Department of Health and Human Services.

Clark, X., D. Dollar, and A. Micco. 2002. *Maritime*

Transport Costs and Port Efficiency.Policy Research Working Paper 2781. Washington: World Bank.

Clements, L., and K. Kockelman. 2017. "Economic Effects of Automated Vehicles." *Transportation Research Record* 2606, no. 1: 106–14. https://doi.org/10.3141/2606-14.

Cook, S., and K. Soramäki. 2014. *The Global Network of Payment Flows*. Working Paper 2012-006. London: Swift Institute.

Correia de Brito, A., C. Kauffmann, and J. Pelkmans. 2016. *The Contribution of Mutual Recognition to International Regulatory Co-operation*. Regulatory Policy Working Paper 2. Paris: OECD Publishing.

Crossley, T., and S. Jeon. 2007. "Joint Taxation and the Labour Supply of Married Women: Evidence from the Canadian Tax Reform of 1988." *Fiscal Studies* 28, no. 3: 343–65.

Davies, H., and D. Green. 2008. *Global Financial Regulation: The Essential Guide*.Cambridge: Polity Press.

de Brauw, A., and J. Russell. 2014. "The Labor Demand Curve Is . . . Upward Sloping?The Wage Effects of Immigration and Women's Entry into the U.S. Labor Force, 1960–2010." Social Science Research Network.

DOJ (U.S. Department of Justice, Office of Public Affairs). 2020. "Six Russian GRU Officers Charged in Connection with Worldwide Deployment of Destructive Malware and Other Disruptive Actions in Cyberspace." https://www.justice.gov/opa/pr/six-russian-gru-officers-charged-connection-worldwide-deployment- destructive-malware-and.

Evensky, J. 2011. "Adam Smith's Essentials: On Trust, Faith, and Free Markets." *Journal of the History of Economic Thought* 33, no. 2: 249–68.

Farrell, J., and G. Saloner. 1985. "Standardization, Compatibility, and Innovation." *RAND Journal of Economics*, 70–83.

——. 1986. "Installed Base and Compatibility: Innovation, Product Preannouncements, and Predation." *American Economic Review* 76: 940–55.https://www.jstor.org/stable/pdf/1816461.pdf?refreqid=excelsior%3A439e02c544f7d7adedd3de6cd4d1e1d8.

FCC (Federal Communications Commission). 2018. "Accelerating Wireless Broadband Deployment by Removing Barriers to Infrastructure Investment." Presented before Federal Communications Commission, Washington, WT Docket 17-79.

——. 2020a. "FCC Concludes First 5G Mid-Band Spectrum Auction." *FCC News*. https://docs.fcc.gov/public/attachments/DOC-366396A1.pdf.

——. 2020b. "FCC Fact Sheet: Auction 107—3.7 to 3.98 GHz; Public Notice, AU Docket No. 20-25." https://docs.fcc.gov/public/attachments/DOC-365577A1.pdf.

——. No date. "The FCC's 5G FAST Plan." https://www.fcc.gov/5G.

Federal Reserve. 2019. "Survey of Consumer Finances." https://www.federalreserve.gov/econres/scfindex.htm.

Foerster, A., A. Hornstein, P. Sarte, and M. Watson. 2019. *Aggregate Implications of Changing Sectoral Trends*. NBER Working Paper 25867. Cambridge, MA: National Bureau of Economic Research.

Fruttero, A., D. Gurara, L. Kolovich, V. Malta, M. Tavares, N. Tchelishvili, and S. Fabrizio.2020. "Women in the Labor Force: The Role of Fiscal Policies." IMF Staff Discussion Notes. https://www.imf.org/en/Publications/Staff-Discussion- Notes/Issues/2020/02/11/Women-in-the-Labor-Force-The-Role-of-Fiscal-Policies-46237.

GAO (U.S. Government Accountability Office). 2018. "High-Risk Series: Urgent Actions Are Needed to Address Cybersecurity Challenges Facing the Nation." Report to Congressional Requesters. GAO-18-622.

——. 2019. "Information Technologies: Agencies Need to Develop Modernization Plans for Critical Legacy Systems." Report to Congressional Requesters. GAO-19-471.

Glaeser, E., and G. Ponzetto. 2017. *The Political Economy of Transportation Investment*. NBER Working Paper 23686. Cambridge, MA: National Bureau of Economic Research.

Guner, N., R. Kaygusuz, and G. Ventura. 2012a. "Taxing Women: A Macroeconomic Analysis." *Journal of Monetary Economics* 59, no. 1: 111–28.

——. 2012b. "Taxation and Household Labour Supply." *Review of Economic Studies* 79, no. 3: 1113–49. https://doi.org/10.1093/restud/rdr049.

Hilber, C., and T. Turner. 2014 "The Mortgage Interest Deduction and Its Impact on Homeownership Decisions." *Review of Economics and Statistics* 96, no. 4: 618–37. https://doi.org/doi:10.1162/REST_a_00427.

Houser, L., and T. Vartanian. 2012. "Pay Matters: The Positive Economic Impacts of Paid Family Leave for Families, Businesses and the Public." Rutgers Center for Women and Work. https://www.nationalpartnership.org/our-work/resources/economic-justice/other/pay-matters.pdf.

Huchzermeyer, L. 2018. "The VLCC Race: US Midstream Companies Plan to Export More Oil Faster." S&P Global Platts. https://blogs.platts.com/2018/07/23/vlcc-midstream-us-crude-oil-export/.

IP Commission. 2017. "The Report of the Commission on the Theft of American Intellectual Property." National Bureau of Asian Research. https://www.nbr. org/wp-content/uploads/pdfs/publications/IP_Commission_Report_Update. pdf.

Istrate, E., and R. Puentes. 2011. "Moving Forward on Public Private Partnerships: U.S. and International Experience with PPP Units." Brookings-Rockefeller Project on State and Metropolitan Innovation.

Jackson, H. 2015. "Substituted Compliance: The Emergence, Challenges, and Evolution of a New Regulatory Paradigm." *Journal of Financial Regulation* 1, no. 2: 169–205.

JCT (Joint Committee on Taxation). 2019. "Distributional Effects of Public Law 115-97" Joint Committee on Taxation Report JCX-10-19.

Jones, K., and B. Wilcher. 2019. "Reducing Maternal Labor Market Detachment: A Role for Paid Family Leave." American University Department of Economics, Working Paper 2019-07.

Katz, L., and K. Murphy. 1992. "Changes in Relative Wages, 1963–1987: Supply and Demand Factors." *Quarterly Journal of Economics* 107, no. 1: 35–78.

Kahn, M., and D. Levinson. 2011. "Fix It First, Expand It Second, Reward It Third: A New Strategy for America's Highways." Brookings Institution, Hamilton Project, Report 2011-03.

Katz, M., and C. Shapiro. 1985. "Network Externalities, Competition, and Compatibility." *American Economic Review* 75, no. 3: 424–40.

——. 1986. "Technology Adoption in the Presence of Network Externalities." *Journal of Political Economy* 94, no. 4: 822–41.

Kaygusuz, R. 2010. "Taxes and Female Labor Supply." *Review of Economic Dynamics* 13, no. 4: 725–41.

Kleven, H., C. Landais, J. Posch, A. Steinhauer, and J. Zweimüller. 2020. *Do Family Policies Reduce Gender Inequality? Evidence from 60 Years of Policy Experimentation.* NBER Working Paper 28082. Cambridge, MA: National Bureau of Economic Research. https://www.nber.org/system/files/working_papers/w28082/w28082.pdf.

Kliff, S., and M. Sanger-Katz. 2020. "Bottleneck for U.S. Coronavirus Response: The Fax Machine." *New York Times*, July 13. https://www.nytimes.com/2020/07/13/ upshot/coronavirus-response-fax-machines.html.

Konishi, H., and S. Mun. 2010. "Carpooling and Congestion Pricing: HOV and HOT Lanes." *Regional Science and Urban Economics* 40, no. 4: 173–86.

Korinek, J., and P. Sourdin. 2011. *To What Extent Are High-Quality Logistics Services Trade Facilitating?* Trade Policy Working Paper 108. Paris: Organization for Economic Cooperation and Development.

Lakshmanan, T. 2011. "The Broader Economic Consequences of Transport Infrastructure Investments." *Journal of Transport Geography* 19, no. 1: 1–12.

LaLumia, S. 2008. "The Effects of Joint Taxation of Married Couples on Labor Supply and Non-Wage Income." *Journal of Public Economics* 92, no. 7: 1698–1719.

Li, W., and W. Yu. 2020. *Real Estate Taxes and Home Value: Winners and Losers of TCJA.* Working Paper 20-12. Philadelphia: Federal Reserve Bank of Philadelphia. https://doi.org/10.21799/frbp.wp.2020.12.

Lyon-Hill, S., M. Tilashalski, K. Ellis, and E. Travis. 2020. "Measuring the Effects of Drone Delivery in the United States." Virginia Tech Office of Economic Development and Grado Engineering. https://www.newswise.com/pdf_ docs/160018187481745_Virginia%20Tech%20%20Measuring%20the%20Effects%20of%20Drone%20Delivery%20in%20the%20United%20States_ September%202020.pdf.

Makovšek, D. 2018. "Mobilizing Private Investment in Infrastructure: Investment De-Risking and Uncertainty." Organization for Economic Cooperation and Development. https://www.itf-oecd.org/sites/default/files/docs/mobilising- private-investment-infrastructure.pdf.

Malkov, E. 2020. *Welfare Effects of the Labor Income Tax Changes on Married Couples.* Working Paper 2020-03. Minneapolis: Federal Reserve Bank of Minneapolis.

Martin, H. 2018. *The Impact of the Tax Cuts and Jobs Act on Local Home Values.* Working Paper 18-06. Cleveland: Federal Reserve Bank of Cleveland. https://doi. org/10.26509/frbc-wp-201806.

Martin, W., and P. Messerlin. 2007. "Why Is It So Difficult? Trade Liberalization under the Doha Agenda." *Oxford Review of Economic Policy* 23, no. 3: 347–66.

McBride, J., and J. Moss. 2020. "The State of U.S. Infrastructure." Council on Foreign Relations. https://www.cfr.org/backgrounder/state-us-infrastructure.

Miller, G. 2019. "Bringing VLCCs to Port." *Petroleum Economist.* https://www.petroleum- economist.com/articles/midstream-downstream/transport/2019/bringing-vlccs-to-port

Mincer, J. 1958. "Investment in Human Capital and Personal Income Distribution."*Journal of Political Economy* 66, no. 4: 281–302.

Moretti, E. 2013. "Want to Reduce Income Inequality? Lower the Barriers to Talented Immigrants." *Forbes*, March 5. https://www.forbes.com/sites/ realspin/2013/03/05/want-to-reduce-income-inequality-lower-the-barriers-to-talented-immigrants/#15d537487f14.

Morrissey, T. 2017. "Child Care and Parent Labor Force Participation: A Review of the Research Literature." *Review of Economics of the Household* 15, no. 1: 1–24.

Moser, C., and A. Rose. 2012. "Why Do Trade Negotiations Take So Long?" *Journal of Economic Integration* 27, no. 2: 280–90.

Munim, Z., and H. Schramm. 2018. "The Impacts of Port Infrastructure and Logistics Performance on Economic Growth: The Mediating Role of Seaborne Trade."*Journal of Shipping and Trade* 3, no. 1.

Munnell, A. 1990. "Why Has Productivity Growth Declined? Productivity and Public Investment." *New England Economic Review* (Federal Reserve Bank of Boston), January, 3–22.

Nadiri, M., and T. Mamuneas. 1996. "Contribution of Highway Capital to Industry and National Productivity Growth." U.S. Department of Transportation. https:// www.fhwa.dot.gov/reports/growth.pdf.

NAS (National Academy of Sciences, Engineering, and Medicine). 2017. *The Economic and Fiscal Consequences of Immigration*. Washington: National Academy Press.

National Association of Realtors. No date. "The Tax Cuts and Jobs Act: What It Means for Homeowners and Real Estate Professionals." https://www.nar.realtor/tax-reform/the-tax-cuts-and-jobs-act-what-it-means-for-homeowners-and-real-estate-professionals.

National Center for Education Statistics. 2020. "Postsecondary Institution Expenses." Condition of Education. https://nces.ed.gov/programs/coe/indicator_cue. asp.

OECD (Organization for Economic Cooperation and Development). 2011. "Better Policies for Better Lives: The OECD at 50 and Beyond."

——. No date. "History." https://www.oecd.org/about/history/#d.en.194377.

Parente, S. 2018. "SynUSA Synthetic Health Insurance Analytic Files." SynUSA. http:// synusa.com/SynUSA_Overview.pdf.

Pew Research Center. 2014. "Rising Cost of Child Care May Help Explain Recent Increase in Stay-at-Home Moms." https://www.pewresearch.org/fact-tank/2014/04/08/rising-cost-of-child-care-may-help-explain-increase-in-stay-at-home-moms/.

Portugal-Perez, A., and J. Wilson. 2012. "Export Performance and Trade Facilitation Reform: Hard and Soft Infrastructure." *World Development* 40, no. 8: 1295–1307.

Posner, E., and A. Sykes. 2013. *Economic Foundations of International Law*. Cambridge, MA: Harvard University Press.

Rappoport, D. 2019. "Tax Reform, Homeownership Costs, and House Prices." http:// dx.doi.org/10.2139/ssrn.3308983.

Rossin-Slater, M., C. Ruhm, and J. Waldfogel. 2012. "The Effects of California's Paid Family Leave Program on Mothers' Leave-Taking and Subsequent Labor Market Outcomes." *Journal of Policy Analysis and Management* 32, no. 2: 224–45.

Ruggles, S., S. Flood, R. Goeken, J. Grover, E. Meyer, J. Pacas, and M. Sobek. 2019.IPUMS USA: Version 9.0. Data set. Minneapolis: IPUMS. https://doi.org/10.18128/D010.V9.0.

Rysavy Research and 5G Americans. 2020. "Global 5G: Rise of a Transformational Technology." https://www.5gamericas.org/wp-content/uploads/2020/09/Global-5G-Rise-of-a-transformational-technology.pdf.

Sarin, N. 2016. "The Impact of Paid Leave of Female Employment Outcomes." https:// doi.org/10.2139/ssrn.2877015.

Schultz, T. 1961. "Investment in Human Capital." *American Economic Review* 51, no. 1:1–17.

Schwab, K. 2016. *The Fourth Industrial Revolution*. New York: Crown.

Schwabish, J. 2009. "Identifying Rates of Emigration in the United States Using Administrative Earnings Records: Working Paper 2009-01." Congressional Budget Office. https://www.cbo.gov/sites/default/files/111th-congress-2009-2010/workingpaper/2009-01_1.pdf

Schwartz, G., M. Fouad, T. Hansen, and G. Verdier. 2020. "How Strong Infrastructure Governance Can End Waste in Public Investment." International Monetary Fund. https://blogs.imf.org/2020/09/03/how-strong-infrastructure-governance-can-end-waste-in-public-investment/.

SEC (U.S. Securities and Exchange Commission). 2008. "SEC, Australian Authorities Sign Mutual Recognition Agreement." https://www.sec.gov/news/ press/2008/2008-182.htm.

Smith, A. 1759. *The Theory of Moral Sentiments*, ed. D. Raphael and A. Macfie.Republished: Oxford: Oxford

University Press, 1976.

Sommer, K., and P. Sullivan. 2018. "Implications of U.S. Tax Policy for House Prices, Rents, and Homeownership." *American Economic Review* 108, no. 2: 241–74.https://doi.org/10.1257/aer.20141751.

Staff, J., and Mortimer, J. 2012. "Explaining the Motherhood Wage Penalty During the Early Occupational Career." *Demography* 49: 1–21. https://doi.org/10.1007/ s13524-011-0068-6https://doi.org/10.1007/s13524-011-0068-6.

Steinhauer, J. 2019. "Veterans Will Have More Access to Private Health Care Under New V.A. Rules." *New York Times*, January 30. https://www.nytimes.com/2019/01/30/us/politics/veterans-health-care.html.

Sullivan, D., and T. Von Wachter. 2009. "Job Displacement and Mortality: An Analysis Using Administrative Data." *Quarterly Journal of Economics* 124, no. 3: 1265–1306.

Syverson, C. 2016. *Challenges to Mismeasurement Explanations for the U.S. Productivity Slowdown*. NBER Working Paper 21974. Cambridge, MA: National Bureau of Economic Research.

Tafara, E., and R. Peterson. 2007. "A Blueprint for Cross-Border Access to U.S. Investors: A New International Framework." *Harvard International Law Journal* 48, no. 1:31–68.

Timpe, B. 2019. "The Long-Run Effects of America's First Paid Maternity Leave Policy." https://economics.ku.edu/sites/economics.ku.edu/files/files/Seminar/ papers19_20/Timpe percent20draft percent202019.10.pdf.

UNCTAD (United Nations Conference on Trade and Development). 2020. "Review of Maritime Transport 2019." https://unctad.org/system/files/official-document/rmt2019_en.pdf.

University of California. 2017. "It Failed to Disclose Tens of Millions in Surplus Funds, and Its Budget Practices Are Misleading." Office of the President, Report 2016-130. https://www.auditor.ca.gov/pdfs/reports/2016-130.pdf.

U.S. Army Corps of Engineers. 2017. "Hopper Dredge Recapitalization Analysis Examination of the Corps and Industry Hopper Dredge Capacity: the Need, Composition, Location and Recapitalization of the Corps Hopper Dredge Fleet." https://bayplanningcoalition.org/wp-content/uploads/2018/07/ HDRecapFinal.pdf.

U.S. Department of Education. 2020. "Technical Documentation: College Scorecard Institution-Level Data." College Scorecard, March. https://collegescorecard. ed.gov/assets/FullDataDocumentation.pdf.

U.S. Department of Labor. 2020. "Employee and Worksite Perspectives of the Family and Medical Leave Act." Abt Associates. https://www.dol.gov/sites/dolgov/ files/OASP/evaluation/pdf/WHD_FMLA2018SurveyResults_FinalReport_ Aug2020.pdf.

U.S. Department of Transportation. 2020. "About BUILD Grants." https://www. transportation.gov/BUILDgrants/about.

U.S. House of Representatives. 2018. "PROSPER Act." H.R. 4508, 115th Congress (2017–18). https://www.congress.gov/bill/115th-congress/house-bill/4508/text.

USITC (U.S. International Trade Commission). 2000. "The Impact on the U.S. Economy of Including the United Kingdom in a Free Trade Arrangement with the United States, Canada, and Mexico." Investigation 332-409.

——. 2019. "U.S.–Mexico–Canada Trade Agreement: Likely Impact on the U.S. Economy and on Specific Industry Sectors."

USTR (Office of the U.S. Trade Representative). 2018. "2018 Report to Congress on China's WTO Compliance." Executive Office of the President.

——. 2019. "2019 Report to Congress on China's WTO Compliance." Executive Office of the President.

——. 2020a. "Report on the Appellate Body of the World Trade Organization." Executive Office of the President.

——. 2020b. "2020 Report to Congress on China's WTO Compliance." Executive Office of the President.

Wilson, J., C. Mann, and T. Otsuki. 2004. *Assessing the Potential Benefit of Trade Facilitation: A Global Perspective*. Policy Research Working Paper 3224. Washington: World Bank.

World Bank. 2020. *Reversals of Fortune: Poverty and Shared Prosperity 2020*. Washington: World Bank. https://worldbank.org/en/publication/ poverty-and-shared-prosperity.

Zhao, J., C. Fonseca-Sarmiento, and J. Tan. 2019. "America's Trillion-Dollar Repair Bill." Volcker Alliance. https://ceres-am.com/wp-content/uploads/2019/12/Ceres- Americas-Trillion-Dollar-Repair-Bill-Capital-Budgeting-and-the-Disclosure-of- State-Infrastructure-Needs-by-Volcker-Alliance-Nov-2019.pdf.

大統領経済諮問委員会活動報告

大統領経済諮問委員会の 2020 年中の活動についての大統領への報告

送付状

経済諮問委員会
ワシントン D.C. 2020 年 12 月 31 日

大統領閣下

経済諮問委員会は、1978 年「完全雇用および均衡成長法」によって修正された「1946 年雇用法」第 10 条 (d) 項に基づき、議会の要請にしたがって、2020 暦年中の本委員会の諸活動についての報告書を提出いたします。

敬具

レイチェル・サイデンシュナー・スロボディエンナー・スロボディエン
首席補佐官

Council Members and Their Dates of Service

Name	Position	Oath of office date	Separation date
Edwin G. Nourse	Chairman	August 9, 1946	November 1, 1949
Leon H. Keyserling	Vice Chairman	August 9, 1946	
	Acting Chairman	November 2, 1949	
	Chairman	May 10, 1950	January 20, 1953
John D. Clark	Member	August 9, 1946	
	Vice Chairman	May 10, 1950	February 11, 1953
Roy Blough	Member	June 29, 1950	August 20, 1952
Robert C. Turner	Member	September 8, 1952	January 20, 1953
Arthur F. Burns	Chairman	March 19, 1953	December 1, 1956
Neil H. Jacoby	Member	September 15, 1953	February 9, 1955
Walter W. Stewart	Member	December 2, 1953	April 29, 1955
Raymond J. Saulnier	Member	April 4, 1955	
	Chairman	December 3, 1956	January 20, 1961
Joseph S. Davis	Member	May 2, 1955	October 31, 1958
Paul W. McCracken	Member	December 3, 1956	January 31, 1959
Karl Brandt	Member	November 1, 1958	January 20, 1961
Henry C. Wallich	Member	May 7, 1959	January 20, 1961
Walter W. Heller	Chairman	January 29, 1961	November 15, 1964
James Tobin	Member	January 29, 1961	July 31, 1962
Kermit Gordon	Member	January 29, 1961	December 27, 1962
Gardner Ackley	Member	August 3, 1962	
	Chairman	November 16, 1964	February 15, 1968
John P. Lewis	Member	May 17, 1963	August 31, 1964
Otto Eckstein	Member	September 2, 1964	February 1, 1966
Arthur M. Okun	Member	November 16, 1964	
	Chairman	February 15, 1968	January 20, 1969
James S. Duesenberry	Member	February 2, 1966	June 30, 1968
Merton J. Peck	Member	February 15, 1968	January 20, 1969
Warren L. Smith	Member	July 1, 1968	January 20, 1969
Paul W. McCracken	Chairman	February 4, 1969	December 31, 1971
Hendrik S. Houthakker	Member	February 4, 1969	July 15, 1971
Herbert Stein	Member	February 4, 1969	
	Chairman	January 1, 1972	August 31, 1974
Ezra Solomon	Member	September 9, 1971	March 26, 1973
Marina v.N. Whitman	Member	March 13, 1972	August 15, 1973
Gary L. Seevers	Member	July 23, 1973	April 15, 1975
William J. Fellner	Member	October 31, 1973	February 25, 1975
Alan Greenspan	Chairman	September 4, 1974	January 20, 1977
Paul W. MacAvoy	Member	June 13, 1975	November 15, 1976
Burton G. Malkiel	Member	July 22, 1975	January 20, 1977
Charles L. Schultze	Chairman	January 22, 1977	January 20, 1981
William D. Nordhaus	Member	March 18, 1977	February 4, 1979
Lyle E. Gramley	Member	March 18, 1977	May 27, 1980
George C. Eads	Member	June 6, 1979	January 20, 1981
Stephen M. Goldfeld	Member	August 20, 1980	January 20, 1981
Murray L. Weidenbaum	Chairman	February 27, 1981	August 25, 1982
William A. Niskanen	Member	June 12, 1981	March 30, 1985
Jerry L. Jordan	Member	July 14, 1981	July 31, 1982
Martin Feldstein	Chairman	October 14, 1982	July 10, 1984
William Poole	Member	December 10, 1982	January 20, 1985
Beryl W. Sprinkel	Chairman	April 18, 1985	January 20, 1989

Council Members and Their Dates of Service

Name	Position	Oath of office date	Separation date
Thomas Gale Moore	Member	July 1, 1985	May 1, 1989
Michael L. Mussa	Member	August 18, 1986	September 19, 1988
Michael J. Boskin	Chairman	February 2, 1989	January 12, 1993
John B. Taylor	Member	June 9, 1989	August 2, 1991
Richard L. Schmalensee	Member	October 3, 1989	June 21, 1991
David F. Bradford	Member	November 13, 1991	January 20, 1993
Paul Wonnacott	Member	November 13, 1991	January 20, 1993
Laura D'Andrea Tyson	Chair	February 5, 1993	April 22, 1995
Alan S. Blinder	Member	July 27, 1993	June 26, 1994
Joseph E. Stiglitz	Member	July 27, 1993	
	Chairman	June 28, 1995	February 10, 1997
Martin N. Baily	Member	June 30, 1995	August 30, 1996
Alicia H. Munnell	Member	January 29, 1996	August 1, 1997
Janet L. Yellen	Chair	February 18, 1997	August 3, 1999
Jeffrey A. Frankel	Member	April 23, 1997	March 2, 1999
Rebecca M. Blank	Member	October 22, 1998	July 9, 1999
Martin N. Baily	Chairman	August 12, 1999	January 19, 2001
Robert Z. Lawrence	Member	August 12, 1999	January 12, 2001
Kathryn L. Shaw	Member	May 31, 2000	January 19, 2001
R. Glenn Hubbard	Chairman	May 11, 2001	February 28, 2003
Mark B. McClellan	Member	July 25, 2001	November 13, 2002
Randall S. Kroszner	Member	November 30, 2001	July 1, 2003
N. Gregory Mankiw	Chairman	May 29, 2003	February 18, 2005
Kristin J. Forbes	Member	November 21, 2003	June 3, 2005
Harvey S. Rosen	Member	November 21, 2003	
	Chairman	February 23, 2005	June 10, 2005
Ben S. Bernanke	Chairman	June 21, 2005	January 31, 2006
Katherine Baicker	Member	November 18, 2005	July 11, 2007
Matthew J. Slaughter	Member	November 18, 2005	March 1, 2007
Edward P. Lazear	Chairman	February 27, 2006	January 20, 2009
Donald B. Marron	Member	July 17, 2008	January 20, 2009
Christina D. Romer	Chair	January 29, 2009	September 3, 2010
Austan D. Goolsbee	Member	March 11, 2009	
	Chairman	September 10, 2010	August 5, 2011
Cecilia Elena Rouse	Member	March 11, 2009	February 28, 2011
Katharine G. Abraham	Member	April 19, 2011	April 19, 2013
Carl Shapiro	Member	April 19, 2011	May 4, 2012
Alan B. Krueger	Chairman	November 7, 2011	August 2, 2013
James H. Stock	Member	February 7, 2013	May 19, 2014
Jason Furman	Chairman	August 4, 2013	January 20, 2017
Betsey Stevenson	Member	August 6, 2013	August 7, 2015
Maurice Obstfeld	Member	July 21, 2014	August 28, 2015
Sandra E. Black	Member	August 10, 2015	January 20, 2017
Jay C. Shambaugh	Member	August 31, 2015	January 20, 2017
Kevin A. Hassett	Chairman	September 13, 2017	June 30, 2019
Richard V. Burkhauser	Member	September 28, 2017	May 18, 2019
Tomas J. Philipson	Member	August 31, 2017	
	Acting Chairman	July 1, 2019	
	Vice Chairman	July 24, 2019	June 22, 2020
Tyler B. Goodspeed	Member	May 22, 2019	
	Acting Chairman	June 23, 2020	
	Vice Chairman	June 23, 2020	

大統領経済諮問委員会の2020年中の
活動についての大統領への報告

経済諮問委員会は1946年雇用法によって設立され、わが国に影響を及ぼすような内外のあらゆる経済問題に対する政策の策定と実施に関し、客観的な経済分析を大統領に提供するものである。本委員会は、大統領が指名し米国上院が承認した委員長によって指揮され、くわえて大統領によって任命された2名の委員によって構成される。

本委員会の委員長と委員

2020年6月22日、トマス・J・フィリプソンは経済諮問委員会を離れ、シカゴ大学ハリス公共政策大学院に戻り、そこでダニエル・レヴィン公共政策研究講座教授を務めている。1946年雇用法の規定にしたがって、2020年6月23日、2019年5月22日に委員として大統領に任命されていたタイラー・B・グッドスピードが経済諮問委員会の副委員長及び委員長代行に指名された。

グッドスピード博士は、以前は、マクロ経済政策担当チーフ・エコノミスト、税制、財政及びマクロ経済担当シニア・エコノミストであった。CEAに加わる前、彼はオックスフォード大学経済学部のメンバー、ロンドンのキングス・カレッジの経済学担当専任講師であった。彼は、金融規制、銀行、金融経済学について広範囲にわたって出版しており、とくに歴史的文脈においてマイナスの集計的ショック、なかでも外生的環境ショックの影響を緩和する上で、信用アクセスの役割に注目している。彼の研究は、学術出版社による3編の長編モノグラフと、査読及び審査付き雑誌の多数の論文として出版されている。グッドスピード博士は、ハーバード大学から学士号、修士号、博士号を取得した。また、ゲイツ奨学生であったケンブリッジ大学から研究修士号を取得した。彼は現在アメリカ経済学会の会員で、かつて王立経済学会、経済史協会、経済史学会の会員であり、またケイトー研究所の非常勤研究員でもあった。

活動分野

マクロ経済政策

2020年を通じ、1946年雇用法の要請を果たすため、本委員会は引き続き、「現在および将来における経済的展開と経済的趨勢に関し、適時かつ信頼できる情報を収集」した。また、引き続き「雇用、生産及び購買力を促進する国民的経済政策を策定、勧告」した。本委員会は、大統領とホワイトハウスのスタッフに対し、新たな経済データとその重要性について継続的に査定を行な

い、1946 年雇用法で規定された経済目標を促進する政策オプションに助言を行なっている。本委員会の中核的活動成果として、これらの定期的査定には、覚書、プレゼンテーション及び研究が含まれている。本委員会はまた、特定トピックに関する詳細なブリーフィングと、マクロ経済問題を扱った公開報告書を準備した。

2020 年、本委員会は、連邦政府全体、とくに財務省、国家経済会議、行政管理予算局と緊密に協力して、2020 年に生じた前例のないマクロ経済的展開への効果的政策対応を設計した。それらには、コロナウィルス援助・救済・経済的保障法（CARES Act; Coronavirus Aid, Relief, and Economic Security Act）とその延長、それらの対応の効果を評価及び報告することが含まれるが、それに限定されない。本委員会の今年の公開報告書の 1 つは、COVID-19 パンデミックに対する連邦政府の前例のない対応の経済的影響を評価した。その報告書によると、この画期的な政策対応は、力強いパンデミック以前の経済と相まって、厳しい経済収縮を緩和し、他方、2021 年における回復への期待を改善し、わが国の最も脆弱な家計と産業の経済的厚生を保護した。CARES 法の一部の条項が期限切れになった後、本委員会は、大統領行政府の他の構成要素と協力し、COVID-19 の進行中のマクロ経済的課題に対応する追加の行政措置と後続の立法について助言した。

本委員会は、今年、サービスが行き届いていないコミュニティにおける貧困率及び雇用創出に対し、オポチュニティ・ゾーンが及ぼす影響を評価した報告書を公開した。その報告書が明らかにしたところによると、税制優遇措置の結果、民間セクター投資がこれらの地域で増加し、オポチュニティ・ゾーンにおける貧困が大幅に減少した。

財務省、行政管理予算局と並び、本委員会は「トロイカ」プロセスに参画し、わが政権の予算案の根底をなすマクロ経済予測を作成している。本委員会は、委員長代行のリーダーシップの下、わが政権の経済政策アジェンダの完全実施を想定した政策を含む経済予測を策定するプロセスを開始し、主導しつづけた。

委員長代行は、経済に関する意見交換をするた

めに、連邦準備制度理事会の議長および理事と定期的に会合を持つという本委員会の伝統を守っている。

ミクロ経済政策

本委員会は、連邦政府の内部者として、また外部者として、ミクロ経済政策の一連の諸問題に関する議論に参画した。トピックには、宇宙政策、環境改革、薬価改革、移民改革、進行中のパンデミックに対応する多数の連邦援助政策が含まれていた。とくに、本委員会は、大統領行政府の他の構成要素及び連邦政府機関と緊密に協力して、個人用保護具及び人工呼吸器の十分な総供給を促進した。

今年公開されたトピックは、教育制度に対する学校選択プログラムの影響に焦点を合わせていた。その報告書ニョルと、学校選択は、とりわけ低所得及びマイノリティの生徒に対し、地元の実績の悪い学校区以外の学校に通学するのを認めることにより、すべての学校が改善に拍車をかける競争を提供することにより、教育機会を拡大するのである。今年発行された 1 つの報告書は、安全・費用適正化自動車燃費基準車両規則（Safer Affordable Fuel Efficient (SAFE) Vehicles Rule）の方針転換に焦点を合わせている。それは、わが政権最大の規制緩和努力であり、経済アジェンダの柱をなし、米国市民と自動車メーカ0に数千ドルの節約をもたらす。

パンデミックと経済の健全性に関する情報を広める取り組みの一環として、本委員会は、民間セクター及び保健福祉省と協力し、データ可視化ダッシュボードを作成した。そのダッシュボードには、中小企業の開業から入院措置までに至る州及び地方自治体の一連の変数を示していた。

国際経済

本委員会は、国際経済分野における数多くの問題の分析に参画した。本委員会は、多数の国際機関と連携している。本委員会は、世界の高所得国間の経済的調整と協力を促進する会合である経

済協力開発機構（OECD）の主導的参加者である。本委員会の委員及びスタッフも、一連の問題に関するOECDの作業部会に参画しており、OECDのアジェンダを形成している。それに伴い、委員長代行は経済政策委員会委員長、第一作業部会のメンバーとなった。

さらに、本委員会は、国際貿易と投資の分野における多くの提案とシナリオを分析した。これらには、将来の貿易協定または既存の協定の改定について、便益とトレードオフの推計の作成が含まれる。本委員会はまた、財務省及び米通商代表部と、デジタル・エコノミーにおける国際課税に関する問題について協力した。

2020年秋、米国は、イスラエルと、バーレーン、アラブ首長国連邦、スーダン、モロッコなどのアラブ連盟諸国との間の歴史的な和平協定を仲介した。これらの協定は、中東における経済成長と平和の確保に向けて重要な一歩となる。さらに、

20年以上にわたる外交上の不和の後、コソボとセルビアの間の経済正常化を確立する協定が、米国によって仲介された。

パンデミックの発生に伴い、本委員会はまた、コロナウィルス・タスク・フォースのメンバーと緊密に連携し、2020年1月31日に中華人民共和国からの海外旅行の停止など、初期の非医療介入の潜在的な経済的費用便益を分析した。パンデミックはまた、グローバル・サプライ・チェーンへの深い関心を生み出した。そのため、本委員会は、これらのサプライ・チェーンの安全と、重要インフラ及び制約能力の潜在的リショアリングに関し、数多くの省庁間作業の流れに参画した。

本委員会は引き続き、米国の国際貿易と投資ポジションを積極的に監視し、悪質なサイバー活動など、国際経済に浮上する問題に従事していく。本委員会は、米国の国際経済的地位を分析しつづけることを楽しみにしている。

経済諮問委員会スタッフ

事務局

レイチェル・S・スロボディエン（首席補佐官）
エミリー・A・タブ（副首席補佐官）
ロバート・M・フィッシャー（総務、シニア・エコノミスト）
ケール・A・クリンゲンピール（委員長上級顧問、エコノミスト）
N・エマ・アーンスト（戦略・コミュニケーション担当特別アシスタント）

シニア研究スタッフ

ケビン・C・コリンス（チーフ・エコノミスト）
ジョセフ・V・バラグタス（シニア・エコノミスト；農業、国際貿易、インフラ）
アンドレ・J・バーブ（シニア・エコノミスト；国際貿易）

アーロン・J・クック（チーフ・エコノミスト；マクロ経済政策）
スティーブン・N・ブラウン（マクロ経済予測主幹）
アーロン・D・ヘドランド（チーフ・エコノミスト；国内政策）
ラボーン・M・ヘンリー（シニア・エコノミスト；銀行、金融）
イアン・A・ランゲ（シニア・エコノミスト；エネルギー）
アパーナ・マーサー（シニア・エコノミスト；労働、税制）
デボラ・F・マインハート（シニア・エコノミスト；産業組織）
ステファン・T・パレンテ（チーフ・エコノミスト；医療政策）
ブランドン・J・レストレポ（シニア・エコノミスト；農業、国内政策、医療）
ジュリア・A・トラヴィス（国家安全保障担当経済諮問委員会戦略顧問）

ジュニア研究スタッフ

レミントン・A・バレット（リサーチ・エコノミ
　スト；国家安全保障、国際貿易）
アンドリュー・M・バクスター（エコノミスト；
　規制緩和、マクロ経済）
アダム・D・ドノホ（スタッフ・エコノミスト；
　マクロ経済、国際貿易）
アレックス・J・デュランテ（スタッフ・エコノ
　ミスト；国際貿易、財政）
トロイ・M・デュリー（リサーチ・エコノミスト；
　国際貿易、マクロ経済）
ウィリアム・O・エンソール（エコノミスト；国
　際貿易、マクロ経済）
ルーク・D・シュトゥットゲン（スタッフ・エコ
　ノミスト；医療）
グレイソン・R・ワイルズ（リサーチ・アソシエ
　イト；マクロ経済、医療、規制緩和）
カーソン・P・ウィルソン（エコノミスト；労働）

統計室

ブライアン・A・アモロシ（統計室主幹）

総務室

メーガン・M・パッカー（財務・管理主幹）

インターン

　学生インターンは、研究プロジェクト、日常
業務、事実確認で貴重な手助けをしてくれる。本
年のインターンは、アクシャイ・アガーウォール、
ジェナ・アルベズラ、ソルベイグ・ベイラー、リー
ド・ベン、アン・ベネット、クリスチャン・ブラ
ウン、サチン・ダス、ピーター・ディーガン、ティ
パス・グプタ、アダム・ホフマン、ニコラス・クルッ
プ、ハドリー・クルーズ、アンドリュー・リャン、
グレゴリー・マーシャル、コール・ニコラス、ア
ニカ・ノードクィスト、ジェイコブ・オウエレッ
ト、マックス・レスニック、ピーター・シェイン、
マシュー・ステンゼル、マデリーン・ヴァンホー
ン、ニキータ・ヴィカス、マイケル・ワン、ロバー
ト・ウィリアムス、ビクター・シャオ、ティファ
ニー・イェン、サミュエル・ツヴィッケルである。

『米国経済白書』作成

アルフレッド・F・インホフ

萩原伸次郎監修・『米国経済白書』翻訳研究会訳

【翻訳者】

はぎわら しんじろう
萩原 伸次郎　横浜国立大学名誉教授（総論、大統領報告、序章、第1〜4、10章）

おおはしあきら
大橋 陽　金城学院大学国際情報学部教授（第5〜7、11章、付録A）

しもとまい ひでゆき
下斗米 秀之　明治大学政治経済学部専任講師（第8、9章）

米国経済白書 2021

2022年2月10日　初版第1刷発行

監訳者　萩原伸次郎監修・『米国経済白書』翻訳研究会訳

発行者　上野教信

発行所　蒼天社出版（株式会社　蒼天社）

　　　　101-0051　東京都千代田区神田神保町3-25-11

　　　　電話　03-6272-5911　FAX 03-6272-5912

　　　　振替口座番号　00100-3-628586

印刷・製本所　株式会社シナノパブリッシングプレス